»Ich möchte einer werden so wie die

- Titel: Rilkes Gedicht 'Der Knabe' (1902) →
- Bild: Fidus (S. 13)
- Prämissen: 22; These: 23/26
- nicht Jugendprotest ist typisch für das 20. Jh., sondern der Umstand, dass Jugend periodisch als 'junge Generation' in die Selbstvergewisserungsdebatten einer Gesellschaft eingebracht wird und politisch funktionalisiert wird.

→ es geht nicht um die Jugendlichen
→ sondern um die Ängste der älteren Generation und die
→ Hoffnungen, Zumutungen, die in die Jugendlichen projiziert werden.
⇒ erst daraus entsteht Jugendprotest (S. 33), und eine stärker wahrgenommene Verhaltensauffälligkeit der Jugend, die auf Dauer sich nur marginal auswirkt. (Symptome)
➡ nicht nur objektive sozioökonomische Bedingungen der Jugend untersuchen, sondern mentalitäts- und kulturgeschichtliche Dimensionen des Themas →
➡ Einleitung plus, Einzelstudien

- 'Bund' als dritte autonome Größe zu Gemeinschaft und Gesellschaft
- 194ff: Komplexitätsreduktion zugunsten der Restauration und zu Lasten einer selbstkritischen Vergangenheitsaufarbeitung (212)

→ hier auch wieder: Jugend als Objekt (213)

Reihe »Geschichte und Geschlechter«
herausgegeben von Ute Daniel, Karin Hausen
und Heide Wunder
Band 34

Jürgen Reulecke ist Professor für Neuere und Neueste Geschichte an der Universität Siegen. Er war langjähriger Archivreferent der Stiftung Archiv der Deutschen Jugendbewegung.

Jürgen Reulecke

»Ich möchte einer werden so wie die …«

Männerbünde im 20. Jahrhundert

Campus Verlag
Frankfurt/New York

Die Deutsche Bibliothek – CIP-Einheitsaufnahme

Ein Titeldatensatz für diese Publikation ist bei
Der Deutschen Bibliothek erhältlich
ISBN 3-593-36727-0

Umschlaggestaltung: Atelier Warminski, Büdingen
Umschlagmotiv: Fidus »Hohe Wacht«, Frontispiz der Festschrift zum
Hohen Meißner Treffen 1913
Druck und Bindung: Druckhaus »Thomas Müntzer«, Bad Langensalza
Gedruckt auf säurefreiem und chlorfrei gebleichtem Papier.
Printed in Germany

Inhalt

Einleitung

Ich lebe mein Leben in wachsenden Ringen,
die sich über die Dinge ziehn.
Ich werde den letzten vielleicht nicht vollbringen,
aber versuchen will ich ihn.
Rainer Maria Rilke

Über die Frage, ob man als Historiker nicht eigentlich immer auch – oder letzten Endes sogar immer nur – „in wachsenden Ringen“ seine eigene Geschichte schreibt, ist erst verstärkt nachgedacht worden, seit sich in der Geschichtswissenschaft zunehmend „kulturalistische“ Blickweisen durchzusetzen begonnen haben: Das Interesse am „subjektiven Faktor“ im historischen Geschehen, d.h. an den Wahrnehmungen und Erfahrungen, Weltsichten und Deutungen der Menschen in ihrer jeweiligen Zeit einerseits und andererseits jene Herausforderungen, die vom sogenannten „linguistic turn“ in den Sprachwissenschaften, vom „Poststrukturalismus“ mit seiner Aufforderung zur „Dekonstruktion“ der „Texte“, von Einflüssen der „verstehenden Ethnologie“ und von einer Neubewertung hermeneutischer Denkweisen ausgingen, provozierten nicht zuletzt auch die Frage, was Historiker eigentlich umtreibt, wenn sie Geschichte schreiben, und welche Rolle sie selbst, d.h. ihre eigenen Wert- und Weltsichten, bei diesem Geschäft spielen.

Dass mit dieser Frage ein weitreichendes Problem angesprochen ist, trat nicht zuletzt in der in den letzten Jahren kontrovers geführten Debatte über die „Verstrickungen“ von Historikern im „Dritten Reich“ zutage, die – wie Theodor Schieder, Werner Conze und Karl Dietrich Erdmann – in den 1960er und 1970er Jahren zu den geachteten Größen der „Historikerzunft“ und maßgeblichen Anregern der nachfolgenden Historikergeneration gehört haben.[1] Eine besondere Herausforderung ergab sich in diesem Kontext aus der Frage nach der Möglichkeit, aus heutiger Sicht und als nachgeborener

1 S. zuletzt dazu Rüdiger Hohls/Konrad Jarausch (Hg.): Versäumte Fragen. Deutsche Historiker im Schatten des Nationalsozialismus, München 2000.

Historiker über damalige Verhaltensweisen auch moralische Urteile abgeben zu können.[2]

Das mit solchen Bemerkungen nur verkürzt angesprochene Problemfeld, welches zugleich auf zentrale Grundfragen einer erneuerten „Historischen Kulturwissenschaft" verweist, soll und kann hier nicht weiter erörtert werden[3], doch bildet es – ergänzt durch Anregungen aus einer sich inzwischen kulturgeschichtlich erweiternden Geschlechtergeschichte[4] – die Ausgangsbasis für meinen Zugriff auf das Rahmenthema „Männerbünde im 20. Jahrhundert", zu dem die folgenden Kapitel einen jeweils exemplarischen Beitrag liefern – exemplarisch deshalb, weil es dabei im Wesentlichen um eine auf die bürgerlich-jugendbewegten Erscheinungsformen bezogene Schneise durch ein bislang allenfalls punktuell oder nur im Überblick[5] behandeltes Forschungsgebiet geht, in dessen Mittelpunkt das „Männerbundsyndrom" steht. Nicolaus Sombart hat einmal von diesem Syndrom – nicht zu Unrecht, wie ich meine – behauptet, es sei „vielleicht der entscheidende Faktor der deutschen Nationalgeschichte" seit dem Ende des 19. Jahrhunderts gewesen: Ihm gebühre deshalb in einem historischen Museum der Deutschen im 20. Jahrhundert ein zentraler Platz.[6]

Allerdings steht das Etikett „Männerbund" im Folgenden lediglich für eine bestimmte Art und Weise männlicher Sozialisation und insofern in einem größeren Zusammenhang, denn bei allen hier wieder abgedruckten Beiträgen, die seit etwa Mitte der 1980er Jahre entstanden sind, ist es mir stets um die Frage gegangen, in welchen (vor allem mentalitätsgeschichtlichen) Kon-

---

2 S. demnächst meinen Beitrag „Generationalität und die West-/Ostforschung im ‚Dritten Reich' – ein Interpretationsversuch" in einem von Rüdiger vom Bruch hg. Sammelband zum Verhalten von Wissenschaftlern in der NS-Zeit (Stuttgart 2001).

3 Ausführlich und differenziert dazu Ute Daniel: Kompendium Kulturgeschichte. Theorie, Praxis, Schlüsselworte, Frankfurt a.M. 2001.

4 Ein Beispiel dafür ist der von Thomas Kühne hg. Sammelband: Männergeschichte – Geschlechtergeschichte. Männlichkeit im Wandel der Moderne, Frankfurt a. M./New York 1996; s. auch John Tosh: Was soll die Geschichtswissenschaft mit Männlichkeit anfangen? Betrachtungen zum 19. Jahrhundert in Großbritannien, in: Christoph Conrad/Martina Kessel (Hg.): Kultur & Geschichte. Neue Einblicke in eine alte Beziehung, Stuttgart 1998, S. 160-206.

5 Vgl. etwa die zweibändige Ausstellungspublikation von Gisela Völger/Katrin von Welck (Hg.): Männerbünde – Männerbande. Zur Rolle des Mannes im Kulturvergleich, Köln 1990, sowie Helmut Blazek: Männerbünde. Eine Geschichte von Faszination und Macht, Berlin 1999.

6 Nicolaus Sombart: Männerbund und politische Kultur in Deutschland, in: Joachim H. Knoll/Julius H. Schoeps (Hg.): Typisch deutsch: Die deutsche Jugendbewegung, Opladen 1988, S. 155-176, hier S. 172.

texten Jungen und junge Männer seit Ende des 19. Jahrhunderts aufwuchsen[7] bzw. welche Leitbilder, Orientierungshilfen, Zwänge, Verführungen u.Ä. am Weg ihres Erwachsenwerdens aufgestellt waren, wie sie damit umgegangen sind und wie sie darauf reagiert haben. Generationsspezifische Zusammenhänge kommen dabei ebenso in den Blick wie die zeitweise ganz erheblichen Zumutungen und Anforderungen besonders an den männlichen „Nachwuchs".

Aufgrund der, was die Männergeschichte im engeren Sinn angeht, noch recht unbefriedigenden Forschungslage, aber auch als Folge meines jeweiligen konkreten Forschungsinteresses und der Anlässe, aus denen sie entstanden sind, liefern die einzelnen Kapitel des Buches nur einige Mosaiksteine eines Gesamtbildes oder – anders ausgedrückt – Einzelgeschichten im Rahmen einer Gesamtgeschichte. Wie schreibt man solche Geschichten, die gerade nicht in erster Linie allgemeine historische Strukturen, Prozesse, Umbrüche und Ähnliches behandeln, sondern sich mit den Lebenswelten konkreter Menschen in deren „selbstgesponnene(n) Bedeutungsgewebe(n)"[8] beschäftigen? Da nicht die Formulierung allgemeingültiger Aussagen angestrebt wird, sondern es um die Darstellung von (allerdings möglicherweise generalisierbaren) Einzelfacetten der Männergeschichte geht, liegt eine essayistische Erzählweise nahe, die nicht zuletzt auch die Zeitgenossen selbst mit ihren Selbstaussagen und Deutungen ausgiebig zu Wort kommen lässt. Ein solches „Erzählen" folgt der Annahme, dass Geschichtsschreibung im Grunde eine Kommunikation mit Menschen anderer Epochen sei, bei dem der Historiker abständiger Beobachter und unentrinnbar Einbezogener in einem ist: Seine „Geschichten" dienen günstigenfalls der Erfahrungsweitergabe bzw. dem Erfahrungsaustausch über die Zeiten hinweg und gleichzeitig der Prüfung des eigenen Erfahrungsschatzes bzw. der individuellen wie kollektiven, generationen- und geschlechtsspezifischen Selbstverortung im Zeitablauf. Mit anderen Worten (und in Anlehnung an Hannah Arendt): Solches „Erfahrung denken" – verstanden als Möglichkeit zur Bewältigung von Kontingenz – und das nur dialogisch zu verstehende, erinnernde Erzählen von Geschichten schaffen erst die Grundlagen für jedes Agieren im „öffentlichen Raum".[9]

---

7 Vgl. dazu auch meinen ersten (hier nicht abgedruckten) Beitrag in dieser Richtung: „Bürgerliche Sozialreformer und Arbeiterjugend im Kaiserreich", in: Archiv für Sozialgeschichte, Band XXII (1982), S. 299-329.

8 Clifford Geertz: Dichte Beschreibung: Beiträge zum Verstehen kultureller Systeme, Frankfurt a.M. 1987, S. 9.

9 S. dazu jetzt die Arbeit von Claudia Althaus: Erfahrung denken. Hannah Arendts Weg von der Zeitgeschichte zur politischen Theorie, Göttingen 2001.

Nach einem solchen noch recht abstrakten Vorspann und wegen der Besonderheit des Themas mag es angebracht sein, dass der Autor einige persönliche Bemerkungen vorausschickt. Von besonderer Bedeutung ist im folgenden Kontext z.B. jenes Gedicht, dessen erste Zeile den Titel für das vorliegende Buch geliefert hat. Es ist vermutlich im Jahre 1902 entstanden, stammt von dem damals 26-jährigen Rainer Maria Rilke[10] und ist bis weit in die 1950er Jahre außer in Schullesebüchern vor allem immer wieder in Jugendzeitschriften, in Blättern aus jugendbewegten Kreisen, als Widmung oder Motto in Jungenbüchern usw. abgedruckt worden:

Der Knabe

Ich möchte einer werden so wie die,
die durch die Nacht mit wilden Pferden fahren,
mit Fackeln, die gleich aufgegangnen Haaren
in ihres Jagens großem Winde wehn.
Vorn möchte ich stehen wie in einem Kahne,
groß und wie eine Fahne aufgerollt.
Dunkel, aber mit einem Helm von Gold,
der unruhig glänzt. Und hinter mir gereiht
zehn Männer aus derselben Dunkelheit
mit Helmen, die, wie meiner, unstät sind,
bald klar wie Glas, bald dunkel, alt und blind.
Und einer steht bei mir und bläst uns Raum
mit der Trompete, welche blitzt und schreit,
und bläst uns eine schwarze Einsamkeit,
durch die wir rasen wie ein rascher Traum:
Die Häuser fallen hinter uns ins Knie,
die Gassen biegen sich uns schief entgegen,
die Plätze weichen aus: wir fassen sie,
und unsre Rosse rauschen wie ein Regen.

Ähnlich wie in seinem berühmten *Cornet,* d.h. in seiner *Weise von Liebe und Tod des Cornets Christoph Rilke*[11], verlieh in dem zitierten Gedicht der in den ersten sechs Lebensjahren von seiner Mutter als Mädchen verhätschelte Rilke seiner Sehnsucht nach einer rauschhaft aufbrechenden, „bündisch" ausgelebten Männlichkeit lyrischen Ausdruck. Unzähligen Jungen

---

10 Erstdruck in Rilkes Gedichtsammlung „Das Buch der Bilder", 2. Aufl., Berlin 1906.

11 Den „Cornet" hat Rilke zwar bereits 1899 geschrieben, doch wurde er erst zu einem Bestseller, der „mehrere Generationen von Heranwachsenden zu Stürmen der Begeisterung und Orgien der Rührung hingerissen hat", als er 1912 als Insel-Buch Nr. 1 auf den Markt kam; s. dazu Hans Egon Holthusen: Rainer Maria Rilke in Selbstzeugnissen und Bilddokumenten, Reinbek 1958, S. 57, außerdem im vorliegenden Band S. 106.

lieferte *Der Knabe* in den folgenden Jahrzehnten für ihre jungenhaft-pubertären Mannwerdungsphantasien eine konkrete Bildhaftigkeit. War es Zufall, dass dieser Text ausgerechnet 1902 entstand? In demselben Jahr erschien z.B. *Das Jahrhundert des Kindes* von Ellen Key – mit ihr stand damals Rilke in einem regen Briefwechsel -, und von Heinrichs Schurtz kam dessen damals viel beachtetes Buch *Altersklassen und Männerbünde* auf den Markt.[12] Texte von Rilke waren es vor allem, die – neben solchen von Friedrich Nietzsche, Julius Langbehn und Hermann Popert, Walter Flex und Hermann Claudius, Ludwig Klages, Stefan George und Hermann Hesse – zu den Grundbeständen jugendbewegter Lektüre gehörten und aus denen häufig Geleitworte, Widmungen und Ähnliches entnommen wurden.[13] In der Malerei spielte zeitweise vor allem der Maler Fidus (= Hugo Höppener) eine vergleichbare Rolle.[14] Sein martialisches Bild *Hohe Wacht,* das er als Gabe zu der Festschrift zum Freideutschen Jugendtag auf dem Hohen Meißner im Oktober 1913 beisteuerte und welches wir als Titelbild zum vorliegenden Band verwendet haben, bietet eine wohl besonders aussagekräftige Stilisierung des Männerbundes aus dem jugendbewegten Umfeld.[15]

Fünfzig Jahre nach der Entstehung des Rilkeschen Gedichts *Der Knabe* stand an einem Sommersonntag der Autor, Sohn eines an der Ostfront 1943 umgekommenen Vaters, anlässlich eines „Gauturnfestes" als Zwölfjähriger auf einem eichenlaubbekränzten Podium in einem Dorf im Hochsauerland, wohin es ihn mit seiner aus dem zerstörten Wuppertal evakuierten Familie verschlagen hatte, und rezitierte diese Zeilen, angetan mit einem Turnerhemd mit den vier „F" (frisch, fromm, fröhlich, frei), vor einigen hundert in Reih und Glied mit Wimpeln und Fahnen angetretenen Turnern und wollte ebenfalls – wie sein Vater, den er allerdings kaum noch kennen gelernt hatte – ein männlicher Held werden. Was ein Held war, wusste er aus den Karl-May-Romanen, aus den utopischen Erzählungen Hans Dominiks, aus den (damals als Schund verteufelten) Rolf-Torring- und Billy-Jenkins-„Gro-

12 S. dazu im vorliegenden Band den Beitrag „Das Jahr 1902 und die Ursprünge der Männerbundideologie in Deutschland", S. 35-46.

13 Eine Auseinandersetzung mit den verschiedenen „Kultbüchern" der Jugendbewegung findet sich im 16. Band des Archivjahrbuchs der deutschen Jugendbewegung, Witzenhausen 1986/87.

14 S. dazu Janos Frecot/Johann Friedrich Geist/Diethart Kerbs (Hg.): Fidus 1868-1948. Zur ästhetischen Praxis bürgerlicher Fluchtbewegungen, 2. erweiterte Auflage, Hamburg 1997.

15 Entnommen aus Winfried Mogge/Jürgen Reulecke (Hg.): Hoher Meißner 1913. Der Erste Freideutsche Jugendtag in Dokumenten, Deutungen und Bildern, Köln 1988. Hier ist auch die erwähnte Festschrift als Faksimile wieder abgedruckt (S. 77-255).

schenheften"[16] und vor allem auch aus einigen Jahresbänden der Serie *Durch die weite Welt* aus den späten 1930er Jahren. Als er dann in eine katholische Jungengruppe eintrat, las er die Jungenzeitschrift *Am Scheidewege* mit ihren vielen Berichten über Jungenabenteuer und den Jungenkalender *Komm mit.* Und als er schließlich als knapp Sechzehnjähriger – inzwischen wieder zurück in Wuppertal – ein Dutzend Jungen für eine eigene Gruppe „keilte", versuchte er für diese Jungen, von denen ein beträchtlicher Teil ebenfalls vaterlos war, ein „männlicher Führer" zu sein. Aus seiner Lektüre kannte er ja genug Vorbilder ...

Erst sehr viel später ist mir klargeworden, dass wir durch vielerlei Traditionsbestände dieser Art, in meinem Fall speziell durch die in den damaligen Jugendorganisationen praktizierten Formen jugendbewegten Gruppenlebens mit Fahrt und Lager, mit dem bündischen Liedgut usw., mit einem – wie es Arno Klönne einmal ausgedrückt hat[17] – Stück „Restgeschichte" in eine enge und prägende Berührung gekommen sind, einer Restgeschichte, die in den 1950er Jahren noch ganz unkompliziert und unbefragt weitertransportiert wurde. Die Gedichtzeile „Ich möchte einer werden so wie die", welche an jenen Satz erinnert, den der im Jahre 1812 auf dem Nürnberger Marktplatz aufgegriffene Kaspar Hauser angeblich als einzigen sprechen konnte, nämlich: „Ich will ein Ritter werden, wie einmal mein Vater war"[18] – jene Zeile mag für viele Heranwachsende meines Alters wie eine Inschrift über der Brücke gestanden haben, die uns mit den Männlichkeitsbildern und -idealen der vorhergehenden Jungmännergenerationen verband. Bis in die 1960er Jahre hinein dürften solche Vorstellungen sich im mentalen Gepäck vieler meiner Altersgenossen befunden haben, ehe es dann zu jener wachsenden kritischen Distanzierung kam[19], die eine beträchtliche Zahl von uns ab 1967 in die als Befreiung erlebte Studentenbewegung führte. Diese Entwicklung ist ja in den letzten Jahren breit erörtert und untersucht worden.[20]

---

16 S. dazu Klaus Doderer (Hg.): Zwischen Trümmern und Wohlstand. Literatur der Jugend 1945-1960, Weinheim/Basel 1988, bes. S. 334 ff.

17 Arno Klönne/Jürgen Reulecke: „Restgeschichte" und „neue Romantik". Ein Gespräch über Bündische Jugend in der Nachkriegszeit, in: Franz-Werner Kersting (Hg.): Jugend vor einer Welt in Trümmern, Weinheim/München 1998, S. 87-103.

18 In seinem bekannten Theaterstück „Kaspar" hat Peter Handke diesen Satz dann zu „Ich möchte ein solcher werden wie einmal ein andrer gewesen ist" abgewandelt (Frankfurt a.M. 1967, passim).

19 S. dazu im vorliegenden Band den Aufsatz „Waren wir so? Zwanzigjährige um 1960: ein Beitrag zur ‚Ich-Archäologie'", S. 249-266.

20 Hier sei nur verwiesen auf Heinz Bude: Das Altern einer Generation. Die Jahrgänge 1938-1948, 2. Aufl., Frankfurt a.M. 1997, vor allem aber auf den facettenreichen Sam-

Eine von einigen meiner Kollegen mit ähnlicher Sozialisation und mir dann seit den 1980er Jahren ergriffene Möglichkeit, mit jenem Erbe umzugehen, haben wir darin gesehen, die Geschichte von Jugend, Jugendbewegungen und Generationenverhältnissen im 20. Jahrhundert zu untersuchen und uns in Arbeitskreisen wie z.B. dem *Arbeitskreis für Historische Jugendforschung* und dem *Mindener Kreis* kritisch damit auseinander zu setzen. Die von uns veranstalteten Arbeitstreffen und zusätzlich die von den beiden einschlägigen Archiven, dem *Archiv der deutschen Jugendbewegung* auf Burg Ludwigstein bei Witzenhausen und dem *Archiv der Arbeiterjugendbewegung* in Oer-Erkenschwick, durchgeführten Jahrestagungen mit den im Anschluss daran herausgegebenen Publikationen waren Foren, bei denen eine entsprechende Bestandsaufnahme und wissenschaftliche Analyse angegangen wurden. Allerdings fanden unsere Diskussionen nicht im geschlossenen Zirkel von Experten statt, sondern wir haben immer Wert darauf gelegt, auch so genannte „Zeitzeugen" zu Wort kommen zu lassen. So blieb es nicht aus, dass wir sowohl engere Kontakte zu verschiedenen Älterenkreisen aus der bürgerlichen und aus der Arbeiterjugendbewegung bekamen als auch für an unseren Themen interessierte jüngere Wissenschaftler und Wissenschaftlerinnen einerseits, heute noch bestehende Nachfolgegruppierungen der verschiedenen Jugendbewegungen andererseits als Ansprechpartner und sachkundige Informanten fungierten. Für meine Forschungsarbeit bedeutsam wurde vor allem die Begegnung mit dem *Freideutschen Kreis*, einer 1947 gegründeten Vereinigung von meist im ersten Jahrzehnt des 20. Jahrhunderts geborenen Menschen, zunächst überwiegend Männern, die in den Jahren der Weimarer Republik in Gruppen der Bündischen Jugend geprägt worden waren.[21] Als Historiker ist man dabei in besonderer Weise gefordert: Neben die Aufgabe der Dokumentation, also der Sichtung und Bewahrung des historischen Erbes, und der historisch-kritischen Analyse, welche die Grundlage seiner Geschichtsschreibung ist, tritt in solchen Zusammenhängen verstärkt seine dritte gesellschaftliche Funktion, nämlich die, sich seinen Zeitgenossen als anregend-herausfordernder Kommunikationspartner über das Abenteuer Geschichte und über die – individuelle wie kollektive – jeweilige Historizität zur Verfügung zu stellen. Im Anhang des vorliegenden Bandes werden drei Beispiele vorgeführt, wie der Autor versucht hat, dieser Aufgabe gerecht zu werden.

---

melband von Axel Schildt/Detlef Siegfried/Karl Christian Lammers (Hg.): Dynamische Zeiten: Die 60er Jahre in den beiden deutschen Gesellschaften, Hamburg 2000.

21 S. dazu im Anhang dieses Bandes den Text „Geschichtstoleranz", S. 285-293.

Selbstironisch sei noch Folgendes zu diesen biografischen Informationen hinzugefügt: Wenn man so will, dann liefern solche persönlichen Vorbemerkungen einem Leser, der vom modischen „linguistic turn" infiziert ist, lauter Ansätze zur „Dekonstruktion" der folgenden Texte, die sich im Laufe der letzten etwa fünfzehn Jahre wie Jahresringe um den wachsenden Hauptstrang meines Erkenntnisinteresses in Richtung Jugend-, Männer- und Generationengeschichte gelegt haben. Wer als Historiker allerdings bloß auf Dekonstruktion aus ist und infolge seiner Fixierung auf die angeblich reine Diskursgebundenheit aller textlichen Äußerungen – wie es manche Kulturwissenschaftler inzwischen tun – gar den „Tod des Autors" proklamiert, der verliert meines Erachtens von vornherein und grundsätzlich jede Möglichkeit, sich der „Sinnhaftigkeit und (den) Weltdeutungen anderer Menschen, anderer Zeiten und anderer Kulturen" verstehend anzunähern, ohne dass er dabei selbstverständlich sein Eingebundensein in die „eigenen Wahrnehmungsweisen, Weltdeutungen und Fragestellungen" hinter sich lassen zu kann.[22]

Beide Aspekte zusammen gesehen und zusammen reflektiert – in meinem Fall einerseits das Ziel, bedeutsame Elemente des Mannwerdens in Deutschland im 20. Jahrhundert verstehen und erläutern zu wollen, und andererseits das Wissen darüber, dass ich selbst zum erheblichen Teil Produkt dieser Geschichte bin und insofern zugleich auch meine eigene Geschichte schreibe – können meines Erachtens erst dazu führen, „sinn-volle" Fragen zu stellen, den Dingen „einen Sinn abzugewinnen" und zwischen den unterschiedlichen Dingen einleuchtende Verbindungen herzustellen.[23] Als Historiker zu glauben, auf diesem Wege pure historische „Wahrheiten" rekonstruieren zu können, wäre angesichts jenes unübersehbaren „subjektiven Faktors" bei seinem Geschäft zwar unsinnig und vermessen, aber sich der Wahrheit annähernde, „wahrheitsähnliche" Aussagen machen zu wollen, bleibt dennoch das Ziel einer Geschichtsschreibung, die sich als „historische Kulturwissenschaft" versteht und den „Weltdeutungen und Selbstwahrnehmungen historischer Subjekte und Objekte" für die Interpretation des Geschichtsablaufs eine mindestens ebenso ausschlaggebende „Bedeutung" zuweist wie den sozialen Strukturen und Bewegungen, den technischen Ver-

22 Ute Daniel: Clio unter Kulturschock. Zu den aktuellen Debatten der Geschichtswissenschaft, in: Geschichte in Wissenschaft und Unterricht, Jahrgang 48 (1997), S. 211 (im Anschluss an Überlegungen Hans-Georg Gadamers); s. auch das in Anm. 3 zitierte „Kompendium Kulturgeschichte" der Verfasserin!

23 S. dazu Clifford Geertz: Spurenlesen. Der Ethnologe und das Entgleiten der Fakten, München 1997, S. 8 f.

änderungen, den ökonomischen Prozessen, den politischen Machtkämpfen usw.[24]

Wer am Wege baut, hat viele Meister, heißt es. Das Sprichwort lädt zu unterschiedlichen Deutungen ein: Eine lautet, dass derjenige, der Aussagen über Sachverhalte von sich gibt, die viele Personen betreffen oder mit denen viele Menschen Erfahrungen gemacht haben, mit entsprechend vielen Kritikern rechnen muss, die es besser oder anders wissen. Damit bekommt vor allem der Historiker zu tun, der über die jüngere Geschlechter- und Generationengeschichte schreibt; schließlich ist jeder Leser hier in irgendeiner Weise Fachmann bzw. Fachfrau und entsprechend kompetent. Eine zweite Deutung könnte lauten, dass derjenige, welcher weltoffen und neugierig durchs Leben geht bzw. der sich z.B. – wie im vorliegenden Fall – angesichts eigener Vaterlosigkeit erst in spezifischer Weise über Männerrollen und Vatersein orientieren muss[25], auf viele Menschen trifft, die ihn anregen, ihm Horizonte öffnen, ihn zu eigenen Stellungnahmen mit entsprechenden Konsequenzen provozieren oder auch abschrecken. Darauf an dieser Stelle in Form einer geschlechtergeschichtlichen „Ich-Archäologie" eingehen zu wollen, würde aber zu weit führen.

Am Wege zu bauen, kann darüber hinaus – drittens – aber auch bedeuten, dass man in der Nähe von freundlichen Nachbarn baut, von denen man Anregungen übernehmen und Hilfeleistungen bekommen kann, wenn man sich nicht nach dem Motto „my home is my castle" abkapselt. Diese bereichernde Erfahrung habe ich, was meinen Weg als Historiker angeht, zwar grundsätzlich immer wieder neu machen können; sie war jedoch bei meinen Annäherungen an das Forschungsfeld Jugend-, Männer- und Generationengeschichte von ganz besonderer Bedeutung. Stellvertretend für die vielen Kolleginnen und Kollegen, Freunde und Freundinnen, durch die ich für meine Forschungen seit Mitte der 1980er Jahre in reichem Maße Anregungen und Hinweise, Horizonterweiterungen und kritische Stellungnahmen erhalten habe, möchte ich Ute Daniel, Braunschweig, nennen, die gleichzeitig Mitherausgeberin der Reihe *Geschichte und Geschlechter* ist, in der dieser Band erscheint. Ihr sei für die jahrelange kritische Begleitung meiner Forschungen und die intensive Diskussion über die Grundfragen wie Grundlagen einer erneuerten Kulturgeschichte an dieser Stelle herzlich gedankt! Ohne sie wä-

24 Daniel: Clio (s. Anm. 22), S. 203.

25 S. zu diesem historisch völlig unaufgearbeiteten Feld die beiden jüngst aus psychoanalytischer Sicht geschriebenen Bücher von Hartmut Radebold: Abwesende Väter. Folgen der Kriegskindheit in Psychoanalysen, Göttingen 2000, und Horst Petri: Das Drama der Vaterentbehrung. Chaos der Gefühle – Kräfte der Heilung, Freiburg/Basel/Wien 1999.

re dieser Band nicht zustande gekommen. Zu danken habe ich sodann Andreas Klaus, Freudenberg, der sich in bewährt zuverlässiger Weise um das gesamte Lay-out der Beiträge und die äußere Gestaltung des Bandes gekümmert hat. Judith Wilke vom Frankfurter Campus Verlag hat die von uns vorgelegten Manuskripte gründlich redigiert und durch ihre vielen Hinweise manchen sprachlichen oder formalen Schnitzer zu beseitigen geholfen. Auch ihr gebührt mein Dank – ebenso wie der Stiftung Historisches Kolleg in München, in deren schönen Räumen in der Kaulbach-Villa ich zu Beginn des Kollegjahres 2000/2001 die Schlussredaktion erledigen konnte.

An der Jahreswende zum Jahre 2001 — Jürgen Reulecke

Zornige junge Männer – Jugendprotest als Kennzeichen des 20. Jahrhunderts?

Als Einstieg zum folgenden Überblick über das komplexe Thema „Jugendprotest im 20. Jahrhundert" möge der Bericht über eine Strategie zur Bewältigung von Generationskonflikten bei unseren Antipoden dienen: Angeblich gab es „auf einigen Südseeinseln einen ... Brauch, indem nämlich die Alten und Kranken des Volkes auf die höchsten Kokospalmen zu klettern gezwungen werden, und wenn sie die Spitze errreicht haben, beginnen die Jungen den Stamm zu schütteln. Wer sich oben hält, darf noch ein Jahr leben, die anderen aber stürzen und haben keine Wünsche mehr." Die Kraft der Arme der Schüttelnden wie der Kletterer regelte hier also die Ablösung der Generationen; einen „Verwendungsstau" – so lautet ja ein besonders eingängiger Neologismus unserer politischen Sprache – kannten diese „unschuldigen" Naturvölker offenbar nicht!

Diesen kurzen Bericht – und darin liegt der eigentliche Grund für die Wahl dieses Einstiegs – zitierte am 7. Juli 1933 der damals sechsundvierzigjährige Schriftsteller Ernst Wiechert in einem Vortrag vor der Münchener Studentenschaft.[1] Wiechert hatte mit seiner Anleihe bei der Ethnologie allerdings nicht vor, diesen exotischen Brauch im Sinne eines seit dem Ende der zwanziger Jahre hochgespielten Jugendkults und nach dem Gregor Strasserschen Motto „Macht Platz, ihr Alten!"[2] positiv zu interpretieren. Zwar betonte auch er, dass er „Berufe und Ordnungen" kenne, angesichts derer er „nicht ungern unten stehen und ein bisschen schütteln möchte"[3], aber sein Appell mündete in die eindringliche Mahnung an die in den Jahren vorher so hochstilisierte „junge Generation", die ihr durch die Machtergreifung der Nationalsozialisten in den Schoß gefallene Macht nicht willkürlich zu benutzen und neues Recht nach einem „Boxerethos" zu setzen. Nicht bloß die

1 Ernst Wiechert: Der Dichter und die Jugend, in: Adam Weyer (Hg): Reden an die deutsche Jugend im 20. Jahrhundert, Wuppertal 1966, S. 127.

2 Gregor Strasser: Macht Platz, ihr Alten!, in: ders.: Kampf um Deutschland, München 1932, S. 171.

3 Wiechert, Dichter (s. Anm. 1), S. 127.

Junge → Bewährung / Ernstfall → Mann

Rechte der Älteren seien dadurch gefährdet, sondern ein biologisches Grundgesetz werde in einem solchen Falle außer Kraft gesetzt, das Gesetz nämlich, dass das „Recht ein Attribut der Reife (sei), ein zu Erwerbendes und nicht ein Geschenktes“[4].

Wiechert lag mit seinem Appell vor den Münchener Studenten durchaus im Trend, wenn auch aus einer mutigen oppositionellen Haltung heraus, denn auch die Nationalsozialisten hatten 1933 zu begreifen begonnen, dass der von ihnen vorher selbst stark geförderte Jugendkult keine Basis für den angestrebten Aufbau einer homogenen Volksgemeinschaft sein konnte. Deshalb steuerten sie seit ihrer „Machtergreifung“ gezielt gegen die Betonung einer revolutionären Sonderrolle der Jugend an. Hatte Gregor Strasser noch am 6. September 1932 auf der Titelseite des *Völkischen Beobachters* gefordert, die junge Generation müsse zusammen mit den Frontsoldaten alleiniger Träger zukünftiger Politik sein,[5] so wurde jetzt diese auch an vielen anderen Stellen immer wieder beschworene Koalition einseitig aufgekündigt. In einer programmatischen Broschüre mit dem bezeichnenden Titel *Schluss mit ‚junger Generation‘!* aus dem Jahre 1933 hieß es, die junge Mannschaft sei zwar „kraft ihrer Lebendigkeit und ihrer Hingabebesessenheit“ zu zweierlei fähig, nämlich zur Zerstörung und zur Eroberung; Staatsgründung und Volksformung seien dagegen Aufgaben des Mannes! Es gehe deshalb jetzt um „die notwendige, endliche Rückführung aus aktivistischer Besessenheit zu den ewigen Aufgaben des Menschen ..., die Verpflichtung zur Ordnung im allerengsten Umkreis des Persönlichen, den Jünglinge und Jüngling bleibende Männer allzu gern überspringen“[6]. Als zentrale erzieherische Aufgabe des neuen Ministeriums für Volksaufklärung und Propaganda wurde das „rückhaltlose Einordnen des Einzelnen ins große gemeinsame Volksleben“ hervorgehoben, und Goebbels hat dann auch in einer viel zitierten Rede 1934 vor der Deutschen Hochschule für Politik klargemacht, dass die nationalsozialistische Bewegung insgesamt zwar „vom heißen Atem der Jugend erfüllt“ sei, die Jugend selbst aber dem Staat gehöre und entsprechend diszipliniert werden müsse.[7] Den Treitschke-Satz, dass „Männer die Geschichte machen“, stellte er nicht zufällig an den Anfang seiner Rede, und ebenso nicht zufällig war es hier wie in den meisten Zusammenhängen, auf die noch

---

4 Ebd., S. 135.

5 Völkischer Beobachter, 6. September 1932, Titelseite; s. dazu auch Ernst Günther Gründel: Die Sendung der Jungen Generation, München 1932, bes. S. 61 ff.

6 Karl Rauch: Schluss mit „junger Generation“!, Leipzig 1933, Zitate: Titelseite, S. 51 und S. 63.

7 Joseph Goebbels: Der Faschismus und seine praktischen Ergebnisse, Berlin 1934, S. 27 und S. 29.

einzugehen sein wird, der männliche Teil der „jungen Generation“, also die „Jungmannschaft“, die das Bild von Jugend bestimmte: Trotz der sich nach außen partiell frauenfreundlich gebenden nationalsozialistischen Volksgemeinschaftspropaganda beherrschte letztlich durchgängig ein männerbündlerisches Gesellschaftsbild alle führenden Nationalsozialisten.[8]

Einen breiten Protest der bisher geradezu zum Mythos erklärten „jungen Generation“ gegen diese plötzliche Ummünzung ihrer angeblich revolutionären Bedeutung mit ihren vielfältigen Folgen hat es – abgesehen von einigen kleinen Zirkeln – nicht gegeben, auch nicht gegen die schnelle Auflösung aller jugendbewegten Bünde.[9] Angesichts der Tatsache, dass der Generationengegensatz nun überwunden sei, hatten – so Reichsjugendführer Baldur von Schirach 1936 – eigenständige Jugendverbände, vor allem wenn sie sich als „Organisationen unreifer oppositioneller Kräfte gegen die Führung ihrer völkischen Gemeinschaft“ entpuppten, jetzt keine Daseinsberechtigung mehr.[10] Wenn sich jugendliches Protestverhalten so leicht von oben wegdekretieren ließ, dann vielleicht deshalb, weil es vorher von oben oder von außen bereits manipuliert worden war.

Diese etwas ausführlichere Darstellung eines durch viele weitere Zitate belegbaren schnellen Umschwungs von einer pathetischen Beschwörung jugendlicher Neuerungskraft hin zu strengster Einbindung, Disziplinierung und Uniformierung der Jugend soll in unserem Zusammenhang die Kernfrage provozieren, ob es bisher überhaupt je einen kollektiven, genuin jugendlichen Protest gegeben hat oder ob die protestierenden Jugendlichen nicht mehrfach in den letzten rund einhundert Jahren – zugespitzt ausgedrückt – die Marionetten von erwachsenen Drahtziehern und Ideenlieferanten aus politischen und/oder soziokulturellen Interessengruppen nach dem Motto „Jugend an die Front!“ waren. Der unter dem Eindruck der Ereignisse im Gefolge der weltweiten Studentenbewegung Ende der 1960er Jahre in seinem Buch „Geschichte der Jugend“ verfolgten These von John Gillis: „Jugend macht ihre eigene Geschichte“[11] wird damit jene Gegenthese gegen-

---

8 S. dazu Jürgen Reulecke: Männerbund versus Familie, in: Thomas Koebner u.a. (Hg.): „Mit uns zieht die neue Zeit“. Der Mythos Jugend, Frankfurt a.M. 1985, S. 199-223, s. im vorliegenden Band S. 69-88.

9 S. dazu Arno Klönne: Jugend im Dritten Reich, Düsseldorf/Köln 1982, und Ulrich Herrmann (Hg.): „Die Formung des Volksgenossen“. Der „Erziehungsstaat“ des Dritten Reiches, Weinheim/Basel 1985.

10 Zit. nach Karl O. Paetel: Das Bild vom Menschen in der deutschen Jugendführung, Bad Godesberg 1954, S. 41.

11 John R. Gillis: Geschichte der Jugend, Weinheim/Basel 1980 (engl. New York 1974), S. 11 und passim.

übergestellt, die von dem Münsteraner Pädagogen und Anthropologen Siegfried Neumann vertreten worden ist, die These nämlich, dass die Jugendlichen immer zu spät kommen: „Erwachsene geben ihnen die Zeit vor, in der sie jung sein dürfen. Widerstand macht sie rasch alt. Die Erprobung des Neuen wird alsbald vermarktet. Jeder Versuch der Befreiung aus den vorgegebenen Strukturen und Normen des individuellen und sozialen Lebens wird von der herrschenden Meinung mittels ihrer Meinungs-Macher auf die Basislinie des Normalen zurückgeholt.“[12]

Auf welche Seite man sich auch schlägt: Es steht ganz außer Zweifel – wenn auch Historiker dieses Thema bisher erst in Ansätzen behandelt haben[13] –, dass zugespitzte Generationenkonstellationen und jugendliche Verhaltensauffälligkeit mehrfach in der jüngsten Geschichte zumindest im Bewusstsein und Argumentationshaushalt der jeweiligen Zeitgenossen eine nicht zu unterschätzende und zum Teil brisante Rolle gespielt haben – dies keinesfalls nur in einzelnen Gesellschaften und Staaten, sondern in immer weiter ausgreifenden Kulturkreisen. Insofern geht es meines Erachtens darum, die „Geschichte der Jugend“, wenn man überhaupt im engeren Sinn von einer solchen sprechen kann, in allererster Linie mentalitätsgeschichtlich zu deuten. Die demographische Analyse, die Untersuchung des Arbeitsmarktes für Jugendliche, die Frage nach den Ausformungen eigenständiger Jugendkulturen und Jugendbewegungen, der Blick auf das Problem abweichenden, vor allem kriminellen Verhaltens von Jugendlichen und, last but not least, die Analyse der Erscheinungsweisen, Stoßrichtungen und Wirkungen jugendlichen Protestverhaltens – alle diese Zugriffe bringen zwar wichtige Mosaiksteine ans Licht, um einen Gesamtrahmen auszufüllen, liefern aber nicht schon von sich aus die gesellschafts- und mentalitätsgeschichtliche Grundstruktur, nach der diese Mosaiksteine anzuordnen sind.

Ausgehend von dieser Grundannahme soll daher im Folgenden versucht werden, einige übergreifende Deutungsideen vorzustellen und diese auf provozierende Nenner zu bringen. Dabei ist von vornherein von der vielleicht trivialen Feststellung auszugehen, dass Jugend in all ihren Erscheinungsformen – gerade wenn ihre Wortführer auch ausdrücklich von jugendlicher

12 Siegfried Neumann: Im goldenen Käfig des Ästhetischen. Verlorene Jugend in verarmter Welt, in: Peter Ulrich Hein (Hg.): Künstliche Paradiese der Jugend, Münster 1984, S. 107.

13 S. z.B. Hans Mommsen: Generationskonflikt und Jugendrevolte in der Weimarer Republik, in: Koebner, Mythos (s. Anm. 8), S. 50-67; außerdem Barbara Stambolis: Der Mythos der Jungen Generation, Diss. Bochum 1982; Irmtraud Götz von Olenhusen: Junge Generation, Religion und Politik 1928-1933 (= Edition Archiv der deutschen Jugendbewegung, Bd. 2), Köln 1987.

Autonomie geredet haben mögen – allenfalls höchst künstlich von den Problemen der jeweiligen Gesamtgesellschaft isoliert werden kann. Platt ausgedrückt: Jugend als solche existiert nur aufgrund von zeittypischen mentalen, soziokulturellen und eventuell auch ökonomischen Definitionen.[14] Ihr jeweiliges Handeln ist immer Reaktion, auch in ihren partiell möglicherweise innovatorischen Ansätzen.

Jugend ist zudem, auch das ist eine triviale Feststellung, keine sozial homogene Gruppe, kein in sich geschlossener Block. Die Überbetonung einzelner Jugendgenerationen als die Jugend schlechthin ist ein mentales Konstrukt, das ein hohes Identifikationspotenzial besessen haben mag, aber nicht darüber hinwegtäuschen darf, dass die „kulturelle Harmonie zwischen durchschnittlichen Jugendlichen und durchschnittlichen Erwachsenen ... oft weitaus größer ist, als es den – massenmedial verstärkten – Anschein hat“[15]. In diesem Kontext ist übrigens ausdrücklich auf die äußerst bedeutsamen semantischen Unterschiede zwischen „Jugend“ und „Jugendlichen“ hinzuweisen, auf die Lutz Roth in seiner Tübinger Dissertation aufmerksam gemacht hat.[16] Zudem: Wenn man sich über die gesellschafts- und mentalitätsgeschichtichen Zusammenhänge von Jugendprotest und nicht bloß über die Hintergründe der so genannten „Randale“ von Jugendlichen verständigen will, ist eine aus der Rückschau geführte Diskussion über eine exakte Lebensaltersbestimmung von „Jugend“ zweitrangig oder gar nebensächlich. Jugend im Sinne von „jung sein“ hat in dem hier zu behandelnden Zeitraum wenig mit klaren Altersgrenzen zu tun, sehr viel mehr dagegen mit einem in spezifischer Weise proklamierten und reklamierten Lebensgefühl: „Jugend ist Daseinsfreude, Genussfähigkeit, Hoffnung und Liebe, Glaube an die Menschen – Jugend ist Leben, Jugend ist Farbe, ist Form und Licht“ heißt es z.B. in der ersten Ausgabe der 1895 gegründeten Münchener Wochenzeitschrift *Jugend*.[17]

Und noch eine Vorbemerkung ist zu machen: Es kann hier natürlich auch nicht darum gehen, jene anthropologische Konstante zu thematisieren, dass die Ablösung der Generationen, das heißt der individuellen Väter und Mütter durch die individuellen Söhne und Töchter, grundsätzlich potenziell spannungsreich verläuft. Die Klage über die Frechheit, Begehrlichkeit und

14 Trutz von Trotha: Zur Entstehung von Jugend, in: Kölner Zeitschrift für Soziologie und Sozialpsychologie, Jg. 34 (1982), S. 254-277.

15 Diskussionsbeitrag von Monika Bösel und Martin Doehlemann, in: SOWI, Jg. 10 (1981), S. 139.

16 Lutz Roth: Die Erfindung des Jugendlichen, München 1983.

17 Zit. nach Walter Rüegg: Jugend und Gesellschaft um 1900, in: ders.(Hg.): Kulturkritik und Jugendkult, Frankfurt a.M. 1974, S. 56.

Zügellosigkeit der jungen Leute ist ein Topos, der seit Platon die Weltliteratur durchzieht, ebenfalls der Wunsch der Jungen, sich der Alten zu entledigen, im Extremfall nach dem Motto „Ausrotten ohne jede Überlegung", das in russischen Nihilistenkreisen Mitte des neunzehnten Jahrhunderts kursierte, wobei der adlige Gutsbesitzersohn Peter Tschakow sogar forderte, die gesamte russische Bevölkerung zu liquidieren, die älter als 25 Jahre war.[18] Allerdings ist vielleicht doch der Hinweis wichtig, dass in Umbruchzeiten der Geschichte, in denen innerhalb weniger Jahre viele neue Erfahrungen zu verdauen waren und sich bisher ungedachte Perspektiven eröffneten, immer schon die jüngeren und weniger gebundenen Menschen einen erheblichen Vorsprung vor den älteren gewinnen konnten und infolgedessen gelegentlich auch ein kollektives Vater-Sohn-Problem zur Bewältigung anstand. Ein konservativer Zeitkritiker des Vormärz, der Gothaer Buchhändler Friedrich Perthes, hat diese Beobachtung einmal treffend auf den Nenner gebracht: „Die ungeheuren Gegensätze der Jahre 1750, 1789 und 1815 entbehren aller Übergänge und erscheinen nicht als ein Nacheinander, sondern als ein Nebeneinander in den jetzt lebenden Menschen, je nachdem dieselben Großväter, Väter oder Enkel sind."[19]

Dass solche Konstellationen im Gefolge der Umbruchsituationen der letzten rund 150 Jahre nicht nur zeittypisch akzentuiert nachweisbar sind, sondern – und darin liegt das Neue – seit etwa 1890 auch gesellschaftspolitisch aufgegriffen, gezielt instrumentalisiert und dadurch in besonderer Weise von gesellschaftlichen Gruppen strategisch eingesetzt sowie zur Fixierung gesellschaftlicher Leitbilder und Zukunftskonzepte mit entsprechender Wirkung auf die junge Generation benutzt worden sind, ist meines Erachtens der zentrale historische Zusammenhang, in dem unser Thema insgesamt gesehen werden muss. Kurz gesagt: Jugend konnte deshalb zu einem öffentlichen Problem und damit zu einem beachtlichen Faktor in historischen Situationen des zwanzigsten Jahrhunderts werden, weil sich die Gesellschaft als ganze oder Teile von ihr an der Jugend über sich selbst Gewissheit verschaffen wollten.[20] Warum war und ist das so? Im Folgenden sollen fünf Versuche unternommen werden, Richtungen anzudeuten, in denen Antworten liegen könnten.

---

18 S. dazu Hans von Rimscha: Geschichte Rußlands, 2., überarb. und erw. Aufl., Darmstadt 1970, S. 498.

19 Zit. nach Reinhart Koselleck: „Erfahrungsraum" und „Erwartungshorizont" – zwei historische Kategorien, in: Ulrich Engelhardt u.a. (Hg.): Soziale Bewegung und politische Verfassung, Stuttgart 1976, S. 27.

20 Vgl. Die neue Jugenddebatte, hg. vom Deutschen Jugendinstitut, München 1982, S. 160.

Der erste Versuch führt in fast geschichtsphilosophische und zugleich psychohistorische Dimensionen und lenkt den Blick auf das Problem gewandelter Zeitkategorien in der modernen Massenkommunikationsgesellschaft der Hoch- und Postindustrialisierungsphase, konkreter: auf das Problem des Älterwerdens vor dem Hintergrund rasanter Beschleunigung bei hoher durchschnittlicher Lebenserwartung. Dass die „gewonnenen Jahre“[21] auch eine vielfältige gesellschaftliche und noch unbewältigte Belastung darstellen, diskutieren wir ja seit einiger Zeit wieder intensiv – keineswegs nur unter dem Gesichtspunkt des „Rentnerberges“! Das Bürgertum, vor allem das Bildungsbürgertum, das schon Ende des 18. Jahrhunderts am sensibelsten auf den sich anbahnenden Umbruch in der Bedeutung der Zeit reagiert und unter dem Überbegriff „Fortschritt“ zunächst einmal seine Zukunftserwartungen optimistisch entfaltet hatte, antwortete auf die Herausforderungen am Ende des 19. Jahrhunderts, als die Fragwürdigkeit des „Fortschritts“ hautnah immer mehr Bürgerkreise zu tangieren begann, mit vielfältigen Reform- und auch Fluchtkonzepten.[22] Wie in diesem Zusammenhang gerade im Deutschen Reich ein übersteigerter Jugendmythos und Jugendkult entstanden, ist inzwischen mehrfach dargestellt worden.[23] Ein bedeutsames Phänomen scheint dabei gewesen zu sein, dass es im Wesentlichen die jungen Erwachsenen im Alter zwischen 25 und 40 Jahren waren, die radikale Jugendprogramme vorlegten: Arthur Moeller van den Bruck (geboren 1876) auf der einen, Gustav Wyneken (geboren 1875) auf der anderen Seite können als Prototypen gelten. Sie waren im wesentlichen die Träger solcher Reformkonzepte, erlebten aber ausgesprochen oder unausgesprochen seit 1890 und dann wieder nach dem Ersten Weltkrieg den beschleunigten Zeitablauf als Bedrohung, weil die jeweils ältere Generation sie nicht „ans Ruder“ ließ und der jüngere Nachwuchs, der ja noch viel mehr Zeit hatte, bereits nachdrängend vor der Tür stand. Ein ausgeprägter, manchmal geradezu hektischer Handlungswille aus Angst, zu spät und zu kurz zu kommen, beherrschte deshalb mehrfach in den letzten rund hundert Jahren Teile dieser mittleren Generation und verband sich nach 1918 zusätzlich noch mit der Frustration über eine verlorene Jugendzeit. Besonders bei den führenden

21 Arthur E. Imhof: Die gewonnenen Jahre, München 1981.

22 S. dazu z.B. Klaus Bergmann: Agrarromantik und Großstadtfeindschaft, Meisenheim am Glan 1970; Klaus Vondung (Hg.): Das wilhelminische Bildungsbürgertum, Göttingen 1976; Wolfgang R. Krabbe: Gesellschaftsveränderung durch Lebensreform, Göttingen 1974; Diethart Kerbs/Jürgen Reulecke (Hg.): Handbuch der deutschen Reformbewegungen 1880-1933, Wuppertal 1998.

23 S. die Beiträge in dem von Rüegg hg. Sammelband (s. Anm. 17) sowie die Arbeit von Stambolis (s. Anm. 13).

Nationalsozialisten lässt sich dann diese Hektik nachweisen: „Wir haben keine Zeit zu verlieren. Wir werden nicht so alt, dass wir uns leisten können, faul zu sein“, meinte bereits 1934 Goebbels;[24] und auch von Adolf Hitler ist überliefert, dass er von der Sorge getrieben wurde, „dass er nicht mehr auf der Höhe seiner Lebenskraft sein könnte, wenn es gelte, den großen Krieg zu führen“[25]. Die Jugend wurde gerade von dieser mittleren Generation als umworbene Bewegungskraft verstanden, als nützliche Hilfstruppe, um den eigenen Machtanspruch schnell und gründlich gegen die „Herrschaft der Greise“ durchsetzen zu können.[26] Diese Generation mit fließenden Grenzen nach unten debattierte das Jugendthema in einer solchen Ausgiebigkeit, dass bereits 1923 Max Scheler mit Recht die kritische Frage stellte: „Ja, diese ewige Reflexion auf die Jugend, ist sie nicht selbst im Grunde *un*jugendlich?“[27] Ein erstes Fazit, ausgehend von diesen Überlegungen, könnte also lauten: Ohne eine intensive Analyse der mentalen Befindlichkeit der mittleren Generation, das heißt der allzu lange in Sohnrolle gehaltenen Möchtegern-Väter, ist das Jugendproblem bis heute nur unzureichend zu verstehen. Protestierende Jugendliche besorgten im Grunde oft das Geschäft ihrer älteren Ideenlieferanten, auch wenn sie subjektiv autonom zu handeln glaubten. Wenn man es sehr zugespitzt und vielleicht auch allzu salopp auf einen Nenner bringen will, dann läuft also die erste These – abgesehen von dem sehr grundsätzlichen Aspekt der Beschleunigung, die von den Generationen in unterschiedlicher Weise erlebt und verarbeitet wurde – auf die Behauptung einer zyklisch auftretenden, kollektiven *midlife crisis* als Folge eines ungeregelten „Verwendungsstaus“ hinaus.

Diesem offensiven, auf Durchsetzung eines Machtanspruchs angelegten Jugendkonzept steht ein eher defensives, aber nicht minder wirksames gegenüber. Die Kehrseite der Beschleunigung, anders ausgedrückt: die kollektive Erfahrung schnellen Wandels, der zugleich auch schneller Verlust vieler für sicher gehaltener Errungenschaften bedeuten konnte, mobilisierte ebenfalls eine nachdrückliche Beachtung und gesellschaftliche Indienstnahme von Jugend. Das von Gunther Ipsen zur Charakterisierung des demographischen Wandels vom 19. zum 20. Jahrhundert geprägte Schlagwort „vom

24 Goebbels, Faschismus (s. Anm. 7).

25 Martin Broszat: Der Staat Hitlers, München 1969, S. 380.

26 S. dazu z.B. Strasser und Gründel (s. Anm. 5).

27 Max Scheler: Jugendbewegung, in: ders.: Gesammelte Werke, Bd. 6, 2., durchgesehene Aufl., Bern/München 1963, S. 396.

Nachwuchs zur Aufzucht"[28] lässt sich meines Erachtens auch auf mentalitätsgeschichtliche Prozesse anwenden: Der bürgerlichen Gesellschaft musste es angesichts ihrer Ende des 19. Jahrhunderts beginnenden und lange andauernden Agonie um die Aufzucht verlässlicher Erben gehen, also darum, den Nachwuchs so zu erziehen, dass er bedrohte bürgerliche Errungenschaften und als sinnstiftend durchgesetzte Werte auch in Zukunft hochhielt und zu verteidigen bereit war. Die traditionelle Gewissheit, dass man den Dingen ihren Lauf lassen könne nach dem Motto „Weiß doch der Gärtner, wenn das Bäumchen grünt, dass Blüt' und Frucht die künft'gen Jahre zieren"[29], hatte sich spätestens seit Mitte des 19. Jahrhunderts als fragwürdig herausgestellt. Um bei solchen Naturmetaphern zu bleiben: Bereits in den 1850er Jahren wurde die Funktion des Gärtners anders gesehen. Er sollte – so der Pädagoge Ernst Wilhelm Kalisch 1851 – die Bodenerosion unter den Füßen der bürgerlichen Gesellschaft aufhalten; seine Aufgabe sei es, „den Flugsand zu binden und durch Bindung zu befruchten, indem er ihn mit Schonungen umgibt und mit Saaten überdeckt"[30]. Ein entsprechendes jugendpolitisches Programm wurde von offizieller, halboffizieller und privater Seite seit 1890, besonders nach 1900, in einer solchen Breite entwickelt und in die Tat umzusetzen versucht,[31] dass ein kritischer Beobachter bereits im Jahre 1910 anmerkte, das zunächst als Jahrhundert des Kindes begrüßte 20. Jahrhundert scheine längst zum Jahrhundert der Jugend avanciert zu sein.[32] Die Hinwendung zur Jugend lässt sich also zugespitzt auch als Symptom der Psychopathologie der bürgerlichen Gesellschaft seit der Jahrhundertwende deuten! Der in Gang gekommene „Kampf der Parteien um die Jugend", aber auch die entsprechenden Bemühungen und Beschwörungen der Kirchen, Gewerkschaften und anderer Verbände und Institutionen waren von nun an – mit wechselnder Intensität allerdings – ein Kennzeichen aller Auseinandersetzungen im Umfeld um die Frage, was in der Gesellschaft Kontinuität besit-

28 Gunther Ipsen: Artikel „Bevölkerung", in: Handwörterbuch des Grenz- und Auslandsdeutschtums, Bd. 1, Breslau 1933, S. 426 ff.; s. auch Wolfgang Köllmann: Bevölkerung in der industriellen Revolution, Göttingen 1974, S. 42 und passim.

29 Goethe: Faust I, Prolog im Himmel.

30 (Ernst Wilhelm) Kalisch: Das Erziehungshaus der deutschen Pestalozzi-Stiftung, in: Mittheilungen des Centralvereins für das Wohl der arbeitenden Klassen, Bd. 2 (1850/51), Faksimile-Ausgabe Hagen 1980, S. (1247).

31 Vgl. Jürgen Reulecke: Bürgerliche Sozialreformer im Kaiserreich, in: Archiv für Sozialgeschichte, Bd. 22 (1982), S. 299-329; außerdem Klaus Saul: Der Kampf um die Jugend zwischen Volksschule und Kaserne, in: Militärgeschichtliche Mitteilungen, Jg. 6 (1971), S. 97-143.

32 Karl Korn: Die bürgerliche Jugendbewegung, Berlin 1910.

zen, das heißt, was die zukünftige Generation als Erbe weitertragen sollte. Quasi als Gegengabe bot die Gesellschaft der jeweils jungen Generation etwas an, was man heute mit dem Begriff „Generationenvertrag" bezeichnet, verstanden als ein Bündel sozialer Weichenstellungen mit Langzeitperspektive – insofern jedoch ein „Vertrag" zwischen ungleichen Partnern, weil er für die junge Generation zunächst ein Wechsel auf eine noch weit vor ihr liegende Zukunft und zudem mit einem Inhalt gefüllt war, den sie nicht mitformuliert hatte. Andererseits bot die Existenz eines solchen Quasivertrages in Krisenzeiten, beispielsweise in Zeiten hoher Arbeitslosigkeit, oppositionellen Gruppen der mittleren und jüngeren Generation die Möglichkeit, massive Forderungen zu artikulieren und auf die Einhaltung des Vertrages zu pochen. Typischerweise bezeichnete zum Beispiel im Jahre 1932 der junge Nationalsozialist Ernst Günther Gründel seine Generation propagandistisch wirksam als eine „enterbte" Generation, die von der Elterngeneration in eine verpfuschte Gegenwart „ausgesetzt" worden und deshalb berechtigt sei, ihr Erbe vor der Zeit, notfalls mit Gewalt, einzuklagen.[33]

c) Ein dritter Thesenkomplex geht von einem in allen fortgeschrittenen Industriegesellschaften zu beobachtenden, in Deutschland aber wohl in besonders ausgeprägter Weise wirksamen Integrationsproblem aus, das zugleich ein Problem innergesellschaftlicher Kommunikation und Kommunikationsbrüche ist. Dass sich im Laufe des neunzehnten Jahrhunderts mit Blick auf die Bewertung der Lebensalter ein Leitbildwandel vollzogen hat, indem an die Stelle des Alters als des Zustands höchsten und ausgereiftesten Wissens das Bild des dynamischen, kräftigen und anpassungsfähigen, deshalb auch besonders leistungsfähigen jungen Menschen trat, der als Arbeitskraft wie dann auch als Konsument in besonderer Weise umworben wurde, ist ja – ohne dass die Details dieses Wandels schon genauer untersucht wären – ein Gemeinplatz. Ein Integrationsproblem ergab sich daraus insofern, als davon das gesamte tradierte Normengefüge – die bürgerliche Wertehierarchie und vor allem das Verständnis von Autoritat – erheblich tangiert wurde. Die Umwerbung des jungen Menschen zielte ja selbstverständlich nur auf eine Ausnutzung der systemerhaltenden Elemente seiner „Jugendkraft" und Potenz (nach dem Motto: „Wasch mir den Pelz, aber mach mich nicht nass!"), doch zeigte sich zunehmend, dass es auf Dauer schwer war, gleichzeitig die systemdestabilisierenden völlig zu unterdrücken. Ein exemplarischer Bereich neben vielen anderen, in dem dies in besonders eklatanter Weise durchschlug, sei hier nur kurz angedeutet: der Bereich der Körperlichkeit, der Sexualität, des Verhältnisses der Geschlechter zueinander! Grundsätz-

33 Gründel, Sendung (s. Anm. 5), S. 40 f.

lich hatte dies zur Folge, dass durch ihren nicht zuletzt aus dem ökonomischen Leistungsdenken abgeleiteten Jugendkult die bürgerlich-kapitalistische Industriegesellschaft immer wieder an den Rand der Zauberlehrlingssituation geriet: Die der Jugend zugebilligten, auf Förderung ihrer Leistungsfähigkeit und seelischen „Gesundheit" abzielenden Freiräume drohten zu „Sinnenklaven" zu werden, die aus der Sinnstruktur der Allgemeinheit herausfielen und ein unkontrollierbares Eigenleben ermöglichten.[34] Die unter den Oberbegriffen Jugendpflege und Jugendarbeit seit der Jahrhundertwende angestrebte Lösung bestand darin, die jugendlichen Freiräume als pädagogische Schutz- und Schonräume umzudefinieren, d.h. künstliche „Jugendparadiese"[35] – konfliktfrei, apolitisch, harmonisch – zu schaffen und so den Teil der beschworenen jugendlichen Bewegungskraft, der potenziell autoritätsstörend und systemsprengend war, abzuleiten oder zu neutralisieren. Spezielle Jugendideologien wie jene, die hinter dem bekannten jugendbewegten Motto „rein bleiben und reif werden" stand[36], sollten für eine innere Absicherung dieser „Paradiese" sorgen und ein allzu weit gehendes Experimentieren in Richtung auf jugendliche Autonomie verhindern. Warum solche Lösungsstrategien dennoch immer wieder zu Konflikten und Gegenbewegungen führten, geht schon aus den oben genannten ersten beiden Problemkomplexen hervor, doch ist zu betonen, dass die wenigen nachweisbaren, partiell gelungenen und über krassen Dilettantismus hinausgehenden autonomen Jugendkulturexperimente entweder nur kurzlebig, quantitativ bedeutungslos beziehungsweise allzu elitär waren oder durch Kriminalisierung sehr bald gewaltsam beendet beziehungsweise durch Kommerzialisierung bis zur Unkenntlichkeit verwässert worden sind. Das bedeutet aber nicht, dass sie keine Wirkung gehabt hätten: Zum Teil haben sie beträchtliche Abwehranstrengungen auf den Plan gerufen und als Alibi für massives gesellschaftliches Eingreifen gedient; zum Teil waren sie Grundlage späterer Mythenbildung mit starker identifikationsstiftender Wirkung.

Dass in den letzten rund einhundert Jahren Generationenprobleme zeitweise besonders Beachtung gefunden haben, jugendliche Verhaltensweisen als gesellschaftliche Bedrohung erlebt worden sind und die Massenmedien mit entsprechendem Verstärkungseffekt sich der Jugendfrage angenommen haben, lässt sich – dies als vierte These – partiell auch als gesellschaftliches

34 Vgl. Peter L. Berger/Thomas Luckmann: Die gesellschaftliche Konstruktion der Wirklichkeit, Frankfurt a.M. 1969, S. 28 f.

35 S. die Beiträge in dem von Hein hg. Sammelband (s. Anm. 12).

36 Zuerst in Walter Flex: Der Wanderer zwischen beiden Welten, Nachdruck der Ausgabe von 1917, München 1960, S. 44.

Ablenkungsmanöver oder als Stellvertretergefecht interpretieren. Diese Behauptung tangiert zugleich die Frage, wie das mehrfache, quasi wellenförmige Auftreten von Generationenmodellen in den zeitgenössischen Debatten über aktuelle gesellschaftliche Prozesse und Strukturprobleme zu deuten ist. Auf eine Beantwortung der Frage nach dem wissenschaftlichen Nutzen solcher Modelle, anknüpfend etwa an Karl Mannheims berühmten Entwurf aus dem Jahre 1928,[37] im Vergleich zu anderen gesellschaftswissenschaftlichen Modellen und Theorien soll an dieser Stelle allerdings verzichtet werden. Stattdessen ist zu betonen, dass an der bisher viermal in der jüngeren deutschen Geschichte – das heißt um 1900, um 1930, nach 1970 und in den letzten Jahren – verstärkt zu beobachtende Gesellschaftsdeutung mittels Hervorhebung von Generationenkonstellationen offensichtlich nicht alle gesellschaftlichen Gruppen und Parteien in gleicher Weise beteiligt waren. Es handelte sich jeweils – wenn man es so will – um Zeiten einer „Wendepolitik", die auf eine Phase stärkerer Liberalität und/oder Öffnung in Richtung Sozialstaat und soziale Gerechtigkeit reagierte. Den in der Öffentlichkeit vorher bevorzugt zur gesellschaftlichen Konstruktion der Wirklichkeit herangezogenen ökonomischen und sozialwissenschaftlichen Theorien und Modellen, zum Beispiel dem Denken in Klassenkategorien, wurden nun biologisch-genetische, aus der Natur abgeleitete Modelle entgegengesetzt. Es wäre reizvoll, mit Blick auf diese Zusammenhänge einmal die sich wandelnde Metaphorik in der jeweiligen öffentlich-politischen Sprache zu untersuchen und zu zeigen, wie auf diesem Wege neue Sinnzusammenhänge gestiftet und zugleich sozioökonomische Probleme umgedeutet worden sind. In solchen Zeiten wird der Vorrat an sinnstiftenden gesellschaftspolitischen Begriffen einerseits erweitert; andererseits werden schon vorhandene Leitbegriffe schleichend mit neuen Inhalten gefüllt: Jugend gehört ebenso dazu wie Volk, Ehre, Treue, Solidarität, Freiheit, Heimat usw.[38]

In bemerkenswerter Weise hat 1930 der damals 34-jährige Sozialdemokrat Theodor Haubach solche Zusammenhänge kritisch analysiert und dabei festgestellt, „dass die zahllosen Erörterungen über die ‚junge Generation' und ihre Aufgabe, die wir seit der Jahrhundertwende in Deutschland immer und immer wieder zu hören bekommen, an der sozialistischen Bewegung

37 Karl Mannheim: Das Problem der Generationen, Wiederabdruck in: Ludwig von Friedeburg (Hg.): Jugend in der modernen Industriegesellschaft, Köln/Berlin 1965, S. 23-48.

38 S. dazu z.B. Peter Glotz u.a.: Mythos und Politik. Über die magischen Gesten der Rechten, Hamburg 1985.

fast spurlos vorübergegangen“ seien.[39] Das Schlagwort von der „jungen Generation“ sei im Wesentlichen der bürgerlichen Sphäre verhaftet geblieben. Statt eines biologisch begründeten „Klassenkampfes der Jugend“ betonte er die vom Kapitalismus erzwungene „fürchterliche Schicksalsgemeinschaft“ der Arbeiterklasse, gegenüber der die Gliederung in Altersklassen eine Fiktion sei. Haubach weiß durchaus, dass alle sozialen Gruppen und Parteien, auch die SPD, von der hochgespielten Generationenproblematik tangiert wurden, aber er hebt hervor, in welch unterschiedlicher Weise sie als sinnstiftende Konstruktion von seinen Zeitgenossen eingesetzt wurde. Seine durchaus nüchterne Analyse – und darin zeigt sich dann doch sozialdemokratisches zeitgebundenes Wunschdenken – unterschätzt jedoch die äußerst wirksame, Identität und Wirgefühl erzeugende Bedeutung des Topos von der „jungen Generation“, den Haubach als bloßes „Verlegenheitsschlagwort“ abqualifiziert.[40] Die höchst brisante Ablenkungsfunktion übersah er. Zwar hatte Haubach recht, wenn er annahm, das Gerede „über die Frage der Jugend und der jungen Generation“ werde sich bald von selbst erledigen, doch ahnte er nicht, wie sehr vor der Liquidierung des Themas die Politisierung des Jugendbegriffs ein wichtiges Instrument neben weiteren war, eine machtpolitische Wende herbeizuführen und vor allem die „Machtergreifung“ in den Herzen und Hirnen vorzubereiten.

Mag die hier angesprochene Epoche – die Endphase der Weimarer Republik – im Zusammenhang unseres Themas auch eine besonders extreme gewesen sein, so zeigt sich meines Erachtens gerade hier sehr deutlich, in welchen politischen Dimensionen die Strategie der Ablenkung des Blicks von den sozioökonomischen Grundproblemen der Gesellschaft hin zu generationsspezifischen Konstellationen angesiedelt sein kann.

Mit dem abschließenden fünften Punkt soll noch kurz ein Problem berührt werden, das schon einige Male angeklungen ist, nämlich das des zyklischen Auftretens der öffentlichen Wahrnehmung jugendlicher Auffälligkeit. In der Vergangenheit ist ja schon mehrfach die Abfolge der Generationen als „Generationenrhythmik“, im Extremfall sogar als regelmäßiger „Pulsschlag“ gedeutet worden, wobei der 15- bis 30-Jahre-Abstand eine wichtige Rolle gespielt hat.[41] Ein Adept dieser Lehre könnte durchaus auch die Höhepunkte

39 Theodor Haubach: Die Generationenfrage und der Sozialismus (1930), Wiederabdruck in: Wolfgang Luthardt (Hg.): Sozialdemokratische Arbeiterbewegung und Weimarer Republik, Bd. 2, Frankfurt a.M. 1978, S. 81-93, Zitat S. 81.

40 Ebd., S. 90.

41 S. dazu ausführlich Hans Jaeger: Generationen in der Geschichte. Überlegungen zu einer umstrittenen Konzeption, in: Geschichte und Gesellschaft, Jg. 3 (1977), S. 429-452.

jugendlicher Aufbruchstimmung und der Beschwörung von Jugend um 1890/1900, um 1928/33 und um 1968/70 in ein solches Ablaufschema pressen. Darum geht es hier nicht, aber doch um die Frage, ob es nicht in der Geschichte so etwas wie mentalitätsgeschichtliche „Gezeiten" gegeben hat, das heißt Zyklen ähnlich Konjunkturzyklen oder Modewellen, in denen bestimmte Themen sehr stark, schließlich bis zum Überdruss diskutiert und in den Massenmedien breitgetreten worden sind, so dass dadurch Gegenpositionen provoziert wurden, die sich dann für eine Weile als die neuen Interpretationsleitlinien durchsetzen konnten. Damit ist nicht die am Reißbrett der Werbemanager entworfene Abfolge von Mini- und Maximoden und Ähnliches gemeint, sondern ein Wechsel zum Beispiel in der Beurteilung von Autorität und antiautoritärem Verhalten, in der Offenheit gegenüber Rationalität oder Irrationalität, in der Schwerpunktverlagerung von mehr materiellen zu mehr ideellen Werten, von stärker theoriegeleitetem zu eher pragmatischem Handeln und Planen und umgekehrt. Deutungsversuche in dieser Richtung gibt es schon seit langem: So hat beispielsweise um 1840 der preußische Minister von Radowitz das Bonmot geprägt, auf eine geprügelte Generation folge immer eine umschmeichelte.[42]

Es soll an dieser Stelle keine Antwort auf die Frage gewagt werden, ob hier ein theoriefähiger Ansatz liegt, das heißt, ob gesellschaftliche Paradigmenwechsel regelhaft erfolgen, doch sei darauf hingewiesen, dass in jüngerer Zeit Sozial- und Politikwissenschaftler solche Modelle bei der Analyse von gesellschaftlichen Reformzyklen ebenso angewandt haben wie bei der Frage nach generationentypischen Abfolgen der verschiedenen politischen Kulturen im 20. Jahrhundert.[43] Fragt man nach der Tragweite dieser Modelle, macht sich allerdings das weitgehende Fehlen von historischen Arbeiten über Kohortenschicksale besonders bemerkbar. Das auf das Leitbild „Jugend" der modernen Massenkonsumgesellschaft bezogene Gegenargument, das Thema „Jugend" sei allein schon wegen der Schwerpunktsetzungen der Warenwerbung und ihrer höchst wirksamen „Modellierung der Sinnlichkeit"[44] ein Dauerbrenner, der keine klarere Zyklizität erkennen lasse, bezieht sich – so berechtigt dieser Einwand sein mag – doch wohl nur auf einen, wenn auch bemerkenswerten Teilaspekt, der gewissermaßen die Kulisse

42 Zit. nach Hans Heinz Muchow: Jugend und Zeitgeist. Morphologie der Kulturpubertät, Reinbek 1962, S. 161.

43 Z.B. Stephan Ruß-Mohl: Reformkonjunkturen und politisches Krisenmanagement, Opladen 1981; Helmut Fogt: Politische Generationen. Empirische Bedeutung und theoretisches Modell, Opladen 1982; s. auch Heinz Bude: Das Altern einer Generation. Die Jahrgänge 1938 bis 1948, Frankfurt a.M. 1995.

44 Wolfgang Fritz Haug: Kritik der Warenästhetik, Frankfurt a.M., 2. Aufl. 1972, passim.

abgibt, vor der sich dann das Mehr oder Weniger an öffentlicher Wahrnehmung und Diskussion des Themas „Jugend“ und auch das Mehr oder Weniger an jugendlicher Protestbereitschaft abspielt. Vielleicht kann man deren zyklische Erscheinungsformen – in lockerer Anlehnung an das Konzept von der Generationenprägung – mit einer Unwucht in einem Reifen vergleichen, die Ende des neunzehnten Jahrhunderts durch das Zusammentreffen mehrerer Impulse entstanden ist und nun bei jeder Drehung wieder auftaucht. Wenn auch möglicherweise in unserer Zeit „Jugend“ als herausragende „Organisationsform der Sozialisation und als System der sozialen Kontrolle“ deutlich wieder an Bedeutung verliert, wie der Soziologe Trutz von Trotha schon 1982 in der *Kölner Zeitschrift für Soziologie und Sozialpsychologie* ausführlich begründet hat,[45] so wäre nach diesem Modell damit zu rechnen, dass dies nur eine vorübergehende Erscheinung ist und man über kurz oder lang erneut mit einer Indienstnahme von „Jugend“ im Rahmen offensiver oder defensiver Strategien von politisch unzufriedenen Kreisen rechnen kann.

Ein knappes Fazit und zugleich die Antwort auf die im Titel zum vorliegenden Beitrag angelegte Frage: Nicht Jugendprotest ist also m.E. ein Kennzeichen des 20. Jahrhunderts, sondern die Tatsache, dass mit „Jugend“ beziehungsweise „junger Generation“ ein höchst bedeutsamer gesellschaftlicher Wertkomplex genannt ist, der von Zeit zu Zeit aus unterschiedlichen Beweggründen und im Rahmen diverser politischer Strategien wirksam in die Debatte um die Selbstwahrnehmung und Sinnbegründung der jeweiligen Gesellschaft eingebracht werden konnte und kann. Es ist bisher dabei eigentlich kaum um die Jugendlichen als solche gegangen; stattdessen ist in sie immer wieder vieles an Erwartungen, Hoffnungen und Ängsten der älteren Generationen mit entsprechenden Zumutungen hineinprojiziert worden. Erst daraus entstand dann auch Jugendprotest, beziehungsweise – vorsichtiger ausgedrückt – eine stärker wahrgenommene jugendliche Verhaltensauffälligkeit, die aber als solche und direkt allenfalls bloß marginale Auswirkungen auf Dauer hat. Das soll nicht heißen, dass Jugendbewegungen nicht „gesamtgesellschaftlichen Widersprüchen und Problemen sensiblen Ausdruck verschaffen“ und in gewissem Umfang zu Selbstläufern werden können,[46] aber ihr selbstbestimmter Handlungsspielraum ist bisher immer eng begrenzt gewesen. Es sollte also bei einer historischen Analyse von Generationenkonstellationen und -konflikten darum gehen, mehr in den Blick zu

45 von Trotha, Entstehung (s. Anm. 14), S. 269.

46 Vgl. Arno Klönne: Jungbrunst. Über den ästhetischen und politischen Dilettantismus der deutschen Jugendbewegung, in: Hein (s. Anm. 12), S. 100-106.

nehmen als nur die im jugendlichen Protest und in den Erscheinungsformen von Jugendkultur sichtbar werdenden Symptome und auch mehr zu untersuchen als bloß die objektiven Lebensbedingungen von jungen Menschen unter bestimmten sozioökonomischen Bedingungen. Dass mit „mehr" vor allem die mentalitäts- und kulturgeschichtlichen Dimensionen des Themas in dem Sinne, wie sie hier anzusprechen versucht worden sind, gemeint sind, ist der Ausgangspunkt für die Detailstudien des vorliegenden Bandes.

Das Jahr 1902 und die Ursprünge der Männerbundideologie in Deutschland

Dass manche Jahre Umbruchjahre sind, erfahren die Menschen oft ganz hautnah: Kriegsausbrüche, Revolutionen, politische Umbrüche signalisieren unübersehbar, dass die Geschichte einen Sprung macht. Andere Jahre erweisen sich dagegen – in der selektiven Wahrnehmung der Nachlebenden – erst sehr viel später als Zeiten von Weichenstellungen oder als Wurzelgründe entscheidender Wandlungen. Von den Zeitgenossen ahnen meist die wenigsten etwas davon, und auch von der allemal kleinen Zunft der Hellseher, Propheten und Wahrsager ist gemeinhin dazu nichts zu erfahren. Das Jahr 1902 gehört zur letztgenannten Kategorie. Am Ende dieses Jahres hätte wohl kein Beobachter irgendeinen Grund dafür gesehen, warum 26 Jahre später ein in 24 Sprachen übersetzter Bestseller mit dem Titel „Jahrgang 1902" erscheinen würde und sechs weitere Jahre darauf ein wichtiger Ideologe im Umfeld der Gründung eines sogenannten „Dritten Reiches" behaupten konnte, im Jahre 1902 sei in einem „unvergleichlichen Buch" ein Grundgesetz menschlichen Zusammenlebens erstmalig dargestellt worden – ein Gesetz, dessen Erkenntnis ein bedeutsamer Fortschritt und die Voraussetzung zur gerechten Lösung eines tiefen menschlichen Konflikts gewesen sei, womit der Autor den „kaum überbrückbaren Gegensatz zwischen Mann und Weib"[1] meint.

Beide publizistischen Ereignisse scheinen auf den ersten Blick nichts miteinander zu tun gehabt zu haben, doch spannt sich zwischen ihnen ein Bogen, der für die Geschichte der das 20. Jahrhundert bestimmenden, einigermaßen klar fixierbaren Generationen von kaum zu unterschätzender Bedeutung war: Der Jahrgang 1902, dessen Vorkriegs- und Kriegserfahrungen die autobiographisch gefärbte Erzählung von Ernst Glaeser aus dem Jahre 1928 beschreibt, war der älteste (männliche) Altersjahrgang jener Kohorte, die nicht mehr an die Front gekommen ist – Teile des Jahrgangs 1901 wurden kurz vor Kriegsende noch eingezogen –; sie hat den Krieg also aus-

1 Alfred Baeumler: Männerbund und Wissenschaft, Berlin 1934, S. 167.

schließlich aus der Perspektive der ‚Heimatfront' erlebt. Über diese „Jahrhundertkohorte", d.h. die ab 1902 bis ca. 1912 Geborenen, ist inzwischen einiges geschrieben worden:[2] Aufgewachsen unter den desolaten Lebensverhältnissen in der Kriegs- und Nachkriegskrisenzeit, war sie einerseits voll Skepsis gegenüber den älteren Generationen (Ernst Glaeser: „Der Krieg, das sind unsere Eltern!"[3]), andererseits in besonderer Weise anfällig für neue Heilslehren und die Propagierung antibürgerlicher Lebensformen. Eine herausragende Stelle auf der Palette entsprechender Empfehlungen von meist aus der mittleren Generation stammenden Zeitkritikern an die in den zwanziger Jahren junge Generation besaß der Männerbund ...

1902: ein Durchschnittsjahr des Wilhelminischen Kaiserreichs ohne irgendwelche spektakulären Ereignisse, wie *Schulthess' Europäischer Geschichtskalender* für dieses Jahr ausweist.[4] Und dennoch: Es war ein Jahr mit einer bemerkenswerten Fülle von Steinen, die in den Teich geworfen wurden und dann ihre ausgreifenden Ringe ziehen sollten! In diesem Jahr veröffentlichte zum Beispiel Lenin seine epochemachende Schrift *Was tun?*; sie erschien im März in Stuttgart und beflügelte in entscheidender Weise alle folgenden marxistischen Bewegungen, indem sie eine „Partei neuen Typs" propagierte, jenen Parteityp, der bis vor kurzem im gesamten sog. Ostblock unangefochten dominierte.[5] Lenin verglich darin seine Epoche mit der des Übergangs vom Knaben- zum Mannesalter („Stimmbruch") und forderte nachdrücklich den revolutionären Aufbruch in eine neue Phase, in der der „streitbare Marxismus gestärkt und gereift" sein werde und die Marxisten als „wahre Vorhut der revolutionärsten Klasse" agieren sollten. In demselben Jahr erschien in Deutschland auch das berühmte Buch der Schwedin Ellen Key *Das Jahrhundert des Kindes*. Die Schwerter – so hieß es darin – würden erst dann zu Pflugscharen umgeschmiedet, wenn die ganze Menschheit zur „Heiligkeit der Generation" erwache, das heißt, wenn sich mit der neuen Generation auch die Menschennatur wandele und im

2 S. z.B. Jürgen Reulecke: Im Schatten der Meißnerformel: Lebenslauf und Geschichte der Jahrhundertgeneration, in: Winfried Mogge/Jürgen Reulecke (Hg.): Hoher Meißner 1913. Der Erste Freideutsche Jugendtag in Dokumenten, Deutungen und Bildern, Köln 1988, S. 11-32.

3 Ernst Glaeser,: Jahrgang 1902 (1928), hier zit. nach der Ausgabe Kronberg/Ts. 1978, Klappentext.

4 Schulthess' Europäischer Geschichtskalender, Neue Folge, 18. Jg. (1902), München 1903.

5 Wladimir Jljitsch Lenin: Was tun? Brennende Fragen unserer Bewegung (1902), hier zit. nach der Ausgabe Berlin 1962, bes. S. 230 ff.

neuen Jahrhundert „dem Kampfe ums Dasein edlere Formen (verleihe)“.[6] Kurze Zeit später notierte dann bereits ein Zeitbeobachter mit Blick auf Ellen Keys Motto, das als Jahrhundert des Kindes begrüßte Jahrhundert sei längst zum Jahrhundert der Jugend avanciert[7] – eine Behauptung, deren Berechtigung sich erst aus der Rückschau in ihrer vollen Breite ergeben sollte!

Fast gleichzeitig mit Lenins und Keys Schriften fanden die Zeitgenossen noch ein weiteres programmatisches Werk eines Willibald Hentschel auf dem Markt, welches zu beweisen versuchte, dass die arische Rasse am Scheidewege stehe und ein neues Geschlecht dazu berufen sei, ein „Heldenvolk der Zukunft“ hervorzubringen: „Das neu entstandene arische Kampf-Ideal der deutschen Nation“ schaffe den Helden der Zukunft, einen „germanischen Lykurgos“; ihn zeichne „arischer Hochsinn“ aus, er werde den „Heilsweg der arischen Völker – die planvolle Züchtung der hellen Rasse vorbereiten“[8]. Jeweils hundert „Ario-Heroiker“ sollten in speziellen eugenischen Zuchtkolonien mit tausend „Nordinnen“ zusammengebracht werden, um so eine „neue völkische Oberschicht“ zu erzeugen.[9] Dass vor der Realisierung solcher oder ähnlicher Pläne ein Führungswechsel ganz besonderer Art erzwungen werden musste, war den Wortführern in solchen Gedankengestrüppen klar: „Ein Blutwechsel tut der Nation not, eine Empörung der Söhne gegen die Väter, die Ersetzung des Alters durch die Jugend“, lautete zum Beispiel eine besonders klingende Parole bei Arthur Moeller van den Bruck 1904.[10]

Weitere Aufbruchsstrategien, werbende Phrasen, Hoffnungen und utopische Entwürfe von Geburtshelfern unterschiedlichster Provenienz, die sich intensiv darum bemühten, dem neugeborenen Jahrhundert ideologisch auf die Sprünge zu helfen, lassen sich leicht finden.[11] Neuere Untersuchungen über das geistige Klima um die Jahrhundertwende machen die sozialen wie

---

6 Ellen Key: Das Jahrhundert des Kindes (dt. 1902), hier zit. nach dem Nachdruck Königstein/Ts. 1978, S. 5.

7 Karl Korn: Die bürgerliche Jugendbewegung, Berlin 1910, S. 5.

8 Willibald Hentschel: Varuna. Eine Welt- und Geschichts-Betrachtung vom Standpunkt des Ariers, Leipzig 1901, S. 13 und S. 402 f.

9 S. dazu Jost Hermand: Der alte Traum vom neuen Reich. Völkische Utopien und Nationalsozialismus, Frankfurt a.M. 1988, S. 78 f.

10 Zit. nach Barbara Stambolis: Der Mythos der jungen Generation. Ein Beitrag zur politischen Kultur der Weimarer Republik, Diss., Bochum 1982, S. 88.

11 S. dazu Diethart Kerbs/Jürgen Reulecke (Hg.): Handbuch der deutschen Reformbewegungen 1880-1933, Wuppertal 1998; sowie Uwe Puschner/Walter Schmitz/Justus H. Ulbricht (Hg.): Handbuch zur „Völkischen Bewegung“ 1871-1918, München u.a. 1996.

mentalen Wurzelgründe solcher ideologiegesättigter Zukunftsentwürfe verständlich; ihre Fernwirkungen sind bekannt, ihre Folgen bis heute spürbar.

Es scheint leicht zu sein, in diese geistige Landschaft auch jenes weitere Buch aus dem Jahre 1902 einzuordnen, dessen Lob aus der Feder des NS-Philosophen Alfred Baeumler einleitend schon zitiert worden ist: das Buch von Heinrich Schurtz *Altersklassen und Männerbünde*.[12] Der Verfasser, am 11.12.1863 als Sohn eines Zwickauer Arztes geboren, hatte bei dem Leipziger (Anthropo-)Geographen Friedrich Ratzel studiert und promoviert, sich aber schon früh zur Volkskunde hin orientiert. Seit 1893 war er Assistent am Bremer Übersee-Museum, das damals vor dem Hintergrund reichsdeutscher Kolonialbegeisterung einen beträchtlichen Zuwachs seiner völkerkundlichen Bestände zu verzeichnen hatte, die Schurtz von nun an betreute.[13] Schurtz veröffentlichte in den 1890er Jahren zunächst eine Reihe von ethnographischen Detailstudien, so zum Beispiel über afrikanische Trachten und Augenornamente, über Speiseverbote, Wurfmesser und die Entstehungsgeschichte des Geldes, ehe er – noch keine vierzig Jahre alt – seine beiden umfassenden Werke herausbrachte: 1900 seine *Urgeschichte der Kultur*, 1902 seine *Darstellung der Grundformen der Gesellschaft*, so der Untertitel von *Altersklassen und Männerbünde*. Am 2.5.1903 starb dieser vielgereiste und äußerst engagierte Ethnologe an einer Blinddarmentzündung; die Reaktionen der Fachwelt auf sein letztes Werk, das für den Verfasser selbst überraschend auf eine neue Theorie der Gesellschaftsentstehung hinausgelaufen war, aber noch in einem weiteren Buch über die Grundformen des Staates fortgesetzt werden sollte, konnte er also kaum noch zur Kenntnis nehmen.[14]

Bereits im Jahre 1891 hatte Schurtz in seiner Studie „Grundzüge einer Philosophie der Tracht“ das wissenschaftliche Credo formuliert, das seine Untersuchungen bestimmen sollte: „Wir müssen auf uns selbst zurückgehen, müssen die toten Ergebnisse der Völkerforschung mit unserem eigenen Blute beleben, und in diesem Sinne verlangen wir eine deduktive Ethnologie.“[15] Er setzte sich damit von der vorherrschenden „induktiven Ethnologie“ ab, die – so Schurtz – im Kleinkram zu ersticken drohe. Auch Schurtz' Buch ist zwar voller „Kleinkram“, aber der Verfasser erstickt nicht darin, im Gegen-

---

12 Heinrich Schurtz: Altersklassen und Männerbünde. Eine Darstellung der Grundformen der Gesellschaft, Berlin 1902.

13 Herbert Abel: Beiträge zur Geschichte des Übersee-Museums II: 4. Die völkerkundliche Abteilung zwischen 1892 und 1949, Bremen 1969, S. 75-81.

14 Friedrich Ratzel: Heinrich Schurtz, in: Deutsche Geographische Blätter, Bd. XXVI (1903), Heft 2, S. 51-83.

15 Zit. nach Abel (s. Anm. 13), S. 75.

teil: Seine akribisch vorgeführten ethnographischen Details vom gesamten Erdkreis liefern ihm Belege und Differenzierungsmöglichkeiten für eine Kernthese, die – so lassen manche der Rezensionen noch jetzt ahnen – auf die damaligen Fachleute atemberaubend gewirkt (s.u.) und auch heute keineswegs ihren (frag–würdigen) Reiz verloren hat, selbst wenn man den zeitgenössischen Diskurs über die Ursprünge der Lebensformen in Staat und Gesellschaft, anknüpfend etwa an Bachofens *Mutterrecht* aus dem Jahre 1861,[16] nicht mehr im Einzelnen kennt.

Schurtz geht von konträren Trieben aus, die Frau und Mann primär bestimmen: dem Familientrieb und dem männlichen Geselligkeitstrieb: „Darum ist das Weib der Hort aller Gesellschaftsformen, die aus der Vereinigung zweier Personen verschiedenen Geschlechts hervorgehen, der Mann dagegen der Vertreter aller Arten des rein geselligen Zusammenschlusses und damit der höheren sozialen Verbände."[17] Ausdruck dieses anthropologischen Gegensatzes seien in den Naturvölkern schon seit den frühesten Anfängen die Familienhäuser der Frauen auf der einen, die Männerhäuser, klubartigen Vereinigungen und Geheimbünde auf der anderen Seite. Die Einteilung in die drei Altersklassen Kinder, Unverheiratete nach der Knaben- oder Mädchenweihe und in festen Ehen lebende Menschen der älteren Generationen spielte dabei eine entscheidende zusätzliche sozial-ordnende Rolle. Insbesondere den „sympathischen Vereinigungen" der (jüngeren) Männer kommt nach Schurtz eine große Bedeutung zu, da sich aus ihnen die Grundformen des öffentlichen Lebens und des Staates entwickelten; ja, hier lägen geradezu die Anfänge jedes Staatswesens, das demnach im Wesentlichen von Kräften gespeist werde, die in einem zum Familienleben und zur Ehe feindlichen Verhältnis stehen: Noch im Status als Ehemann huldige der Mann – so Schurtz – dem männerbündlerischen Dasein, „das Gleiches mit Gleichem zu erhöhter Kraftentfaltung und gesteigertem Lebensbewusstsein vereinigt", aus seinem innersten Wesen heraus; die Liebe zum Weibe sei für ihn deshalb immer nur Episode. „Hier liegt ein tiefer, kaum überbrückbarer Gegensatz zwischen Mann und Weib, der sich in tragischen Konflikten äußern kann, aber auch das Treiben des Alltags durchzieht und in Deutschland vorwiegend in dem ewigen Zwiespalt zwischen Stammtisch und Familienleben auftritt, um im Kampf um den Hausschlüssel den Gipfel kleinlicher Komik zu erreichen."[18] Die demgegenüber „geringe soziale Kraft des Wei-

16 S. dazu Uwe Wesel: Der Mythos vom Matriarchat. Über Bachofens Mutterrecht und die Stellung von Frauen in frühen Gesellschaften, Frankfurt a.M. 1980.

17 Schurtz, Altersklassen (s. Anm. 12), S. IV.

18 Ebd., S. 21.

bes“ sei darauf zurückzuführen, „dass es innerlich stets (von unnormalen oder pathologischen Frauen abgesehen) für die Rechte des Geschlechtslebens eintritt“. Hierum bewege sich das Tun und Denken des Weibes mit Vorliebe. Zur Absicherung ihrer jeweiligen Positionen hätten die beiden Kontrahenten „schon auf den Stufen, die bisher von den Soziologen für primitiv angesehen wurden, äußerst künstliche Einrichtungen“ geschaffen.[19]

Man muss nicht Feminist/in sein, um bei manchen der ahistorischen Brückenschläge des Ethnologen in die Gegenwart einer modernen Massenindustriegesellschaft um 1900 zusammenzuzucken, doch ist eine kritische Auseinandersetzung mit den in eindringlicher und gut verständlicher Sprache präsentierten Schurtzschen Untersuchungsergebnissen hier nicht das Thema, sondern deren Anstoß zur Entstehung jener spezifisch deutschen Männerbundideologie, die schließlich im Nationalsozialismus ihre nicht nur übersteigerte Ausformulierung, sondern auch am weitesten gehende Umsetzung in reale Formen erfahren hat. Mit Hilfe von exemplarischen Äußerungen sollen im Folgenden kurz drei Stufen auf diesem Wege charakterisiert werden (1902–04, 1917–22, 1933/34).

Die unmittelbaren Reaktionen der Völkerkundler und der Wissenschaftler benachbarter Disziplinen auf das Buch von Schurtz waren durchweg zustimmend bis enthusiastisch: Der Verfasser habe die Gabe bewiesen, „die Dinge so zu sehen, wie sie sind;“[20] eines der „dunkelsten Probleme der Völkerkunde und der politischen Anthropologie“ sei nun einer Lösung nahegebracht worden.[21] In seinem „genialen Treffer“[22] zeige Schurtz, dass „die Grundtriebe der Gesellschaftsbildungen ... den Wechsel der Zeiten überdauert (hätten)“; es sei überraschend, wie identisch viele Gebilde in den primitiven Völkern und in der hochzivilisierten Gegenwart seien.[23] Ganz neue Gesichtspunkte ergäben sich nun für die sich im Aufbau befindlichen Sozialwissenschaften;[24] eine Revision vieler bestehender Auffassungen, zum Beispiel Bachofens, über die Ursprünge der gesellschaftlichen Differenzie-

---

19 Zit. nach Ratzel, Schurtz (s. Anm. 14), S. 61.

20 Ebd.

21 Felix von Luschan: Rezension zu Schurtz ..., in: Literarisches Zentralblatt für Deutschland, Leipzig 1904, S. 296.

22 Alfred Vierkandt: Rezension zu Schurtz ..., in: Archiv für die gesamte Psychologie, 1. Bd., Leipzig 1903, S. 64 f.

23 A. S.: Rezension zu Schurtz ..., in: Hessische Blätter für Volkskunde, Jg. 1904, S. 175-179, Zitat S. 178.

24 Max Schmidt: Rezension zu Schurtz ..., in: Vierteljahrsschrift für wissenschaftliche Philosophie und Soziologie, Jg. 1902, S. 463 f.

rungen könne in der Folgezeit nicht ausbleiben.[25] Ein weiterer Rezensent[26] lobt nachdrücklich Schurtz' Impulse für eine neue „soziologische Moraltheologie" und spielt damit auf dessen bemerkenswerte Feststellung an, die bisherige „altruistische Sittenlehre" bedürfe von jetzt an einer gründlichen Revision, „da offenbar aus den Geschlechts- und Familientrieben einerseits, den reinen Gesellschaftstrieben andererseits zwei sehr verschiedene und oft völlig entgegengesetzte Arten von Moralgesetzen hervorgehen müssen"[27]. Die umfassende Beweiskraft der Forschungen von Schurtz wird immer wieder gerühmt: Viele Aspekte des menschlichen Zusammenlebens könnten erst jetzt „in ihrem tiefsten Wesen" erfasst und „in ihrer wahren Bedeutung für das Ganze" gewürdigt werden; insbesondere die natürlich begründeten Unterschiede und Abstufungen des Geschlechts und des Alters seien mit der Schurtzschen Untersuchung als „zwei unverrückbare" Grundkonstanten bewiesen.[28] Allerdings könnten – so ein weiterer Rezensent, der nun tatsächlich fast hellseherisch begabt gewesen zu sein scheint[29] – nur die wenigsten Zeitgenossen bereits „die unverhältnismäßige Tragweite der Ergebnisse dieses Buches ahnen", deshalb würden diese Ergebnisse auch „nicht sofort Gemeingut der Gesamtwissenschaft" und somit die „Sittenlehre" beeinflussen: Das Werk werde nur langsam seinen Weg gehen, „aber endlich wirds doch tagen".

Zwar nicht das Buch, aber die Idee des Männerbundes „tagte" dann bereits wenige Jahre später, und zwar zunächst einmal sehr stark im literarisch-künstlerischen Bereich. Nikolaus Sombart nennt das Jahr 1907 als Stichjahr; in diesem Jahr schrieb Stefan George *Der siebente Ring*, Thomas Mann *Der Tod in Venedig*, zwei Werke – so Sombart[30] –, „in denen die kulturelle Essenz des Männerbundes ihren höchsten künstlerischen Ausdruck findet". Ein dezidiertes Wiederaufgreifen des Schurtzschen Buches dagegen

25 E. R.: Rezension zu Schurtz ..., in: Beilage zur Allgemeinen Zeitung München, Nr. 183 (Jg. 1902), S. 294 f.; ähnlich auch Alfred Vierkandt: Rezension zu Schurtz ..., in: Zeitschrift für Sozialwissenschaften, Jg. 1902, S. 549.

26 R. S. Steinmetz: Rezension zu Schurtz ..., in: Globus. Illustrierte Zeitschrift für Länder- und Völkerkunde, Jg. 1902, S. 82.

27 Schurtz, Altersklassen (s. Anm. 12), S. VI.

28 Thomas Achelis: Rezension zu Schurtz ..., in: Nation. Wochenschrift für Politik, Volkswirtschaft und Literatur, Jg. 1903, S. 415 f.

29 Hans Helmolt: Rezension zu Schurtz ..., in: Deutsche Monatsschrift für das gesamte Leben der Gegenwart, Ausgabe Juli 1902, S. 638.

30 Nicolaus Sombart: Männerbund und politische Kultur in Deutschland, in: Joachim H. Knoll/Julius H. Schoeps (Hg.): Typisch deutsch: Die deutsche Jugendbewegung, Opladen 1988, S. 155-176, hier S.167.

ließ noch zehn weitere Jahre auf sich warten, bis 1917 – also in einer Hoch-Zeit des soldatischen Männerbundes an den Fronten – der damals 29-jährige Hans Blüher sein Buch *Die Rolle der Erotik in der männlichen Gesellschaft* herausbrachte.[31] Vor dem Krieg hatte dieser stark von der Jugendbewegung, aber auch von Sigmund Freud geprägte Autor bereits ein höchst umstrittenes Werk geschrieben, das die Wandervogelbewegung als ein erotisches Phänomen interpretierte. Seit 1915 begann Blühers Denken verstärkt um die Rolle und Funktion der Männerbünde zu kreisen; sie seien „das geschärfteste Organ der Vergeistigung des Volkes“, schrieb er im Oktober 1915: Das vergangene liberale Kultur-Zeitalter habe sich den geistigen Funktionswert der Männerbünde verscherzt, indem es durch voreilige Gleichsetzung von Mann und Weib das „gemischte Publikum“ geschaffen habe. Im Männerbund gebe dagegen der überlegene, charismatische Männerheld den Geist nach unten weiter und schaffe so „Kasten-Ausgleich“.[32]

In einem mehrfach gehaltenen Vortrag hat Blüher 1918 die in seinem Buch von 1917 breit dargelegten Elemente einer „Theorie der menschlichen Staatsbildung nach Wesen und Wert“ – so dessen Untertitel – auf kurze Nenner gebracht und sich dabei ausdrücklich auf Schurtz als „sehr wissensreichen Forscher“ berufen.[33] Allerdings wirft er ihm vor, dem männlichen „Gesellungstriebe“ nicht wirklich auf den Grund gegangen zu sein und ihn deshalb im „Zufälligen, Gelegentlichen, Unverbindlichen“ belassen zu haben. Blüher dagegen sucht nach den tiefenpsychologischen Wurzeln des in jedem Mann latent vorhandenen „dunklen Verbündungsdranges, der es nicht aushält, unbenannt und dunkel zu bleiben, sondern sich irgendwie in den Dienst des Geistigen und des Lichtes stellen muss“[34], und findet diesen Ursprung im mannmännlichen Eros. Er sei es, „der im tiefsten Untergrunde des menschlichen Staatstumes rauscht“; alle wirklich formenden Männerbünde, nicht die als bloße „Abwürfe“ charakterisierten männlichen Zweckverbände,

---

31 Hans Blüher: Die Rolle der Erotik in der männlichen Gesellschaft, Jena 1917, hier zit. nach der Ausgabe Stuttgart 1962.

32 Ders.: Die Hybris bei den Geistigen, in: Der Aufbruch. Monatsblätter aus der Jugendbewegung, 1. Jg. (1915), Heft 4, S. 93-95, Zitat S. 95; s. auch den Beitrag des Verf.: Männerbund versus Familie, in: Thomas Koebner/Rolf-Peter Janz/Frank Trommler (Hg.): „Mit uns zieht die neue Zeit“. Der Mythos Jugend, Frankfurt a.M. 1985, S. 199-223, bes. S. 207 f. (im vorliegenden Band S. 69-88).

33 Hans Blüher: Familie und Männerbund, Leipzig 1918, S. 21.

34 Ebd., S. 24.

würden durch Erotik bestimmt.[35] Erst der Männerbund befreie den Mann zu voller schöpferischer Tätigkeit, während die Familie destruktiv auf ihn wirke; die Elite des Volkes müsse daher durch die Schule des Männerbundes gehen.[36]

Blüher fand viel Zustimmung, aber auch scharfe, geradezu vernichtende Kritik, wobei besonders der streitbare Soziologe Johann Plenge herausragte:[37] Er bezeichnete Blüher als den Propagandisten eines „Affenbundes (von) Onanisten und Päderasten"[38] und beklagte, dass dessen Schriften ein „sittlich gesundes Volk" zu vergiften drohten – dies im Verein mit einem „Teil des jüdischen Literatentums, der auf den Theatern und in den Feuilletons der Zeitungen so viel zur Verschweinerung unseres Geisteslebens beigetragen hat"[39]. Das grundlegende Werk von Schurtz werde „durch Blüher von Grund auf veräfft". Da Plenge mannmännliche Erotik für krass zerstörerisch hält, für Fäulnis, die die Männergesellschaft auflöse, findet er im Anschluss an Schurtz in der „Kameradschaft, Solidarität und Bruderschaft, und im Verhältnis zum Führer wie ähnlich zum Lehrer, in echtem Gefolgschaftsgeist und Treue" die konstituierenden Elemente der Männergesellschaft.[40]

Die extremen Positionen bei der Weiterführung der Männerbundideologie über den Ersten Weltkrieg hinaus sind mit Blühers und Plenges Deutungen gut markierbar; zwischen ihnen befand sich ein breites Spektrum von partiellen Übernahmen, Erweiterungen, Verallgemeinerungen, aber auch kritischen Einschränkungen. Wieweit etwa die Feststellung von Georg Höltker in dem renommierten „Handwörterbuch der Soziologie",[41] die Männerbünde übten auch heute noch einen „gewaltigen Einfluss auf das Gesellschaftsleben" aus und seien für die Entwicklung des Staatsgedankens „nicht unwesentlich von Nutzen gewesen", in den einschlägigen Wissenschaften geteilt

35 S. dazu Julius H. Schoeps: Sexualität, Erotik und Männerbund. Hans Blüher und die deutsche Jugendbewegung, in: Knoll/Schoeps, Typisch deutsch (s. Anm. 30), S. 137-154.

36 Hans Blüher: Führer und Volk in der Jugendbewegung, Jena 1924, S. 8.

37 Zu Plenge s. Bernhard Schäfers (Hg.): Soziologie und Sozialismus – Organisation und Propaganda. Abhandlungen zum Lebenswerk von Johann Plenge, Stuttgart 1967, sowie Axel Schildt: Ein konservativer Prophet moderner nationaler Integration. Biographische Skizze des streitbaren Soziologen Johann Plenge (1874-1963), in: Vierteljahrshefte für Zeitgeschichte, 35. Jg. (1987), S. 523-570.

38 Johann Plenge: Antiblüher. Affenbund oder Männerbund? Ein Brief, Hartenstein/ Sachsen 1920, S. 3.

39 Ebd., S. 31.

40 Ebd., S. 18.

41 Georg Höltker: Art. „Männerbünde", in: Handwörterbuch der Soziologie (1931), hier zit. nach dem Neudruck Stuttgart 1959, S. 348-353, Zitat S. 351.

wurde oder nur „Ausdruck einer sehr einseitigen Schulmeinung“[42] war, wäre erst nach intensiven Recherchen zu klären. Dass aber männerbündlerisches Ideengut in trivialisierter Form in der Weimarer Republik äußerst populär war, ist unbezweifelbar; viele der bestehenden Männerbünde im Bereich der Jugendbewegung und der soldatischen Verbände bezogen Bestätigung und Sinn aus dem breiten Wissenschaftlerdiskurs über das „Bündische“. Der von einem charismatischen Führer geleitete Bund wurde zu einem Gegenbild zum ungeliebten Parlamentarismus jener Jahre, und auch die Soziologie nahm sich des Phänomens „Bund“ jetzt abständiger und kritischer an, ausgehend von einem sehr gründlichen Aufsatz Herman Schmalenbachs aus dem Jahre 1922.[43] Der Autor wies überzeugend diverse „Schiefheiten in Schurtz' Sozialtheorie“ nach und distanzierte sich zugleich nachdrücklich von „dem Unfug ..., den der Literat Hans Blüher von Schurtz aus angerichtet hat“, um nun seinerseits den „Bund“ als eine dritte autonome Größe zwischen die von Ferdinand Tönnies herausgearbeiteten Gegensatzbegriffe Gemeinschaft und Gesellschaft zu stellen.[44] Solche differenzierenden Bemühungen blieben aber dann doch letztlich die Ausnahme. „Die bündischen Elemente in der deutschen politischen Gegenwartsideologie“ – so der Titel einer Dissertation aus dem Jahre 1934[45] – begannen stark zu wuchern und fanden schließlich im nationalsozialistischen Umfeld einen ausgezeichneten Nährboden: Die Ideologie des Männerbundes eignete sich vorzüglich, um klare Dichotomien und Freund-Feind-Kategorien zu bilden.[46] Sie bot zugleich vielfältige Möglichkeiten, den inneren Aufbau des NS-Staates zu legitimieren:

> „Die Männerbünde des Heeres und der SA, der SS und des Arbeitsdienstes sind allesamt Verlängerungen der HJ in das Mannesalter hinein. Ihre erzieherische Kernaufgabe ist ein und dieselbe. In ihren Ordnungen und durch sie soll der politische deutsche Mensch geformt werden, und zwar vor allem auf dem Wege der Übung und Gewöhnung, mit Hilfe planvoller Anstrengungen, die den häufig wiederholten Einsatz der leiblichen und charakterlichen Kräfte fordern, und unter Betonung der Erziehung zur Wehrhaftigkeit. Gemeinsam

42 René König: Soziologie in Deutschland. Begründer, Verfechter, Verächter, München/Wien 1987, S. 265.

43 Herman Schmalenbach: Die soziologische Kategorie des Bundes, in: Die Dioskuren. Jahrbuch für Geisteswissenschaften, Bd. 1, München 1922, S. 35-105; die folgenden Zitate S. 87 und 89; s. dazu auch Ulrich Linse: „Gemeinschaft“ und „Gesellschaft“ von Ferdinand Tönnies bis Theodor Geiger, in: Handbuch der deutschen Reformbewegungen (s. Anm. 11), S. 161-165, bes. S. 163.

44 Vgl. dazu auch König, Soziologie (s. Anm. 42), S. 185 ff.

45 Walther Kost: Die bündischen Elemente in der deutschen politischen Gegenwartsideologie, Diss., Greifswald 1934.

46 Dazu Sombart, Männerbund (s. Anm. 30), S. 172 ff.

ist ihnen allen auch die Vorherrschaft der leiblichen und Willenserziehung. Geistige Schulung und insbesondere Bildung stehen zurück ...“[47]

– so heißt es dann lapidar in einem 1933 erschienenen überarbeiteten Grundwerk der NS-Pädagogik, das sich in seinem Kapitel über die Jugend- und Männerbünde im Dritten Reich sehr stark an den NS-Ideologen Alfred Baeumler anlehnte.[48] Dieser wiederum hatte sich in den 1920er Jahren zunächst mit Bachofens *Mutterrecht* beschäftigt, dann jedoch das Buch von Schurtz für sich entdeckt und „ausgeschlachtet“. Seit 1933 an der Berliner Universität Professor für Philosophie und politische Pädagogik, gehörte er zu den wichtigsten akademischen Propagandisten des Nationalsozialismus und wurde später der Leiter des Amtes Wissenschaft in Alfred Rosenbergs Dienststelle, die die gesamte weltanschauliche Erziehung der NSDAP kontrollierte. Unter dem Titel *Männerbund und Wissenschaft* legte er 1934 eine in der Folgezeit oft zitierte und viel beachtete Aufsatzsammlung vor, die auf in den Jahren vorher gehaltenen Reden basierte[49] und immer wieder auf das Thema Männerbund – Staat – Volk zurückkommt. Schurtz’ Buch wird dabei ganz distanzlos und unkritisch zur Beweisführung herangezogen, wenn es darum geht, „das intimste deutsche Problem“ zu lösen, das laut Baeumler darin bestehe, dem „Philisterium“, das heißt der bürgerlich-liberalen Entartung des Männerbundes zu entgehen und ihn als „deutschen Männerbund ... aus der Tiefe unseres Seins und Wesens neu (zu erzeugen)“[50]. Nicht die Familie sei die Keimzelle des Staates, sondern dieser werde „künstlich geschaffen durch die Taten und die Vereinigung freier Männer“. Wenn jedoch der junge Mann den Platz nicht finde, den er zur Entfaltung seiner heroischen Kräfte brauche, dann habe „er nur die Wahl, zum nüchternen Geschäftsmann, zum Weiberknecht oder zum versimpelten Familienvater zu werden“[51].

Zitate ähnlichen Inhalts lassen sich ebenso wie Belege für die Übernahme der auf holzschnittartige Maximen gebrachten Männerbundideologie in den NS-Kampfverbänden in großer Zahl finden. Der zusammenhaltende Kitt dieser „Bünde“ reichte von bedingungsloser Treue zu Volk und Führer bis hin zur Bereitschaft zur Selbstaufopferung: „Treu leben, todtrotzend kämp-

47 Karl Friedrich Sturm: Deutsche Erziehung im Werden. Von der pädagogischen Reformbewegung zur völkischen und politischen Erziehung, 2., überarb. Aufl., Osterwieck/Berlin 1933, S. 141 f. (hier zit. nach der 4. Aufl. 1938).

48 Ebd., S. 136-146.

49 Baeumler, Männerbund (s. Anm. 1); das folgende Zitat S. 166 f.

50 Ebd., S. 34.

51 Ebd., S. 42.

fen, lachend sterben" – so lautete zum Beispiel ein Motto der Hitlerjugend. Und so blieb denn in jenem „obskurantistisch-mystisch-aggressiven Klima trotziger Selbstbehauptung"[52] letztlich nur noch die radikale Alternative Sieg oder Untergang ...

Vielleicht kann man es zusammenfassend so sagen: In einer Phase beschleunigter Erosion traditioneller bürgerlicher Werte und Lebensformen, in der gleichzeitig die naturwissenschaftliche Beweisführung via unbezweifelbarer Naturgesetzlichkeit auch in den Bereich des menschlichen Miteinanderlebens übertragen wurde, boten sich solche atavistischen Denkgebäude wie das der Geburt des Staates aus den Männerbünden, für das Heinrich Schurtz 1902 die ethnologische Basis geliefert hatte, als überzeugende Sinnstiftungen an. „Fortschrittliche Reaktion" lautet das Schlagwort für all diese Bestrebungen in den letzten Jahrzehnten vor dem Ersten Weltkrieg.[53] Hielt sich Schurtz bei seinen Brückenschlägen in seine Gegenwart trotz einiger Vorstöße noch eher zurück, so war das bei seinen Jüngern nicht mehr der Fall, im Gegenteil: Die bürgerliche Lebensform, so Baeumler, sei der aktuelle, bedrohliche Gegner, den die soldatischen Männerbünde überwinden müssten. Mit dem Untergang des auf solchen ideologischen Bausteinen mitaufgebauten Dritten Reiches verschwand dann auch das Männerbundsyndrom aus der offiziellen politischen Kultur in Deutschland, ein Syndrom, ohne das die deutsche Mentalitätsgeschichte in der ersten Hälfte des 20. Jahrhunderts nicht zu verstehen ist. Mentalitäten wechselt man aber nicht wie ein Hemd, deshalb sind in manchen Köpfen vielfältige Reste männerbündlerischer Sehnsüchte durchaus noch vorhanden, nicht nur in der Neonazi-Szene, deren innere Auseinandersetzungen belegen, dass das eigentümliche Gewächs „Männerbund" auf dem deutschen „Sonderweg" in die Moderne auch in ganz sichtbarer Form keineswegs ausgestorben ist.

---

52 Sombart, Männerbund (s. Anm. 30), S. 175.

53 S. neben Hermand, Der alte Traum (s. Anm. 9) vor allem Armin Mohler: Die Konservative Revolution in Deutschland 1918-1932. Ein Handbuch, 3., erweit. Aufl., Darmstadt 1989, sowie Stefan Breuer: Anatomie der Konservativen Revolution, Darmstadt 1993.

„Ein Bubengewächs“ Die Anfänge des Wandervogels im Wuppertal vor dem Ersten Weltkrieg

„Die Welt ist seitdem nicht mehr dieselbe für mich gewesen.“ Als der Zoologieprofessor an der Universität Tacoma/USA Hugo Hartnack am 17. März 1967 diesen Satz niederschrieb, war er fast 80 Jahre alt.[1] Der Tag, auf den sich der Satz bezieht und an dem der Schreiber den Zauber eines so lange nachwirkenden Anfangs erlebte, muss irgendwann im März oder April 1908 gewesen sein. Genauer ist der Ort des Geschehens benennbar: Es handelt sich um ein Zimmer, wohl eine Art „Jungenbude“, im 4. Stock des Hauses Schusterstraße 21 in Elberfeld an der Südfront des Hombücheler Platzes.[2] Hier tauchten an jenem Tag im Frühjahr 1908 drei junge Männer auf, wenig älter als der Oberprimaner Hartnack (geb. 1888).[3] Sie hatten sich per Postkarte aus Marburg, wo einer von ihnen studierte, einige Tage vorher angesagt, baten um ein Nachtquartier bei ihrer Wanderung durch Westdeutschland und zogen am nächsten Tag weiter. Sie waren an die Anschrift Hartnacks gekommen, weil dieser sich im Herbst 1907 aufgrund eines Wandervogelfaltblatts mit einem Werbetext von Hans Blüher,[4] das ihm zufällig in

1 Die hier und im Folgenden zitierten Aufzeichnungen Hugo Hartnacks aus dem Jahre 1967 befinden sich in zwei geringfügig voneinander abweichenden Fassungen im Archiv der deutschen Jugendbewegung auf Burg Ludwigstein, Akte A2-04/31/2.

2 Christoph Pallaske, Siegen, danke ich für die Hilfe bei der Auswertung der Wandervogelzeitschriften, Dr. Uwe Eckardt, Stadtarchiv Wuppertal, für Rat und verschiedene Hinweise.

3 Kurzbiographie Hartnacks in: Dokumentation der Jugendbewegung II: Die Wandervogelzeit, Düsseldorf/Köln 1968, S. 1056 f.

4 Hans Blüher (geb. 1888), seit 1902 Wandervogel in Steglitz, schrieb bereits 1911 eine erste Wandervogelgeschichte mit einem – umstrittenen – dritten Band, in dem er die Wandervogelbewegung als erotisches Phänomen deutete (im vorliegenden Band S. 42 und S. 75 f.). Die Literatur zur Geschichte der Jugendbewegung ist inzwischen nahezu uferlos. Verwiesen sei hier nur auf die drei Bände der Dokumentation (s. Anm. 3), Düsseldorf/ Köln 1963, 1968 und 1974, sowie auf Walter Z. Laqueur: Die deutsche Jugendbewegung. Eine historische Studie, 2. Aufl., Köln 1978, und neuerdings auf den amüsanten Überblick von Florian Malzacher/Matthias Daenschel: Jugendbewegung für Anfänger, Witzenhausen 1993, mit einigen aktuellen Literaturangaben.

die Hände gefallen war, an die Führung des „Altwandervogel“ in Berlin mit der Bitte um Informationen und die Aufnahme als Mitglied gewandt hatte. Tatsächlich war ihm die Mitgliedschaft schriftlich bestätigt worden, und er hatte auch bereits begonnen, unter seinen Mitschülern am Elberfelder Dörpfeld-Gymnasium Jungen zu werben, die mit ihm eine Wandervogelgruppe gründen wollten, als er zunächst einmal eine schwierige Blinddarmoperation über sich ergehen lassen musste, die es auch verhinderte, dass er zu Ostern 1908 sein Abitur machen konnte. Gerade als er wieder genesen war, kam es dann zu jenem Treffen mit den „ersten Wandervögeln, die ich je sah“.

Die Gespräche über die Wandervogelbewegung, die nun punktuell auch in Westdeutschland Fuß fasste, und vor allem die Lieder, die die drei Gäste an jenem Abend zur Laute sangen, müssen den neunzehnjährigen Hartnack immens fasziniert haben; noch im hohen Alter erinnerte er sich genau an die drei Lieder, die ihn damals am meisten beeindruckt hatten.[5] Einer der drei Wandervögel war übrigens der aus Gotha stammende, nun in Marburg Germanistik studierende Hjalmar Kutzleb (geb. 1885), der wenig später – um Weihnachten 1910 – seinen berühmten Liedtext „Wir wollen zu Land ausfahren“ dichtete, in dem wie wohl in keinem anderen Lied das Lebensgefühl dieser jugendlichen Aufbruchsbewegung vor dem Ersten Weltkrieg eingefangen ist.[6]

Die Begegnung mit den drei Wandervögeln bedeutete für Hartnack tatsächlich so etwas wie ein Sprung in eine neue Lebensdimension bzw. wirkte wie die Öffnung eines Staudamms. Sofort entwickelte er eine Fülle von Aktivitäten; mit eigenen Worten: „Die Welt ist seitdem nicht mehr dieselbe für mich gewesen. Innerhalb weniger Tage hatte ich die zehn Wandervögel, von denen die Gründung abhing, zusammen. Ich zog ein die Beiträge und das Geld für die Wandervogelzeitung und den Beitrag für die Bundeskasse. Wir machten Tageswanderungen, übten Lieder ...“. Zu Pfingsten 1908 wurde dann die erste größere Fahrt unternommen: Acht Tage ging es durch das Saurland und Siegerland, und im Herbst folgte die nächste große Wanderung 22 Tage lang durch die Rhön, den Thüringer Wald und das Vogelsberggebiet. Dabei besuchten die Elberfelder Wandervögel auch ihren „Kreisleiter“ Willie Jansen auf Gut Friemen bei Waldkappel, der den

5 S. Anm. 1; es handelt sich um die Lieder „Horch, was kommt von draußen rein“, „Wo soll ich mich hinwenden, ich tumbes Brüderlein“ und „Drei Lilien, drei Lilien“.

6 Zu Kutzleb s. neben Dokumentation II (s. Anm. 3), S. 1061, vor allem Gerhard Ziemer/Hans Wolf: Wandervogel und Freideutsche Jugend, Bad Godesberg 1961, passim, bes. S. 278 ff. zur Entstehung des Liedes. Ein früher Fahrtenbericht Kutzlebs findet sich in: Der Wandervogel. Zeitschrift des Bundes für Jugendwanderungen „Alt-Wandervogel“, 2. Jg. (1907), S. 114 ff.

Kreis IV des Altwandervogels (zu dieser Zeit noch ganz West- und Süddeutschland) leitete.[7]

Das Wuppertal war damit neben Bonn (1905), Münster (1906) und Krefeld (1908) einer der frühesten Stützpunkte des Wandervogels in Rheinland-Westfalen.[8] Weitere Ortsgruppen in Bielefeld, Duisburg, Düsseldorf, Detmold, Köln, Minden, Paderborn, Saarbrücken, Uerdingen und Warendorf folgten im Jahre 1909, ehe dann der Altwandervogel und der von ihm abgespaltene Wandervogel-Deutscher Bund (DB) ab 1910 in weiteren rund fünfzig Städten des Westens Fuß fassen konnten. Insgesamt besaßen diese beiden Wandervogelbünde Ende 1912 rund 220 bzw. 260 Ortsgruppen.[9] Ein Ende 1910 gegründeter „Jungwandervogel" zählte zu dieser Zeit etwa 110 Gruppen. Bis Anfang 1913 waren es ungefähr 25 000 junge Menschen, vorwiegend Jungen, die sich einem der drei größeren Wandervogelbünde angeschlossen hatten.[10]

Doch solch trockene Angaben sagen nichts aus über das fast rauschhafte Lebensgefühl, das die Anhänger der neuen Jugendbewegung erfüllte, auch nichts über die Hoffnungen, die aufgeschlossene Erwachsene angesichts der von der Kulturkritik beklagten Schattenseiten des Industrialismus und der entstehenden Massenzivilisation in sie setzten.[11] Zunächst noch einiges zur Organisationsgeschichte des Wandervogels im Wuppertal: Die Gruppe Hart-

---

7 Zu Jansen s. Dokumentation II (s. Anm. 3), S. 1058; seine Erlebnisse mit ihn besuchenden Gruppen schildert er im „Wandervogel" (s. Anm. 6), 2. Jg. (1907), S. 129 f.; die Gauaufteilung wechselte mit dem Wachstum des Wandervogels in den folgenden Jahren sehr häufig.

8 Offizielle Notiz im „Wandervogel" im Maiheft 1908, 3. Jg., S. 72; dann auch im Juniheft, ebd. S. 89. Zwar hatte es bereits im Februarheft (S. 28) einen Hinweis auf fünf Elberfelder Wandervögel gegeben, doch handelte es sich um eine Verwechslung mit Bielefeld; s. auch den Hartnack-Bericht dazu (s. Anm. 1).

9 Die Angaben sind aus Dokumentation II (s. Anm. 3), S 1074 ff., zusammengestellt.

10 Daneben gab es 1912 bereits eine beachtliche Anzahl kleinerer Bünde; ein Spezifikum der gesamten Jugendbewegung ist der so genannte „Spaltpilz", d.h. das ständige Teilen, Auflösen, Neubegründen und Abspalten von Gruppierungen. Einen Überblick liefert Dokumentation II.

11 Zur Kulturkritik, Zivilisationsfeindschaft und zu den um 1900 expandierenden Antimodernisierungsbewegungen liegen inzwischen diverse Untersuchungen vor. Hier sei auf den Sammelband von Edeltraud Klueting (Hg.) verwiesen: Antimodernismus und Reform. Zur Geschichte der deutschen Heimatbewegung, Darmstadt 1991, und auf Rolf Peter Sieferle: Fortschrittsfeinde? Opposition gegen Technik und Industrie von der Romantik bis zur Gegenwart, München 1984, sowie auf Jost Hermand: Grüne Utopien in Deutschland, Frankfurt am Main 1991. S. weiterhin das „Handbuch der deutschen Reformbewegungen 1880-1933", hg. v. Diethart Kerbs und Jürgen Reulecke, Wuppertal 1998.

nacks florierte offenbar; die Zahl der Mitglieder wuchs ständig. Im Septemberheft 1908 der Zeitschrift *Der Wandervogel* wurden bereits acht Elberfelder Fahrten mit 47 Teilnehmern registriert.[12] Von vornherein gehörten zwei junge Männer zur Gruppe, auf die noch ausführlich zurückzukommen sein wird: Walter Hösterey (geb. 1888), der sich dann Walter Hammer nannte, und Hanns Heeren (geb. 1893). Auch als Hartnack nach seinem im Herbst 1908 nachgeholten Abitur Elberfeld verließ und ein veterinärmedizinisches Studium, auf Anraten Willie Jansens an der TU Hannover, begann, blieb der Kontakt noch eine Weile erhalten. So erschien in der Barmer Zeitung Ende April 1909 ein längerer Artikel, in dem ein junger Gymnasiallehrer der Barmer Oberrealschule, ein Dr. G. Lorenz, begeistert über eine „Wanderfahrt nach Wandervogelart" unter der Leitung Hartnacks zu Ostern 1909 mit Wuppertaler Schülern berichtete.[13] Sie hatte – größtenteils zu Fuß – über Brilon, Arolsen, Kassel über den Meißner und durch das Eichsfeld zum Brocken im Harz geführt. Lorenz hatte sich der Gruppe aus Neugier angeschlossen und wollte mit seinem Artikel die Anregung geben, „der Wandervogelbewegung, die sich bereits über alle Gaue Deutschlands verbreitet hat und seit vorigem Jahr auch in Elberfeld eine Ortsgruppe aufweist, auch hier in Barmen eine Stätte zu bereiten". Er – Lorenz – werde sich, solange sich noch kein älterer Schüler in Barmen als Führer finde, „der Führerschaft annehmen". Hier wie auch bei dem Hinweis auf die tatkräftige Unterstützung des Elberfelder Wandervogels durch einen Prof. Dr. Burgaß, der „an mehreren Schulen in Elberfeld ausgedehnte Propaganda für unseren Bund machte und auch sonst der Ortsgruppe mit ‚Rat und Tat' zur Seite stand"[14], wird sichtbar, dass der Wandervogel keineswegs als Jugendrevolte gegen die Erwachsenenwelt missverstanden werden darf, sondern als eine von der Jugend getragene, vorwiegend bildungsbürgerliche Erneuerungsbewegung, die das Wohlwollen vieler Älterer besaß. Die meisten der Wandervogelortsgruppen wurden deshalb durch sog. Eltern- und Freundesräte (Eufrat) unterstützt, so auch ab 1909 die Wandervögel im Wuppertal.[15] Diese Erwachsenen erkannten die große Bedeutung der Gruppenerfahrung für die Selbsterziehung des jungen Mannes und verbanden eine Fülle von lebens- und sozialreformerischen Erwartungen damit. Lorenz brachte Letzteres folgendermaßen auf den Punkt:

---

12 Wandervogel, 3. Jg. (1908), S. 127.

13 Barmer Anzeiger vom 28. April 1909; Titel: „Barmer Wandervögel im Schnee auf dem Brocken".

14 Wandervogel, 3. Jg. (1908), S. 89.

15 Wandervogel, 4. Jg. (1909), S. 87.

„Die Bewegung in frischer Luft stärkt die Lungen und Muskeln; das Leben in der Natur, das Kennenlernen fremder Gegenden, Menschen und Städte erfrischt den Geist. Aber höher noch möchte ich veranschlagen, was das Wandervogelleben für die Charakterbildung mit sich bringt: Abhärtung und Gewöhnung an Einfachheit, Erziehung zur Selbständigkeit und zur Vorurteilslosigkeit. Wie not tun gerade die letzteren beiden Eigenschaften unserer Zeit, besonders den höheren Beamten, die so oft, aller Kenntnis der unteren Volksschichten bar, vom grünen Tisch herab regieren und sich dadurch lächerlich oder verhasst machen.“[16]

Tatsächlich fanden bald auch aus Barmen und Solingen Jungen den Weg in die Hartnacksche Gruppe zu Elberfeld, die ab 1. November 1908 von Arthur Kreuscher geleitet wurde.[17] Ab 1909 taucht sie in den Quellen als Ortsgruppe Elberfeld-Barmen auf, die aus zwei „Horden“ bestand, der Barmer Horde unter einem Schultz und der Elberfelder unter einem Völker.[18] In Solingen wurde im Februar 1910 eine eigene Ortsgruppe gegründet.[19] Kurz vorher hatte W. Hermann aus Barmen die Leitung der Elberfeld-Barmer-Gruppe übernommen.[20] Die geringe Zahl der Wanderungen im Herbst 1909 – nur zwei – begründete er zwar mit schlechtem Wetter und verwies stattdessen auf die von vielen Mitgliedern besuchten Schwimm- und Liederabende, doch scheint auch eine zeitweilige Flaute eine Rolle gespielt zu haben, denn es wird über die schwache Beteiligung der Barmer bei Fahrten geklagt, und Elberfeld fehlt sogar ganz bei den Auflistungen Anfang 1910.

Offenbar hat sich dies aber bis zum Herbst wieder zum Positiven geändert, denn in Barmen bildete sich eine eigene „photographische Abteilung“ der Wandervögel, und von Elberfeld heißt es, die Ortsgruppe sei am 2. Oktober 1910 auf der Isenburg an der Ruhr „mit frischen Scholaren neu gegründet“ worden; Leitung: Hugo Schreiber, Hofaue 7.[21] Unter seiner Führung (ihm folgte Hannes Voß, dann Emil Schulten) in Elberfeld und in Barmen unter Hanns Heeren, ab 1. Juli 1911 Albert Herhahn, später dann Arno Birgigkt und Alfred Krebs, florierten von nun an die Gruppen.

Von besonderer Bedeutung für die weitere Entwicklung war nicht zuletzt die Tatsache, dass es gelang, mit Unterstützung der Stadt Elberfeld ein eigenes Heim, ein „Nest“, zu finden. Einen der beiden leer stehenden Gartentürme in Schloss Lüntenbeck stellte der Pächter, ein Herr Römer, kostenlos zur Verfügung – „ein Traum“, so erinnerte sich der bekannte Bildhauer Ar-

16 S. Anm. 13.

17 Wandervogel, 3. Jg. (1908), S. 166 und S. 189.

18 Wandervogel, 4. Jg. (1909), S. 123 f.

19 Wandervogel, 5. Jg. (1910), S. 92.

20 Wandervogel, 4. Jg. (1909), S. 245; Hermann war offenbar ein hervorragender Trompeter, s. ebd. S. 123 f. und 5. Jg. (1910), S. 184 f. (Septemberheft).

21 Wandervogel, 5. Jg. (1910), S. 234.

no Breker (geb. 1900 in Elberfeld und als Elfjähriger Mitglied der Altwandervogelgruppe) als 84-Jähriger an dieses Heim in einem Brief;[22] Wald und Flur hätten zur Verfügung gestanden und besonders die Sonnenwendfeiern und wöchentlichen Singetreffen seien äußerst eindrucksvoll gewesen. Die Einweihung fand am 1. Oktober 1911 statt; im Gaublatt *Wandervogel am Niederrhein* wurde die Einrichtung beschrieben:

„Überhaupt sieht's wohnlich aus: Oben weiß, unten grün getünchte Wände mit einem roten Zwischenstreifen, die altertümlichen Fenster von hübschen Gardinen umrahmt. Selbstgezimmerte Tische und Bänke, ein Bücherbord, ein kleiner Schrank und ein Kleiderhalter bilden die Einrichtung des Raumes, dessen Wände mit Wandervogelbildern und Kunstdrucken geschmückt sind."[23]

Um das Geld für die Renovierung zu bekommen, wurden von nun an regelmäßig Elternfeste durchgeführt. Die Bedeutung eines solchen selbstorganisierten Refugiums, der Sehnsucht einer jeden jugendbewegten Gruppe, für die lebenslange Prägung der Mitglieder kann gar nicht hoch genug eingeschätzt werden. Walter Hammer ahnte dies, als er – bei einem Urlaub von der Front – am 16. Juni 1916 in das Gästebuch schrieb: „Wenn ich im Urlaub bin mein erster Gang: Lüntenbeck. Eine heilige Feierstunde für mich, für uns alle. Gebt die Lüntenbeck niemals preis. Hier ist unsere schöne Jugendzeit zu Hause."[24] Nach dem Ersten Weltkrieg haben jugendbewegte Gruppen aus dem Wuppertal im bergischen Umland noch eine ganze Reihe von Landheimen besessen, so das Landheim Herzkamp (Bauer Spennemann) des Bundes Deutscher Wanderer ab 1919 und dann ab 1925 das Landheim auf dem Besenöckel an der Deilbachmühle (Bauer Schmal).[25]

Beim Ausbau des Gartenturms in der Lüntenbeck habe, so schreibt Hanns Heeren, auch „die seit Anfang des Jahres 1911 bestehende Wuppertaler Mädchengruppe ... treulich mitgeholfen".[26] Mit der Gründung einer solchen Mädchengruppe begann nun auch im Wuppertal jene unendliche Diskus-

22 Stadtarchiv Wuppertal, Sammlung Jugendbewegung, Nachlass Denzel, Mappe I.

23 Zit. in: Wandervogel am Rhein, 5. Jg. (1914), Heft 2, S. 8-12: Hans Heeren: Das Elberfelder Landheim.

24 Zit. nach Herta Denzel: Jugendbewegung ... in Barmen und Elberfeld. Ein Erfahrungs- und Erlebnisbericht (1987), MS, S. 3; Stadtarchiv Wuppertal, Nachlass Denzel.

25 S. dazu die hektographierte Zusammenstellung von Werner Denzel: „Wandervogel" (Stadtarchiv Wuppertal, Nachlass Denzel) sowie den Bericht von Ilse Lorenz: Ortsgruppe Barmen im Bund Deutscher Wanderer, MS, S. 3 ff., Archiv der deutschen Jugendbewegung Burg Ludwigstein, A2-16/16.

26 Wie Anm. 23, S. 10; erstmalige Erwähnung der Mädchengruppe in: „Wandervogel", 6. Jg. (1911), S. 259 (Fräulein P. Herkenberg, Lenneper Str. 33).

sion,[27] die die gesamte Geschichte der stark männerbündlerisch geprägten Jugendbewegung noch bis weit in die Zeit der Bundesrepublik hinein immer wieder erschüttern sollte: Wie halten wir es mit den Mädchen? Nach vielerlei Vorgeplänkel war die Problematik in voller Breite seit einem berühmt gewordenen Artikel im *Wandervogel* zur Sprache gekommen, den Hans Breuer, der Schöpfer des *Zupfgeigenhansl*, unter dem Titel „Das Teegespräch“ im Februar 1911 veröffentlicht hatte.[28] Es handelte sich dabei um den fiktiven Dialog eines Befürworters und eines Gegners des gemeinsamen Wanderns von Jungen und Mädchen. Nach einem gewaltigen Aufgebot an Argumenten pro und kontra lautete Breuers Fazit schließlich: „Die seichte Gleichmacherei, welche das Mädchenwandern mit Gewalt in das Bubenschema hineinpressen will, soll keine Heimat bei uns finden! Der Wandervogel, so wie er kam und wurde, war eben ein Bubengewächs.“[29] Dass auch im Wuppertal die Mädchenfrage heiß debattiert wurde, zeigen verschiedene Artikel im Gaublatt, von denen einer folgendermaßen beginnt:

> „Einst gab es keine wandernden Mädchen im Wuppertal, da konnte man also auch keine gemeinsamen Fahrten und Liederabende machen. Und dachten unsere Jungen mal an gemeinsames Wandern, wie man es sich entsetzt vom damaligen D.B. erzählte, dann schien ihnen die Aussprache dieses Gedankens schon fast ein Verbrechen. Und dann kamen die Mädchengruppen, auch unsere Elberfelder ward gegründet. Siehe, nun ging durch den ganzen Gau *ein* Entrüstungsschrei: Wir wollen *nie* gemeinsam wandern! Und heute? Freilich, das Verbot besteht; fragt man sich nur, wie lange noch! Denn es ist ein offenes Geheimnis: Es gibt derer auch in unserm Gau, die zusammen wandern.“[30]

Tatsächlich waren und blieben Mädchen an vielen Aktivitäten der Wuppertaler Wandervogelgruppen beteiligt. Beklagt wurde jedoch die fehlende Selbständigkeit der Mädchen; sie seien zu schnell „unter die Vormundschaft der Jungens“ geraten. Für beide Seiten hätten sich gemeinsame Veranstaltungen oft als „unheilvoll“ herausgestellt: Die Mädchen seien noch unselb-

---

27 In den letzten Jahren sind die Rolle der Mädchen in der Jugendbewegung und die Geschichte von Mädchenbünden intensiver untersucht worden. Dabei sind auch die Etappen dieser Debatte und die Argumente klarer geworden; s. z.B. den Band 15 (1984/85) des Jahrbuchs des Archivs der deutschen Jugendbewegung, der diesem Thema gewidmet ist (Beiträge von M. Musial, R. Schade, J. Klönne, M. de Ras, S. Bias-Engels und M. Naujoks). S. zuletzt Irmgard Klönne: „Ich spring' in diesem Ringe“. Mädchen und Frauen in der deutschen Jugendbewegung, Pfaffenweiler 1990.

28 Hans Breuer: Das Teegespräch, in: Wandervogel, 5. Jg. (1911), S. 31-38. Zu Breuer s. Heinz Speiser: Hans Breuer – Wirken und Wirkungen, Burg Ludwigstein 1977.

29 Breuer, Teegespräch (s. Anm. 28), S. 37 f.

30 Wandervogel am Rhein, 5. Jg. (1914), Heft 2, S. 16, hieraus S. 16 f. auch die folgenden Zitate. Mit D.B. ist der Wandervogel-Deutscher Bund gemeint.

ständiger geworden, als sie bereits waren, und die Jungen hätten über das viele Singen und Tanzen das Wandern vergessen, wörtlich: Sie „wurden weichlich und weibisch bei dem vielen Gesing und Gehops". Man habe das zwar „stolz den natürlichen, ungezwungenen Verkehr der Geschlechter" genannt, doch das Wesen des Wandervogels drohe dabei auf der Strecke zu bleiben: „Wir wollen ganze Kerle im Wandervogel erziehen, keine Waschlappen! Darum fort mit der ewigen Hopserei!" Ein Fazit der Debatte lautete schließlich angesichts der Gründung einer eigenen Mädchengruppe (über deren Eigenleben leider keine Unterlagen aufzufinden waren): „Die Grundbedingung für die gemeinsame Arbeit ist volle Selbständigkeit im Denken und Tun jeder Gruppe und der Wille zur gegenseitigen Erziehung!"[31]

Inzwischen hatten sich im Sommer 1912 die größten Teile des Altwandervogels und des Wandervogels-Deutscher Bund nach einem Bundestag in Marburg und vielerlei hitzigen Debatten zum Wandervogel e.V. zusammengeschlossen,[32] dem sich von nun an auch die Wuppertaler zurechneten. Ältere von ihnen, die aus dem Wandervogel herausgewachsen waren, wie z.B. Walter Hammer, bildeten eine Ortsgruppe des von Hermann Popert und Hans Paasche im September 1912 gegründeten Deutschen Vortrupp-Bundes, der das Ziel verfolgte, alle deutschen Lebensreformbestrebungen zusammenzufassen, um „jeden deutschen Volksgenossen gesunder, tüchtiger, willensstärker zu machen und dadurch den kommenden Geschlechtern bessere Lebensbedingungen zu schaffen"[33]. Nationalistische Kreise verdächtigten übrigens 1913 die Vortrupp-Leute der Nähe zur Sozialdemokratie, nicht zuletzt deshalb, weil sie ein distanziertes Verhältnis zum pathetischen und säbelrasselnden Patriotismus des Wilhelminischen Deutschland zur Schau trugen.[34]

Inzwischen legten die nun in größerer Zahl bestehenden bergischen Wandervogelgruppen immer mehr Wert auf überörtliche Treffen und öffentliches Auftreten: Hatte im März 1911 bereits ein erster „Bergischer Wandervogeltag" an der Bevertalsperre mit 72 Teilnehmern stattgefunden,[35] so fiel das nächste Treffen vom 7. bis 9. September 1912 auf Schloss Burg bereits sehr viel größer aus, zumal auch die Wandervögel vom Niederrhein eingeladen

31 Ebd. (im Original gesperrt gedruckt).

32 Vgl. hierzu Dokumentation II (s. Anm. 3), S. 113 f.

33 Zu Popert und Paasche ebd., S. 1044 f.; zum Vortrupp ebd., S. 559 ff.; eine Selbstdarstellung ist abgedruckt in: Winfried Mogge/Jürgen Reulecke (Hg.): Hoher Meißner 1913. Der Erste Freideutsche Jugendtag in Dokumenten, Deutungen und Bildern, Köln 1988, S. 108-110.

34 Ebd., S. 337 (Zitat aus den Hamburger Nachrichten vom 14.10.1913).

35 Wandervogel, 6. Jg. (1911), S. 132.

waren: Rund 600 Wandervögel erschienen zum „2. westdeutschen Wandervogeltag“ und debattierten die Entwicklung des Wandervogel; vor allem aber sangen und tanzten sie, kochten ab und sammelten sich am dritten Tag zum „großen Kriegsspiel“.[36] Den Auftakt beschrieb damals ein Teilnehmer folgendermaßen:

„Und nun zogen sie heran, Horde auf Horde, dicke lebenslustige Rheinländer aus den weinfrohen Städten vom Niederrhein, Aachener Mädel und Krefelder Burschen mit den unvermeidlichen Bänderbüscheln und Federn, die alles bisher Dagewesene ausstachen. Barmer mit grün-rot-goldnen Fahnen von unvergleichlicher Pracht und Größe, dann zog Brügmann an mit seinen Dortmundern. ‚So fast as Dürten‘ stand auf ihrer Fahne. Und aus Bielefeld sogar war eine große gemischte Horde erschienen, die tanzte sogleich im Schlosshof ihre Volkstänze und ließ es regnen, was es mochte. So ließ sich alles gut an.“[37]

Dass es aber bei genauerem Hinsehen neben Licht auch viel Schatten gab, unterschlug der Beobachter keineswegs. Die Diskussionen charakterisierte er mit dem Wort „Pennälertum“: „Unklarheit, Unerfahrenheit, hohe und feste Prinzipien, dabei eine solche Unaufmerksamkeit, dass jedesmal, wenn die Tür aufging, alle Köpfe hinflogen und erst zurückkehrten, wenn ein besonderes Machtwort fiel.“ Und manchen „alten großstädtischen Gruppen“ machte er den Vorwurf, sie neigten inzwischen bei ihren musikalischen Auftritten „zu Pose und Sentimentalität“. Hier zeigt sich ein selbstkritischer, oft fast nörglerischer und gelegentlich auch zänkischer Zug mancher Wandervögel, der neben dem rauschhaften Erleben von Fahrt, Gruppengemeinschaft und Lied gewissermaßen die andere Seite der Medaille darstellte: das Messen der Realität am allzu hehren Wollen, das Missionarische, das beständige Grübeln über recht wolkige Ziele und die Enttäuschung dann über alltägliches Ungenügen, das betont elitäre Absetzen von trivialen Formen und Ähnliches. Kurt Tucholsky hat später diese Eigenschaft von Jugendbewegten böse als „Seelenrummel“, „Organisationswut“, „Gruppenspielerei“ und letztlich als „Selbstzweck“ bezeichnet.[38] Und tatsächlich lautet ja einer der Hauptvorwürfe gegen die gesamte deutsche Jugendbewegung vor dem Dritten Reich, sie habe sich zu sehr mit sich selbst beschäftigt, sie sei politisch unreif geblieben und habe dabei das politisch-gesellschaftliche Alltagsgeschäft verachtet, sodass dann 1933 große Teile von ihr widerstandslos, in vielen Fällen sogar mit fliegenden Fahnen zum Nationalsozialismus überge-

36 Ebd., 7. Jg. (1912), S. 253 f. und S. 282 ff.
37 Ebd., S. 282.
38 In: Die Weltbühne, Jg. 1926, 1. Hj., S. 966-969, 2. Hj. S. 855-857 (Ignaz Wrobel).

wechselt seien.[39] Dass dies ein allzu pauschaler Vorwurf ist, der viele andere Aspekte, vor allem die kulturhistorische und lebenslaufprägende, das heißt mentalitätsgeschichtliche Bedeutung der deutschen Jugendbewegung im zwanzigsten Jahrhundert unterschlägt, zeigt allerdings allein schon ein Blick auf jene Impulse, die von den drei wohl bedeutendsten Wuppertaler Wandervögeln ausgegangen sind, allen voran von Walter Hammer-Hösterey, aber auch von Hanns Heeren und Hugo Hartnack. Humanes Streben und – wie könnte es anders sein – zeittypische Irrungen und Wirrungen standen dabei dicht nebeneinander.

Hugo Hartnacks Beitrag zur deutschen Jugendbewegungsgeschichte wirkt auf den ersten Blick etwas trivial: Er war der Verfasser des ersten Wandervogelkochbuchs; es erschien im Sommer 1909 und kostete 35 Pfennig.[40] Doch wenn man bedenkt, welch wichtige, geradezu strategische Bedeutung das so genannte Abkochen auf Fahrt für die Wandervogelhorde besaß, dann hatte Hartnacks Büchlein einen immens innovatorischen Charakter. Zwei Punkte, so begann Hartnack einen programmatischen Beitrag in der Zeitschrift *Der Wandervogel* im August 1909,[41] unterschieden die Wandervögel von allen anderen zeitgenössischen Wanderbewegungen: Scheunenschlafen und Selbstkochen! Vor allem das Selbstkochen in freier Natur, das heißt der Beweis, auch unter schwierigen Bedingungen fern vom großstädtischen Familienherd ein schmackhaftes und kräftigendes Essen selbst herstellen zu können, symbolisierte für die Jungenhorde Unabhängigkeit und kollektive Problemlösungsfähigkeit. Bereits Lorenz hatte in seinem oben zitierten Artikel in der Barmer Zeitung[42] über die Brockenfahrt Hartnacks die zentrale Bedeutung dieses Elements des Gruppenlebens hervorgehoben und dabei die erzieherischen Folgen der Aufteilung der Gruppe in so genannte Kochfamilien von je drei Mann gerühmt: Unter Anleitung und Aufsicht des Leiters führe das gemeinsame verantwortungsvolle Feuermachen, Wasserholen, Kochen, Geschirrputzen usw. bei den verwöhnten Stadtkindern zum Ordnunghalten und Rücksichtnehmen, zur Bereitschaft zum Gehorsam, zu Selbstdisziplin und Höflichkeitwahren sowie zum Schutz der Umwelt. Dass außerdem Überlegungen zur Nährkraft und Gesundheit des Essens eine Rolle spielten, liegt ebenso auf der Hand wie das Argument,

39 S. dazu Jürgen Reulecke: Hat die Jugendbewegung den Nationalsozialismus vorbereitet? Zum Umgang mit einer falschen Frage, in: Wolfgang R. Krabbe (Hg.): Politische Jugend in der Weimarer Republik, Bochum 1993, S. 222-243. S. im vorliegenden Band S. 151-176.

40 S. das Inserat in: Wandervogel, 4. Jg. (1909), S. 179.

41 Ebd., S. 163 f.

42 S. Anm. 13.

eine gute Kochkunst auf Fahrt mildere die Befürchtungen der Eltern, besonders der Mütter, ihr Sohn könne unterwegs verhungern, weil „es mit dem Selbstkochen nichts sei". Wenn die Eltern dann auch noch erführen, dass man beim Scheunenschlafen keineswegs erfrieren müsse oder von Ratten und Mäusen angefallen werde, ließen sie den sonst so behüteten Knaben wohl eher auf Fahrt gehen. Alle diese Argumente finden sich auch in einem Aufsatz, den Hartnack 1911 unter dem Titel „Typische Wandervogelfahrt" im *Königsberger Anzeiger* veröffentlichte.[43] Übrigens hat sich der Elberfelder auch noch zweimal an anderen Orten als Gründer von Wandervogelgruppen betätigt: an seinen Studienorten Hannover 1908/09 und anschließend in Wien.[44] Hier und danach in Berlin studierte er Tiermedizin und Zoologie, nahm dann am Ersten Weltkrieg teil und wurde nach Kriegsende Assistent am Berliner Kaiser-Wilhelm-Institut, ehe er 1925 in die USA auswanderte und schließlich an der Universität Tacoma/Staat Washington eine Professur erhielt.

Während Hartnack im Grunde nur ein Jahr den Wandervogel im Wuppertal beeinflusst hat, hat *Hanns Heeren*, geb. 1893 in Hannover, seit Ende 1907 bis zum Ersten Weltkrieg die Wuppertaler Wandervogelentwicklung von ihren Anfängen an miterlebt und zunehmend mitgestaltet.[45] Als gelernter Bibliothekar lagen seine Neigung und damit auch seine Bedeutung für die Jugendbewegung sehr stark im musisch-künstlerischen Bereich: Er war Dichter, Lautensänger und Komponist, Kunstsammler und Herausgeber von Liebhaberdrucken. In der Gauzeitschrift *Wandervogel am Rhein* findet sich eine Fülle von Artikeln aus seiner Feder. Das auf den Fahrten entdeckte „alte Volksgut", so schreibt er selbst, habe ihn immer mehr zum systematischen Suchen angeregt.[46] Ein erstes Ergebnis seines Suchens war sein *Rheinisches Liederblatt*, eine Sammlung von niederrheinischen Volksliedern, erschienen 1913.[47] Weitere Liederbücher folgten, wobei er später viele Hermann Löns-Gedichte vertonte und herausgab; eine Reihe von sehr bekannten Vertonungen stammt von ihm.[48] Das *Rheinische Liederblatt* gilt neben

43 Dokumentation II (s. Anm. 3), S. 129 f.

44 Dazu Ziemer/Wolf (s. Anm. 6), S. 294, und Dokumentation II (s. Anm. 3), S. 1056.

45 Zu Heeren s. Hinrich Jantzen: Namen und Werke. Biographien und Beiträge zur Soziologie der Jugendbewegung, Bd. 1, Frankfurt a.M. 1972, S. 119-122; s. auch Hanns-Gerd Rabe: Der Leutnant mit der Laute, in: Ziemer/Wolf (s. Anm. 6), S. 528-530.

46 Zit. ebd., S. 529.

47 S. das Inserat in „Wandervogel am Rhein", 4. Jg. (1913), Heft 5, S. 3.

48 Z.B. „Auf der Lüneburger Heide", „Am Heidberg geht ein leises Singen"; das „Lönsliederbuch" von 1917 kam auf eine Auflage von weit über 100 000 Exemplaren (s. Rabe, wie Anm. 45, S. 529).

dem *Westfälischen Liederblatt*, herausgegeben von Karl Brügmann und Wilhelm Rittinghaus 1913, und insbesondere dem Breuerschen *Zupfgeigenhansl* (1. Auflage 1910) als „das Bedeutendste, was der Wandervogel vor 1914 an musikalischem Liedgut der singenden Jugend schenkte"[49]. Dabei ging es Heeren weniger um ein fachliches Ziel, sondern um eine sorgfältige Überlieferung von Text und gut singbarer Melodie, zu der er meist einen stilgerechten Lautensatz hinzugab. Im Grunde war er darauf aus, mit Hilfe von Lied und Kunst die oft rauhbeinigen Wandervogelhorden zu höheren Formen der Kultiviertheit im Sinne einer „Veredelung" zu führen und gegen das leichtfertige und oberflächliche Herumklimpern auf der Klampfe zu Felde zu ziehen. So lautete denn sein Programm – etwas pathetisch im Ton der Zeit (1914):

> „Wie fingen wir das Singen an? Erst war's ein Mittel, uns den Weg zu kürzen, und heute pflegen wir das Lied um seiner Schönheit willen ... Die allmähliche Erkenntnis von Schönheit und Reinheit ist es, die unser Wandern ausgestattet, bereichert hat und weiterhin bereichern wird und muss. Es ist das Streben, das Gute und Feine um seiner selbst, nicht um eines bestimmten Zweckes willen zu pflegen." [50]

Im Ersten Weltkrieg war Heeren ab 1917 Flieger an der Front und blieb auch später noch begeisterter Sportflieger. Zunächst Bibliothekar in Elberfeld und Düsseldorf wurde er 1930 Mitinhaber einer Textilfabrik in Herford. Er war Kunstsammler (vor allem Kunst des Weltkriegs 1914–1918 und Gebrauchsgrafik) und betätigte sich immer wieder als Herausgeber sowie als Autor von Aufsätzen über einzelne Künstler seiner Zeit von A. Kubin bis A. Paul Weber. Am 13. Juli 1964 ist Heeren in Winterberg gestorben.

Der dritte und wohl mit Abstand bedeutendste frühe Wandervogel aus Elberfeld war *Walter Hösterey alias Walter Hammer*. Wenn man will, dann ist er eine der relativ wenigen Persönlichkeiten aus der deutschen Jugendbewegung, die ihre Ideale und Erfahrungen aus ihrer Jugendzeit konsequent in gesellschaftliches und vor allem politisches Engagement umzusetzen versucht haben – dies in einer Weise, dass Erich Lüth im Jahre 1969 anlässlich der Eröffnung einer Ausstellung über ihn im Wuppertaler Haus der Jugend uneingeschränkt sagen konnte: „Walter Hammer gab uns allen, auch der Jugend, ein wunderbares Beispiel."[51] Und Walter Tormin schrieb noch 1988 aus Anlass des Geburtstags von Hammer vor 100 Jahren: „Er setzte sich in

---

49 Rabe (s. Anm. 45), S. 529.

50 Hanns Heeren: Touristenverein? – Kulturbund? in: Wandervogel am Rhein, 5. Jg. (1914), S. 18.

51 Erich Lüth: Gedenkworte, in: Jahrbuch des Archivs der deutschen Jugendbewegung, 3. Bd. (1971), S. 106-111, Zitat S. 111.

seinen Publikationen stets entschieden und sehr bewusst für die deutsche Republik ein und bemühte sich, die Jugend im demokratischen und pazifistischen Geist zu erziehen. Es ist nicht seine Schuld, dass dieses Bemühen letztlich scheiterte, und er hat nach dem Scheitern dem dann herrschenden Ungeist tapfer widerstanden und dafür schwer leiden müssen."[52] Das wechselvolle Lebensschicksal dieses mutigen Mannes, der nach zeitweiliger Schutzhaft 1933 und anschließender Emigration dennoch in die Hände der Nazis fiel und 1942 wegen „Vorbereitung zum Hochverrat" zu fünf Jahren Zuchthaus verurteilt wurde, lässt sich hier nicht darstellen.[53] Als er am 9. Dezember 1966 78-jährig in Hamburg verstarb, haben seine Freunde spontan einen Walter-Hammer-Kreis gegründet, der sein geistiges Erbe pflegen sollte und 1981 einen voluminösen Band herausgab, der vor allem einen teilweisen Nachdruck von Hammers wichtigster Zeitschrift *Junge Menschen* (1920-1927), aber auch eine Würdigung seines Lebenswerkes sowie der Jugendbewegung insgesamt enthält.[54] Hier interessiert sein Wirken im Wuppertal vor dem Ersten Weltkrieg, wo er am 24. Mai 1888 in Elberfeld als Sohn eines bekannten Brezelbäckers geboren wurde und 1907/08 als schon fast 20-Jähriger über Hugo Hartnack zum Wandervogel fand. Zu diesem Zeitpunkt hatte er als überzeugter Nietzsche-Anhänger bereits ein Buch veröffentlicht: *Wir Kinder Gottes. Betrachtungen über wahres Christentum* (1906).[55] Sein Pseudonym Walter Hammer entlieh er Nietzsches Schrift *Götzen-Dämmerung oder Wie man mit dem Hammer philosophiert* und blieb dann lebenslang bei diesem Namen. Zwei weitere Bücher über Nietzsche folgten 1910 und 1914, außerdem Bücher über den Vegetarismus 1912 und 1915 sowie über den Wintersport 1911, 1912, 1913 und 1914. Als noch nicht 27-Jähriger hatte der rührige Schriftsteller also bereits über zehn Bücher publiziert, wenn man auch noch einen Band *Wuppertaler Satiren* (1910) und eine Kampfschrift gegen die Generalanzeiger-Presse (1911) hin-

52 Walter Tormin: Walter Hammer und der Freideutsche Jugendtag 1913, in: Freiheit und Recht, Jg. 34 (1988), Nr. 3, S. 17.

53 S. dazu Jantzen, Bd. 1 (s. Anm. 45), S. 107-114; vor allem Walter G. Oschilewski: Stimme des neuen Jugendwillens. Walter Hammers Leben und Werk, in: Junge Menschen. Eine Zeitschrift in faksimilierter Auswahl (Quellen und Beiträge zur Geschichte der Jugendbewegung, Bd. 24), Frankfurt a.M. 1981, S. X-XXIII; s. auch Gerhart Werner: Walter Hammer 1888-1966, in: Wuppertaler Biographien, 7. Folge, Wuppertal 1967, S. 47-55.

54 S. dazu die genaueren bibliografischen Angaben in Anm. 53.

55 Vgl. Werner (s. Anm. 53), S. 69.

zurechnet.[56] Darüber hinaus war er vielseitig journalistisch tätig, bis er 1915 an die Westfront eingezogen wurde. Dort blieb er bewusst Gefreiter und verzichtete auf jede Art von Aufstieg.[57] Nach dem Krieg gründete er den Fackelreiter-Verlag (zunächst in Werther bei Bielefeld, dann in Hamburg und schließlich Berlin), gab mit Knud Ahlborn seit 1920 die Zeitschrift *Junge Menschen* heraus, das wohl anspruchsvollste und politisch reifste Periodikum aus dem Geist der Jugendbewegung in der Weimarer Republik, und engagierte sich politisch als Mitbegründer der linksbürgerlich-demokratischen Republikanischen Partei Deutschlands (RPD), für die er auch 1924 bei der Reichstagswahl – erfolglos – kandidierte.[58]

Obwohl Hammer offenbar von vornherein dabei war, taucht sein Name in den Elberfelder Wandervogelquellen erst 1913/1914 auf, als er bereits Sprecher der Elberfelder Vortrupp-Gruppe (s.o.) war. In diesen beiden Jahren betätigte er sich dann allerdings nicht nur publizistisch äußerst rege, sondern engagierte sich in heftigen Kontroversen und organisierte große Aktionen. Ein erstes Feld seiner Aktivität war die Propagierung des Wintersports. Wie ein Teil seiner Bücher beweist, gehörte Hammer zu denjenigen, die vor dem Ersten Weltkrieg das Skilaufen in Deutschland publik machten. Für ihn waren Wandervogel und Wintersport ein „Geschwisterpaar", weil beide den Weg zu „veredeltem Lebensgenuss" wiesen und neuen Lebensinhalt vermittelten.[59] In diesem Kontext entwickelte er nun ein Konzept, das die Argumentationsbreite der zeitgenössischen Lebensreform umfassend mit einbezog: Sein Kampf richtete sich gegen das „weichliche Genussleben"; sein Ziel war, dass „der Deutsche ... männlich hart, sehniger, kräftiger" werde. Dabei solle sich der Wandervogel vor jeder „billigen Effekthascherei hüten". Hammer kritisierte scharf jede bunte, auffällige und unzweckmäßige Kleidung, zudem wichtigtuerisches Gebahren und großspuriges Reden; stattdessen wollte er „männliche Einfachheit in Einklang mit sportlichem Ernst". Ähnliche Grundgedanken bestimmen auch einen Fahrtenbericht, in dem er den echten Wandervogel vehement von den „Touristen" einerseits, von „zuchtlosen Banden zuweilen laut johlender Burschen und Mädchen"

56 S. die Bibliografie bei Jantzen, Bd. 1 (s. Anm. 45), S. 109 f., und in „Junge Menschen" (s. Anm. 53), S. XXIV.

57 Oschilewski in „Junge Menschen" (s. Anm. 53), S. XI.

58 Ebd., S. XVII, zu dieser Partei s. die Kurzdarstellung von Irmgard Weber in: Handbuch „Die bürgerlichen Parteien in Deutschland", Bd. II, Leipzig 1970, S. 631 f.

59 Walter Hammer: Wandervogel-Wintersport, in: Wandervogel am Rhein, 4. Jg. (1913), Heft 1, S. 2-4, hierher stammen auch die folgenden Zitate.

andererseits abgrenzt.[60] Ihm ging es um eine neue Lebensart und um „Kulturarbeit“, das heißt um die Schaffung einer „vorbildlichen Jugendkultur“.

Worin dieses neue Jugendleben bestehen sollte, führten die Wuppertaler Wandervögel und Walter Hammer mit seiner Vortruppgruppe der „Jugend des Bergischen Landes“ durch ein großes „Maifest“ am 24. Mai 1914 „zu Erbslöh, nicht weit vom Barmer Lichtenplatz entfernt“ vor.[61] Vielleicht hat dabei das Erlebnis des Treffens auf dem Hohen Meißner, an dem auch Walter Hammer teilgenommen und bei dem vor allem der Pädagoge Gustav Wyneken seine Vorstellungen von „Jugendkultur“ vorgestellt hatte,[62] eine impulsgebende Rolle gespielt. Der entsprechende Werbetext – ganz im Ton der Zeit als Ansprache an die damalige Jugend – lautete unter der Überschrift „Gefällt Dir unser Leben?“:

„So hast Du Jungvolk mit uns gelacht, gesungen und gesprungen. Und hat es Dir bei uns gefallen, so wisse: Wir sind alleweil ein lustiges Völkchen, und auch auf unseren Fahrten geht's so frischfröhlich zu. Hast Du Freude an der Wandervogelart, so wie sie sich in bunter Lebhaftigkeit vor Dir entfaltet hat, möchtest Du mit uns so leben und walten – so magst Du Anschluss an eine Ortsgruppe des Wandervogels suchen, sofern Du höherer Schüler bist. Allerdings ist man sehr wählerisch bei der Aufnahme; andererseits sind aber wirklich tüchtige Kerls mit rechter Wandervogelgesinnung stets herzlich willkommen.“

Das Programm mit Bauerntänzen und Reigen, Theateraufführungen, Burlesken, Lagerzirkus und vor allem Liedvorträgen stand ganz im „Gegensatz zum ordinären Kirmestrubel“; es sollte der „Veredelung“ und „Vertiefung“ dienen und dazu beitragen, dass wieder „ein kräftiges Volkstum, herzliche Lebensfreude und herzhaftes Schaffen gedeihen können“. Und seinen Aufruf, an der „Wiedergeburt unserer Volkskraft (zu) arbeiten“, schloss Walter Hammer mit folgendem „Festgruß“ des Düsseldorfer Dramaturgen und Schriftstellers Herbert Eulenberg (1876–1949) ab, das dem Treffen auf dem Hohen Meißner gewidmet war und anschließend in einigen Zeitungen bereits für Furore gesorgt hatte:[63]

---

60 Walter Hammer: Was Wandervögel erleben, in: Spiel und Sport (= Beilage der Neuesten Nachrichten für Elberfeld-Barmen), Nr. 8, 24. August 1913, S. 2; Hammer verband diesen Artikel mit der Werbung um Spenden und Hilfen zur Beschaffung eines „Stadtheimes“ für die Elberfelder Wandervögel.

61 Gedrucktes mehrseitiges Einladungsblatt mit dem Titel „Erstes Maifest“, Nachlass Hilde Müller (Sammlung Jugendbewegung), Stadtarchiv Wuppertal.

62 S. dazu Mogge/Reulecke (s. Anm. 33), S. 293-301; vgl. auch die Broschüren von Gustav Wyneken: Was ist Jugendkultur? München 1913, und: Die neue Jugend, München 1914, 4. Aufl. 1919.

63 Abgedruckt auch in Mogge/Reulecke (s. Anm. 33), S. 145; zur Presseresonanz s. ebd. S. 400, Anm. 12.

Ich grüße die Jugend, die nicht mehr säuft,
Die Deutschland durchdenkt und Deutschland durchläuft,
Die frei heranwächst, nicht schwarz und nicht schief.
Weg mit den Schlägern, seid wirklich „aktiv“,
Das Mittelalter schlagt endlich tot!
Ein neuer Glaube tut allen not.
Bringt Humpen und Säbel zur Rumpelkammer,
Verjagt den Suff samt dem Katzenjammer
Und alles, was Euch verfault und verplundert!
Auf, werdet Menschen von unserm Jahrhundert!

In zwei weiteren Initiativen Hammers aus dem Jahre 1914 zeigen sich dann in ganz besonderer Weise seine „Unbeirrbarkeit und Geradheit“[64]. Zum einen zog er scharf gegen den wachsenden Antisemitismus in Teilen des Wandervogels zu Felde und attackierte dabei besonders den Herausgeber der *Wandervogel Führerzeitung* Friedrich Wilhelm Fulda; dieser habe sich nicht gescheut, „antisemitische Hetzer' auf unsern armen Wandervogel loszulassen“[65]. Vor allem die Reklame Fuldas für eine Bücherreihe, vermutlich des Autors Willibald Hentschel, die – so Hammer – „mit widerlichem Sexualklatsch für den Antisemitismus hausieren (gehe)“[66], empörten den Elberfelder Vortrupp-Mann. Hinterher scharf gescholten von anderen Wandervögeln,[67] bezog er also klare Position in jenem Streit, der durch das so genannte „Zittauer Ereignis“ im Wandervogel ausgelöst worden war.[68] In Zittau war ein Mädchen 1913, weil es Jüdin war, mit der Begründung aus einer Wandervogelgruppe ausgeschlossen worden, der Wandervogel sei eine deutsche Bewegung und könne deshalb keine Juden gebrauchen.[69] Dagegen vertraten andere Wandervogelkreise und vor allem der Vortrupp die Auffassung, es gehe um die Heranbildung guter, sich ihrer Verantwortung bewusster Menschen ohne Ansehen ihrer Herkunft: „Ein jeder Jude, den ehrliches Wollen mit uns eint, sei uns willkommen.“[70] Dies war auch Walter Ham-

---

64 Werner (s. Anm. 53), S. 47.

65 Wandervogel am Rhein, 5. Jg. (1914), Heft 6, Rezension.

66 Ebd. („Eine Warnung“); s. z.B. die Inserate für verschiedene Hentschel-Bücher in: Wandervogel Führerzeitung, Heft 11, Oktober 1913, S. 223 f.

67 So z.B. von einem Hannes Graeber aus Hochemmerich/Crefeld in Heft 8, 5. Jg. (1914) von „Wandervogel am Rhein“.

68 Vgl. dazu ausführlich Andreas Winnecken: Ein Fall von Antisemitismus. Zur Geschichte und Pathogenese der deutschen Jugendbewegung vor dem Ersten Weltkrieg, Köln 1991, S. 45 ff.

69 Ebd., S. 45.

70 Zit. ebd. S. 80 (Königsberger Wandervögel mit Bezug auf den Vortrupp).

mers Meinung, die er unter anderem in einem Flugblatt vom März 1914 nachdrücklich unterstrich.[71]

Reichsweit versuchte Walter Hammer als guter Patriot dann Anfang August 1914 sofort nach Kriegsausbruch die jüngeren Wandervögel für den Einsatz an der sogenannten „Heimatfront" zu begeistern. Da viele Männer aus der Landwirtschaft zur Front eingezogen worden waren, war nämlich die Ernte in Gefahr. Hier konnte nun der Wandervogel seine Tatkraft und Einsatzfreude unter Beweis stellen: „In dieser schweren Zeit wollen wir zeigen, dass der Wandervogel pflichtbewusste, leistungsfähige Kerls hervorbringt, die, wenns nottut, kräftig mit in die Speichen greifen."[72] In einem „Aufruf an die deutsche Jugend" warb Hammer für die Meldung als freiwilliger Erntearbeiter und organisierte den Einsatz in Elberfeld. Der Erfolg – über 700 Meldungen in den ersten Tagen – war überwältigend und beruhte wohl auch auf dem Kriegsrausch und dem Handlungsernst, die praktisch die gesamte deutsche Bevölkerung Anfang August beherrschten. Nach einer Woche wurde die Initiative jedoch in der Form, dass Schüler für einige Tage ins Nieder- oder Oberbergische, ins Sauerland und in die Eifel geschickt wurden, abgebrochen. Da durch den Kriegsausbruch viele Betriebe stillstanden und Arbeiter entlassen wurden,[73] gab es genügend Arbeitslose, vor allem auch Familienväter, die als Erntearbeiter vermittelt werden konnten. Die von Walter Hammer gegründete Vermittlungszentrale wandelte sich also sehr schnell zum Arbeitsnachweis für Erntehelfer und wurde am 7. August dem Städtischen Arbeitsnachweis angegliedert.[74] Da nach kurzer Zeit alle gemeldeten Arbeitsstellen auf dem Lande besetzt waren, wurde schließlich die Hilfsaktion beendet. In einem Bericht vom 18. August nannte Walter Hammer einige bezeichnende „Lehren", die er aus seinen Erfahrungen mit dieser turbulenten Woche gezogen hatte, so zum Beispiel:

„Auf Jungen unter 14 Jahren und weibliche Hilfskräfte unbedingt verzichten; sich selbst bei den höheren Schülern über ihren Charakter vorher bei den Direktoren erkundigen (bei Wandervögeln überflüssig); die Bauern zu Gegenleistungen verpflichten."[75]

---

71 Flugblatt „Blutenden Herzens ..." von Anfang März 1914, in: Nachlass Hammer 49, Archiv der deutschen Jugendbewegung, Burg Ludwigstein.

72 Ebd. Nachlass Hammer 51: Erntehilfe-Aktion des Wandervogels Elberfeld, hier: Denkschrift vom August 1914, S. 1 (Ms).

73 S. dazu die Dissertation des Verf.: Die wirtschaftliche Entwicklung der Stadt Barmen von 1910 bis 1925 (Bergische Forschungen, Bd. X), Neustadt/Aisch 1973, bes. S. 37 ff.

74 Denkschrift vom August 1914 (s. Anm. 72), S. 6.

75 Ebd.

Hammer fühlte sich aber auch weiterhin aufgerufen, seine Erfahrungen vor allem als Vegetarier den Menschen an der Heimatfront zu vermitteln: Er hielt, bis er 1915 eingezogen wurde, Vorträge und veröffentlichte eine *Elberfelder Kriegspost*, in der er Empfehlungen für den „Kriegsdienst in Haus und Garten" gab,[76] darunter selbst eine solch triviale, man solle besser kauen, weil man dadurch den „Nahrungsmittelbedarf um ein Drittel und mehr herabsetzen" könne. Insgesamt kann man wohl Gerhart Werner zustimmen: „Walter Hammer bekannte sich zur inneren Disziplinierung des deutschen Volkes, wenn auch immer unter Zuhilfenahme der Parole der Lebensreform, und tat seine Pflicht als Soldat, wie es auch die Sozialdemokraten taten"[77] – diesen neigte er dann später, in der zweiten Hälfte der Weimarer Republik, immer mehr zu. Willy Brandt schrieb z.B. 1958: „Ich bin froh, dass ich im Kreise derer sein darf, die Walter Hammer Dank sagen für alles, was er uns gewesen ist."[78]

Hugo Hartnack, Hanns Heeren und Walter Hammer sind wohl das in ganz besonderer Weise vorzeigbare Kleeblatt, das die Wandervogelbewegung vor dem Ersten Weltkrieg im Wuppertal hervorgebracht hat, doch soll abschließend noch kurz dreier Personen gedacht werden, die ebenfalls aus dem Wuppertal stammen, eine Bedeutung für die Geschichte der frühen Jugendbewegung gehabt, aber nicht hier gewirkt haben.

Gewissermaßen an der Wiege des Wandervogels hat der am 2. April 1882 in Elberfeld geborene *Siegfried Copalle* gestanden, der als Sechzehnjähriger mit seinen Eltern nach Berlin zog und dort just in jene Schule kam, in der der Wandervogel damals entstand: ins Steglitzer Gymnasium.[79] Er war mit dabei, als am 4. November 1901 in einem Hinterzimmer des Steglitzer Rathauses der Verein „Wandervogel. Ausschuss für Schülerfahrten" ins Leben gerufen wurde. Als „Bachant", das heißt als Gruppenführer, nahm er an den meisten frühen Fahrten des Wandervogel unter dem „Oberbachanten" Karl Fischer teil und trat besonders hervor, als er zu Weihnachten 1902 das von ihm geleitete erste Wandervogelorchester vorstellte. Nach Auseinandersetzungen mit Fischer kam es dann 1904 zur Auflösung des „Ausschusses für Schülerfahrten" und zur Gründung des „Steglitzer Wandervogel e.V.", in dem Copalle eine zentrale Rolle spielte: Er sicherte „dem E.V. von Anbeginn die geistige Führung der Bewegung durch bewusste Erzie-

76 Vgl. dazu Werner (S. Anm. 53), S. 51.

77 Ebd.

78 Zitat nach Jantzen, Bd. 1 (s. Anm. 45), S. 113.

79 S. dazu Dokumentation II (s. Anm. 3), S. 42 f.

hung und eine vertiefte Auffassung der Wandervogelideale“[80]. Aber er war gleichzeitig auch Praktiker und entwarf z.B. die erste „Anweisung zur Fahrtenausrüstung“. Im Juni 1905 gab er mit zwei Freunden das erste Wandervogelliederbuch heraus. Nach dem Staatsexamen und der Promotion (1909) ging er als Gymnasiallehrer nach Schweidnitz/Schlesien und führte dort ebenfalls eine Wandervogelgruppe. 1957 ist er ins Bensheim gestorben.

Rudolf Carnap ist ein weiterer Wuppertaler, der an dieser Stelle Erwähnung verdient. Berühmt geworden ist er als Philosoph, als der wohl „begabteste und originellste Angehörige“ des Wiener Kreises moderner Empiristen,[81] der dann nach seiner Auswanderung in die USA im Jahre 1936 Professuren in Chicago, Harvard, Princeton und Los Angeles bekleidete und zu den bedeutendsten Philosophen des 20. Jahrhunderts in den Vereinigten Staaten zählt. Geboren in Ronsdorf am 18. Mai 1891, hat er Ostern 1910 am altsprachlichen Gymnasium in Barmen sein Abitur gemacht.[82] Zur Jugendbewegung hat er bis zu diesem Zeitpunkt offenbar keinen Kontakt gehabt. Das änderte sich aber, als er anschließend in Jena ein Studium der Philosophie und Mathematik begann: Er kam sehr schnell mit dem Sera-Kreis in Berührung, einer Gruppe Jenaer Studenten, die sich um den Verleger Eugen Diederichs scharten. Eng mit dem Wandervogel verbunden, aber dennoch davon unabhängig, ging es den Seraleuten um „Lied, Tanz, Spiel, Gespräch und Theater“ in Nachfolge der Frühromantik.[83] Mit den von ihnen entwickelten neuen Formen der Geselligkeit und des Gesprächs wollten sie einen „aktiven Beitrag zur allgemeinen kulturellen Erneuerung des deutschen Volkes“ leisten.[84] So genannte Vagantenfahrten gehörten mit zu ihrem Programm, und lebensreformerische Prinzipien beherrschten ihre Veranstaltungen, besonders die fantasievollen Feste. Karl Brügmann, der oben schon mehrfach erwähnte Dortmunder Wandervogel, führte in der Anfangsphase 1910/11 die Gruppe, zu der so bekannte Personen wie Herman Nohl, Hans Freyer und Wilhelm Flitner gehörten. Nach einer kurzen Zwischenetappe in

80 Ebd., S. 62.

81 Wolfgang Stegmüller: Hauptströmungen der Gegenwartsphilosophie, Stuttgart 1969, S. 349.

82 Kurzbiografie in Dokumentation II (s. Anm. 3), S. 1050. Der Verf. dankt Herrn Prof. Klaus Goebel, Wuppertal, für mündliche Hinweise und die Einsichtnahme in sein unveröffentlichtes Manuskript „Rudolf Carnap und der Sera-Kreis“.

83 Zum Sera-Kreis s. Dokumentation II (s. Anm. 3), S. 469-483; vgl. auch Mogge/Reulecke (s. Anm. 33), passim, bes. S. 114 f.

84 Meike Werner: „Umsonst leben die Freudigen nicht...“. Walter Fränzel: Ein Lebensbild aus der Jugendbewegung, in: Jahrbuch des Archivs der deutschen Jugendbewegung, Bd. 17 (1988-92), S. 199-230, Zitat S. 216.

Freiburg übernahm Carnap 1913 die Führerrolle und gab dem Kreis festere Formen als „Deutsche Akademische Freischar".[85] In diese Zeit fiel die Vorbereitung des berühmten freideutschen Jugendfestes auf dem Hohen Meißner im Herbst 1913. Am 5. und 6. Juli 1913 trafen sich Vertreter verschiedener jugendbewegter Gruppierungen in einem kleinen Café am Jenaer Marktplatz[86]; neben Diederichs nahmen auch Carnap und Flitner daran teil. Hier fielen alle wesentlichen Entscheidungen, vor allem über den Festort und die Aufgabenverteilung. Carnap übernahm das „Druckamt"[87], möglicherweise so etwas wie das Pressebüro der geplanten Veranstaltung. Die Seraleute lieferten dann zum Fest auf dem Hohen Meißner (10.–12. Oktober 1913) einen ganz besonderen Beitrag: Zweimal führten sie in einem Festzelt Goethes *Iphigenie* unter Mitwirkung Carnaps auf.[88] Anschließend schrieb der damals 22-jährige Carnap an seine Schwester Agnes in Ronsdorf auf einer Postkarte: „Übrigens habe ich in der Aufführung den Thoas gemimt, u. wirklich ists geglückt."[89] Im Ersten Weltkrieg war er dann Soldat an der West- und Ostfront, promovierte nach dem Krieg 1921 in Jena,[90] ging 1926 als Privatdozent nach Wien, wo er dem oben genannten Empiristenkreis angehörte, ehe er dann 1931 einen Ruf an die Karlsuniversität zu Prag auf einen Mathematiklehrstuhl erhielt und 1936 in die USA auswanderte (s.o.). Er starb am 15. September 1970 in Santa Monica bei Los Angeles.

Das dritte Gedenken dient einem fast unbekannten Elberfelder Wandervogel, einem Freund Walter Hammers, der schon früh in die Vereinigten Staaten ging und dort als Besitzer von großen Strumpffabriken sehr reich geworden ist: *Hugo Hemmerich*.[91] Als nach dem Ersten Weltkrieg der Plan

---

85 Dokumentation II (s. Anm. 3), S. 471.

86 S. ebd. das Protokoll dieses Treffens, S. 484 ff., und den Bericht eines Beteiligten (Georg Müller), S. 505-509; s. auch Wilhelm Flitner: Erinnerungen 1889-1945 (Gesammelte Schriften, Bd. 11), Paderborn u.a. 1986, S. 163.

87 Dokumentation II (s. Anm. 3), S. 489.

88 Winfried Mogge: Der Freideutsche Jugendtag 1913: Vorgeschichte, Verlauf, Wirkungen, in: Mogge/Reulecke (s. Anm. 33), S. 47.

89 Postkarte, undatiert, an die Schwester Carnaps, Agnes; zit. mit freundlicher Genehmigung von Prof. Klaus Goebel (s. Anm. 82).

90 Carnap unterzeichnete dann am 10. November 1918 in Berlin, bevor er sein Studium in Jena fortsetzte, die Leitsätze einer „Demokratisch-sozialistischen Gruppe der Freideutschen Jugend Groß-Berlins", in denen es u.a. heißt: „Wir glauben, dass heute alle Liebeskraft in den Willen zur Volksgemeinschaft einmünden muss. Volksgemeinschaft ist das Gegenteil von Klassenstaat ... Wir wollen Demokratie ... Wir wollen Sozialismus ..."; zit. nach Dokumentation II (s. Anm. 3), S. 615 f.

91 Diese Information findet sich in dem Erfahrungsbericht von Herta Denzel im Stadtarchiv Wuppertal, S. 3 (s. Anm. 24).

in die Tat umgesetzt werden sollte, die langsam verfallende Burg Ludwigstein bei Witzenhausen an der Werra vom preußischen Staat zu kaufen und zu einer überbündischen Jugendburg auszubauen, und der Mitinitiator Enno Narten mehrere Aufrufe mit der dringenden Bitte um Geldspenden hinausschickte, soll Hemmerich den damals gewaltigen Betrag von 40 000 Mark gespendet haben. Der Verfasser des vorliegenden Aufsatzes registriert als ehemaliges ehrenamtliches Vorstandsmitglied der Stiftung Jugendburg Ludwigstein und des Archivs der deutschen Jugendbewegung diese – leider nicht durch Quellen belegbare – Fama[92] aus der Rückschau auf eine Zeit vor rund achtzig Jahren mit Dankbarkeit gegenüber dem Mäzen, ebenso wie gegenüber jenen alten Wuppertaler Wandervögeln, die im Jahre 1993 den Erlös aus dem Verkauf eines Landheimes ebenfalls dem Ludwigstein haben zufließen lassen, denn diese Jugendburg floriert auch heute noch als Zentrum der bündischen Jugend und als wohl dauerhaftestes jugendbewegtes Gemeinschaftsprojekt ...

Ein kurzes Schlusswort: Über die historische Bedeutung der deutschen Jugendbewegung, ihre Ideale und ihre Überspanntheiten, ihre kulturellen Leistungen und ihre politischen Sackgassen ist viel geschrieben und gestritten worden. Aus größerem Abstand und aufgrund neuerer Forschungen ergibt sich heute eher folgendes Urteil: Wenn man die Jugendbewegung an ihrer Bedeutung für das politische Leben in Deutschland und dessen starke Verwerfungen im zwanzigsten Jahrhundert messen will, dann geht man in die Irre: Eine solche Messlatte erscheint unangemessen. Wenn man diese kulturelle Aufbruchs- und Reformbewegung, die vor dem Ersten Weltkrieg im Wandervogel und in der Freideutschen Jugend ihren ersten Höhepunkt erreichte, jedoch daran misst, was sie de facto für viele Menschen bedeutet hat – Stiftung von humanem Lebenssinn und authentischem Lebensstil im sozialen Kontext der Gemeinschaft Gleichaltriger –, und nicht an den oft pathetischen und meist recht überspannten Weltverbesserungshöhenflügen ihrer älteren Denker und Deuter, dann kehrt sich der oben zitierte Vorwurf von Tucholsky, die Jugendbewegung sei letztlich bloß reiner Selbstzweck gewesen, um: Ja, sie besaß zunächst einmal für das jugendliche Individuum weitgehend einen Selbstzweck, aber ihr Anspruch war, in ihrem Schoß reife authentische Persönlichkeiten mit starkem humanem Ethos heranzuziehen, die dann Sauerteig in der Gesellschaft sein könnten. Die Selbstwahrnehmung vieler älterer Menschen heute, die von der Jugendbewegung geprägt

92 Bei Hinrich Jantzen: Geschichte des Ludwigsteins 1415-1960, Burg Ludwigstein 1960, findet sich in dem Kapitel über die Finanzierung des Kaufs leider kein Hinweis auf Hemmerich (S. 21 ff.).

worden sind, bestätigt ebenso wie dieser Beitrag über einige bedeutende Wandervögel aus dem Wuppertal, dass sie dieses Ziel erreicht hat, trotz aller Irrungen und Wirrungen im Einzelnen!

Männerbund versus Familie. Bürgerliche Jugendbewegung und Familie in Deutschland im ersten Drittel des 20. Jahrhunderts

Die in Deutschland unter Beteiligung fast aller gesellschaftlichen Gruppen nach dem Ersten Weltkrieg geführte Diskussion über die „Krise der Familie“ und deren Folgen für Staat und Gesellschaft gewann ihre Argumente zwar aus den objektiv feststellbaren Strukturwandlungen der Familie seit dem Ende des 19. Jahrhunderts, war aber in einem beträchtlichen Ausmaß ideologisch bestimmt. Den meisten Befürwortern einer Restauration des herkömmlichen Familienideals ging es ebenso wie den meisten Kritikern der bürgerlichen Familie nicht in erster Linie um die Familie selbst und die Menschen im Familiengefüge, sondern um ihre Einbindung in Strategien zur Erreichung sehr viel weiter gesteckter Ziele. So richteten sich z.B. die Angriffe von links wie auch von extrem rechts vor allem gegen die Funktion, die die Familie in der bürgerlich-kapitalistischen Gesellschaft besaß bzw. die ihr zu deren Stabilisierung zugewiesen wurde.

Bei den Auseinandersetzungen um dieses Thema ist besonders im bürgerlichen Lager – vom links-liberalen bis zum äußersten rechten Flügel – eine bemerkenswerte Generationendifferenzierung zu beobachten: Während die Vertreter der älteren Generation im Wesentlichen durch eine gezielte Jugendpolitik mit Bewahrungscharakter und durch familienpolitische Maßnahmen jene Krise beheben und so die Familie wieder zur stabilen Basis des bürgerlichen Lebens machen wollten, fanden in der jüngeren Generation Gedanken zunehmend Eingang, welche die Schwerpunkte anders setzten, um die „Wunden am deutschen Volkskörper zu heilen“ und zugleich das stark angeschlagene Selbstbewusstsein der Deutschen wieder zumindest zu den Höhen zurückzuführen, die es vor dem Kriege gehabt hatte. So forderte etwa die etablierte ältere Generation eine Ausweitung der Wohlfahrtspflege und Familienhilfe, eugenische Maßnahmen aller Art, die Verbesserung des Erziehungswesens, Volksaufklärung über die diversen biologischen und sittlichen Gefahren, welche die Familie bedrohten, weiterhin die Ausdehnung des Jugendschutzes und der Jugendbewahrungsmaßnahmen.[1] In der mittleren und jüngeren Generation erhoben sich dagegen Stimmen, die auf die angeblich von der Jugend ausgehenden Selbstheilungskräfte setzten, d.h. auf eine neue Jugendbewegung, die mit Tatkraft, Entschlossenheit und Begeisterung die Welt der „Philister" überwinden und eine „lebendige Erneuerung" der überkommenen, morsch gewordenen Gesellschaft herbeiführen würde. Die Ideologen dieser Lehre reduzierten die Funktion der Familie im Wesentlichen auf den biologischen und arterhaltenden Aspekt,[2] falls sie sich überhaupt zur Familienproblematik positiv äußerten. Ihnen galt die Familie fast ausschließlich als das Reich der Frau, in dem diese ihrer angeblich natürlichen Bestimmung gemäß für einen gesunden und leistungsfähigen Nachwuchs zu sorgen hatte. Das gesamte öffentliche und speziell das politische Leben dagegen, insbesondere in Zeiten des Um- und Aufbruchs und des gesellschaftlichen Selbsterhaltungskampfes, vor allem aber die „Neuschöpfung des Unerhörten", spielte sich ihrer Meinung nach im „Männerbund" ab, als dessen „kämpferischer Vortrupp" die so genannte Jungmannschaft galt.[3] Männerbund und Jungmannschaft waren damit nicht bloß Gegenspieler der Familie; sie schufen und sicherten überhaupt erst der Familie den Rahmen, in dem sich diese entfalten und ihre Aufgaben für die Volksgemeinschaft erfüllen konnte. Insofern wurden beide der Familie eindeutig übergeordnet.

Schon aus diesen wenigen Gedanken, die ansatzweise bereits vor dem Ersten Weltkrieg vertreten, nach dem Krieg dann gerade auch in jugendbewegten Kreisen breit diskutiert und später als Kernpunkte der nationalsozialistischen Familien- und Gesellschaftsideologie in typischer Weise zugespitzt wurden, lässt sich entnehmen, dass die damalige Generationenkonstellation erheblichen Einfluss auch auf die Debatte um die Krise der bürgerlichen Familie gehabt hat. Die Wurzeln und Vorformen jener Männerbundideologie und ihre spezifischen Ausprägungen in den zwanziger Jahren sollen im Folgenden dargestellt werden. Für die Mentalitätsgeschichte der Zwischenkriegszeit und besonders für die „Machtergreifung" des Nationalso-

---

1 Einen Überblick über die Organisationen und Strategien dieser Kreise bietet Karin Hausen: Mütter zwischen Geschäftsinteressen und kultischer Verehrung, in: Gerhard Huck (Hg.): Sozialgeschichte der Freizeit, Wuppertal 1980, S. 249-280. Zur Jugendpolitik s. Christa Hasenclever: Jugendhilfe und Jugendgesetzgebung seit 1900, Göttingen 1978.

2 Als herausragendes Beispiel aus einer ganzen Fülle von Publikationen mit programmatischem Titel sei hier erwähnt: Harald Schultz-Hencke: Die Überwindung der Parteien durch die Jugend. Das Wollen der neuen Jugend I, Gotha 1921. Siehe grundsätzlich dazu Barbara Stambolis: Der Mythos der jungen Generation. Ein Beitrag zur politischen Kultur der Weimarer Republik, Diss., Bochum 1982.

3 Horst Becker: Die Familie, Leipzig 1935, S. 56 ff.

zialismus in den Köpfen und Herzen vieler Zeitgenossen sind die Zusammenhänge meines Erachtens von einer beträchtlichen, bisher unterschätzten Bedeutung, und es stellt sich von vornherein die Frage, ob es parallele Erscheinungen und Entwicklungen auch in anderen vergleichbaren Gesellschaften jener Zeit gegeben hat oder ob die atavistischen Züge der Männerbundideologie Teilausdruck einer spezifisch deutschen Krisenbewältigungsstrategie waren. Die Art und Weise, wie Erfahrungen aus dem Ersten Weltkrieg und wie die deutsche Niederlage in national und völkisch gesinnten Kreisen verarbeitet wurden, spielte jedenfalls bei der Ausbreitung des männerbündlerischen Denkens eine zentrale Rolle: Der Krieg habe – so hieß es 1933 in einem nationalsozialistischen Erziehungsbuch rückblickend – zur „Wiedergeburt unersetzlicher, aber vergessener und verfallener Erziehungsmächte“ geführt,[4] womit in erster Linie der heroische Männerbund gemeint war. Die Jugendbewegung sei der Vorbote für die Wiedergeburt dieser männlichen „Zuchtform“ gewesen, für welche die Wilhelminische Gesellschaft schon fast blind gewesen sei.

Auf der Suche nach der Entstehung dieses Gedankengebäudes stößt man bald auf die an zukunftweisenden Ansätzen positiver wie negativer Art so reichen Jahre um 1900, die vor allem durch eine unübersehbare Identitätskrise insbesondere des bildungsbürgerlichen Selbstbewusstseins geprägt waren.[5] Das Bürgertum als die bisher die allgemeine Modernisierung vorwärts treibende Kraft, zugleich aber durch vielerlei Anpassungsprobleme belastet, die mit der immer noch starken Befangenheit in vormodernen Wertkategorien zusammenhingen, erlebte im Kaiserreich immer stärker die Diskrepanz zwischen den gewaltigen und geradezu rasanten Fortschritten im technisch-ökonomischen Bereich auf der einen und den ungelösten, sich deutlich zuspitzenden Problemen im politisch-sozialen Bereich auf der anderen Seite.[6] Die Reaktionen waren vielfältig: Neben verschiedenen Reformversuchen standen Fluchtbestrebungen aller Art, insbesondere in neue Mythen und Kulte – dies in der Hoffnung, durch sie einen neuen Sinn in einer nicht mehr durchschaubaren Welt zu finden. Die um sich greifende Statusunsicherheit äußerte sich in Aggressivität nach außen und innen und in einer zunehmenden Zivilisationskritik. Emotionen und Affekte bestimmten die politische

4 Karl Friedrich Wurm: Deutsche Erziehung im Werden, 4. Aufl., Berlin 1938, S. 136.

5 S. dazu Klaus Vondung: Zur Lage der Gebildeten in der wilhelminischen Zeit, in: ders. (Hg.): Das wilhelminische Bildungsbürgertum, Göttingen 1976, S. 20-33.

6 Hierzu und zum folgenden Thomas Nipperdey: Probleme der Modernisierung in Deutschland, in: Saeculum 30 (1979), bes. S. 300 f.

Diskussion in wachsendem Maße, und individuell empfundene Bedrohungen wurden zu gesamtgesellschaftlichen Gefahren hochgespielt.

Eine dieser systembedrohenden Gefahren schien seit etwa 1890 von der Jugend auszugehen, die nicht mehr fraglos die Ideale, Werte und Normen der älteren Generation zu transportieren bereit war und die traditionellen Autoritäts- und Sinnstrukturen anzuzweifeln begann.[7] Dies wirkte sich außer im Arbeitsleben besonders in der bürgerlichen Familie aus, die ihrem Ideal als einem intimen Lebensraum, der durch die Autorität der Vaters und eine klare Rollenverteilung bestimmt und gegen andere gesellschaftliche Bereiche abgeschottet war,[8] immer weniger entsprach. Eine Reihe von Kulturkritikern, Lebensreformern und Literaten wendete diese Erfahrung positiv und erklärte Jugend zu dem gesellschaftlichen Leitbild schlechthin. Jugend war in ihrem Sinne nicht mehr bloß ein biologisches Durchgangsstadium auf dem Wege zum Erwachsensein, sondern ein Mythos und zugleich eine Chiffre für einen Aufbruch in eine wie auch immer geartete bessere Zukunft.[9] Die Hauptstoßrichtung dieses Gedankenkonglomerats, das dann in den zwanziger Jahren noch viel deutlicher vertreten werden sollte, formulierte einer der Wortführer, Arthur Moeller van den Bruck, bereits im Jahre 1904 folgendermaßen: „Ein Blutwechsel tut der Nation not, eine Empörung der Söhne gegen die Väter, die Ersetzung des Alters durch die Jugend."[10] Die Organisationsform, welche die Ausgangsbasis einer solchen „Revolution" gegen die Alten sein sollte, hatte zwei Jahre vorher der Soziologe und Volkskundler Heinrich Schurtz beschrieben, als er – ausgehend von gesellschaftlichen Grundformen bei primitiven Völkern – in seinem Band „Altersklassen und Männerbünde"[11] mit dem Männerbund einen Gemeinschaftstyp vorstellte, der dem männlichen Wesen angeblich sehr viel adäquater sei als die Familie, in der letztlich die Frau dominiere. Ethnologische Beobachtungen wurden hier also in zugespitzter Weise mit dem Erscheinungsbild von Familie kontrastiert, wie es im Kaiserreich des ausgehenden 19. Jahrhun-

---

7 Vgl. Jürgen Reulecke: Bürgerliche Sozialreformer und Arbeiterjugend im Kaiserreich, in: Archiv für Sozialgeschichte, Bd. XXII (1982), S. 299-329.

8 Heidi Rosenbaum: Formen der Familie, Frankfurt a.M. 1982, bes. S. 376 f.

9 Walter Rüegg: Jugend und Gesellschaft um 1900, in: ders. (Hg.): Kulturkritik und Jugendkult, Frankfurt a.M. 1974, S. 47-59, bes. S. 52.

10 Arthur Moeller van den Bruck: Die Deutschen, Bd. 1: Verirrte Deutsche, Minden 1904, S. 142; s. auch Stambolis, Mythos (s. Anm. 2), S. 28.

11 Heinrich Schurtz: Altersklassen und Männerbünde. Eine Darstellung der Grundformen der Gesellschaft, Berlin 1902; s. zum Inhalt und zur Rezeption dieses Werkes im vorliegenden Band den Beitrag „Das Jahr 1902 und die Ursprünge der Männerbundideologie in Deutschland", S. 35-46.

derts erlebt wurde. Allerdings gibt es tatsächlich, wie der Züricher Religionswissenschaftler Hasenfratz in einem bemerkenswerten Aufsatz belegt hat,[12] gerade im indogermanischen Kulturkreis eine bis weit in die Frühzeit zurückreichende Traditionslinie sozio-religiöser männerbündlerischer Organisationsformen. Hasenfratz setzt Männerbund gleich Jugendbund und betont, dass die germanischen Stämme diesem „ein gut Teil des Expansionsdranges und der Stoßkraft verdanken, womit sie den Gesichtskreis der Historie betreten haben."[13]

Im Jahrzehnt vor dem Ersten Weltkrieg fand der Gedanke des Männerbundes Eingang in jenen Teil der Jugendgeneration, der sich seit 1900 den Gängelungsversuchen und Zumutungen der wilhelminischen Jugendpflege widersetzte und eine eigene, autonome Bewegung ins Leben rufen wollte. Gemeint ist der sich in Deutschland, aber auch in Österreich und in der Schweiz rasch ausbreitende Wandervogel.[14] Meist in reinen Jungengruppen, in geringerer Zahl anfangs auch in gemischten Gruppen, versuchten diese Jugendlichen durch einen Auszug aus der Stadt zugleich einen Auszug aus der verknöcherten und als verlogen empfundenen Wilhelminischen „Plüschkultur" zu proben und im Kreise Gleichaltriger unter der Leitung eines nur wenige Jahre älteren Führers die Utopie eines neuen Menschen zu verwirklichen. Fast von vornherein wurde dabei die Frage akut und kontrovers diskutiert, ob Mädchen gleichberechtigt im Wandervogel integriert werden sollten oder ob sie eher eine „existenzielle Gefahr für die Männergemeinschaft" darstellten. Selbst einer der ausdrücklichen Befürworter des Mädchenwanderns, der Verfasser des *Zupfgeigenhansl*, Hans Breuer, befürchtete bei einer zu weit gehenden Mischung beider Geschlechter die Entstehung „femininer Mannsgruppen" und eine „Verbengelung" der Mädchen.[15]

---

12 Hans Peter Hasenfratz: Der indogermanische „Männerbund". Anmerkung zur religiösen und sozialen Bedeutung des Jugendalters, in: Zeitschrift für Religions- und Geistesgeschichte, Jg. 1982, S. 148-163.

13 Ebd., S. 149.

14 Zur Geschichte der bürgerlichen Jugendbewegung liegt inzwischen eine große Zahl von Darstellungen vor. Die folgenden Angaben zum „Wandervogel" orientieren sich vor allem an Gerhard Ziemer/Hans Wolf: Wandervogel und Freideutsche Jugend, Godesberg 1961; vgl. auch John R. Gillis: Geschichte der Jugend, Weinheim/Basel 1980, bes. S. 155 ff.

15 S. zur Auseinandersetzung über das Thema „Mädchen und Frauen in der Jugendbewegung" neben verschiedenen Einzelstudien vor allem das 15. Jahrbuch des Archivs der deutschen Jugendbewegung (1984/85); vgl. auch Hermann Giesecke: Vom Wandervogel bis zur Hitlerjugend, München 1981, S. 28.

Das Ideengebäude dieser neuen Bewegung war zunächst noch recht wenig ausgeprägt und vereinigte allerlei heterogene Aspekte, enthielt aber bereits jene Elemente, die dann nach dem Ersten Weltkrieg stark in den Vordergrund treten sollten. Der Höhepunkt der bürgerlichen Vorkriegsjugendbewegung war schließlich ein großes Treffen auf dem Hohen Meißner. Hier einigten sich im Oktober 1913 die Vertreter der verschiedenen selbständigen Gruppierungen – darunter auch Abstinenzler, Reformpädagogen, Lebensreformer und völkische „Volkserzieher" – auf jene berühmte Meißner-Formel, die für alte Jugendbewegte bis heute die Richtschnur ihrer individuellen Existenz geblieben ist.[16] Die „Freideutsche Jugend" – so hieß es in dieser Formel, die nicht so sehr Aufruf zu konkretem Handeln als moralische Maxime war[17] – wolle „nach eigener Bestimmung, vor eigener Verantwortung, in innerer Wahrhaftigkeit ihr Leben gestalten".

Ziel der Initiatoren des Meißner-Festes war es, eine „neue, edle deutsche Jugendkultur" zu begründen und der falschen und von „hässlichen Konventionen" geprägten Sozialisation in den bürgerlichen Familien und in den Schulen die jugendliche Gemeinschaft und Kameradschaft entgegenzusetzen.[18] Die bisher ausdrücklich der Familie zugewiesene Funktion, den jungen Menschen zur Reife zu führen und auf seine Rolle als Erwachsener vorzubereiten, wurde dadurch deutlich infrage gestellt. Der Familie sollte nur noch die „Aufzucht" der Kleinkinder und Mädchen überlassen bleiben; für die heranwachsenden Jungen wurde stattdessen die Erziehung in ordensähnlichen Gemeinschaften und in so genannten Freien Schulgemeinden propagiert, in denen sie unter der Anleitung eines fordernden Führers außerhalb der korrumpierenden Einflüsse der Großstadtzivilisation auf ihre Mission als „Sauerteig" in der Gesellschaft vorbereitet werden sollten. Tatsächlich gab es auch bald eine Reihe von Experimenten in dieser Richtung, von denen die Freie Schulgemeinde Wickersdorf unter der Leitung des streitbaren Gustav Wyneken das bekannteste war.[19]

16 Siehe etwa Horst Grimm: Ausdruck geistiger Haltung. Die Meißnerformel: Inhalt – Bedeutung – Wirkung, in: Ludwigsteiner Blätter, Heft 139 (1983).

17 Walter Z. Laqueur: Die deutsche Jugendbewegung. Eine historische Studie, Köln 2. Aufl., 1978, S. 44.

18 Zit. nach Ziemer/Wolf, Wandervogel (s. Anm. 14), S. 444 f.; s. grundsätzlich dazu Winfried Mogge/Jürgen Reulecke (Hg.): Hoher Meißner 1913. Der Erste Freideutsche Jugendtag in Dokumenten, Deutungen und Bildern, Köln 1988.

19 Zu Wyneken s. ebd., S. 423 ff., außerdem Laqueur, Jugendbewegung (s. Anm. 17), S. 66 ff.; vgl. auch die Schriften Gustav Wynekens: Die neue Jugend. Ihr Kampf um Freiheit und Wahrheit in Schule und Elternhaus, Religion und Erotik, München 1914; sowie: Was ist Jugendkultur?, München 1914.

Der wohl umstrittenste, aber in unserem Zusammenhang bedeutendste der Wandervogelideologen vor dem Krieg war der Student Hans Blüher, der 1911/12 – damals 23-jährig – eine eigenwillige Bestandsaufnahme und Deutung der Wandervogelbewegung veröffentlichte.[20] Obwohl seine Interpretation nur von einem Teil der Wandervögel und Freideutschen geteilt wurde,[21] hat sie dennoch großen Einfluss gehabt – gerade auch wieder nach Kriegsende, als sich die bürgerliche Jugendbewegung neu konstituierte. Blüher verstand den Aufbruch der bürgerlichen Jugend seit 1900 ausschließlich als eine „leidenschaftliche Bewegung der männlichen Jugend" und – da Leidenschaft nie ohne Eros auskomme – zugleich als ein in höchstem Maße „erotisches Phänomen", das in männlichen Freundschaftsbünden seinen reinsten Ausdruck finde.[22] Erst der Männerbund befreie den Mann zu voller schöpferischer Tätigkeit, während die Familie destruktiv auf ihn wirke, weil sie den Mann der „Vorherrschaft des Weibes" ausliefere. Die eigentliche Elite des Volkes müsse daher durch die Schule des Männerbundes gehen und „das Glück der menschlichen Gesellschaft ... von der Seite des Männerbundes und nur in seinem Rahmen" zu erreichen suchen.[23]

Angeregt durch Sigmund Freud und andere Psychologen seiner Zeit entwickelte Blüher eine „Sexualtheorie der Wandervogelbewegung": Die Stoßkraft dieser Bewegung leitete er aus dem Vorhandensein homoerotisch orientierter junger Männer ab, „die ihre Sexualität sublimierten, hochbildeten, die ihr so große Hemmungen auferlegten, dass sie stets *angewandt* wurde und nicht plötzlich im Orgasmus verpuffte"[24]. Entsprechend stellte er zwei sexuelle Verhaltensarten männlicher Erotik gegenüber: die Contrectation und die Detumescenz. Contrectation bezeichnet das auf männliche Gesellung und Sublimierung hinauslaufende Verhalten, die Detumescenz dagegen die ausgelebte heterosexuelle oder homosexuelle Begierde. Das Verhältnis der beiden zueinander charakterisiert Blüher mit der Metapher vom Glimmen und Brennen. Die Veranlagung des für den Männerbund idealen Mannes, der sogenannten „Erastennatur", beschreibt Blüher folgendermaßen:

20 Hans Blüher: Wandervogel. Geschichte einer Jugendbewegung, 2 Teile, Berlin 1912; der 3. Teil erschien 1914 unter dem Titel: Die deutsche Wandervogelbewegung als erotisches Phänomen.

21 Vgl. z.B. die Auseinandersetzung des Wandervogelführers Frank Fischer mit den Blüherschen Thesen: Helmut Wangelin (Hg.): Der Wandervogel in den Tagebüchern Frank Fischers und anderen Selbstzeugnissen, Tübingen 1982, S. 65 f.

22 Hans Blüher: Werke und Tage, München 1953, S. 181.

23 Ders.: Führer und Volk in der Jugendbewegung, Jena 1924, S. 8.

24 Ders., Erotisches Phänomen (s. Anm. 20), 4. Aufl., Prien/Obb. 1920, S. 52.

„Die Contrectation zum Weibe dient wesentlich Detumescenzzwecken, die immer sehr nahe liegen. Contrectation zum Manne neigt zur Verselbständigung und ist tiefer betont; sie bleibt der Detumescenz fern."[25]

Die „Betätigung" des Erasten und seine Verwendung als Erzieher charakterisiert Blüher:

„Er würde verkümmern, wenn er die männliche Jugend nicht hätte. Aber er hält sich noch für normal, da ihn die männliche Jugend nicht zur Detumescenz reizt. Ist Jugendbewegungen begeistert hingegeben. Die dauernde Befriedigung des Contrectationstriebes, die er dort findet, entlastet einen Teil der Detumescenz zum Weibe. – Dieser Typ mit seinem oft hymnischen Freundschaftsdrange gibt den Jugendbewegungen die eigentliche Grundfarbe."

Diese Zuspitzung ist zwar ein Individualprodukt Blühers geblieben, doch sollte die hier angesprochene Unterscheidung und unterschiedliche Bewertung später noch eine wichtige Rolle spielen.

Sehr plastisch beschreibt ein Gedicht mit dem Titel „Kameraden!" von Alfred Wolfenstein, veröffentlicht Anfang 1915 in der jugendbewegten Zeitschrift *Der Aufbruch*, die Stimmungslage, die Blüher sezierend vorgestellt hatte. Der Autor setzt der „Sumpfgemeinsamkeit" des Elternhauses und der „kühlen Einsamkeit" der Straßenliebe die „süße nahe weite Kameraderie" entgegen, in welcher Freundschaft, Sonne, Freiheit herrschen und die die Grundlage einer „neuen Welt" darstellt.[26]

Kameraden!

Da eilte ich befreit zur Tür hinaus –
Schnell flammend half das warme Treppenhaus
Und lieber wollt' ich zu den Straßensteinen,
Als in der horchend engen Wohnung weinen.

Das ist die Flucht vor den zu eng Verwandten,
Die mich berührten, ehe sie mich kannten –!
Noch immer wie in ihrem hohlen Schoß
Läßt mich Geborenen Elterndruck nicht los.

Doch lieber Haß und Wüste dieser Stadt
Als eure Liebe, die mich grundlos hat!
Wir wählten niemals uns! Daß ihr mich säugtet,
Wird es Gefühl denn, daß ihr mich erzeugtet?

Nein, von der Lampe falschem Seelenfrieden,
Von eurer dichten Sicherheit geschieden!

---

25 Ebd., S. 97.

26 Entnommen aus: Der Aufbruch. Monatsblätter aus der Jugendbewegung, 1. Jg (1915), Heft 1, S. 20 f.

Und lieber in die unbekannte Nacht
Und ohne Bett die Wahrheit durchgewacht!

Da kommen wie die Häuser steil und kalt
Die Wagen, nur berührt von kurzem Halt,
Gefühllos auch und rasch die dunklen Leute,
Und suchen sich als fremd genoßne Beute –.

Ich wandere mit ihnen wie alleine!
In grelle Cafés wie in stumme Haine,
Wie parallele Stämme Tisch an Tisch
Thront jeder Kopf, getrennt und wählerisch.

Und seh' die Paare ohne Harmonien
In eisig klarem Bund nach Hause ziehn –
... Und schleiche lieber fort zu kleinen Sternen,
Längs schwarzer Fenster, lebloser Laternen.

Und endlich heb' ich meine wahren Hände –
Mein Herz trompetengleich dehnt alle Wände –:
O nieder diese kühle Einsamkeit!
Wie nieder jene Sumpfgemeinsamkeit!

Verwandtes Blut aus Elternliebesnacht,
Ohn' unser Wollen ihnen nah gebracht, –
Geschied'nes Blut, gepaart in Straßenliebe:
Daß beides nun ein neuer Ruf vertriebe –:

Ein Ruf nach Freundschaft –! Daß in finstren Zimmern
Die Mauern stürzen und die Nackten schimmern
Entblößt von Decken dumpf und unsichtbar
Und von gespenstischen Gefühlen klar!

Daß Unerfüllte ihrer armen Zeit
Aus Gräbern wehn in unsre Geistigkeit,
Und Neue mit gefühlteren Gebärden,
Voll blühnder Herzen nun geboren werden!

Ein Ruf nach Sonne ! statt sich rauh zu brauchen
Einander stolzre Seelen einzuhauchen –
Ein Ruf nach Freiheit –! nicht vermischt zu sein,
Sondern vereinigt wie in Heeresreihn – !

Der Platz voll stiller starker Fliederluft
Erglüht wie Echo, das sich weiterruft,
Aus allen Straßen dämmern rote Strahlen
Hierher, sich tief in neue Welt zu malen.

Das sind die Willen, ganz aus Licht getrieben,
Die sich als Willensangesichter lieben,

Das ist die lautre lautste Melodie,
Die süße nahe weite Kameraderie!

In derselben Zeitschrift veröffentlichte Blüher wenig später einen Beitrag, in dem er zu einer „Sozialisierung des Geistes" aufrief, die nur durch die Männerbünde erreicht werden könne.[27] Sie seien das „geschärfteste Organ zur Vergeistigung des Volkes". Das vergangene liberale Kultur-Zeitalter habe sich den geistigen Funktionswert der Männerbünde verscherzt, indem es durch voreilige Gleichsetzung von Mann und Weib das „gemischte Publikum" geschaffen habe. Im Männerbund dagegen gebe der überlegene, charismatische Männerheld den Geist nach unten weiter und schaffe so „Kasten-Ausgleich". Blüher vergleicht diesen Vorgang mit dem Wirken Christi in seinem Jüngerkreis: Nie sei „ein Geistiger leichtfertiger mit sich umgegangen, nie sozialistischer gewesen".

Blüher hatte diesen Beitrag bereits vor dem Hintergrund des Ersten Weltkriegs geschrieben, der im Prozess des Weitertreibens der bürgerlichen Identitätskrise in Deutschland zunächst eine eher retardierende Rolle spielte: Von der propagandistisch hochgeputschten Überzeugung getragen, in einer Welt von Feinden die bedrohte nationale Identität verteidigen zu müssen, fand sich die in sich zerrissene Wilhelminische Gesellschaft kurzfristig in der – illusionären – Hoffnung vereinigt, sie könne durch das „Reinigungsbad" des Krieges zu einer parteienlosen, geschlossenen und kraftvollen Volksgemeinschaft finden. Für die Ausbreitung der Männerbundidee dagegen stellte der Krieg eine erhebliche Schubkraft dar: Der Krieg bot die Chance zu mannhafter Bewährung und schuf zugleich die Voraussetzungen zur Überwindung einer verweichlichenden „welschen" Zivilisation.[28] Männliche Tugenden waren nun gefragt und gefordert: Tapferkeit und Härte, Treue und eiserner Wille, Kameradschaft, Liebe zum Volk und Einsatzbereitschaft bis zum Opfertod. Die Kriegslyrik, die Soldatenlieder, die Heldenberichte und die Frontpropaganda enthalten alle den gleichen Topos: Der Jüngling oder junge Mann trennt sich freudig, aber ernst von der Mutter, der Geliebten oder von seiner Familie, um seiner eigentlichen Bestimmung entgegenzueilen und sich in den „Stahlgewittern" als Mann zu bewähren. Das

27 Hans Blüher: Die Hybris bei den Geistigen, in: ebd., Heft 4 (Oktober 1915), S. 93-95, Zit. S. 95.

28 Vgl. etwa die Zeilen aus dem Kriegsgedicht des Wiesbadener Pfarrers Philippi: „Wir sind das Volk des Zorns geworden; / wir denken nur noch an den Krieg. / Wir beten als grimmiger Männerorden / bluteingeschworen um den Sieg." Zit. nach W. Pressel: Die Kriegspredigt 1914-1918 in der evangelischen Kirche Deutschlands, Göttingen 1967, S. 117.

Rauschhafte, ganz und gar nicht Rationale dieses Vorgangs kommt z.B. in folgendem Kriegsgedicht des 1892 geborenen Heinrich Zerkaulen deutlich zum Ausdruck:

Aus zieh ich meiner Jugend buntes Kleid
und werf es hin zu Blumen, Glück und Ruh.
Heiß sprengt das Herz die Brust mir breit,
der Träume Türen schlag' ich lachend zu.

Ein nacktes Schwert wächst in die Hand hinein,
der Stunden Ernst fließt stahlhart durch mich hin.
Da steh ich stolz und hoch gereckt allein
im Rausch, daß ich ein Mann geworden bin![29]

Beim Fronteinsatz, in der Schützengrabengemeinschaft, schlug dann die große Stunde des Männerbundes: „Langemarck" sollte der sinnstiftende neue Mythos werden, mit dem die folgende Jugendgeneration ein Vierteljahrhundert später erneut in einen Weltkrieg geschickt wurde.[30]

Die Heroisierung des Frontsoldaten überlebte nicht nur den Krieg und die Niederlage; sie blieb auch eines der schlimmsten Erbteile des Krieges, das durch die so genannte Dolchstoßlegende und die demagogische Formel „im Felde unbesiegt" zusätzliches Gewicht erhielt. Viele vor allem der jüngeren Soldaten hatten durchaus eine emotionale Heimat in der Soldatenkameradschaft gefunden; desillusioniert kamen sie 1918/19 zurück und fanden sich im Alltag zu Hause nicht mehr zurecht: „Zur Heimat fliehn, die keine Heimat haben, zur grauen Zukunft zieht das graue Heer ...", so heißt es in einem Gedicht des 1890 geborenen kriegsfreiwilligen Soldaten Fritz Woike.[31] Und Otto Paust (geb. 1897) schrieb:

Wir schauen fremd uns in der Heimat um,
gehören nicht in Freude und Genuß,

29 Zit. nach Herbert Böhme (Hg.): Rufe in das Reich. Die heldische Dichtung von Langemarck bis zur Gegenwart, Berlin 1934, S. 11.

30 Vgl. Wolfgang Paul: Das Feldlager. Jugend zwischen Langemarck und Stalingrad, Esslingen 1978, S. 84. Siehe auch die Rede, die Josef Magnus Wehner 1932 bei der Übergabe des Schlüssels des Langemarck-Friedhofes vor Studenten gehalten hat; abgedruckt in: Adam Weyer (Hg.): Reden an die deutsche Jugend im zwanzigsten Jahrhundert, Wuppertal-Barmen 1966, S. 71-75. Der Soldatenfriedhof kann geradezu als Endergebnis und höchster Ausdruck des kämpferischen Männerbundes angesehen werden, s. dazu auch George L. Mosse: Soldatenfriedhöfe und nationale Wiedergeburt. Der Gefallenenkult in Deutschland, in: Klaus Vondung (Hg.): Kriegserlebnis, Göttingen 1980, bes. S. 246 f. und S. 250.

31 Böhme, Rufe (s. Anm. 29), S. 33.

gehören nicht in Alltagsmenschentum:
um uns ist noch ein kalter Todesgruß.[32]

Die Wiedereingliederung der Kriegsveteranen und Frontsoldaten stellte auch, wie neuere Untersuchungen zeigen, in anderen Ländern ein großes Problem dar, das vor allem psychologische Dimensionen besaß.[33] Spezifisch deutsch war jedoch, dass sich in jenem emotionalen Vakuum nach dem Krieg die Freikorps und sonstigen paramilitärischen Organisationen ansiedelten, die nun in großer Zahl wie Pilze aus dem Boden schossen und den entwurzelten jungen Frontsoldaten neuen Halt und Sinn sowie die Weiterführung der kämpferischen Männergemeinschaft boten. Die Unruheherde in Bayern und Sachsen, im Ruhrgebiet und in Schlesien sowie vor allem im Baltikum waren ihre bevorzugten Einsatzorte und lieferten Chancen zu ihrer Bewährung. Aber auch an den spektakulären politischen Morden in den Anfangsjahren der Republik waren sie maßgeblich beteiligt. Analysen der psychischen Grundstruktur von Mitgliedern dieser Verbände haben gezeigt, wie stark das familienfeindliche Männerbundideal die ideologische Basis nicht nur für die Verbände als Ganze, sondern auch für das Handeln des einzelnen Freikorpskämpfers war.[34] Wichtig dabei ist zugleich, dass sich diese Verbände um einzelne herausragende Offiziere des ehemaligen kaiserlichen Heeres sammelten, die durch ihre Führerqualitäten, ihr landsknechthaftes Auftreten und ihr „Charisma" ihre meist noch jugendliche Gefolgschaft an sich zu binden verstanden.

Die Umsetzung der Männerbundideologie in die Praxis vollzog sich jedoch seit der Revolution 1918/19 nicht nur im Bereich der Freikorps, sondern bestimmte auch in weitgehendem Maße die in ihre zweite Phase eintretende bürgerliche Jugendbewegung. Obwohl Mädchen in einigen der Organisationen weiterhin Mitglieder sein konnten und sogar einzelne eigenständige Mädchenbünde existierten, trat der männliche Charakter der Jugendbewegung immer deutlicher hervor – dies nach dem Motto: Mädchen machen zufrieden, aber nicht revolutionär![35] Auch die äußeren Formen und die Organisationsstrukturen änderten sich in typischer Weise: Wachsende Diszipli-

32 Ebd., S. 34

33 Neben Vondung, Kriegserlebnis (s. Anm. 30), vgl. z.B. Paul Fussell: The Great War and Modern Memory, New York/London 1975; und Eric J. Leed: No Man's Land. Combat and Identity in World War I, Cambridge 1979, bes. S. 193 ff.

34 Siehe dazu vor allem Klaus Theweleit: Männerphantasien, 2 Bde., Frankfurt a.M. 1977.

35 Giesecke, Wandervogel (s. Anm. 15), S. 104 ff.; grundsätzlich zur bürgerlichen Jugendbewegung in den zwanziger Jahren neben Laqueur Felix Raabe: Die bündische Jugend, Stuttgart 1961, sowie Harry Pross: Jugend, Eros, Politik, Bern 1964.

nierung und Hierarchisierung, Uniformierung und Ideologisierung bestimmten das äußere Auftreten wie die innere Ausrichtung. Waren die Vorkriegs-Wandervogelgruppen nur locker miteinander kooperierende, überschaubare, von Spontaneität und bunter Vielfalt im Auftreten geprägte Kleingruppen gewesen, deren Gemeinschaftserlebnis im Wesentlichen von den gemeinsamen Wanderfahrten geprägt war, so setzte sich jetzt als zentrale Organisationsform und zugleich als Leitbild der „Bund“ durch. Der Bund sollte eine Art in sich geschlossener Jugendstaat sein, wobei mit Jugend eben nicht die biologische Altersphase, sondern all jene Menschen gemeint waren, „deren Tätigkeit in die Zukunft weist“[36]. Der Bund integrierte, indem er in die Altersgruppen Jungenschaft, Jungmannschaft und Mannschaft differenziert war, mehrere Generationen und lässt sich in seiner Idealform als aristokratisches, ständisch organisiertes Gegenmodell zum ungeliebten, kalten und sich angeblich ständig selbst diskreditierenden System des Parlamentarismus charakterisieren.[37] Nur wenige Bünde standen uneingeschränkt zur Republik und waren in der Endphase der Weimarer Republik zu deren Verteidigung bereit. All dies zeigt, dass man eigentlich nun nicht mehr von einer Jugendbewegung im engeren Sinn sprechen kann, sondern von einer von jüngeren Erwachsenen dominierten Bewegung, die die Jugendlichen für ihre weltanschaulichen, mehr oder weniger diffusen politischen und sonstigen weltverbessernden Lehren zu begeistern versuchten.

Die einzelnen Bünde bauten sich hierarchisch auf, wobei die Kleingruppe oder „Horde“ praktisch an die Stelle der bürgerlichen Familie trat. Hier herrschte der Führer, der nicht gewählt wurde, sondern sich selbst seine Gefolgschaft erwählte. Zwar basierten sowohl die bürgerliche Familie als auch der Männer- bzw. Jungenbund auf dem Prinzip von Befehl und Gehorsam; während jedoch die familiale Vaterrolle traditionell legitimiert war und die Unterwerfung der Söhne unter diese Autorität unfreiwillig erfolgte, legitimierten sich die Führer der einzelnen Jungengruppen wie der Führer des gesamten Bundes durch ihr Charisma.[38] Die Anhänglichkeit der Gefolgschaft beruhte auf Seelenharmonie, Freundschaft und freiwilliger Treue (die allerdings jederzeit aufgekündigt werden konnte), denn die Art, wie ein charis-

---

36 Zit. Walter Rathenaus in der Zeitschrift Junge Menschen, 3. Jg., Heft 13/14 (Juli 1922), S. 177.

37 Siehe dazu Giesecke, Wandervogel (s. Anm. 15), S. 94 f.

38 Vgl. z.B. die typische Aussage in einer bündischen Zeitschrift (Juni 1920): „Wir vertrauen dem dunklen, uns allen gemeinsamen Volks- und Lebensgrund, aus dem der Führer emporschnellt, um sein Volk zu deuten ...“, zit. nach der von Werner Kindt herausgegebenen Quellensammlung: Die deutsche Jugendbewegung von 1920 bis 1933. Die bündische Zeit, Köln 1974, S. 837.

matischer Führer sich seine Jünger wählte, galt als Mysterium, bei dem Eros (die emotionale Zuneigung) und Logos (das überzeugend vertretene Wertsystem) zusammenwirkten[39] – kein Wunder, dass vielerlei suggestive Elemente, Mythen, kultische Formen, Symbole, Rituale usw. für den inneren Zusammenhalt der Bundesgemeinschaft von zentraler Bedeutung waren.

Es ist bezeichnend, dass gerade in der Zeit der Neukonstituierung der bürgerlichen Jugendbewegung 1919/20 die Gedanken Hans Blühers eine Renaissance erlebten, die er selbst durch weitere einschlägige Veröffentlichungen zur „menschlichen Staatsbildung" aus dem Geist der männlichen Erotik anregte.[40] Welche Langzeitwirkungen die Gedanken Blühers gehabt haben, zeigt die Tatsache, dass 1933 im Vorfeld der Ausschaltung Röhms und der SA-Spitze durch Hitler, der Blühers Schriften gut kannte, dessen Männerbundinterpretation eine gewisse Rolle gespielt haben soll.[41] Dem Führer zu folgen bedeutete jedenfalls für seine Jünger die Teilhabe an einer elitären, verschworenen Gemeinschaft, die das Abbild einer erst in Zukunft zu verwirklichenden neuen und besseren Volksgemeinschaft war; er verkörperte die Bundesidee am reinsten und bemühte sich, sie so attraktiv und überzeugend wie möglich vorzuleben.[42]

Als idealisierte Vorformen der Bünde, die die Jungen mehr oder weniger spielerisch nachahmten, dienten die germanische Stammesordnung, das mittelalterliche Rittertum, die Kreuzritterorden, zum Teil auch das Leben der Landsknechte und später auch für kurze Zeit die Kosakenhorden. An die Stelle der Volks- und Studentenlieder des Wandervogels traten jetzt alte oder nachgedichtete Reiter-, Soldaten-, Landsknechts- und Seeräuberlieder, die meist auch zum Marschieren gesungen werden konnten. Das vielgesungene Lied „Jenseits des Tales standen ihre Zelte"[43] mag deshalb so bekannt und beliebt gewesen sein, weil es das innere Hin- und Hergerissensein eines jungen Königs zwischen der Sehnsucht nach der Marketenderin und der Treue zum Männerbund besonders anrührend zum Ausdruck brachte. Fanfaren und Trommeln bestimmten das Bild bei den in Mode gekommenen großen Aufmärschen, statt wie beim Wandervogel Geigen, Flöten und Mandoli-

---

39 Blüher, Führer und Volk (s. Anm. 23), S. 7.

40 Vor allem: Die Rolle der Erotik in der männlichen Gesellschaft. Eine Theorie der menschlichen Staatsbildung nach Wesen und Wert, 2 Bände, Jena 1917/19, Neudruck Stuttgart 1982. Vgl. auch die Rezensionen der beiden Bände in der Weltbühne, 14. Jg. (1918), 2. Hj., S. 166-171, und 15. Jg. (1919), 2. Hj., S. 319 ff. (Willi Wolfradt).

41 Siehe dazu Hans-Georg Stümke/Rudi Finkler: Rosa Winkel, Rosa Listen, Reinbek 1981, S. 180 f.

42 Giesecke, Wandervogel (s. Anm. 15), S. 101 ff.

43 Text von Börries Frh. von Münchhausen; s. dazu im vorliegenden Band S. 121 ff.

nen. Neben so genannten Großfahrten, die manche Gruppe bis zum Schwarzen Meer und nach Lappland führten, gewannen die Zeltlager, bei denen der Bundesführer „Heerschau“ abhielt, eine wachsende Bedeutung. Unter dem Einfluss der sich jetzt mit der bündischen Jugend vermischenden Pfadfinderbewegung spielten sowohl Waldläuferkünste als auch Abzeichen, einheitliche Kleidung und Sportwettkämpfe im Lagerleben eine wichtige Rolle. Vor allem diese Lager vermittelten den Mitgliedern des Bundes das Gefühl, aktive Mitkämpfer in einem Aufbruch zu sein, der von der Jugend gegen die Welt der Alten durchgesetzt werden müsse.[44] Es würde hier zu weit führen, zu belegen, dass männerbündlerisches Denken und sublimierte Homoerotik in dieser Zeit in vielfacher Form auch in der zeitgenössischen Literatur auftauchten. Erinnert sei nur an Hermann Hesses von Jugendbewegten viel gelesenen Roman *Demian*, der nicht zufällig im Jahre 1919 erschien.

Die bürgerliche bündische Jugendbewegung in ihren extremen Ausprägungen war ein fast ausschließlich städtisches Phänomen und hat in ihren Gruppen kaum mehr als drei bis fünf Prozent der männlichen Bevölkerung zwischen 10 und 18 Jahren erfasst. Die Ausstrahlungskraft ihrer Ideen, äußeren Formen und Stilmittel war jedoch immens und wirkte sich in vielfacher Hinsicht auf die großen konfessionellen Jugendverbände, die Sportvereine, die Nachwuchsorganisationen der Parteien und auch auf die Arbeiterjugendorganisationen aus. Lediglich die sozialistische Jugend versuchte trotz der Übernahme äußerer jugendbewegter Formen, Gegenmodelle gegen Männerbund und charismatisches Führertum zu entwickeln.[45] So organisierten zwar auch die „Roten Falken“ große Zeltlager, doch gestalteten sie diese als „Kinderrepubliken“, in denen in bewusster Absetzung von den antidemokratischen und latent militanten Lagerregeln der bündischen Jugend demokratische Lebensformen eingeübt werden sollten. Die aus Jungen und Mädchen bestehenden Lagergemeinschaften wählten z.B. ein Lagerparlament und einen Lagerbürgermeister und lernten auf diese Weise Mitbestimmung und Mitverantwortung kennen. Die Erziehung im Lager sollte hier nicht von der Familie weglenken und die Alltagsverhältnisse völlig verges-

---

44 Vgl. die Rede Rudolf G. Bindings: Deutsche Jugend vor den Toten des Krieges, 1924, abgedruckt in: Reden an die deutsche Jugend, S. 60-65.

45 Vgl. neben Giesecke, Wandervogel (s. Anm. 15), S. 108 ff., bes. Ferdinand Brandecker: Erziehung durch die Klasse für die Klasse. Zur Pädagogik der Kinderfreundebewegung in Deutschland 1919-33, in: Manfred Heinemann (Hg.): Sozialisation und Bildungswesen in der Weimarer Republik, Stuttgart 1976, S. 167-186. Allerdings war und blieb auch die Arbeiterbewegung weiterhin eine Männerbewegung, s. dazu Erhard Lucas: Vom Scheitern der deutschen Arbeiterbewegung, Basel/Frankfurt a.M. 1983, S. 45-69.

sen lassen, sondern im Gegenteil zu Fähigkeiten und Einsichten führen, die sich positiv auf das proletarische Elternhaus und die Lebensbedingungen der Arbeiterklasse, vor allem auf deren Selbstbewusstsein auswirken sollten.[46]

Dass gerade die junge Generation der bürgerlichen Mittelschichten – meist höhere Schüler und Studenten – von den bündischen Ideen besonders infiziert wurde, hing mit deren nach dem Ersten Weltkrieg und in der Inflationszeit dramatisch gewachsener Statusunsicherheit zusammen, in der sich die bereits erwähnte „Krise des Bürgertums“ aus der Vorkriegszeit verschärft fortsetzte. Der anfängliche Protest des Mittelstandes gegen die Beschneidung seiner sozio-ökonomischen Basis und gesellschaftlichen Position schlug mehr und mehr in Panik um.[47] Die fortschreitende Erosion bürgerlicher Werte – und dazu gehörte auch die bürgerliche Familie mit ihrer spezifischen Rollenverteilung – führte zu einer zum Teil schon fast krampfhaften Suche nach neuen, Sicherheit versprechenden Identifikationsangeboten und nach Überlebensstrategien, kurz: nach neuer Heimat. Der „Demontage des Vaters“ entsprach deshalb bei der jüngeren Generation die Hinwendung zum Führerkult, der „Krise der Familie“ die Flucht in den Männerbund.

Ein wenig schien sich dieser Trend zu ändern, als die Weimarer Republik in ihre „ruhige Phase“ von 1924 bis 1929 trat. Die meisten Freikorps lösten sich auf oder wurden von der Polizei zerschlagen; andere bildeten sich aus Überlebensgründen äußerlich um wie das Freikorps Roßbach, das nun als „Spielschar Ekkehard“ durchs Land zog und so Propaganda für die Erhaltung des angeblich bedrohten deutschen Volkstums betrieb.[48] Wieder andere Freikorpsführer gründeten rechtsextreme Jugendbünde, welche Formen der bündischen Jugend übernahmen (z.B. Wiking-Jugend, Schill-Jugend, Bund Jung-Oberland usw.), und versuchten, auf diese Weise Freikorpsdenken und den Geist des heroischen Frontsoldatentums in der Jugend zu erhalten und zu verbreiten. Aus diesen Zusammenhängen ist auch die Gründung der Hitlerjugend zu verstehen, die nach einer ersten kurzen Episode 1922/23 unter dem Namen „Jungsturm Adolf Hitler“ im Jahre 1925 von dem 21-jährigen Kurt Gruber ins Leben gerufen wurde und ein Jahr später auf dem NSDAP-

46 Giesecke, Wandervogel (s. Anm. 15), S. 123.

47 Grundsätzlich dazu Heinrich August Winkler: Vom Protest zur Panik. Der gewerbliche Mittelstand in der Weimarer Republik, in: ders.: Liberalismus und Antiliberalismus, Göttingen 1979, S. 99-109; sowie Jürgen Kocka: Die Angestellten in der deutschen Geschichte 1850-1980, Göttingen 1981, bes. S. 142-170.

48 Theweleit, Männerphantasien (s. Anm. 34), Bd. 1, S. 41.

Parteitag in Weimar ihren endgültigen Namen erhielt.[49] Kurze Zeit später formierten sich auch ein nationalsozialistischer Studenten- und ein Schülerbund.

In der bürgerlichen Jugendbewegung ist in den Jahren zwischen 1924 und 1929 eine gewisse Versachlichung der Diskussion zu beobachten. Die ironisch als „Spaltpilz" bezeichnete Hauptkrankheit der bündischen Jugend schien in diesen Jahren überwunden werden zu können: 1925 kam es zu einem Zusammenschluss verschiedener Einzelbünde zum größten autonomen Jugendbund der Weimarer Zeit, der sich kurze Zeit nach seiner Gründung Deutsche Freischar nannte und 1929 rund 12 000 Mitglieder zählte, von denen etwa 15 Prozent Mädchen waren.[50] Ohne vollständige Aufgabe der Männerbundidee vertraten die gemäßigten Führungskreise der Freischar eine nüchternere Auffassung von den Möglichkeiten bündischer Jugenderziehung und begannen, in den Älterengruppen die bisher weit verbreitete apolitische Haltung zurückzudrängen: Man wolle keinen „Aufmarsch militärspielender halbwüchsiger Burschen (und) politisch bearbeiteter junger Männer, ... sondern die lebendige Front derer, die sich willig zum Neuen Reiche und zu seinen Gesetzen bekennen", hieß es 1926 in einer ihrer Zeitschriften.[51] Die Devise lautete nun, Jugend sei Vorbereitung auf das Menschentum, deshalb könne ein „Reich der Jugend" kein höchster Wert sein.[52] Unter ihrem Führer Ernst Buske, der 1930 starb, entwickelte die Deutsche Freischar Aktivitäten, die zu den bemerkenswertesten gehören, die überhaupt von der deutschen Jugendbewegung ausgegangen sind. Sie reichten von Erwachsenenbildungsprogrammen und Volkshochschulen über Seminare zu politischen Fragen, Kontakten zur Arbeiterjugend, vielfältigen und zukunftweisenden Jugendkulturinitiativen, Auseinandersetzungen mit der zeitgenössischen Pädagogik bis hin zur Ausrichtung freiwilliger Arbeitslager, als die Jugendarbeitslosigkeit ab 1929 dramatisch zunahm, und schließlich zur gezielten Unterstützung der 1930 gegründeten Deutschen Staatspartei – eines letzten Versuchs, in der Zeit des offensichtlichen Niedergangs des parlamentarischen Systems

49 Zur Entstehung der Hitler-Jugend s. Peter D. Stachura: Nazi Youth in the Weimar Republic, Santa Barbara 1975; außerdem Hans Christian Brandenburg: Die Geschichte der HJ, 2. Aufl., Köln 1982, und Arno Klönne: Jugend im Dritten Reich, Köln 1982, bes. S. 15 ff.

50 Zahlenangaben nach Rudolf Kneip: Jugend in der Weimarer Republik. Handbuch der Jugendverbände 1919-1938, Frankfurt a.M. 1974, S. 75 ff.

51 Zit. nach Kindt, Jugendbewegung (s. Anm. 38), S. 234.

52 Laqueur, Jugendbewegung (s. Anm. 17), S. 163.

die politische Mitte durch Reformen von innen heraus zu stärken.[53] Doch die Geschwindigkeit dieses Niedergangs, zusammen mit der ökonomischen Krise, der Verschärfung der innenpolitischen Fronten und dem sprunghaften Wachstum der extremen Parteien, verurteilten einen solchen Versuch zur Erfolglosigkeit.

Die Männerbundideologie, der Ruf nach einem starken Führer, der Mythos von der angeblichen Selbstaufopferung der jungen Generation vor Langemarck im November 1914 und eine verstärkt politisch gewendete Beschwörung der Jugend als der revolutionären Kraft, die allein aus der Misere herausführen könne, wurden im Treibhausklima zu Beginn der dreißiger Jahre in einer Radikalität vertreten, die weit über das hinausging, was seit 1918/19 diskutiert worden war. Dies lässt sich gerade auch in den Neugründungen innerhalb der Bündischen Jugend wie bei der berühmten dj.1.11 Eberhard Köbel-tusks und Fred Schmids Grauem Corps nachweisen.[54] Die Facetten dieser Renaissance können hier nicht im Detail behandelt werden, doch war in diesem Zusammenhang von entscheidender Bedeutung, dass gleichzeitig die beiden Kampforganisationen der NSDAP, die SA und die SS, den ehemaligen Freikorpskämpfern und Frontsoldaten, aber auch den in perspektivloser Situation sich befindenden Jugendlichen aus der unteren und abgesunkenen Mittelschicht eine neue Heimat boten,[55] indem sie eine Reihe

53 Siehe dazu Karl-Hermann Beeck: Die Gründung der Deutschen Staatspartei im Jahre 1930 im Zusammenhang der Neuordnungsversuche des Liberalismus, Diss., Köln 1955; außerdem Klaus Hornung: Der Jungdeutsche Orden, Düsseldorf 1958.

54 d.j.1.11 = Deutsche Jungenschaft vom 1.11.1929; s. dazu Winfried Mogge: „Der gespannte Bogen". Jugendbewegung und Nationalsozialismus. Eine Zwischenbilanz, in: Jahrbuch des Archivs der Jugendbewegung 13, 1981, S. 11-34 (bes. zu Köbel); zu den männerbündlerischen Vorstellungen Fred Schmids s. Armin Mohler: Die konservative Revolution in Deutschland 1918-1932, Darmstadt 1972, S. 155 ff.; sowie Alfred Schmidt: Erfüllte Zeit. Schriften zur Jugendbewegung, Altdorf/Uri, Heidenheim 1978. Die zeitgenössische Gegenposition zur Männerbundideologie formulierte Wilhelm Koppers im Handwörterbuch der Soziologie, Stuttgart 1931, unter dem Stichwort „Familie, I. Ehe und Familie", S. 121: „Die Familienerziehung kann durch nichts voll ersetzt werden. Wir sahen im einzelnen, wie weitgehend namentlich der totemistische Staat die Erziehung der (männlichen) Jugend monopolisierte und sie dabei der wohltuenden Wirkung des warmen, frisch und natürlich pulsierenden Familienlebens entriss, auf diese Weise aber auch die Träger dieser Kultur vielfach geistig verhärtete und vor allem ihr ganzes Familienleben schädigte."

55 Beispiele dafür finden sich bei Christoph Schmid: Zu den Motiven „alter Kämpfer" in der NSDAP, in: Detlev Peukert/Jürgen Reulecke (Hg.): Die Reihen fast geschlossen. Beiträge zur Geschichte des Alltags unterm Nationalsozialismus, Wuppertal 1981, S. 21-43.

von Elementen des Frontsoldatentums und der bündischen Ideologie in Form jener „Piraterie“ usurpierten, die die Nationalsozialisten auch in vielen anderen Bereichen anwandten. Die Männerbundidee wurde jetzt von den nationalsozialistischen Pädagogen und Familienideologen geradezu zur Basis ihres Gedankengebäudes ausgebaut,[56] in die außerdem noch Rassismus und Germanenkult, Antisemitismus und Blut-und-Boden-Ideologie eingingen. Nicht die Familie galt nach dieser Lehre als „Keimzelle“ des Staates – sie war lediglich „der natürliche Anfang, der anderswo seine Fortsetzung finden“ müsse;[57] der Staat entspringe vielmehr aus der der Familie entgegengesetzten Wurzel der Vereinigung freier Männer im charismatisch geführten Männerbund.[58] Wenn der Mann dort nicht seinen Platz und seine Aufgabe finde, könne es nicht zur Entfaltung seiner kämpferischen Tugenden kommen. Er habe dann nur die Wahl – so der nationalsozialistische „Philosoph“ Alfred Baeumler – „zum nüchternen Geschäftsmann, zum Weiberknecht oder zum versimpelten Familienvater zu werden“[59]. Da Kampf „stets der lebenzeugende Funke“, ein nicht mehr zum Kampfe fähiges Volk aber zum Untergang verurteilt sei, gelte es vor allem, den von „heroischem Enthusiasmus“ durchdrungenen Männerbund zum zentralen Strukturprinzip des nationalsozialistischen Staates zu machen: „Die Frau, die Familie wird angegliedert oder ausgeschlossen; ihre Opferfähigkeit wird in den Dienst eines Typus gezwungen“, womit der soldatische Mann gemeint war.[60] Sie sollte in diesem Konzept die „Bewahrerin der natürlichen Kräfte des Volkes, Bewahrerin des Blutstromes und der blutstreuen Sitte“[61] sein. Die eigentliche emotionale Bindung des Mannes aber war hiernach die bis zur Selbstaufopferung gehende Liebe zum eigenen Volk. Sie wurde besonders von der Jungmannschaft gefordert, und Hitlers Ausspruch, er wolle die Aufzucht einer „gewalttätigen, herrischen, unerschrockenen, grausamen Jugend“[62], drückt

56 Siehe dazu Ingeborg Weber-Kellermann: Die deutsche Familie. Versuch einer Sozialgeschichte, 7. Aufl. Frankfurt a.M. 1982, S. 176 ff.

57 Becker, Familie (s. Anm. 3), S. 139.

58 Alfred Baeumler: Männerbund und Wissenschaft, Berlin 1934 (hier und im Folgenden zit. nach der Auflage Berlin 1943), S. 42; vgl. auch die ähnliche Auffassung des NS-Chefideologen Alfred Rosenberg: Der Mythus des 20. Jahrhunderts, München 1930, S. 485 und 493. Zu Rosenberg s. Christine Wittrock: Weiblichkeitsmythen. Das Frauenbild im Faschismus und seine Vorläufer in der Frauenbewegung der 20er Jahre, Frankfurt a.M. 1983, bes. S. 193-230.

59 Baeumler, Männerbund (s. Anm. 58), S. 42.

60 Rosenberg, Mythus (s. Anm. 58), S. 493.

61 Becker, Familie (s. Anm. 3), S. 138.

62 Zit. nach Hermann Rauschning: Gespräche mit Hitler, Zürich/New York 1940, S. 237.

dieses Ziel ebenso aus wie das Hitler-Jugend-Motto: „Treu leben, todtrotzend kämpfen, lachend sterben!“[63] Die schrecklichen Folgen dieser Lehre sind bekannt; ihre Wirksamkeit lässt sich bis in die Biografien einzelner Nationalsozialisten, aber auch in vielen anderen Zeugnissen jener Zeit ohne Mühe nachweisen. Die Lebensgeschichten Heinrich Himmlers und des KZ-Kommandanten Rudolf Höß sind besonders schlimme Beispiele.[64]

Als Fazit lässt sich feststellen, dass die im Kaiserreich als eine in recht unterschiedlicher Weise verstandene Männerbundidee in der Phase nach dem Ersten Weltkrieg und als Folge des Kriegserlebnisses vor allem durch die Freikorps eine eindeutige Richtung erhielt, während sie in der bündischen Jugend in Form der Lebensbundideologie mit anderen jugendbewegten Elementen verknüpft blieb und in der zweiten Hälfte der zwanziger Jahre zunächst an Einfluss verlor. In der Endphase der Weimarer Republik erlebte sie jedoch allenthalben eine bemerkenswerte Renaissance, zumal sie nun von den Nationalsozialisten aufgegriffen und in ihrem Sinn zugespitzt wurde. Die Funktion des Männerbundes wurde jetzt radikal militant-rassistisch gedeutet und diente – neben der verschwommeneren Volksgemeinschaftsideologie – als eine sinnstiftende und emotionalisierende Basis des gesamten nationalsozialistischen Herrschaftssystems. Die antifamiliale und antifeministische Stoßrichtung dieser Idee war bereits von vornherein eines ihrer Kernelemente; im Nationalsozialismus erhielt sie ihre extremste Ausprägung – trotz der partiell sich nach außen familien- und frauenfreundlich gebenden nationalsozialistischen Sozialpolitik![65]

---

63 Zit. nach dem Kalender der deutschen Jugend 1936, Bayreuth 1935, S. 176.

64 Vgl. Peter Loewenberg: The Unsuccessful Adolescence of Heinrich Himmler, in: ders.: Decoding the Past. The Psychohistorical Approach, New York 1983, S. 209-239; Martin Broszat (Hg.): Kommandant in Auschwitz. Autobiographische Aufzeichnungen des Rudolf Höß, München 1963; s. auch Herbert S. Levine: Politik, Persönlichkeit und Verbrechertum im Dritten Reich. Der Fall Adolf Eichmann, in: Jürgen Bergmann u.a. (Hg.): Geschichte als politische Wissenschaft, Stuttgart 1979, S. 175-193. Viele Hinweise auch bei Friedrich W. Doucet: Im Banne des Mythos. Die Psychologie des Dritten Reiches, Esslingen 1979.

65 Siehe dazu Tim Mason: Women in Germany, 1929-1940: Family, Welfare and Work, in: History Workshop 1 (1976), S. 74-113, und 2 (1976), S. 5-32; außerdem Dörte Winkler: Frauenarbeit im Dritten Reich, Hamburg 1977; sowie Gisela Bock: Frauen und ihre Arbeit im Nationalsozialismus, in: Annette Kuhn/Gerhard Schneider (Hg.): Frauen in der Geschichte, Düsseldorf 1979, S. 113-149.

Vom Kämpfer zum Krieger. Zum Wandel der Ästhetik des Männerbildes während des Ersten Weltkriegs

Es ist eine Binsenweisheit, dass zur Kommunikations- und Mediengeschichte die Visualisierung, d.h. der mediale Transport von Bildern gehört und dass die konkrete Veranschaulichung von kulturellen Zeichensystemen – desto differenzierter, je mehr es die technischen Möglichkeiten zuließen – seit dem 19. Jahrhundert geradezu konstitutiven Charakter erhalten hat. Bei der Analyse zeittypischer Weltsichten bzw. kollektiver Wahrnehmungsmuster in einer medial gesteuerten Massenzivilisation kann demnach nicht darauf verzichtet werden, danach zu fragen, wie die jeweiligen Meinungsführer immer auch versucht haben, die vorherrschende „Gefühlskultur" ästhetisierend zu fixieren, sie u.U. mythisch zu überhöhen, sie in sichtbaren Symbolen zu reproduzieren und in effektvollen Bildern zu veranschaulichen: Indem sie die erwünschten Deutungen bildlich fixieren, wollen sie den Betrachter in den Bann ziehen und ihm nonverbal bestimmte Botschaften, Haltungen und Sichtweisen aufdrängen.

Seit der zweiten Hälfte des 19. Jahrhunderts übernahmen populäre illustrierte Zeitschriften in vielfältiger Weise das massenwirksame Visualisierungsgeschäft. Neben den Wortjournalisten erhielten in diesem Zusammenhang Bildjournalisten eine zentrale Funktion. Journalisten seien seither – so Harry Pross – im industriellen Arbeitsritus Angestellte mit dem Zweck geworden, eine „Wertlehre" zu vermitteln.[1] Aus der Fülle der Ereignisse höben sie einige gezielt heraus und übersetzten sie durch Sprache und Bild in die spezifischen Zeichensysteme der Medien. Dabei reproduzierten sie mit Hilfe von Selektion und Interpretation durchweg die vorherrschende Wertehierarchie. Mit anderen Worten: Als Kinder ihrer jeweiligen Zeit biedern sie sich dem „Zeitgeist" an und prägen ihn andererseits auch aus.

Im Folgenden interessiert im Rahmen der vielen Möglichkeiten, diesen Prozess zu belegen, vor allem das medial verbreitete Männerbild – dies vor

1 S. hierzu und zum folgenden Harry Pross: „Die Medien": Ritualismus als Droge, in: Rüdiger Voigt (Hg.): Symbole der Politik, Politik der Symbole, Opladen 1989, S. 55-69, hier S. 56 f.

dem Hintergrund der Hypothese, dass eine Mentalitätsgeschichte des ersten Drittels des 20. Jahrhunderts in Deutschland ohne eine zentrale Berücksichtigung des damals wirksam internalisierten Männerbildes und männerbündlerischen Denkens völlig unverständlich bleiben müsste.[2] Die Inkubationszeit waren die beiden Jahrzehnte vor dem Ersten Weltkrieg; ideologische Fundierungen erfolgten seit etwa 1902, und die massenwirksame Verbreitung, d.h. der eigentliche Durchbruch eines in anderen Nationen in dieser Form nicht auffindbaren heroischen Männerbildes, begann dann im Laufe des Ersten Weltkriegs.

Die gesamte Ästhetisierung der Politik, wie sie schließlich im Nationalsozialismus einen nicht mehr zu überbietenden Höhepunkt erreichte, kreiste letztlich – so Walter Benjamin – nur um einen Punkt, um Kampf und Krieg.[3] Angelegt schon beim frühen Ernst Jünger und vielen anderen vollzog sich zwar – ausgehend von dieser Messlatte – eine propagandistisch überhöhte „Selbstentfremdung" beider Geschlechter, aber in erster Linie der Männer, dies bis zu jenem Grad, der es ihnen nahe legte, „ihre eigene Vernichtung als ästhetischen Genuss ersten Ranges" zu erleben.[4] „[...] denn wenn sich alles nicht verlohnt, dann zündet uns als Fackeln an, dass Deutschland dennoch leuchten kann", heißt es in einem Jungvolk-Sprechchor Mitte der 1930er Jahre.[5] Die durchaus traditionsreiche Maxime, dass der Mann im Ernstfall zum Kampf bereit sein müsse, wurde seit dem Ersten Weltkrieg zugunsten der Vorstellung erweitert, dass die Nation sich im Dauerkampf, also im ständigen Kriegszustand befinde: Aus dem temporären Kämpfer, der nach dem Krieg – wie in den anderen Nationen – den Soldatenrock wieder auszog, wurde so in Deutschland der Krieger zum männlichen Lebensberuf schlechthin. Zwar zeigen die Kriegsbriefe aus dem Zweiten Weltkrieg, vor allem aus dem Stalingradkessel, dass das konkrete Umgehen mit dem totalen Kriegserlebnis letztlich keineswegs von einem heroischen Hochgefühl und dem Bewusstsein männlicher Erfüllung geprägt war,[6] doch belegen

---

2 Vgl. Jürgen Reulecke: Das Jahr 1902 und die Ursprünge der Männerbundideologie in Deutschland, im vorliegenden Band S. 35-46.

3 S. dazu und zum folgenden Peter Reichel: Der schöne Schein des Dritten Reiches. Faszination und Gewalt des Faschismus, München/Wien 1991, S. 26 f.

4 Zit. ebd. S. 27.

5 Zit. nach dem Originaltext auf der Schallplatte: „Hitlerjugend. Eine Dokumentation über Jugenderziehung im Dritten Reich", hg. v. Horst Siebecke, o.O., o.J. (Begleitheft), S. 11.

6 S. zu diesem Problem den Beitrag von Thomas A. Kohut/Jürgen Reulecke: „Sterben wie eine Ratte, die der Bauer ertappt. Letzte Briefe aus Stalingrad"; im vorliegenden Band S. 177-193, sowie die Briefsammlung „Ich will raus aus diesem Wahnsinn". Deutsche

viele Beispiele, dass im Vorfeld des eigentlichen Ernstfalles das im Kontext des Ersten Weltkriegs entstandene und dann weitertransportierte Männerbild in den Köpfen, Phantasiewelten und mannmännlichen Umgangsformen der Frontgeneration und der ihr nachfolgenden Generation von entscheidender mentalitätsprägender Bedeutung war. Dieser Befund kann aber jetzt nicht das Thema sein; er liefert jedoch den Rahmen für die folgenden Ausführungen.

Abbildung 1: „Eroberung der ersten Mitrailleuse durch die Bayern bei Wörth" („Vom Kriegsschauplatz", 1870, Nr. 8).

Ausgehend von der These, dass sich im Ersten Weltkrieg eine spezifische neuartige Ästhetisierung des Männerbildes vollzogen habe, die dann in der gezeichneten Wiedergabe von Männlichkeit aufzufinden sein müsste, erscheint es sinnvoll, zunächst einmal nach Bildern vom Kriegsgeschehen aus einer populären Kriegszeitschrift des Krieges von 1870/71 mit dem Titel *Vom Kriegsschauplatz. Illustrierte Zeitung für Volk und Heer* zu suchen, um sich die traditionelle Ikonografie klarzumachen.[7] Daran anschließend soll die genannte These an vier im Ersten Weltkrieg erschienenen Periodika mit einem großen Anteil gezeichneter Illustrationen vom Krieg geprüft werden. Einschränkend ist allerdings zu sagen, dass die Analyse der Bildauswahl nur

Briefe von der Ostfront 1941-1945. Aus sowjetischen Archiven, hg. von Anatoly Golovchansky/Valentin Osipov/Anatoly Prokopenko u.a., Wuppertal 1991.

7 S. allgemein zur Lage der Soldaten 1870/71 die Dissertation von Franz Kühlich: Die deutschen Soldaten im Krieg von 1870/71. Eine Darstellung der Situation und der Erfahrungen der deutschen Soldaten im Deutsch-Französischen Krieg (= Europäische Hochschulschriften, Reihe III, Bd. 672), Frankfurt a.M. u.a. 1995.

das Ergebnis eines ersten, von Neugier und Experimentierfreude angestachelten Umgehens mit dem genannten Thema ist. Manches mag deshalb bloß reiner erster Eindruck sein und einer differenzierteren kritischen Analyse später nicht mehr in voller Breite standhalten.

Bei der herangezogenen Auswahl handelt es sich um folgende Publikationen:

- *Scherls Jungdeutschlandbuch* (1917/18),
- die Kriegsnummern der Zeitschrift *Die Wochenschau* (1915/17),
- das Periodikum *Illustrierte Geschichte des Weltkriegs* (1914/16) und
- das *Kriegsbuch für die Jugend und das Volk* (1915/17).

Die Illustrationen zum Deutsch-Französischen Krieg von 1870/71 stellen fast ausschließlich Schlachtszenen dar, im Wesentlichen vorstürmende Truppen und Nahkampfgefechte Mann gegen Mann. Die Zeichner haben dabei auf die Physiognomien der Soldaten kaum Wert gelegt; falls diese überhaupt zu erkennen sind, handelt es sich um die Gesichter reiferer Männer, Familienväter also, meist mit Vollbart oder Schnauzbart. Das kriegerische Handeln steht im Mittelpunkt; es wird nicht ein bestimmter Typus des Kriegers gezeigt, sondern die handfeste Tapferkeit kämpfender Männer in dramatischen

Abbildung 2: „Nächtlicher Bajonettangriff in Steinbach im Elsaß", Frühjahr 1915 („Illustrierte Geschichte des Weltkriegs", Bd. 2).

Situationen. Deshalb spielen auch Kanonen oder sonstige andere Großwaffen nur eine sekundäre Rolle. Zu sehen sind vor allem Bajonette und andere

Faustwaffen, die von den Männern beim Sturm zu Fuß oder zu Pferd eingesetzt werden (s. Abb. 1).

Abbildung 3: „Unsere jungen Regimenter bei den Kämpfen in Flandern", Frühjahr 1915 („Illustrierte Geschichte des Weltkriegs", Bd. 2).

Die weitaus meisten Illustrationen zum Ersten Weltkrieg, schätzungsweise 70 bis 80 Prozent, unterscheiden sich zunächst, d.h. 1914/15, von der traditionellen Form der Kriegsbilder allenfalls durch eine grafisch höhere Qualität und einen expressiveren Ausdruck, nicht aber von den Bildinhalten her (s. Abb. 2). Erst ab Anfang 1916 nehmen die Sturmbilder ab und die Schützengrabenbilder zu – parallel zum Verschwinden der Pickelhaube und zum Auftauchen des Stahlhelms, der bei den deutschen Truppen im Januar 1916 eingeführt wurde. Doch auch hier zeigen die Gesichter noch keine ausgeprägten Physiognomien; wenn sie zu erkennen sind, handelt es sich durchweg auch hier um reifere Männer. Eine bezeichnende Ausnahme stellt eine Illustration vom Frühjahr 1915 mit der Unterschrift „Unsere jungen Regimenter bei den Kämpfen in Flandern" dar: Hier hat der Zeichner dem Gesicht des voranstürmenden Soldaten einen betont jugendlichen Ausdruck gegeben (s. Abb. 3) – ein früher bildlicher Beleg für das Entstehen des später, vor allem in der Endphase der Weimarer Republik und unter dem Nationalsozialismus breitest propagierten Langemarck-Mythos vom opferbereiten „jungen Geschlecht".[8]

8 Vgl. Uwe-K. Ketelsen: „Die Jugend von Langemarck". Ein poetisch-politisches Motiv der Zwischenkriegszeit, in: Thomas Koebner u.a. (Hg.): „Mit uns zieht die neue Zeit". Der Mythos Jugend. Frankfurt a.M. 1985, S. 68-96.

Abbildung 4: „Kriegs-Neujahr 1916"
(„Die Wochenschau" vom 1. Januar 1916, Titelseite).

Die Jugendlichkeit des Kämpfers. d.h. das Bild des jungen Helden, spielte dagegen in den allegorischen Darstellungen eine größere Rolle, besonders ausgeprägt in der Illustration „Kriegs-Neujahr 1916" (s. Abb. 4). Hier wird ein Lebensgefühl – inzwischen schon etwas verspätet – bildlich umgesetzt, das bei Kriegsbeginn häufig vor allem in Versen ausgedrückt worden ist, z.B. sehr plastisch in dem Gedicht des 1892 geborenen Kriegsfreiwilligen Heinrich Zerkaulen:[9]

Aus zieh ich meiner Jugend buntes Kleid
und werf es hin zu Blumen, Glück und Ruh.
Heiß sprengt das Herz die Brust mir breit,
der Träume Türen schlag' ich lachend zu.

Ein nacktes Schwert wächst in die Hand hinein,
der Stunden Ernst fließt stahlhart durch mich hin.
Da steh ich stolz und hoch gereckt allein
im Rausch, dass ich ein Mann geworden bin!

---

9 Zit. nach Herbert Böhme (Hg.): Rufe in das Reich, Berlin 1934, S. 11; s. im vorliegenden Band auch S. 79.

Abbildung 5: „Siegfriedstellung. Bis hierher und nicht weiter!“
(„Jugend“ vom 9. September 1918).

In der Allegorie „Kriegs-Neujahr 1916“ wird ganz offensichtlich jenes verbreitete Thema des sich befreienden Jünglings, hier auf den Krieg bezogen, weiter fortgeführt, das u.a. der Jugendstilmaler Fidus (= Hugo Höppener) in den Vorkriegsjahren mehrfach, besonders ausdrucksvoll in seinem bekannten „Lichtgebet“ gestaltet hatte.[10] Wie sich diese Allegorie im Kriegsverlauf änderte, zeigt eine Illustration mit der Unterschrift „Siegfriedstellung. Bis hierher und nicht weiter“ aus der Zeitschrift *Jugend* vom 9. September 1918 (s. Abb. 5)[11]: Der Jüngling ist nun zum trotzigen, harten Krieger geworden; aus der Befreiung und dem Vorwärtsstürmen ist die erbitterte Verteidigung geworden. Auch hier bietet es sich an, ein zeitgenössisches Gedicht neben diese Illustration zu stellen, das den Wandel von 1914/15 bis zum Herbst 1818 ausdrücklich mit dem Bild des männlichen Reifens durch den Krieg in Verbindung bringt – hier aus dem Blickwinkel einer Frau:[12]

1914 und 1918

Mit gleichen Füßen sprang der Krieg in die Welt,
Ein kraftvoll blühender Jüngling und streitbarer Held,
Begeistrung glühte das Aug, scharf klirrte sein Schwert,
Breitwuchtig stand er zu schirmen den deutschen Herd.

Trug dunkelflammende Rosen an Helm und Wehr,
Von Siegesfahnen umrauscht, stolz schritt er einher,
Laut in das eherne Brausen der Glocken hinein,
Tönte von seinen Lippen ‚Die Wacht am Rhein‘!

Vier bitter endlose Jahre durchschlichen das Land.
Zähgrimmig fest hält der Krieg noch immer stand.
Doch aus dem Jungen, der wutheiß den Tanz begann,
Ward trotzig und hart ein graubärtiger Landsturmmann.

Lehmgelb bespritzt, von schweren Lasten gebeugt,
Stumpf starrenden Blicks das Haupt zu Boden er neigt.
Gebleicht der goldenen Locken lichthelle Pracht
Von Not und Tod, Entbehrung und blutiger Nacht.

Und in dem Auge, von Kampflust einstens erhellt,
Liegt brennend und abgrundtief das Weh der Welt.
Steif falten nur sich schwertgewohnte Hände
Zum wilden Schrei „Mach, Herr, ein Ende!“

---

10 Zu Fidus s. Janos Frecot u.a. (Hg.): Fidus 1868-1948. Zur ästhetischen Praxis bürgerlicher Fluchtbewegungen, erw. Neuauflage, Hamburg 1997.

11 Entnommen aus: Alice Gräfin Wallwitz (Hg.): Panorama 1918. Ein Jahr im Spiegel der Presse, München/Wien 1968, S. 77.

12 In: Die Woche v. 9.11.1918, S. 22 (Prinzeß Hermine von Schönburg-Waldenburg); abgedruckt in: Panorama 1918. Ein Jahr im Spiegel der Presse, München/Bern 1968, S. 33.

Neben der Fortsetzung der traditionellen Kriegsillustrationen und den allegorischen Darstellungen lässt sich jedoch seit 1916 mit wachsendem Anteil eine weitere Kategorie von Illustrationen feststellen, die ausdrücklich innovatorischen und zukunftweisenden Charakter besaß. Es handelt sich um die Stilisierung des soldatischen Individuums zum Typus des Kriegers durch die Herausarbeitung exemplarischer Einzelphysiognomien: der Soldat als Flieger, im U-Boot, auf einem Kanonenboot, am Mörser (s. Abb. 6, 7 und 8). Nicht kriegerische Handlungen werden dargestellt, sondern im Blickpunkt stehen die spezifischen Tugenden des Kriegers: sein Wille, seine Gefasstheit, seine Zuverlässigkeit, sein Ernst. Es geht nicht mehr um ein kollektives Vorwärtsstürmen zu Fuß oder zu Pferd, sondern um das Bedienen der neuen Kriegstechnik, die einen neuen Männertypus erfordert. An die Stelle der Pferde, Fahnen und Bajonette treten das Scherenfernrohr, der Mörser, das Flugzeug. Die Gesichter sind glattrasiert, wirken jugendlich und sind dennoch männlich, klar mit festem Blick auf einen nicht mehr sichtbaren Feind ausgerichtet.

Abbildung 6: „Kampfflieger"
(„Die Wochenschau" vom 22. Mai 1916, Titelseite).

In diesen Illustrationen wird bereits mitten im Ersten Weltkrieg ein Männerbild visualisiert, das dann nach dem Krieg und später in besonders ausgeprägter Weise von den Nationalsozialisten in vielfältiger Form propagandistisch verbreitet werden sollte. Ernst Jünger hat in seinem 1932 erschienenen umfangreichen Essay *Der Arbeiter* diesen Typus des Arbeiterkriegers als sichtbaren Ausdruck der Auslöschung des Individuums zugunsten eines

Abbildung 7: „Am Scherenfernrohr"
(„Die Wochenschau" vom 1. Juli 1916, Titelseite).

Abbildung 8: „Mörserwacht"
(„Die Wochenschau" vom 17. Juni 1916, Titelseite).

modernen „totalen Arbeitscharakters" beschrieben,[13] der sein soldatisches Handeln als „konkrete Kampfarbeit" verstehe, von einer „höchsten Zucht

13 Ernst Jünger: Werke, Bd. 6: Essays II, „Der Arbeiter", Stuttgart o.J. (Erstausgabe 1932).

Herzens und der Nerven" geprägt und von einer „äußersten, nüchternen, gleichsam metallischen Kälte" bestimmt sei, „aus der heraus das heroische Bewusstsein den Leib als reines Instrument zu behandeln und ihn jenseits der Grenzen des Selbsterhaltungstriebes noch eine Reihe von komplizierten Leistungen abzuzwingen weiß." Verändert habe sich – so Jünger – dabei auch das Gesicht des Soldaten:

„Es hat in der Skala seiner Ausführungen, wie sie etwa in einer Versammlung oder auf Gruppenbildern zu beobachten ist, an Mannigfaltigkeit und damit an Individualität verloren, während es an Schärfe und Bestimmtheit der Einzelausprägung gewonnen hat. Es ist metallischer geworden, auf seiner Oberfläche gleichsam galvanisiert, der Knochenbau tritt deutlicher hervor, die Züge sind ausgespart und angespannt. Der Blick ist ruhig und fixiert, geschult an der Betrachtung von Gegenständen, die in Zuständen hoher Geschwindigkeit zu erfassen sind. Es ist dies das Gesicht einer Rasse, die sich unter den eigenartigen Anforderungen einer neuen Landschaft zu entwickeln beginnt und die der Einzelne nicht als Person oder als Individuum, sondern als Typus repräsentiert."[14]

Noch zwei weitere Zitate von Jünger, die die Stilisierung des neuen Kriegertypus belegen:

„Ein Gefechtsläufer ... meldete sich bei mir, um meinen Zug in das berühmte Städtchen Combles zu führen ... Dies war der erste deutsche Soldat, den ich im Stahlhelm sah, und er erschien mir sogleich als der Bewohner einer neuen, geheimnisvollen und härteren Welt ... Das vom stählernen Helmrand umrahmte, unbewegliche Gesicht und die eintönige, vom Lärm der Front begleitete Stimme machten einen gespenstischen Eindruck auf uns: ‚Wer fällt, bleibt liegen. Da kann keiner helfen. Niemand weiß, ob er lebend zurückkommt. Jeden Tag wird angegriffen, doch durch kommen sie nicht. Jeder weiß, dass es auf Leben und Tod geht.' Nichts war in dieser Stimme zurückgeblieben als eine große und männliche Gleichgültigkeit. Mit solchen Männern kann man kämpfen."[15]

Und in seinem Essayband *Der Kampf als inneres Erlebnis* verbindet Jünger die seit Beginn des 20. Jahrhunderts vielfach beschworene Notwendigkeit, einen „neuen Menschen" zu erzeugen, ausdrücklich mit dem Ideal einer Rasse von „Herrenmenschen", der er sich selbst auf Grund seiner „Stahlbad"-Erfahrung bereits zugehörig fühlt:

„Wir wissen, dass wir eine Auslese kraftvoller Männlichkeit verkörpern, und sind stolz in diesem Bewusstsein ... Das ist der neue Mensch ..., die Auslese Mitteleuropas. Eine ganz neue Rasse, klug, stark und Willens voll. Was hier im Kampfe als Erscheinung sich offenbart, wird morgen die Asche sein, um die das Leben schneller und schneller schwirrt. ... Weit hinten erwarten die riesigen Städte, die Heere von Maschinen, die riesigen Städte, die Reiche, deren innere Bindungen im Sturme zerrissen werden, den neuen Menschen, den

14 Ebd., S. 119.

15 Ders.: In Stahlgewittern, 24. Aufl., Berlin 1942, S. 94 f.

kühneren, den kampfgewohnten, den rücksichtslosen gegen sich selbst und andere. Dieser Krieg ist nicht das Ende, sondern der Auftakt der Gewalt ...“[16]

Dieser Typus, entstanden in einer vom Feuer ausgeglühten Landschaft, besitzt nach Jünger auch ein neues Verhältnis zum Tode, da seine Kampfkraft nicht mehr ein individueller Wert sei, sondern ein funktionaler Wert im Rahmen seiner Doppelbestimmung, Arbeits- und Kampfcharakter zu sein: „Man fällt nicht mehr, sondern man fällt aus“, lautet Jüngers Kurzformel dafür.[17]

Als vorläufiges Fazit abschließend nur noch ein Hinweis, der möglicherweise holzschnittartig wirkt und sicher etwas gewagt ist: Es scheint eine durchlaufende Erscheinung gewesen zu sein, dass sich in den Visualisierungen unterschiedlichster Art seit 1900/1910 so etwas wie eine schleichende Psychologisierung der in den Bildern mitgeteilten Botschaften vollzieht. Die relative Naivität, dass das Gezeigte auch das direkt Gemeinte beinhalte, wich einer stärkeren Modellierung von grundsätzlichen Sichtweisen, Bildwelten, Werthaltungen und Einstellungen. Dies lässt sich ebenso deutlich bzw. in ähnlicher Weise auch bei der seither auf breiter Front in Gang kommenden Produktwerbung beobachten, z.B. in der Waschmittelwerbung.[18] Man verkaufte nicht nur Sauberkeit bzw. propagierte ein Gebrauchswertversprechen für einen konkreten Zweck, sondern verband mit dem Produkt auch das Versprechen von Glück, Liebe, Erfolg, Ansehen usw. Auf das hier vorgestellte „Produkt“, den soldatischen Mann, bezogen, bedeutet das: Man wollte nicht mehr nur konkrete Tapferkeit vor dem Feind im gegebenen Moment „an den Mann bringen“, um einen konkreten Sieg zu erringen bzw. eine bestimmte Schlacht zu gewinnen, sondern man wollte diverse männliche Tugenden allgemeinerer Art und grundsätzlicher Qualität erzeugen: Härte, Pflichterfüllung, Einordnung ins Glied, d.h. Treue zum Männerbund, Gehorsam, Opferwilligkeit auf Dauer usw. In dieser Hinsicht dürfte der Erste Weltkrieg einen entscheidenden Schub gegeben haben. War im Krieg 1870/71 das Bild noch von Familienvätern bestimmt, die als temporäre Kämpfer in den Krieg zogen, um die Heimat in einer konkreten Gefahr zu schützen, so war es im Ersten Weltkrieg und danach die „Jungmannschaft“, die angeblich erst durch das Kriegserlebnis – das so genannte „Stahlbad“ –

16 Ders.: Der Kampf als inneres Erlebnis, 8. Aufl., Berlin 1940, S. 75 f.

17 Ebd., S. 118; siehe auch die oben zitierten Ausführungen Reichels zu Benjamin (s. Anm. 3).

18 Vgl. Ute Daniel: Der unaufhaltsame Aufstieg des sauberen Individuums. Seifen- und Waschmittelwerbung im historischen Kontext, in: Imbke Behnken (Hg.): Stadtgesellschaft und Kindheit im Prozess der Zivilisation, Opladen 1990, S. 43-60.

zu Männern wurde – und dies in der spezifischen Form des Kriegers. In diesem Typus verschmolzen die Begeisterungsfähigkeit, Kampfbereitschaft und familiäre Ungebundenheit des Jungmannes mit der Kraft, Entschlossenheit und dem Ernst des reifen Mannes. Der männliche Individuationsprozess wurde hier als ideales Handlungsfeld einer perfiden Propaganda menschenverachtender Ideologien entdeckt.

Ende der 1920er Jahre war es dann die NS-Ideologie, die den nun herangewachsenen, im letzten Vorkriegsjahrzehnt geborenen Jungen den „Mann als Kälte-Maschine", so eine Metapher des Germanisten Helmut Lethen,[19] zur Identifikation anempfahl. Jene „Verhaltenslehren der Kälte", die ein sehr wirksames mentales Produkt männlicher Kriegsbewältigung waren, führten dann zur Ausprägung von Charakteren, die Ulrich Herbert in seinem Buch über den Organisator des Reichssicherheitshauptamtes Werner Best (geb. 1903) folgendermaßen beschrieben hat:

„(Mit) Kühle, Härte und ‚Sachlichkeit' (hätten sie) den Vorsprung, den die Älteren durch ihre Kriegsteilnahme und ‚Fronterfahrung' hatten, ... durch die Übernahme des Frontkämpferideals für den Kampf im Innern, durch die Stilisierung des kalten, entschlossenen Kämpfers und durch das Trachten nach ‚reinem', von Kompromissen freiem und radikalem, dabei aber organisiertem, unspontanem, langfristig angelegtem Handeln zu kompensieren (versucht)"[20].

Insofern spiegelt sich in der hier vorgeführten Ästhetisierung des kriegerischen Männerbildes, die im Ersten Weltkrieg begann, dann in den NS-Zeitschriften tausendfach weiterentwickelt wurde und auch die bekannten Plastiken eines Joseph Thorak und Arnold Breker bestimmte, eine quasi generationsspezifische Haltung, deren inhumane Qualität vielen Halt und Sinn suchenden jungen Männern erst angesichts des Abgrunds von Stalingrad offenkundig wurde.

19 Helmut Lethen: Verhaltenslehren der Kälte. Lebensversuche zwischen den Kriegen, Frankfurt a.M. 1994.

20 Ulrich Herbert: Best. Biographische Studien über Radikalismus, Weltanschauung und Vernunft, 1903-1989, Bonn 1996, S. 44.

„Wir reiten die Sehnsucht tot“ oder: Melancholie als Droge

Anmerkungen zum bündischen Liedgut
(mit einem Anhang zu dem Lied „Jenseits des Tales standen ihre Zelte“)

In ihren autobiographischen „AufZEICHNUNGEN“ mit dem Titel „Marie, es brennt!“ hat die Karikaturistin Marie Marcks (geb. 1922) eine kurze Begegnung mit der Bündischen Jugend um 1932 festgehalten:[1] Eine in Dreierreihen im Gleichschritt marschierende Mädchengruppe – blaue Halstücher und Röcke, braune Jacken, grüne Rucksäcke, vorweg eine Führerin mit flatterndem Wimpel – singt, offenbar voller Hingabe, ein Lied; die eigentlich noch zu kleine Marie, die von ihrer größeren Schwester Ike in diese Gruppe der „Wölsungen“ mitgenommen worden war, bemüht sich – einen Meter hinter den anderen mit großen Schritten folgend – mitzuhalten. Aus Sprechblasen kann man erschließen, auf welches Lied Marie Marcks anspielt: „Blut'ger Ka-ampf allewege, dazu sind wir bestellt!“, singen die Mädchen; und in der Sprechblase der damals zehnjährigen Marie ist die letzte Zeile der dritten Strophe dieses Liedes zu lesen: „O Herr, lass uns stark sein im Streiten, dann sei unser Leben vollbracht!“

Es handelt sich – wie Kenner des bündischen Liedguts ebenso wie ehemalige Soldaten sofort wissen werden – um das damals viel gesungene Lied „Es klappert der Huf am Stege“. Der dreistrophige Text stammt von Hans Riedel, der von 1919 bis Anfang der dreißiger Jahre Führer bei den bündischen Neu- bzw. Ringpfadfindern war.[2] Vertont wurde der Text 1920 von Robert Götz, einem äußerst erfolgreichen „Liedermacher“ bündischer „Gebrauchslieder“ (geb. 1892) – vor dem Ersten Weltkrieg Wandervogel, seit den zwanziger Jahren Musikerzieher im Rheinland.[3] Das Lied wurde in der

1 Marie Marcks: Marie, es brennt! Autobiographische AufZEICHNUNGEN, 2. Aufl., München 1985, ohne Seitenzählung.

2 S. zu Riedel: Dokumentation der Jugendbewegung III. Die bündische Zeit, hg. von Werner Kindt, Düsseldorf/Köln 1974, passim.

3 Vgl. Robert Götz: Ich wollte Volkslieder schreiben. Gespräche mit Ernst Klusen (Forschungen zur westfälischen Musikgeschichte, Heft 3), Köln 1975. Von Götz stammen z.B. die Melodien folgender Lieder: Wildgänse rauschen durch die Nacht, Aus grauer Städte Mauern, Jenseits des Tales, Wie oft sind wir geschritten (Heia Safari), Wir ziehen

damaligen Bündischen Jugend durch Veröffentlichungen auf Liederblättern und in Liederbüchern sehr bekannt, tauchte dann in den meisten HJ-Liederbüchern (allerdings nicht in BDM-Liederbüchern!) sowie im Liederbuch der Wehrmacht von 1939 (Herausgeber: Hans Baumann) auf und wurde schließlich 1962 auch ins Liederbuch der Bundeswehr übernommen. Die Jugendgruppen in der frühen Bundesrepublik lernten es vor allem durch die millionenfach aufgelegte *Mundorgel*, herausgegeben vom CVJM, kennen. Verschiedene Chöre und Sänger, so der Botho-Lucas-Chor (Titel: „Die Landsknechtstrommel“) haben es zudem auf Schallplatten verewigt.[4]

Abbildung 9: „Blut’ger Ka-ampf allewege...“, aus: © Marie Marcks: „Marie, es brennt!“ Verlag Anja Kunstmann.

In seiner Anthologie *Lieder aus dem Krieg* hat Rudolf Walter Leonhardt den Kalauer überliefert[5], das Lied sei von den Soldaten im Zweiten Weltkrieg wegen seiner oft verballhornten Titelzeile das „Mediziner-Lied“ genannt worden („Äskulap-pert der Huf am Stege“), fügt aber dann hinzu, das eigentlich recht sentimentale Lied sei dort nicht als kitschig zu bezeichnen, „wo es als wahr empfunden wird“: Zwar seien im Zweiten Weltkrieg nur noch wenige Soldaten geritten, aber die Zeile „für uns gibt es kein Zurück“ sei „mit einer Inbrunst gesungen worden, die ihre realen Gründe hatte.“ Der vollständige Text des Liedes lautet:

Es klappert der Huf am Stege,
wir ziehn mit dem Fähnlein ins Feld.

über die Straße. Sein erstes Liederbuch „Aus grauer Städte Mauern“ erschien 1924 im Verlag Günther Wolff, Plauen; es folgte ebd. 1926 „Wir traben in die Weite“.

4 Auf genauere bibliografische Angaben wird hier verzichtet. Der meines Erachtens jüngste Abdruck des Liedes erfolgte 1988 in Heft 31 der „Liederblätter deutscher Jugend“ (Heidenheim), S. 31.

5 Rudolf Walter Leonhardt: Lieder aus dem Krieg, München 1979, S. 14, Text des Liedes S. 25.

Blutger Kampf allerwege,
dazu sind wir bestellt.
Wir reiten und reiten und singen,
im Herzen die bitterste Not.
Die Sehnsucht will uns bezwingen,
doch wir reiten die Sehnsucht tot.

Dörfer und Städte flogen
vorüber an unserem Blick.
Wir sind immer weiter gezogen,
für uns gibt es kein Zurück.
Wir reiten durch Täler und Hügel,
wo der Sommer in Blüte steht.
Es knirschen Zaumzeug und Zügel,
der Wimpel über uns weht.

Leis sinkt der Abend nieder,
uns wird das Herze so schwer.
Leiser werden unsre Lieder,
wir sehn keine Heimat mehr.
Wir reiten und reiten und reiten
und hören von fern schon die Schlacht.
Herr, lass uns stark sein im Streiten,
dann sei unser Leben vollbracht.

Eindringlicher und pfiffiger als in Marie Marcks' Bildbiographie lässt sich die soldatische Männerbundgefühligkeit, wie sie in vielen in den frühen zwanziger Jahren neu geschaffenen Liedern der Bündischen Jugend beschworen wurde, wohl kaum karikieren: Ausgerechnet eine Mädchengruppe ist es, die diesen geradezu idealtypisch heldisch-melancholischen Text singt, und dem kleinsten, sichtbarlich sowieso schon überforderten Mädchen wird dann auch noch jene Zeile in den Mund gelegt, in der das männerbündische Ethos seine besonders zugespitzte Formel gefunden hat. Dieses Ethos war in den zwanziger und frühen dreißiger Jahren keineswegs nur in jugendbewegten Kreisen verbreitet; es war fast idealistisches Gemeingut bei der Beschreibung des heroischen Jungmännerbildes jener Zeit und diente nach 1933 mit spezifischer Nuancierung (s.u.) der männlichen Hitlerjugend als Basis ihrer „Pädagogik“. Liedermacher der Bündischen Jugend waren es allerdings seit Anfang der zwanziger Jahre gewesen, die dieses Bild in durch das Singen erlebbare Emotion umgesetzt hatten. Sie schufen damit einen neuen Liedtypus, den man geradezu „Männerbundlied“ nennen kann und der zweifellos eine deutsche Besonderheit darstellt. Wenn Nicolaus Sombart einmal – meines Erachtens mit vollem Recht – gefordert hat, bei einem

Deutschen Historischen Museum des 20. Jahrhunderts müsse dem „Männerbundsyndrom“ ein zentraler Platz eingeräumt werden,[6] so ist sogleich zu ergänzen, dass dies nicht ohne Einbeziehung des männerbündischen Singens gehen kann. Im Singen – auf Fahrt, im Lager, bei Aufmärschen in der Öffentlichkeit oder in der kleinen Runde bei Feuerschein – fand der jugendliche Männerbund seinen höchsten Ausdruck[7] und zog den Einzelnen in den magischen Bann eines Verbundenheitsgefühls, das rauschhafte, oft sogar quasi-erotische Züge besaß. Dass dieser durch bündische Lieder bewirkte „Überschwang der Gefühle“ durchaus gewollt war, hat der schon genannte Liedermacher Robert Götz ausdrücklich bestätigt.[8]

Auf den ersten Blick erinnert die in dem zitierten Riedel/Götz-Lied beschworene Szenerie an Rilkes *Cornet*, der – obwohl bereits 1899 geschrieben – als Insel-Buch Nr. 1 seit dem Jahre 1912 zu einem Bestseller avancierte und vor allem in jugendbewegten Kreisen begeistert gelesen worden ist.[9] Doch trotz mancher Ähnlichkeiten, so in der melancholischen Grundstimmung („Sehnsucht“) und in der Metapher des Reitens („Reiten, reiten, reiten, durch den Tag, durch die Nacht, durch den Tag ...“), ist der Unterschied bemerkenswert: Der Höhepunkt in Rilkes dramatischem Gedicht, gewissermaßen das Initiationserlebnis des Cornets Christoph Rilke, ist die nächtliche Vereinigung mit einer Frau („sie haben sich ja gefunden, um einander ein neues Geschlecht zu sein“), während der lediglich anvisierte Höhepunkt des Riedel/Götz-Liedes die Initiation durch die Schlacht ist, das heißt durch das tapfere Kämpfen und das ehrenvolle Sterben des jungen Reiters in der männlichen Bewährung. „Bitterste Not“ im Herzen, Sehnsucht und das Wissen darüber, dass es kein Zurück und kein Wiedersehen der Heimat mehr

---

6 Nicolaus Sombart: Männerbund und politische Kultur in Deutschland, in: Joachim H. Knoll/Julius H. Schoeps (Hg.): Typisch deutsch: Die Jugendbewegung. Beiträge zu einer Phänomengeschichte, Opladen 1988, S. 172.

7 Selbstaussagen aus der Jugendbewegung über die Bedeutung des Singens sind Legion. Eine scharfe Kritik des jugendbewegten „Musikanten“ liefert Theodor W. Adorno: Dissonanzen. Musik in der verwalteten Welt, 2., erw. Aufl., Göttingen 1958, S. 62-101. Aus psychologischer Sicht s. die Dissertation von Ulrich Paetzold: Die deutschen Jugendbewegungen dieses Jahrhunderts – eine psychologische Analyse ihrer Inhalte anhand des Liedgutes, Bamberg 1988. S. außerdem grundsätzlich zum Thema die anregende Arbeit von Vladimir Karbusicky: Ideologie im Lied, Lied in der Ideologie. Kulturanthropologische Strukturanalysen (Musikalische Volkskunde, Bd. II), Köln 1973.

8 Götz, Volkslieder (s. Anm. 3), S. 48.

9 Vgl. Harry Pross: Jugend. Eros, Politik. Die Geschichte der deutschen Jugendverbände, Bern/München/Wien 1964, S. 130 sowie S. 394: „Und immer wieder, in allen Lagern, bei Jungen und Mädchen gleichermaßen die Geschichte von Rilkes ‚Cornet‘.“

geben wird – diese demoralisierenden Anfechtungen müssen niedergeritten werden, um im Streiten stark sein zu können.

Wenn man sich die bündischen Liederbücher der zwanziger und frühen dreißiger Jahre ansieht, ist es geradezu verblüffend, in wie vielen Liedern diese melancholische Grundstimmung in sentimentalen Texten und Melodien beschworen wird. Lieder wie „Zelte sah ich, Waffen, Fahnen", „Ihr lieben Kameraden", „Wir ziehen über die Straßen", „Es tropft von Helm und Säbel" und viele weitere[10] kreisen immer wieder um die gleichen Elemente: eine mehr oder weniger unbestimmte Grundsehnsucht, das Erahnen des Todes und des eigenen oder fremden Leids, ein soldatisch-männliches „Wir", in das das Individuum eingebunden ist, männliche Tugenden (Stärke, Kraft, Standhaftigkeit), ein unumkehrbares „Vorwärts" und oft auch eine Strategie zur Bewältigung solcher Gefühligkeit, die am klarsten mit der Formel „Wir reiten die Sehnsucht tot", aber auch mit „Still dein Leid im dunklen Wein" oder „In Traurigkeit geh'n wir verloren, in Freude siegen wir" beschrieben wird. Die Sehnsucht nach einer Geliebten oder Liebesleid spielen bei diesen Liedern praktisch keine Rolle. Das heißt: Es handelt sich hier nicht um eine Variante des in anderen Kulturen wie unter den traditionellen deutschen Soldatenliedern vorfindbaren Typus der „Rekrutenklagelieder"[11], die oft auch die Perspektive der Geliebten, der Ehefrauen und Mütter wiedergeben, sondern tatsächlich um einen neuen Typus von Liedern, die nach dem Ersten Weltkrieg eine spezifische Generation geschaffen hat und die wohl „zu den wichtigsten Vermittlern des Kriegserlebnisses an die Nachkriegswelt", konkreter: an die männliche Nachfolgegeneration, gehörten.[12] Dabei ging es überhaupt nicht um eine realistische Beschreibung konkreten Kämpfens, sondern um den Versuch, nacherlebbare Gefühle zu vermitteln und zugleich zu zeigen, wie man diese bewältigt, das heißt: männlich in den Griff bekommt. Melancholie wird so zu einer zwar gefährdenden, aber zugelassenen Droge, von deren Wirkung man sich dann durch die Tat, durch eine Flucht nach vorn wieder befreien kann. Nicht einzelne Kriegshandlungen aus dem Ersten Weltkrieg werden demnach besungen, sondern das Geschehen wird in eine ferne Reiter- und Landsknechtswelt, später gelegentlich auch in die

---

10 Die Verfasser der Texte und die Komponisten gehörten fast ausschließlich zur Frontgeneration; die Spanne reicht von Börries Freiherr von Münchhausen (geb. 1874) mit seinem Text „Jenseits des Tales" (s. dazu den Anhang) bis zu Fritz Sotke (geb. 1902) mit seinem Lied „Wilde Gesellen, vom Sturmwind durchweht".

11 S. dazu Anton Kovac: Unzeitgemäße Menschlichkeit. Das Kriegs- und Soldatenlied der Slowenen, in: Klaus Vondung (Hg.): Kriegserlebnis, Göttingen 1980, S. 312-330, bes. S. 325.

12 George L. Mosse: Zum deutschen Soldatenlied, in: Vondung (s. Anm. 11), S. 332.

Welt der Kosaken und anderer Reitervölker (zum Beispiel die Mongolen, vgl. das Lied „Langsam reitet unsre Horde“ von Erich Scholz-olka) verlegt; Pferde, das Lagerleben, Feuer, Fahnen und Trommeln liefern die Kulissen bzw. sind die Requisiten einer Handlung, die meist zur Sonnenuntergangszeit oder am frühen Morgen im Frühling oder Frühsommer stattfindet und deren Beschreibung in die selbstbeschwörende Folgerung mündet: „Die Männlichkeit stirbt nicht in der Welt, unser Herz ist fest und jung“, wie es in einem Liedtext des Pfadfinder- und Freischarführers Karl Seidelmann heißt.[13]

Vielleicht sollte an dieser Stelle betont werden, dass bei einer mentalitäts- und wahrnehmungsgeschichtlichen Spurensuche nach der emotionalen Qualität des Männerbundsyndroms die Tatsache selbstverständlich keine Rolle spielt, dass in den Männerbundliedern viele gängige romantische Versatzstücke und Klischees ineinander geschoben worden sind und man unter literaturkritischem Gesichtswinkel die meisten Texte nur als lyrischen Kitsch bezeichnen kann: Es geht ausschließlich um die emotionalisierenden und damit prägenden Wirkungen auf jene Generation junger Männer, die in der zweiten Hälfte der zwanziger und in den dreißiger Jahren in bündischen Gruppen, aber auch in Gruppen der großen politischen und weltanschaulichen Jugendorganisationen als Zwölf- bis Zwanzigjährige heranwuchsen, denn die bündischen Lieder wurden damals ebenso wie viele der sonstigen jugendbewegten Stil- und Umgangsformen weitgehend in den Organisationen der Jugendpflege nachgeahmt und auch später von der HJ übernommen.

Dass die hier „Männerbundlieder“ genannten Lieder tatsächlich in den zwanziger Jahren so etwas wie eine mentalitätsgeschichtliche Innovation waren, lässt sich leicht durch einen Vergleich mit den Liedern des mit Abstand bedeutendsten jugendbewegten Liederbuchs der Vorkriegszeit belegen: des erstmalig 1908/09 von Hans Breuer herausgegebenen *Zupfgeigenhansl*. Rekrutenklagelieder, vor allem Abschieds- und Sterbelieder, finden sich hier durchaus in größerer Zahl, aber es fehlen darin sowohl die Beschwörung jener Grundmelancholie des jugendlichen Reiters als auch die männerbündische Erlösungsstrategie. Ähnlich steht es auch mit fast allen im Ersten Weltkrieg in großer Zahl neu geschaffenen Soldatenliedern und Kriegsgedichten, von denen das wohl berühmteste von Heinrich Lersch stammt: sein „Soldatenabschied“ mit der viel zitierten Schlusszeile „Deutschland muss leben, und wenn wir sterben müssen!“ Eine weitere,

13 Titel des Liedes: „Die Trommel schlägt und schmettert“, hier zit. nach dem Liederbuch der Bundeswehr (1962), S. 13. Seidelmann (geb. 1899) war zuletzt Pädagogikprofessor in Marburg.

ebenfalls sehr populär gewordene und für den „Normalfall" typische Neuschöpfung war das Hermann-Löns-Lied „Heute wollen wir ein Liedlein singen", das in den Refrain „denn wir fahren, denn wir fahren, denn wir fahren gegen Engeland" mündet. Martialisches Wollen und ernste Bereitschaft zum pflichtbewussten und heldenhaften Dienst für Kaiser, Volk und Vaterland bestimmen die Aussagen; Kampf- und Streitlieder mit nationalem Pathos stehen neben Texten, die im Volksliedton teils voller Wehmut, teils voller Stolz von der Heimat und den dort zurückgelassenen geliebten Menschen handeln. All diese Neuschöpfungen können durchaus noch in die lange Traditionslinie der herkömmlichen Soldatenlyrik eingeordnet werden; ein neues Männerbild lässt sich in der weit überwiegenden Zahl der Kriegsgedichte jedenfalls zunächst nicht entdecken. Allerdings nahmen im Laufe des Krieges Texte zu, die heldisches Pathos verballhornen, die stärker eine unheroische Auffassung widerspiegeln, resignative Gedanken enthalten oder sogar zum Widerstand auffordern.[14] Eine entscheidende Ausnahme mit beträchtlichen mentalitätsgeschichtlichen Wirkungen in der Nachkriegszeit stellen in diesem Kontext jedoch die Dichtungen von Walter Flex dar. Sein Gedicht „Wildgänse rauschen durch die Nacht", das nicht zufällig Robert Götz bereits 1916 vertont hat und das nach dem Krieg eines seiner ersten Lieder mit durchschlagendem Erfolg werden sollte, enthält bereits eine Reihe zentraler Elemente des Männerbundliedes, zumal Flex' Erzählung *Der Wanderer zwischen beiden Welten*, aus der der Text stammt, noch weitere einschlägige Gedichte und insgesamt eine Stimmungslage enthält, die eine Brücke schlägt vom Weltgefühl der Wandervögel der Vorkriegszeit – ausgedrückt in dem Lied von Hjalmar Kutzleb (geb. 1885) „Wir wollen zu Land ausfahren" – über eine idealistisch-melancholische Verarbeitung der Kriegserfahrung durch die „Frontwandervögel" hin zu einem neuen jugendlichen Ethos der Zukunft. Den durch die Kriegserfahrung bereicherten „Geist des Wandervogels" hat Flex geradezu als Basis einer geläuterten Zukunftsnation verstanden:[15] „Das Bild des jungen willensstarken Menschen mit seinem reinen Idealismus und reichen Schönheitssinn will mir so recht geeignet erschei-

14 Zum Soldatenlied im Ersten Weltkrieg s. neben Karbusicky (s. Anm. 7) und Mosse (s. Anm. 12) John Meier: Das deutsche Soldatenlied im Felde, Straßburg 1916; Winfried Elbers: Das deutsche Soldatenlied im Ersten Weltkrieg und seine publizistische Bedeutung, Diss. Münster 1963, und Reinhard Olt: Krieg und Sprache. Untersuchungen zu deutschen Soldatenliedern des Ersten Weltkrieges, 2 Bände, Gießen 1980/81; vgl. auch Klaus Latzel: Vom Sterben im Krieg, Warendorf 1988, bes. S. 63 ff.

15 Zit. nach Justus H. Ulbricht: Der Mythos vom Heldentod. Entstehung und Wirkungen von Walter Flex' „Der Wanderer zwischen beiden Welten", in: Jahrbuch des Archivs der deutschen Jugendbewegung, Bd. 16 (1986/87), S. 136.

nen, als Vorbild auf die nachwachsende Jugend fortzuwirken", schrieb er in einem Brief. Seine Deutung des Krieges, diese Völkerschlacht sei ein Altar, auf dem „aus deutschem Blut ... Christi Wein bereitet" werde,[16] und Verse wie „Bei Schwertern und bei Fahnen schlief uns das Lachen ein. Wen schert's! – Wir soll'n die Ahnen lachender Enkel sein"[17] stifteten einen Sinn, der bis weit in den Zweiten Weltkrieg hinein – nicht zuletzt im Kontext der Beschwörung des Langemarck-Mythos[18] – generationsprägende Kraft besaß. Unterlegt war dieser Botschaft jedoch jene melancholische Grundstimmung, die das Gedicht „Wildgänse rauschen durch die Nacht" ebenso beherrscht wie zahlreiche weitere in den Text eingestreute Verse, so zum Beispiel:[19]

Der Wald ist wie ein Sterbedom,
Der von verwelkten Kränzen träuft,
Die Kompanie ein grauer Strom,
Der müde Wellen rauschend häuft ...

Es schwillt der Strom und ebbt und schwillt ...
Mein Herz ist müd', mein Herz ist krank
Nach manchem hellen Menschenbild,
Das in dem grauen Strom versank.

Die Welt ist grau, die Nacht ist fahl,
Mein Haupt zum Pferdehals geduckt,
Träum' ich, wie hell durchs Todestal
Mein Strom einst klang lichtüberzuckt ...

In solchen Zeilen tritt das Martialische, Balladesk-Folkloristische, Heldische und Nationalistisch-Pathetische des üblichen Soldatenliedes völlig hinter dem Versuch zurück, die individuellen schmerzvollen Erfahrungen mit dem Grauen des Krieges – bei Flex den Tod des geliebten Wandervogelfreundes Ernst Wurche, in anderen Quellen oft auch die „Augen des ersten im Nah-

16 Zit. nach Walter Flex: Vom großen Abendmahl. Verse und Gedanken aus dem Felde, München 1922, S. 5.

17 Walter Flex: Der Wanderer zwischen beiden Welten, hier zit. nach der Auflage München 1960, S. 94.

18 Auf die vielen Querverbindungen zwischen dem Jungmännerbild und dem Langemarck-Mythos in der Weimarer Republik kann hier nur hingewiesen werden; s. dazu Uwe K. Ketelsen: „Die Jugend von Langemarck". Ein poetisch-politisches Motiv der Zwischenkriegszeit, in: Thomas Koebner u.a. (Hg.): Der Mythos Jugend, Frankfurt 1985, S. 68-96; außerdem Karl Unruh: Langemarck. Legende und Wirklichkeit, Koblenz 1986, sowie Reinhard Dithmar (Hg.): Der Langemarck-Mythos in Dichtung und Unterricht, Berlin 1992.

19 Flex, Wanderer (s. Anm. 17), S. 94 f.

kampf getöteten Menschen“[20] – in ein lyrisches Gewand zu kleiden, dabei sich selbst in den „grauen Strom“, in die „graureisigen Geschwader“, in ein „graues Heer ... ohne Wiederkehr“ einzuordnen und dennoch dem vorausgeahnten eigenen Tod einen tröstlichen Sinn im Rahmen einer höheren geschichtlichen Logik zu verleihen. Eine ähnliche „fatalisierende Entpersönlichungsgeste“[21] findet sich nicht nur bei Flex, sondern auch in einigen jener „Kriegsbriefe gefallener Studenten“, deren Edition durch Philipp Witkop nach dem Krieg bis weit ins „Dritte Reich“ hohe Auflagen erlebte.[22] So schrieb zum Beispiel der Student Walter Stock (geb. 1894) am 1. Mai 1917 an seine Mutter:[23]

„Was schadet es, wenn dies Köstliche, Wunderbare (gemeint ist ein erhofftes „Zeitalter der Menschenliebe“, J.R.) nur durch das Opfer unserer Generation einträte? Nur aus dem Tod wächst neues Leben, und über Leichen führt der Weg zur Freiheit. Sonst waren wir so wilde Dramatik nur auf dem Theater gewohnt, jetzt führen wir selbst als handelnde Personen das erschütternde Drama der Weltgeschichte auf.“[24]

Dass vor allem das Buch von Walter Flex für die Bündische Jugend nach dem Ersten Weltkrieg ein „Kultbuch“ ersten Ranges war[25], ist durch viele autobiografische Zeugnisse ausführlich belegt: Seine Beschreibung eines neuen idealistischen Ethos der Jugendlichkeit („rein bleiben und reif werden – das ist schönste und schwerste Lebenskunst“[26]), die von ihm beschworene Stimmungslage einer Grundmelancholie, die die „große Fahrt in den Orlog“[27] wie grundsätzlich durchs Leben begleitet, die Hoffnung auf Erlösung

---

20 Auf dieses häufige Motiv, bes. eindrucksvoll in Szene gesetzt in der Filmfassung des Buches von Erich Maria Remarque „Im Westen nichts Neues“, weist Karbusicky hin (s. Anm. 7), S. 154.

21 Ebd.

22 S. dazu Manfred Hettling/Michael Jeismann: Der Weltkrieg als Epos. Philipp Witkops „Kriegsbriefe gefallener Studenten“, in: Gerhard Hirschfeld u.a. (Hg.): „Keiner fühlt sich hier mehr als Mensch...“. Erlebnis und Wirkung des Ersten Weltkriegs, Essen 1993, S. 175-198.

23 Philipp Witkop (Hg.): Kriegsbriefe gefallener Studenten, hier zit. nach der Auflage München 1928, S. 311.

24 Dem in Briefen und Gedichten zum Ausdruck kommenden männlichen Blick auf den Krieg ließe sich ein weiblicher entgegensetzen, da es auch eine beachtliche Kriegslyrik von Frauen gibt. So stammt zum Beispiel eines der eindrucksvollsten Totentanzlieder des Ersten Weltkriegs von Elsa Laura von Wolzogen, einer Wandervogelführerin: „Der Tod reit auf einem kohlschwarzen Rappen“ (1917).

25 S. dazu ausführlich Ulbricht (s. Anm. 15).

26 Flex, Wanderer (s. Anm. 17), S. 44.

27 Winfried Mogge: Wandervogel, Freideutsche Jugend und Bünde, in: Koebner, Mythos (s. Anm. 18), S. 183 f.; vor allem Gudrun Fiedler: Jugend im Krieg. Bürgerliche Jugend-

durch Selbstaufopferung kamen den Orientierungsbedürfnissen vor allem der aus dem Bildungsbürgertum stammenden jugendbewegten jungen Männer in der Weimarer Republik offenbar sehr entgegen. Dem überzeitlich-anthropologischen, gewissermaßen normalen Hin- und Hergerissensein des fünfzehn- bis zwanzigjährigen Heranwachsenden zwischen Begeisterungsfähigkeit und Einsatzbereitschaft einerseits, Melancholie und Selbstzweifeln andererseits vermittelten unter den spezifischen mentalen Verhältnissen der zwanziger und frühen dreißiger Jahre Texte wie die von Walter Flex ebenso wie die Männerbundlieder eine heroisch-melancholische Gefühlswelt, in der man sich jenseits der tristen Alltagsverhältnisse emotional einrichten konnte. Was der Volkskundler John Meier schon 1916 bei einer Untersuchung des Unterschieds zwischen den an der Front gesungenen Kunstliedern und den Volksliedern festgestellt hat, trifft auch hier in zugespitzter Weise zu:[28] Das Singen von gefühlvollen Liedern war eine Droge und ein Ventil zugleich, um sich von allzu starker innerer Spannung zu befreien: „Das Aussprechen der Gefühle, hier im Gesang mit Worten eines anderen, entlastet den Einzelnen von dem sonst zu starken Drucke, unter dem er leiden und verkümmern würde." Mit anderen Worten bzw. in Form eines auf die Toten von Langemarck gemünzten Gedichts von Walter G. Oschilewski (geb. 1904) ausgedrückt[29]:

So fällt von ihren Knabenlippen bang
das Mütterliche. Sie werden Krieger,
und zwischen Volk und Tod -: Gesang!

Bisher ist zur Kennzeichnung der in den frühen Männerbundliedern in exemplarischer Weise beschworenen Stimmungslage unreflektiert der Melancholiebegriff benutzt worden. Es stellt sich jedoch die Frage, ob der Begriff an dieser Stelle nicht zu hoch gegriffen ist und man nicht besser von Sentimentalität als einem eher oberflächlichen und unreflektierten Momentangefühl sprechen sollte. Bei dem Versuch, hierauf aus wahrnehmungsgeschichtlicher Sicht eine Antwort zu geben, bewegt man sich allerdings noch sehr stark im Bereich des Spekulativen: Trotz einer umfangreichen, vor allem literaturwissenschaftlichen Forschung über die Melancholie und trotz

---

bewegung, Erster Weltkrieg und sozialer Wandel 1914-1923, Köln 1989, bes. S. 37 ff.; außerdem Dietmar Schenk: Die Freideutsche Jugend 1913-1919/20. Eine Jugendbewegung in Krieg, Revolution und Krise, Münster 1991.

28 Meier, Soldatenlied (s. Anm. 14), S. 6.

29 Zit. nach Herbert Böhme (Hg.): Rufe in das Reich. Die heldische Dichtung von Langemarck bis zur Gegenwart, Berlin 1934, S. 13. Oschilewski war zunächst Wandervogel, trat aber dann dem Hofgeismarkreis der Jungsozialisten bei.

der unzähligen künstlerischen Aussagen zu diesem Phänomen fehlt es weitgehend an Untersuchungen, die die historischen Hintergründe melancholischer Wirklichkeitserfahrung und -gestaltung aufdecken.[30] Als erster Schritt zur Annäherung an mögliche Zusammenhänge in unserem Kontext ist noch einmal darauf hinzuweisen, dass es fast ausschließlich Angehörige der Frontgeneration, meist mit jugendbewegter Erfahrung waren, die den Typus des Männerbundlieds erfunden und in den zwanziger Jahren verbreitet haben. Sie entstammten durchweg bildungsbürgerlichen Kreisen und gehörten zu jenen idealistischen jungen Männern, die 1914 voller Begeisterung, angeblich mit Goethe- und Nietzsche-Texten im Rucksack, in den Krieg gezogen waren und durch „der Stunden Ernst" – wie es in einem Gedicht Heinrich Zerkaulens (geb. 1892) heißt – im Rausch, nun ein Mann geworden zu sein, der „Jugend buntes Kleid ... zu Blumen, Glück und Ruh" geworfen und der „Träume Türen ... lachend" zugeschlagen hatten.[31] Doch wenige Jahre später war – so ein Gedicht in der Zeitschrift *Die Woche* vom 9.11.1918[32] –

gebleicht der goldenen Locken lichthelle Pracht
von Not und Tod, Entbehrung und blutiger Nacht.

Und in dem Auge, von Kampflust einstens erhellt,
liegt brennend und abgrundtief das Weh der Welt ...

Die Überlebenden aus den „Stahlgewittern" kehrten 1918/19 zurück in ein „Land, das ergraut", „von fremdem Schritt befallen" war (Hans Friedrich Blunck, geb. 1888):[33]

Auf grauen Schollen hocken schwarze Raben,
der Abend sinkt und Regen rieselt schwer ...
Zur Heimat fliehn, die keine Heimat haben,
zur grauen Heimat zieht das graue Heer,

bedichtete Fritz Woike (geb. 1890) die Situation dieser „verlorenen Generation", und Otto Paust (geb. 1897) beschrieb die Stimmungslage folgendermaßen:

---

30 S. dazu Ludwig Völker: Einleitung, in: ders. (Hg.): „Komm, heilige Melancholie". Eine Anthologie deutscher Melancholie-Gedichte, Stuttgart 1983, S. 19-43, hier S. 34.

31 Abgedruckt in Böhme (s. Anm. 29), S. 11.

32 „Die Woche" vom 9.11.1918; hier zit. nach Jürgen Reulecke: Vom Kämpfer zum Krieger. Zur Visualisierung des Männerbildes während des Ersten Weltkriegs, in: Sabiene Autsch (Hg.): Der Krieg als Reise. Der Erste Weltkrieg – Innenansichten, Siegen 1999, S. 52-62 (s. im vorliegenden Band S. 89-101).

33 Diese und die folgenden Zitate stammen aus Böhme (s. Anm. 29), S. 32 ff.

Wir schauen fremd uns in der Heimat um,
gehören nicht in Freude und Genuss,
gehören nicht in Alltagsmenschentum:
um uns ist noch ein kalter Todesgruß ...

Und Paust lässt dann sein Gedicht enden:

Es klingt das Lied vom großen Totenhügel
und hängt gleich einer Last in unsrer Mitten.

Mit dieser Last mussten diese noch jungen Männer von jetzt an leben. Tiefe Resignation, eine „Seelenlähmung"[34], war bei vielen die Folge der Kriegserfahrungen und Melancholie die Stimmung, die sich dauerhaft einstellte und Teile der bürgerlichen „jungen Generation" nicht mehr losließ. Einer von ihnen, der Gründer des jugendbewegten katholischen Bundes Quickborn, Romano Guardini (geb. 1885), hat später als Religionsphilosoph versucht, den „Sinn der Schwermut" aus der Sicht seiner Generation jenseits psychologischer und psychiatrischer Deutungen zu verstehen, und kam zu dem vieldeutigen, aber bezeichnenden Befund: „Die Schwermut ist die Not der Geburt des Ewigen im Menschen", und schränkt dann aber ein: „vielleicht sagen wir besser, in bestimmten Menschen."[35] Marxistische Gesellschaftskritiker haben solche Melancholie als ein klassenspezifisches Phänomen und als Ausweichen ins Anthropologische interpretiert: Hier zeige sich – so Georg Lukács[36] – die historisch und soziologisch bedingte Unfähigkeit der bürgerlichen Intelligenz, „den Widerspruch zwischen Möglichkeit und Wirklichkeit positiv zu lösen". In typischer Weise zugespitzt findet sich dieser Melancholievorwurf in einer Kritik Walter Benjamins aus dem Jahre 1931 an einem Gedichtband Erich Kästners. Kästner – so Benjamin[37] – genieße nur „in negativistischer Ruhe sich selbst", statt die „Gabe, sich zu ekeln" als Antrieb zu produktiver politischer Tat zu verstehen.

Der Zeitpunkt dieser Frontalkritik ist allerdings bezeichnend: In der Treibhausatmosphäre seit Ende der zwanziger Jahre standen sich als vehement propagierte radikale Lösungen zwei utopische Entwürfe gegenüber, die handlungshemmende Melancholie und individuelle Innerlichkeit nicht zulassen konnten: die marxistisch-kommunistische Utopie einer klassenlosen

---

34 S. dazu grundsätzlich Johann Glatzel: Melancholie und Wahnsinn. Beiträge zur Psychopathologie und ihren Grenzgebieten, Darmstadt 1990, hier: S. 93.

35 Romano Guardini: Vom Sinn der Schwermut, Zürich 1949, S. 50, hier zit. nach Wolf Lepenies: Melancholie und Gesellschaft, Frankfurt/Main 1972, S. 225.

36 Zit. nach Völker (s. Anm. 30), S. 35.

37 Zit. ebd., S. 33 f.

Gesellschaft und die völkisch-rassistische Utopie einer arischen Volksgemeinschaft: „In Utopia wird Melancholie denunziert; sie ist als Störungselement im Plan unerwünscht."[38] Auch für die inzwischen herangewachsene „Jahrhundertgeneration" der nach 1902 Geborenen, die keine Fronterfahrung mehr bewältigen mussten, besaßen die in melancholischen Distanzierungen via Männerbundlied gebändigten Kriegserlebnisse keine existenzielle Bedeutung mehr, obwohl sie die Lieder selbst weiterhin gerne sangen und bis weit in die Zeit der Bundesrepublik weitertradierten. Neue Lieder entstanden in den bündischen Gruppen, die den Männerbund in einer Weise beschworen, die das melancholische Element bewusst ausschloss. Gefühlvolle, von unbestimmten Sehnsüchten und von Fernweh geprägte Texte und Melodien gab es zwar auch weiterhin, aber das neue Männerbundlied im engeren Sinn erhielt nun ebenso wie das männlichen Heroismus verherrlichende Gedicht eine andere Qualität. In dem viel gesungenen Lied „Die grauen Nebel hat das Licht durchdrungen"[39] aus Kreisen der Jungenschaft (d.j.1.11) Eberhard Koebel-tusks (geb. 1907) heißt zum Beispiel die letzte Strophe:

Sie werden Männer, die ihr Reich erringen,
die es schützen vor dem großen Feind.
Die Augen strahlen und die Lieder klingen,
und die Herzen sind im Kampf vereint.

Und in einem anderen Lied („Hurra hoch das Regiment!") lautet ein Anruf an den Kornett:

Spar uns nicht, wir sind bereit,
das Leben ist nicht mehr als Maienblüte.
Werft es hin und Hass und Neid
wäscht unser Blut weg für alle Zeit!

Noch bezeichnender – vor allem wegen der angedeuteten Generationenkonstellation – sind schließlich die Verse aus dem d.j.1.11-Lied „Silberglänzende Trompete":

Graue Fahnentücher wehen über ihnen,
feige Friedensträume spielen mit den
sonnverbrannten Söhnen: Seid Soldaten!
Zehn bleiche Männer woll'n nach Haus,
ein Wink, – sie treten aus der Reihe.

---

38 Lepenies (S. Anm. 35), S. 226.

39 Die im Folgenden genannten Lieder befinden sich in den Liederbüchern „Lieder der Eisbrechermannschaft" und „Soldatenchöre der Eisbrechermannschaft", Plauen 1933 und 1934, hg. von dj. 1.11 und tusk, hier zit. nach der Faksimileausgabe Heidenheim 1970, S. 6 f., S. 12 f. und S. 61 f.

Das alte Heer ist wieder jung,
die Trommel spricht: Appell ist aus!

Es ist dieselbe Zeit, in der Hans Baumann (geb. 1914) als 19-Jähriger für den katholischen Schülerbund Neudeutschland sein Lied „Es zittern die morschen Knochen" – eines der späteren „Pflichtlieder" des Reichsarbeitsdienstes – schrieb, ehe er am 1. Mai 1933 in die NSDAP eintrat und in kürzester Zeit einer der bedeutendsten „Liedermacher" für die Nationalsozialisten wurde.[40] Statt der melancholischen Selbstbespiegelung in der kleinen elitären Gruppe ging es nun um eine Befreiung von aller Gefühligkeit „durch Taten", wie ein frühes Gedicht Baldur von Schirachs (geb. 1907) überschrieben ist:[41]

Ihr sollt brennen!
Nicht wie Asketen,
die in Gebeten
sich bekennen,
nein! Wie Soldaten,
die tief in Gräben
Gebete leben
durch ihre Taten!

Heinrich Anacker (geb. 1901), Werner Altendorf (geb. 1906), Herybert Menzel (geb. 1906), Eberhard Wolfgang Möller (geb. 1906), Gerhard Schumann (geb. 1911) bildeten zusammen mit Baumann und Schirach eine neue „junge Mannschaft", die seit 1929/30 parallel zu den neuen Männerbundliedern der bündischen Jungenschaft das typische „nationalsozialistische Gemeinschaftslied" schuf.[42] Hier ging es um den Aufbau eines „idealistisch-kämpferischen Selbstbewusstseins einer Gruppe";[43] die Lieder sollten keine wehmütige Gefühligkeit nach innen bewirken, sondern Kraft für den Kampf spenden und „die letzten Schläfer wachrütteln ... für den deutschen Frei-

---

40 Zur Entstehung und Bedeutung dieses Liedes sowie zu Hans Baumann s. Winfried Mogge: „Und heute gehört uns Deutschland..." Karriere und Nachwirkungen eines Liedes 1933-1993, in: Peter Ulrich Hein/Hartmut Reese (Hg.): Kultur und Gesellschaft der Bundesrepublik Deutschland (= FS für Arno Klönne), Frankfurt a.M. u.a. 1996, S. 101-109.

41 Zit. nach Böhme (s. Anm. 29), S. 268.

42 Vgl. dazu Uwe-K. Ketelsen: Völkisch-nationale und nationalsozialistische Literatur in Deutschland 1890-1945, Stuttgart 1976, S. 65.

43 S. dazu Alexander von Bormann: Das nationalsozialistische Gemeinschaftslied, in: Horst Denkler/Karl Prümm (Hg.): Die deutsche Literatur im Dritten Reich, Stuttgart 1976, S. 256-280, hier: S. 264.

heitsmorgen“:[44] Von den kernigen Texten und stählernen Rhythmen gehe – so der SA-Mann Hans Bajer 1936 – eine geheime Kraft aus, „die uns stets anspornte zu unermüdlichem Kampfesmut und größter Opferbereitschaft.“ Um im Bilde zu bleiben, das in der Überschrift zum vorliegenden Essay angesprochen worden ist: Man brauchte die Sehnsucht nicht mehr totzureiten, weil man erst gar keine mehr aufkommen ließ. Im dröhnenden Marsch der Kolonne gab es keinen Raum für Melancholie: Taten reimte sich auf Spaten und Soldaten; jeder hatte „fest im Glauben“ und „froh im Werk“ zu sein,[45] denn – so bestätigten die Lieder im Gestus der Selbstversicherung:

Und keiner ist da, der feige verzagt,
der müde nach dem Weg uns fragt,
den uns der Trommler schlägt.[46]

Blut, Volk, Treue waren die neuen Kernbegriffe neben Trommel und Flamme, aber geradezu inflationär wurde als zentrales Symbol die Fahne besungen, denn „die Fahne ist mehr als der Tod“ (Schirach):[47]

Wissen wir auch nicht, wohin es geht,
wenn nur die Fahne vor uns weht.
Jetzt müssen wir marschieren,
ich und mein Kamerad.

lautet der typische Refrain eines Liedes von Herbert Napierski.[48] Obwohl viele Lieder aus der Jugendbewegung übernommen wurden, galt das Singen der bündischen Gruppen ebenso wie das Musizieren der Jugendmusikbewegung als verpönter Selbstzweck. Es frage sich, so schrieb die nationalsozialistische Lehrerzeitung bereits 1932,[49] „ob das Negieren oder Vorbeisingen an gesellschaftlichen und dringenden menschlichen Problemen von echtem Wert sein kann. Letzten Endes hat das in vielen Fällen zur endgültigen Isolierung oder zu rein jenseitigem ‚Gemeinschaftsgeist‘ geführt, weil man keine eigentliche gesellschaftliche Verantwortung zu fühlen verpflichtet

44 Die beiden Bajer-Zitate finden sich bei Karbusicky (s. Anm. 7), S. 16, Anm. 5.

45 Bormann (s. Anm. 43), S. 271.

46 Verse aus dem von Herbert Napierski stammenden Lied „Es dröhnet der Marsch der Kolonne“.

47 Über die Wirkung des bündischen und nationalsozialistischen Liedguts, nicht zuletzt auch auf Mädchen, s. zum Beispiel Eva Sternheim-Peters: Die Zeit der großen Täuschungen. Eine Jugend im Nationalsozialismus, 2. Aufl., Köln 1992, bes. S. 174 f. und passim. Die folgende Zeile stammt aus dem HJ-Lied „Unsere Fahne flattert uns voran“, erstmals publik gemacht durch den Film „Hitlerjunge Quex“.

48 Es handelt sich um das Lied „Jetzt müssen wir marschieren“ von Napierski.

49 Zitat nach Karbusicky (s. Anm. 7), S. 191.

schien ...“ Stattdessen müssten auch die Lieder zur schnelleren Entwicklung der nationalsozialistischen Nationalkultur eingesetzt werden.

An die Stelle einer Instrumentalisierung des melancholischen Männerbundliedes für die individuelle Spannungslösung trat jetzt mehr und mehr die Instrumentalisierung des Einzelnen mit Hilfe des nationalsoziaistischen Männermarschliedes, das dazu beitragen sollte, die Heranwachsenden einer nächsten Generation zu gefügigen Werkzeugen des Regimes zu machen und zu blinder Treue zu erziehen. In beiden Typen des Männerbundliedes geht es zwar um die Selbstaufopferung des Ich, doch ist der jeweilige Kontext ein durchaus anderer: Im melancholischen Landsknechtslied der Bündischen Jugend aus den frühen zwanziger Jahren wird ein Opfer besungen, dessen Sinn unklar ist, dem man sich nicht entziehen kann und das man männlich-tapfer nur erbringen kann, wenn man die Sehnsucht und die „bitterste Not ... im Herzen“ niederreitet. Noch vom klaren Wissen um das Grauen des Krieges und die Bitterkeit des Sterbens erfüllt, lebten die bündischen Liedermacher und -sänger in den Nachkriegsjahren in solchen Liedern ihre Melancholie aus, um sich jedoch dann im vollen Sinn des Wortes selbst zur Ordnung zu rufen. In einer Rede des Wandervogelführers Friedrich Kreppel (geb. 1903) bei einer bündischen Langemarck-Feier im Herbst 1923 wird dieser Schritt eindrucksvoll beschrieben.[50] Zwar spricht auch Kreppel von der Ehrfurcht vor den jungen Toten von Langemarck und vom Stolz, dass „Deutschlands Söhne so herrlich fielen“, aber für ihn war jener Angriff der jungen Regimenter letztlich ein „sinnloser Opfersturm“: Inzwischen habe „das Grauen... unsere Seele reif gemacht“ und zu einem „Gefühle der Nichtigkeit unseres Selbst“ geführt. Vor diesem Hintergrund fordert er einen „Abbau des Herzens“, das heißt der unreflektierten Gefühligkeit, und warnt davor, mit dem Langemarck von gestern einen Kult zu treiben: „Hüten wir uns, dass es (das Ereignis von Langemarck, J.R.) aus dem Gedächtnis des Gestern morgen abermals komme.“ Er erinnert dabei an eine Aufforderung Hans Breuers an die Überlebenden vom Mai 1915, die dieser an der Front kurz vor seinem Tod in ein kurzes Vorwort zu einer Neuauflage seines *Zupfgeigenhansl*
hineingeschrieben hatte: „Und eure Arbeit sei euer Denkmal! – Bald wird

50 Gekürzt abgedruckt in: Dokumentation der Jugendbewegung I. Grundschriften, hg. von Werner Kindt, Düsseldorf/Köln 1963, S. 436 f.; hier zitiert nach der Originalbroschüre „Den Toten im Wandervogel“, 4. Sendbrief Juli/August 1924, hg. von Friedel Kreppel (ohne Paginierung).

Mittag sein! Wandervögel an die Arbeit!“[51] Und die eigene Befindlichkeit, das heißt die der älteren Wandervögel um 1923, beschreibt Kreppel mit den Worten: „Uns aber hat die Nacktheit des Geistes und die Kälte des Bewusstseins gepackt. Wir fragen mit dem Wort nach dem Sinn und ringen erbittert von Tag zu Tag mit dem Zweifel. Die Lieder der Begeisterung und die Reden des Pathos wollen uns schwer von den Lippen ...“

Das sollte sich bald wieder ändern: Völlig anders ist dann vom Opfer die Rede, als Baldur von Schirach genau zwölf Jahre später in einer Rede am 11.11.1935 eine neue Generation auf Langemarck einzuschwören versuchte.[52] Hier ging es um die Treue bis in den Tod nach dem Hitlerjugend-Motto „Treu leben, todtrotzend kämpfen, lachend sterben“, und Schirach stilisierte den Tag von Langemarck zu einem „Fest des Wiedersehens“ der Gefallenen mit der neuen Jugend, das nicht – so Schirach – durch den schwarzen Flor der Trauer, sondern von der leuchtenden Fahne der jungen Soldaten von Langemarck bestimmt werde, die „einer neuen Zeit voranstürmen, die ihres Glaubens und ihres Geistes ist“. Die Zahl der Lieder und Gedichte, die seit Anfang der dreißiger Jahre diese Art des begeisterten Sichaufopferns besangen, ist gewaltig: Eine neue Generation – ohne Kriegserfahrung und damit ungebremst durch eine melancholische Selbstbefragung – ließ sich vom Rausch einer hemmungslosen und aggressiven Vorwärtsstrategie erfassen und begann erst in Stalingrad allmählich zu begreifen, dass es am Rande des Abgrunds „kein Zurück“ mehr gab.[53] Im Angesicht des eigenen Todes stellte sich, wie aus vielen Frontbriefen herauszulesen ist,[54] dann jene Stimmungslage wieder ein, die bei Walter Flex wie in den Männerbundliedern der frühen zwanziger Jahre zu beobachten ist. Und es war sicher kein Zufall, dass nach 1945 in den wieder auflebenden freien und konfessionellen Jugendgruppen gerade diese melancholischen Lieder aus den zwanziger Jahren mit

51 Hans Breuer: Zur Neuauflage 1915 (= 11. Auflage) des „Zupfgeigenhansl“. Exakt heißt es dort: „Das ist heilige Pflicht vor Euren Brüdern, die gefallen sind; ihr Leben floss dahin, damit Ihr weiter bautet. Und Eure Arbeit sei ihr Denkmal!“

52 Hier zitiert nach der Originalton-Wiedergabe der Rede vom 11.11.1935. Schirach fährt dann fort: „Dass wir uns selbst vergessen, dass wir uns opfern, dass wir treu sind, das ist die Botschaft der Gefallenen an die Lebenden. Das ist der Ruf des Jenseits an die Zeit.“

53 S. das Zitat von Leonhardt (s. Anm. 5).

54 Eindrucksvolle Beispiele finden sich in dem Band „Ich will raus aus diesem Wahnsinn“. Deutsche Briefe von der Ostfront 1941-1945, 2. Aufl. Wuppertal 1991; s. auch den Versuch einer Analyse dieser Stimmung in dem Beitrag von Thomas Kohut/Jürgen Reulecke: „Sterben wie eine Ratte, die der Bauer ertappt“. Letzte Briefe aus Stalingrad, in: Jürgen Förster (Hg.), Stalingrad. Ereignis – Wirkung – Symbol, München 1992, S. 456-471 (im vorliegenden Band S. 177-193).

ihrer männerbündischen Romantik des „verlorenen Haufens“ und der in den Tod reitenden jungen Landsknechte noch eine Weile weiterleben konnten, obwohl einige führende Sprecher aus den Kreisen der Jugendbewegung vor ihnen warnten. Walter Scherf (geb. 1920) schrieb zum Beispiel in einem Text mit dem Titel „Unsere Lieder“,[55] man solle nicht versuchen, den so genannten Gemeinschaftsgeist durch Lieder einzufangen, die „mit ‚wir‘ zu tönen beginnen, mit ‚wir marschieren‘ und ‚wir sind die und jene Garde‘ – auf solchen Gemeinschaftsgeist kannst du unbesehen verzichten.“ Werner Helwig (geb. 1905) kritisierte die „männliche Sentimentalität“[56], die viele dieser Lieder beschwere und „etwas Erstickendes (sei), das einen fremd und sehnsuchtsvoll stimmt“, und er fügte hinzu: „Und sich fremdgestimmt zu fühlen, das ist wohl eine der merkwürdigsten Seligkeiten innerhalb des Deutschen.“

Nun ging es im vorliegenden Essay allerdings nicht um das angeblich spezifische Verhältnis der Deutschen zu Tragik und Schwermut und auch nicht um einen Beleg für das Nietzsche-Wort, dass der Mensch das „unglücklichste und melancholischste Tier“ sei,[57] sondern um die Funktionalisierung von Melancholie in einem besonderen historischen Generationenkontext und deren Überwindung bei der Abrichtung einer neuen Jungmännergeneration – dies am Beispiel einer zweifellos winzigen, aber doch mentalitätsgeschichtlich bedeutsamen Facette: am Männerbundlied. Viele autobiografische Berichte und Oral-History-Untersuchungen[58] bestätigen inzwischen die emotionationalisierende und langfristig stark prägende, das heißt Gefühligkeiten und Stimmungslagen präformierende, auslösende oder verstärkende Bedeutung des Singens solcher Lieder in der kleinen Gruppe, im Soldatenunterstand, in der marschierenden Truppe usw. Mochte sich der Einzelne rational auch von den Inhalten der von unbestimmter Sehnsucht, von bitterem Sterben oder von heroischem Opfertod kündenden Texte distanzieren und diese oft als kitschig empfinden – die irrationale Komponente, die erst durch das Zusammenwirken dieser Texte mit den subjektiven Befindlichkeiten und Bedürfnissen, der Wahrnehmung der äußeren Umstände und des sozialen Kontextes, der Melodien und Rhythmen zustande kam, war dadurch keineswegs verringert. Um es abschließend in Anlehnung an einen

---

55 Walter Scherf: Unsere Lieder; Wiederabdruck in ders.: Lautlos wandert der große Bär, Heidenheim 1982, S. 64 ff.

56 Werner Helwig: Auf der Knabenfährte, Bad Godesberg 1953, S. 174.

57 Zit. bei Lepenies (s. Anm. 35), S. 228.

58 Dagegen befindet sich die wahrnehmungsgeschichtliche und psychohistorische Analyse solcher Phänomene noch in den Anfängen, wie die Untersuchungen von Bormann (s. Anm. 43), Karbusicky (s. Anm. 7) u. Ä. zeigen. S. auch die Dissertation von Ulrich Paetzold, Die deutschen Jugendbewegungen dieses Jahrhunderts (s. Anm.7).

Aphorismus von Stanislaw Jerzy Lec zu sagen: Die Männerbundlieder waren bittere Pillen in süßem Zuckerguss. Die Pillen waren unschädlich, das Gift steckte in der Süße.[59]

Anhang: Männerleid im Männerlied – am Beispiel des Liedes „Jenseits des Tales standen ihre Zelte"

Wenn oben gesagt worden ist, dass in den Männerbundliedern der frühen zwanziger Jahre Liebesleid nahezu keine Rolle gespielt habe, so trifft dieses Urteil auf ein seit jener Zeit ebenfalls weit verbreitetes Lied nicht zu. Sein Text war allerdings schon in der Vorkriegszeit entstanden. Gemeint ist das Lied „Jenseits des Tales standen ihre Zelte", das eine ganz besondere und meines Erachtens exemplarische „Karriere" aufzuweisen hat.

JENSEITS

Jenseits des Tales standen ihre Zelte,
Vorm roten Abendhimmel quoll der Rauch,
Und war ein Singen in dem ganzen Heere,
Und ihre Reiterbuben sangen auch.

Sie putzten klirrend am Geschirr der Pferde,
Hertänzelte die Marketenderin,
Und unterm Singen sprach der Knaben einer:
‚Mädchen, du weißts, wo ging der König hin?'

Diesseits des Tales stand der junge König
Und griff die feuchte Erde aus dem Grund,
Sie kühlte nicht die Glut der armen Stirne,
Sie machte nicht sein krankes Herz gesund.

Ihn heilten nur zwei knabenfrische Wangen,
Und nur ein Mund, den er sich selbst verbot,
Noch fester schloß der König seine Lippen
Und sah hinüber in das Abendrot.

Jenseits des Tales standen ihre Zelte,
Vorm roten Abendhimmel quoll der Rauch,
Und war ein Lachen in dem ganzen Heere,
Und jener Reiterbube lachte auch.

Die folgenden Ausführungen waren George Mosse (gestorben am 21.1. 1999) anlässlich seiner Ehrenpromotion am 6. November 1998 am Fachbereich 1 der Universität Siegen gewidmet. Im Sommer 1977 hatte George

59 Stanislaw Jerzy Lec: Unfrisierte Gedanken, München 1959, S. 56.

Mosse bei einer an der Universität Siegen von Klaus Vondung organisierten Tagung zum Thema „Kriegserlebnis" einen Diskussionsbeitrag geliefert, in dem er unter anderem einige konkrete Hinweise zur mentalitätsgeschichtlichen Bedeutung des deutschen Soldatenlieds gegeben hat.[60] Drei Punkte sind hervorzuheben:

1. Mosse unterscheidet zwei Liedtypen: die traditionellen Soldatenlieder, sogenannte „Rekrutenklagelieder", die in oft sentimentaler Weise von Heimweh, von Heimat, Weib und Kind handelten, und neu verfasste Kampf- und Streitlieder, meist von jungen Kriegsfreiwilligen stammend.

2. Die letztgenannten Lieder vor allem – so Mosse – hätten den Ersten Weltkrieg überlebt, seien später von den Wehrverbänden der Weimarer Republik und den Nationalsozialisten aufgegriffen worden und „zu den wichtigsten Vermittlern des Kriegserlebnisses an die Nachkriegswelt" avanciert.

3. In diesen neuen Kampfliedern sei in besonderer Weise die Männergemeinschaft, d.h. die Frontkameradschaft beschworen worden; Frauen seien darin eher Versucherinnen der jungen Krieger als ihre Liebchen gewesen. Männerfreundschaft dominiere deutlich über der emotionalen Beziehung zwischen Mann und Frau. Und viele der jungen Männer, die solche Texte und Lieder dann in die Nachkriegszeit transportierten (oder dort neue Lieder produzierten, so ist hinzuzufügen), hätten zur Jugendbewegung, das heißt zur bündischen Jugend gehört. Sie hätten die Männergemeinschaft zum idealen Männerbund stilisiert, der – auch das ist zu ergänzen – dem Einzelnen zugleich eine umfassende Treue abverlangte, die auch das eigene Opfer mit einschloss. Der Langemarck-Mythos sei hier erwähnt. „Treue fragt nicht nach Gewinn, Treue währt von Anbeginn, bis zum bittern letzten End, willig, dass sie sich verschwend", so hieß es dann in den dreißiger Jahren.[61]

Als Ballade ist der Text von „Jenseits des Tales" wohl erstmalig 1907 gedruckt worden. Er stammt von dem damals gut dreißigjährigen Börries Freiherr von Münchhausen und findet sich in seinem Gedichtband *Die Balladen und ritterlichen Lieder* in dessen 2. Auflage.[62] Börries von Münchhausen gilt als wichtiger Erneuerer der deutschen Balladenliteratur und als jemand, dessen Appelle an Ritterlichkeit und Adel des Herzens vor allem in jugendbewegten Kreisen begeistert aufgegriffen wurden.[63] Ein junger König (in spe), vermutlich der am 29. Oktober 1268 auf dem Marktplatz von Neapel als

60 George L. Mosse: Zum deutschen Soldatenlied (s. Anm.12).

61 Aus einem Gedicht von Heinrich Anacker 1937, hier zit. nach den Deutschlandberichten der Sozialdemokratischen Partei Deutschlands (= Sopade-Berichte), Jg. 1937, S. 1634.

62 Hier zit. nach der Auflage Berlin 1921 (66. Tausend), S. 39 f.

63 S. Elisabeth Frenzel: Stoffe der Weltliteratur, 2., überarb. Aufl., Stuttgart 1963, S. 370 f.

Sechzehnjähriger durch Karl von Anjou hingerichtete Konradin, der „letzte Hohenstaufe", befindet sich im erotischen Zwiespalt zwischen den Reizen einer Marketenderin und den „knabenfrischen Lippen" eines Reiterbuben, der gleichzeitig für das Heer, also den Männerbund steht. Nach innerem Ringen „diesseits des Tales" blickt der junge König schließlich hinüber ins Abendrot zu seinem Heer; das Lachen des Heeres ist dann ein befreiendes: Der König hat sich offensichtlich zum Männerbund und gegen die Verführung der Marketenderin entschieden: „Und jener Reiterbube lachte auch!", heißt es am Ende der Ballade.

Eine gewaltige Verbreitung fand dieser Text dann ab 1924, nachdem Robert Götz, jener schon erwähnte, 1892 in Betzdorf an der Sieg geborene Wandervogel, nach 1918 Musikerzieher im Rheinland und Komponist vieler sehr bekannt gewordener bündischer Gebrauchslieder, ihn vertont hatte.[64] Erstmalig veröffentlichte er seine sentimentale, ans Herz gehende Melodie zu „Jenseits des Tales" in seinem Liederbuch *Aus grauer Städte Mauern*, das 1924 im jugendbewegten Verlag Günther Wolff in Plauen erschien. Viele Liederbücher haben es seither bis in die jüngste Zeit immer wieder abgedruckt; das Lied wurde zu dem, was man etwas abfällig „bündischer Heuler" nennt.

In seiner ursprünglichen Textfassung tauchte es auch noch Anfang 1934 in dem Liederbuch *Uns geht die Sonne nicht unter. Lieder der Hitlerjugend* des nun auch Nazi-Literatur verlegenden Günther-Wolff-Verlags auf.[65] Kurz vorher aber – Ende 1933 – war es in einem von Baldur von Schirach persönlich herausgegebenen Liederbuch *Blut und Ehre. Lieder der Hitlerjugend* mit zwei bezeichnenden Abänderungen abgedruckt worden,[66] die von nun an obligatorisch waren: In der ersten Zeile der vierten Strophe hieß es nun nicht mehr „knabenfrische Wangen", sondern „jugendfrische Wangen", und in der letzten Zeile der letzten Strophe war es nicht mehr „jener Reiterbube", der mit seinem Heer lachte, sondern es waren „ihre Reiterbuben". Das heißt: Durch den Austausch zweier Wörter ist also die gesamte homoerotische Anspielung, der eigentliche Pfiff und Sinn des Liedes, getilgt worden.

Was war der Grund für diesen Eingriff von Schirachs? Direkte Quellen dazu haben sich nicht finden lassen, aber erstens wissen wir aus Interviews mit ehemaligen Jugendbewegten, dass es offenbar innerhalb der Hitlerjugend eine entsprechende Verfügung gegeben haben muss, und zweitens hat

64 S. zu Götz oben Anm. 3.

65 Mit der Angabe: „zusammengestellt zum Gebrauch für Schulen und Hitler-Jugend vom Obergebiet West der Hitler-Jugend", Plauen 1934, S. 114 f.

66 Deutscher Jugendverlag Berlin 1933, S. 38.

auch Robert Götz, der Komponist des Liedes, später erklärt, er habe sich damals darüber gewundert, dass sein Lied in der Hitlerjugend-Führung wegen dessen homoerotischen Anspielungen verpönt gewesen sei.[67] Wegen seines hohen Beliebtheitgrades konnte es aber offensichtlich nicht unterdrückt werden. Aber warum diese Verfälschung? Zunächst hatte ich geglaubt, die Röhm-Affäre von Juni 1934 wäre der Anlass für die ganz offensichtlich absichtsvolle „Entschärfung" des Textes gewesen; die Ermordung der SA-Spitze gilt ja als „Auftaktsignal" für die nationalsozialistische Homosexuellenverfolgung in den folgenden Jahren. Aber dieser Kontext kann nicht stimmen, denn das Schirach-Liederbuch erschien ja bereits Ende 1933. Es musste also andere Gründe geben.

Zwei parallele, sich ergänzende Erklärungsstränge bieten sich an: Der erste hängt direkt mit der Person Baldur von Schirachs zusammen: Tatsächlich war es so, dass schon im Sommer 1933 – verstärkt durch Rundfunksendungen aus dem Ausland – Gerüchte über Schirach die Runde machten, er sei homosexuell, er habe ein Verhältnis mit dem Hauptdarsteller des Films „Hitlerjunge Quex" (es entstand damals das anzügliche Verb „quexen"), und er sei die „Hure des Führers".[68] Außerdem sei der Stab der Reichsjugendführung mit Homosexuellen durchsetzt. Tatsächlich war Schirach zum Beispiel für einige Kreise des Exils zu einer „attraktiven Zielscheibe" geworden, weil er „mit seinen musisch-künstlerischen Interessen, seinem im Vergleich zu anderen NS-Führern wenig ausgeprägten Männlichkeitsgehabe und seinem eher ‚weichlichen' denn soldatisch-gestählten Erscheinungsbild" gängige Homosexuellenklischees erfüllte:[69] Entsprechende Flüsterwitze, zum Beispiel über sein Schlafzimmer, kursierten deshalb. Schirach musste sich also nach außen deutlich als „normaler" Mann profilieren, wo es eben ging, zumal ihm noch bis weit in das Jahr 1934 Laschheit bei der Verfolgung homosexueller Vorkommnisse in der HJ nachgesagt wurde. Für solche Vorkommnisse machte man jetzt vor allem die Unterwanderungsversuche von Bündischen verantwortlich, denn – so tönten homophobe Kreise – „die gleichgeschlechtliche Freundesliebe" sei „direkt eines der Hauptmerkmale dieser Bewegung", womit die Jugendbewegung, also die Bündische Jugend mit ihrer „jungenverherrlichenden Erziehung", gemeint war.[70]

---

67 S. Götz, Volkslieder (s. Anm. 3), S. 61.

68 Hans Siemsen: Die Geschichte des Hitler-Jungen Adolf Goers, Berlin 1981, S. 164 ff.

69 S. dazu Burkhard Jellonnek: Homosexuelle unter dem Hakenkreuz, Paderborn 1990, S. 87.

70 Zit. ebd., S. 93.

Nach dem „Röhm-Putsch“ zeigte sich Schirach dann – wie es heißt – in „ungewohnt homophobem Gewand“ und verschärfte von nun an tatsächlich die Gangart gegen die Homosexualität in der HJ.[71] Reinhard Heydrich, Chef der Gestapo, hatte schon in der Mordnacht den Befehl ausgegeben, „alle 175er HJ-Führer und Schweine genau im Sinne der SA-Säuberungsaktion zu behandeln“[72]. Übrigens: Der Verlagsleiter Günther Wolff kam, anders als der aus der sächsischen Freischar stammende und zur Hitlerjugend übergewechselte Karl Lämmermann, der in diesem Zusammenhang ermordet wurde, mit dem Leben davon, wenn auch brutal zusammengeschlagen.[73]

Trotz seines anderen Auftretens seit Sommer 1934 wurde Schirach aber seinen Ruf nicht los. Beim Reichsparteitag von 1934 kursierte zum Beispiel ein anonymes Pamphlet, ein fingierter Brief eines sich als ausländischer Freund Schirachs ausgebenden Schreibers, der sich nach der Röhm-Affäre von seinem ehemaligen Freund Schirach lossagte; darin hiess es wörtlich: „Bis zur bartholomäusnacht nannte ich dich meinen duzfreund, obwohl ich von deiner ‚unglücklichen veranlagung‘ wusste und mir die bedeutung des §175 des deutschen strafgesetzbuches selbst als ausländer nicht ganz unbekannt war.“[74] Und in George Mosses Buch *Nationalismus und Sexualität* findet sich der Hinweis, in Wien sei, als dort Schirach im Jahre 1940 als Reichsstatthalter angekommen war, von Antifaschisten ein Flugblatt mit dem Titel verteilt worden: „Lustknaben aus dem Dritten Reich sind soeben in Wien eingetroffen.“[75] So viel als erster Erklärungsversuch für die gezielte Verfälschung des Textes von „Jenseits des Tales“.

Der zweite Erklärungsversuch hängt mit der Person des jungen Königs in dem Lied zusammen, mit dem vermutlich der letzte Staufer Konradin gemeint war; zumindest wurde das angenommen und lag auch angesichts der breiten, oft romantisch gefärbten Konradin-Überlieferung im neunzehnten Jahrhundert nahe. Weit bekannt war zum Beispiel um 1900 vor allem eine Ballade von Conrad Ferdinand Meyer (1825-1898) mit dem Titel „Konradins Knappe“, wo sehr viel verhüllter als bei Münchhausen eine erotische

---

71 Ebd.

72 Zit. ebd., S. 94.

73 S. dazu neben Jellonnek, ebd., S. 92 ff., auch Matthias von Hellfeld: Bündische Jugend und Hitlerjugend. Zur Geschichte von Widerstand und Anpassung 1930-1939, Köln 1987, S. 157 f.

74 Zit. nach Hans-Christian Brandenburg: Die Geschichte der HJ. Wege und Irrwege einer Generation, Köln 1982, S. 317 (Dokument 53).

75 George L. Mosse: Nationalismus und Sexualität. Bürgerliche Moral und sexuelle Normen, Reinbek bei Hamburg 1987, S. 232, Anm. 13a.

Beziehung angedeutet wird.[76] Das Freundesmotiv, verkörpert in seinem Freund Friedrich von Baden, enge Mutterbindung des mit zwei Jahren als Sohn Konrads IV. vaterlos gewordenen Jungen, sein angeblicher Liebreiz, seine Fähigkeiten als Sänger, seine Ritterideale tauchen neben der Empörung über die „welsche Verschlagenheit" des ganz unritterlich zum Siege über ihn gekommenen Karl von Anjou in der Schlacht von Tagliacozzo 1268 immer wieder in den vielen Konradin-Dichtungen bis zum Ersten Weltkrieg auf.

Einen neuen Durchbruch erzielte dann der Schriftsteller Otto Gmelin Anfang der 1930er Jahre mit seiner als Reclam-Heft und somit als Schullektüre immens verbreiteten Erzählung *Konradin reitet*.[77] In der Verlagsankündigung heißt es, Gmelin liefere ein bezauberndes Bild des letzten Hohenstaufen, dieser „edelsten Blüte des Mittelalters, die so früh geknickt wurde": „Dieses junge Leben entfaltet sich wie in einem Rausch des raschen Wachsens und Blühens bis hin zur jähen Katastrophe – ein Stück deutschen Heldentums und deutscher Tragik, die tief ans Herz greift." Konradin wird so zum „Urbild des ‚deutschen Jungen'" stilisiert. Mehrere Laienspiele erschienen nun in rascher Folge zur Konradin-Thematik, in denen der junge König mythische Züge erhielt und als jugendlicher Held erscheint, der neben Jung-Siegfried Jungdeutschland verkörpern sollte. Wilhelm Schöttler, einer der Autoren eines solchen Stücks, habe Konradin für das ganze deutsche junge Volks entdeckt, hieß es damals lobend, und weiter: „Unter diesem deutschen Volk verstehen wir die Gemeinschaft der Volkswilligen, Volkgläubigen, Volkgehorsamen."[78]

Kein Wunder, dass man einen solchen Helden nicht durch homoerotische Züge befleckt sehen wollte, zumal die Stauferburg Hohenstaufen bei Göppingen, von der Konradin 1267 in Richtung Italien losgezogen war, nun zu einem „nationalen Heiligtum" avancierte, zu dem in Zukunft jeder junge Deutsche einmal pilgern sollte. Bereits im Juni 1933 gab es dort ein „1. Hohenstaufentreffen der Hitlerjugend".[79] Konradin-Mythos und Langemarck-

---

76 Conrad Ferdinand Meyer: Gesammelte Werke, 4. Band, München 1984, S. 204 f.

77 Otto Gmelin: Konradin reitet (= Reclam-Band 7213), Leipzig 1933; zum Folgenden s. die Verlagsankündigung in Reclam-Band 7457 (Otto Gmelin: Die Botschaft der Kaiserin, Leipzig 1940), S. 70.

78 So Rudolf Mirbt in einem Vorwort zu Wilhelm Schöttler: Konradin. Eine deutsche Sage, Leipzig 1935, S. 3; s. auch Heinrich Leis: Das Spiel vom Herzog Konradin, Leipzig 1935.

79 Hierzu und zum folgenden Klaus Schreiner: Die Staufer in Sage, Legende und Prophetie, in: Die Zeit der Staufer (Katalog der Ausstellung in Stuttgart 1977), Band 3, S. 249-262, bes. S. 251 ff.

Mythos wurden jetzt gezielt zusammengebracht: Beide Mythen beschworen die Opferbereitschaft der deutschen Jugend auf dem Altar des Reiches zum Zwecke der Wiederaufrichtung einer starken deutschen Nation. Die letzten Worte Konradins in einem Konradin-Drama von Konrad Maisch für die HJ lauten zum Beispiel: „Sind solche Opfer je umsonst gebracht? Aus blut'ger Saat reift eine Freudenernte, entsteht des neuen Reiches Herrlichkeit in neuem Glanz und jugendfrischer Kraft."[80]

Fazit also dieser Detailrecherche ist folgendes Erklärungsangebot: Schirachs Versuch, den Homosexuellenvorwurf gegen ihn loszuwerden, und das Ziel der HJ, König Konradin zu einem Idol der ganzen männlichen deutschen Jugend hochzustilisieren, ließen es nicht zu, das möglicherweise auf Konradin gemünzte Lied „Jenseits des Tales" mit seiner Akzeptanz der Homoerotik zu dulden. Da es sich aber wegen seiner großen Beliebtheit nicht verbieten ließ, vor allem in der Anfangsphase des Dritten Reiches, in der es unter anderem darum ging, die Bündischen für das Regime zu gewinnen, musste es an zwei entscheidenden Stellen verändert werden.

Diesem Fazit aus der Froschperspektive soll aber nun doch noch ein weiteres Fazit aus der Vogelperspektive folgen. Denn diese hier vorgestellte winzige Facette, die darauf verweist, dass beim Übergang von der Männerbundsicht der Weimarer Zeit zum Dritten Reich gleichzeitig Übernahmen und Eingriffe erfolgten – wie am Lied „Jenseits des Tales" gezeigt -, wirft ein exemplarisches Licht auf die Stoßrichtung einer spezifischen Art von „Piraterie" der Nazis. Zugespitzt und etwas holzschnittartig ausgedrückt: Diese „Piraterie" bestand darin, die bereits vorhandenen, in diesem Fall männlich-bündischen Mentalitätsbestände in der Generation der (ja immer noch relativ jungen) Weltkriegssoldaten (geb. um 1890/95) für sich zu instrumentalisieren und damit die heranwachsende neue Jungmännergeneration (geb. um 1920) in der Hitlerjugend auf einen zukünftigen Krieg hin zu konditionieren. Die Vermittlerrolle übernahmen dabei Angehörige einer „Zwischengeneration" wie Baldur von Schirach (geb. 1907). Eine Reihe der älteren Lieder aus der bündischen Jugend wurde von den Nationalsozialisten erst gar nicht akzeptiert; einige wurden zurechtgebogen wie „Jenseits des Tales", und ansonsten lieferten jene jungen Dichter ohne eigene Kriegserfahrung aus der erwähnten „Zwischengeneration" neue Lieder mit einer aggressiven Beschwörung von Kampf und Heldentum, bei der alles Melancholische getilgt war. „Und keiner ist da, der feige verzagt, der müde nach dem Weg uns fragt, den uns der Trommler schlägt", hatte Herbert Napierski gereimt: Dieser Weg endete dann für viele junge Männer an den Fronten von

80 Zit. nach Thomas Brune/Bodo Baumunk: Wege der Polarisierung, in: ebd., S. 330.

Narvik bis El Alamein, von Arromanches bis Kiew, von der Biskaya bis Stalingrad.

George Mosse hat in seinem letzten Buch mit dem Titel *Das Bild des Mannes* eindringlich gezeigt,[81] welche zentrale Rolle der Erste Weltkrieg für die Konstruktion eines neuen, schließlich im Nationalsozialismus und Faschismus aggressiv überhöhten Männerbildes gespielt hat. Wie diese Konstruktion im männlichen Alltag konkret erfolgte, also weit unterhalb der wortgewaltigen „männlich-nationalen Selbsterfindung im Schatten der traumatischen Kriegserfahrung“[82] à la Ernst Jünger, vermag meines Erachtens die Beschäftigung mit den Männerbund- bzw. Männermarschliedern eindrücklich zu zeigen.

81 George L. Mosse: Das Bild des Mannes. Zur Konstruktion der modernen Männlichkeit, Frankfurt a.M. 1997.

82 Bernd Weisbrod: Kriegerische Gewalt und männlicher Fundamentalismus. Ernst Jüngers Beitrag zur Konservativen Revolution, in: Geschichte in Wissenschaft und Unterricht, Jg. 49 (1998), S. 542-560, hier S. 560.

„... und sie werden nicht mehr frei ihr ganzes Leben!“ Jungmannschaft der Weimarer Republik auf dem Weg in die Staatsjugend des „Dritten Reiches“

(Hitler S. 131)

Im Zusammenhang mit dem so genannten Historikerstreit des Jahres 1987 ist ein Begriff häufiger erwähnt worden, den vor allem kurz vorher Martin Broszat favorisiert hatte und der eine innovative und zukunftweisende Forschungsstrategie auf den Punkt brachte: der Begriff der „Historisierung des Nationalsozialismus“.[1] Gemeint ist damit die eigentlich simple, aber bisher erst in Ansätzen begriffene Notwendigkeit, das Dritte Reich in eine allgemeine deutsche Gesellschaftsgeschichte vom 19. Jahrhundert bis heute einzuordnen. Pointierter ausgedrückt: Es geht darum, „das scheinbar nur NS-Spezifische ... in die weitere Perspektive periodenübergreifender Veränderungen der deutschen Gesellschaft“ einzufügen. Sowohl die vielfältigen „schon lange vorher angelegte(n) problematische(n) Modernisierungstendenzen und Sozialpathologien“, die den Nationalsozialismus zwar mitbestimmt haben, aber grundsätzlicherer Art waren (und möglicherweise noch sind!), könnten – so lautet die Erwartung – durch eine solche Gesellschaftsgeschichte fundierter analysiert werden, als auch „manche der bislang tabuisierten historischen Nachwirkungen der NS-Zeit in der gesellschaftlichen oder rechtlichen Verfassung der Bundesrepublik“.[2]

Im Folgenden soll der Versuch unternommen werden, das Thema „Jugend und Nationalsozialismus“ in diesem Sinne zu historisieren. Zur allgemeineren Einordnung sollen drei hierbei meines Erachtens bedeutsame Thesenkomplexe gleich vorweg genannt werden, die zwar nicht in jeder Hinsicht in einem Grund-Folge-Verhältnis zueinander stehen und zum Teil auch auf unterschiedlichen gesellschaftsgeschichtlichen Analyseebenen angesiedelt sind, dennoch aber eng zusammenhängen:

1. die „Entdeckung“ und Ausbreitung von „Jugend“ als einer eigenständigen, geradezu eigengesetzlichen Phase im individuellen Lebenslauf der Menschen seit dem letzten Drittel des 19. Jahrhunderts, wobei um 1890/

---

1 Martin Broszat: Nach Hitler. Der schwierige Umgang mit unserer Geschichte, München 1986.

2 Beide Zitate ebd., S. 169 und 172.

1900 auch den Angehörigen der Unterschichten eine solche besondere Phase zwischen der Volksschulentlassung und Familiengründung bzw. dem Eintritt in den Militärdienst zugestanden wurde;

2. die sich seit ca. 1900 sprunghaft ausbreitende Verwendung der Begriffe „Jugend“ und „junge Generation“ als Chiffren im Zusammenhang mit diversen gesellschaftlichen Reformprogrammen und vor allem mit sich zum Teil recht radikal gebenden, zunehmend rassistisch und biologistisch argumentierenden Erneuerungsstrategien zur Überwindung der seit dem späten Kaiserreich als jeweils besonders brisant empfundenen Krisenerscheinungen;

3. die schon vor dem Ersten Weltkrieg anlaufenden, sich in der Weimarer Republik dann schnell ausbreitenden Bemühungen, die jeweilige „junge Generation“ fest in das gesellschaftliche Gefüge einzubinden und sie einerseits für die Staatszwecke, andererseits für unterschiedliche politische wie weltanschauliche Programme einzelner Parteien, Verbände und sonstiger Interessengruppen zu gewinnen, was schon lange vor 1933 auf eine immer weitergehende „Vergesellschaftung“ und schließlich „Verstaatlichung“ von Jugend hinauslief und im „Gesetz über die Hitlerjugend“ im Dezember 1936 kulminierte.

Die Untersuchung dieser drei Komplexe ist in den letzten Jahren erheblich vorangekommen; es liegt inzwischen eine ganze Reihe von Detailstudien vor, auf die ich mich hier beziehen kann.[3] Was noch fehlt, sind Versuche, die drei Komplexe sowohl mit Blick auf längerfristige Abläufe miteinander zu verknüpfen als auch als Elemente allgemeiner gesellschaftsgeschichtlicher Prozesse zu sehen und ihre – stimulierende oder hemmende – Bedeutung hierbei zu gewichten. Dieses Defizit hängt wohl damit zusammen, dass die meisten Historiker bisher ein meines Erachtens sehr wesentliches Charakteristikum jeder gesellschaftsgeschichtlichen Forschung zu wenig beachtet haben, nämlich die Tatsache, dass bei einer entsprechenden Analyse die bei den Menschen einer Epoche vorhandenen Werthierarchien, Einstellungen und Weltsichten, ihre individuellen wie kollektiven Wahrnehmungen und Mentalitäten, ihre Identifikationen und Stereotype, ihre Glückssehnsüchte und Ängste, ihre Hoffnungen und damit zugleich auch gegebenen Verführbarkeiten als lebens- und handlungsbestimmende Voraussetzungen sehr viel ernster genommen werden müssen, als dies bei den traditionellen

3 Sozialgeschichtliche Hinweise zum erstgenannten Komplex finden sich vor allem bei Reulecke 1982, Roth 1983 und Peukert 1986, zum zweiten Komplex bei Stambolis 1982 und Koebner u.a. 1985, zum dritten Komplex bei Klönne 1982, Domansky 1986 und Peukert 1987 (s. die Nachweise in den folgenden Fußnoten, z.B. Anm. 23, 27, 29 und 30).

sozial-, wirtschafts- und strukturgeschichtlichen Themen der Fall war. Es mangelt zur Zeit noch an einem theoretisch fundierten Instrumentarium einer Mentalitäts- und Sozialisationsgeschichte des zwanzigsten Jahrhunderts als Teil einer allgemeinen Gesellschaftsgeschichte.[4]

Angesichts dieses Defizits müssen auch Überlegungen über das Umgehen konkreter Gesellschaften mit ihrer Jugend in der jüngeren deutschen Geschichte zwangsläufig thesenhaft bleiben; denn es geht hierbei weder um eine Sozialgeschichte der Jugend[5] noch um eine Ideen- und Kulturgeschichte traditioneller Art, sondern „um die historische Analyse der kognitiven wie affektiven Elemente des mentalen Gesamtklimas" wie auch – um im Bilde zu bleiben – einzelner „Klimazonen", sprich: einzelner Schichten, Milieus, Altersgruppen u.Ä.[6]

I.

Neben einer Reihe weiterer phantastischer Ziele der Nationalsozialisten war die Vorstellung, man könne auf Dauer ein ganzes Volk bis in seine mentalen Wurzeln hinein „gleichschalten", sofern man die Jugend entsprechend formte und erzog, wohl diejenige, deren praktische Umsetzungsversuche die wohl meisten Menschen konkret tangierten. Das im Titel dieses Beitrags zitierte Hitler-Wort aus seiner bekannten Rede über Jugenderziehung vom 2. Dezember 1938 in Reichenbach (s. u.) ist ein besonders treffender Ausdruck dieser Hybris, die von dem fanatischen Willen bestimmt war, mit Hilfe der Jugend ein „höheres Menschentum" nordischer Rasse zu züchten, das dann zur Weltherrschaft fähig sein sollte.

Die Einzelelemente und die ideengeschichtlichen Ursprünge der nationalsozialistischen Weltanschauung interessieren unter gesellschaftsgeschichtlichem Blickwinkel allerdings weit weniger als die mentalitätsgeschichtlichen

---

4 Die Historikerzunft tut sich in diesem Punkt noch schwer, interdisziplinär zu denken und ihre Forschungsstrategien in Richtung auf eine Mentalitäts- und Sozialisations-, Wahrnehmungs- und Kommunikationsgeschichte auszuweiten. D.h. der „subjektive Faktor", wie er in kollektiven Mentalitäten, Kohortenerfahrungen, Generationsprägungen und Kollektivbiografien zum Ausdruck kommt, wird weiterhin weitgehend unterschätzt. Der anregende Aufsatz von Hans Jaeger zum Problem von „Generationen in der Geschichte" (in: Geschichte und Gesellschaft 3, 1977, S. 249-452) ist z.B. nur von wenigen Historikern zur Kenntnis genommen worden.

5 Diese liefern z.B. John R. Gillis: Geschichte der Jugend (Weinheim/Basel 1980, zuerst New York 1974), und Michael Mitterauer: Sozialgeschichte der Jugend, Frankfurt a.M. 1986.

6 Jürgen Reulecke: Probleme einer Sozial- und Mentalitätsgeschichte der Nachkriegszeit, in: Geschichte im Westen, 2. Jg. (1987), S. 7-25, hier S. 11 (s. unten S. 196).

Gründe, die zu Beginn der 30er Jahre dazu führten, dass solche Vorstellungen und Ziele wachsende Teile der Bevölkerung in ihren Bann zu ziehen vermochten. Bisher sind zur Erklärung in der Forschung – abgesehen von der allgemeinen „Modernisierungskrise“, die seit dem Ende des 19. Jahrhunderts vor allem große Teile des Bürgertums empfanden[7] – im Wesentlichen ökonomische und politische Argumente genannt worden. Zweifellos waren die Zuspitzung der wirtschaftlichen Verhältnisse seit der Inflation, die festgefahrene Situation innerhalb des traditionellen Parteiensystems und der zunehmende Auseinanderfall der gesellschaftlichen Gruppierungen in Klassenkampfformationen wichtige Voraussetzungen für die Möglichkeit zur Entstehung der NS-Diktatur. Doch belegen neuere Untersuchungen, dass zusätzlich und wohl viel dominanter, als bisher angenommen, die zeitgenössische Wahrnehmung einschließlich der entsprechenden Handlungsmotivationen von einer besonders ausgeprägten Konstellation der Generationen zueinander bestimmt war.[8] Auf einen kurzen Nenner gebracht: Teile der beim wirtschaftlichen und politischen Aufbau der Weimarer Republik zu kurz gekommenen sogenannten „Frontgeneration“ der ca. 30- bis 45-Jährigen begannen in der zweiten Hälfte der zwanziger Jahre die Jugend als angeblich ernst genommenen Partner für eine nationalsozialistische Revolution zu umwerben, um mit ihrer Hilfe das verhasste politische System der älteren Generation zu stürzen. Inzwischen ist sogar behauptet worden, dass „der Nationalsozialismus als Massenbewegung eine Protestbewegung der nichtproletarischen Nachkriegsgeneration“ gewesen sei.[9] Leider bieten die überlieferten Quellen zu den Wahlen in der Endphase der Weimarer Republik nicht die Möglichkeit eines exakten statistischen Beweises, doch sprechen viele Hinweise dafür, dass der hohe Zuwachs der für die NSDAP abgegebenen Stimmen seit 1930 von Jung- und Erstwählern stammte (s.u.).

Was Karl Korn schon 1910 kritisch vorausgesehen hatte, dass nämlich das 20. Jahrhundert zwar zunächst als Jahrhundert des Kindes begrüßt worden sei, nun aber zum Jahrhundert der Jugend zu avancieren scheine,[10] trat in der Weimarer Republik voll ein. Die nichtproletarische Jugend, die nach 1900 geboren war, vor allem aber die Frontgeneration, d.h. die Ende der

---

7 Thomas Nipperdey: Probleme der Modernisierung in Deutschland, in: Saeculum, 30. Jg. (1979), S, 292-303.

8 Hierzu und zum folgenden Irmtraud Götz von Olenhusen: Die Krise der jungen Generation und der Aufstieg des Nationalsozialismus, in: Jahrbuch des Archivs der deutschen Jugendbewegung, Bd. 12 (1980), S. 53-82.

9 Ebd., S. 56; vgl. auch Michael Kater: Generationskonflikt als Entwicklungsfaktor in der NS-Bewegung vor 1933, in: Geschichte und Gesellschaft, Bd. 11 (1985), S. 217-243.

10 Karl Korn: Die bürgerliche Jugendbewegung, Berlin 1910, S. 5.

20er Jahre 25- bis 45-Jährigen, fühlten sich als eine Generation von Enterbten – dies besonders, als die Weltwirtschaftskrise die letzten Aufstiegshoffnungen zunichte machte. Einer ihrer Vertreter, der nationalsozialistische Autor Ernst Günther Gründel, der selbst von der Auslandspresse als „erster überzeugender Sprecher" des „bisher stummen, unartikulierten jungen Geschlechts in Deutschland" gefeiert wurde[11], drückte diese Selbsteinschätzung im Jahre 1932 so aus:

> „Hunderttausende unserer Gruppe, die sonst auf die Universität gegangen, ins Heer eingetreten, höhere Beamte geworden wären und schließlich auch einfach das elterliche Vermögen geerbt hätten, sahen sich binnen kurzer Zeit enterbt und hinabgeworfen auf die Stufe derer, von deren Existenz man früher nicht gar zu anteilvolle Kenntnis genommen hatte. Die seit Generationen gesicherten Brücken ins Leben waren abgebrochen ..."[12]

Depressionen, Panik und Gefühle der Verzweiflung, ein Hin- und Hergerissensein zwischen dem Ruf nach mehr individueller Freiheit und der Sehnsucht nach einer Geborgenheit bietenden Gemeinschaft kennzeichneten sowohl die Jugend, die Ende der zwanziger Jahre ins Wahlalter trat, als auch große Teile der sich um ihre Jugend betrogen fühlenden Frontgeneration.[13] Diese Alterskohorte der 20- bis 45-Jährigen war besonders groß. Trotz der Kriegsverluste lebten z.B. im Regierungsbezirk Düsseldorf 1933 fast 600 000 Menschen mehr in diesem Alter als 1910: Ihr Anteil an der Gesamtbevölkerung stieg von 38,0 auf 43,7 Prozent.[14] Das Tagebuch, das Joseph Goebbels 1925/26 als 27/28-Jähriger in Elberfeld als Gaugeschäftsführer der NSDAP schrieb, ist ein beeindruckendes Beispiel für die innere Zerrissenheit dieser „verspäteten" Jugendlichen, die krampfhaft nach Halt und Sinn suchten. Für Goebbels stellte Adolf Hitler zu diesem Zeitpunkt bereits einen

---

11 So die New Yorker Staatszeitung über Gründel, zit. nach dem Anhang zu Ernst Günther Gründels Buch: Jahre der Überwindung. Ein offenes Wort an alle Geistigen, Breslau 1932.

12 Ders., Die Sendung der Jungen Generation, München 1932, S. 40.

13 Neben dem Aufsatz von Götz von Olenhusen, Krise (s. Anm. 8), s. auch Jost Hermand/Frank Trommler: Die Kultur der Weimarer Republik, München 1978, bes. S. 89 ff.; Hermann Giesecke: Vom Wandervogel bis zur Hitlerjugend, München 1981, S. 170 ff.; und Hans Dieter Schäfer: Das gespaltene Bewusstsein. Deutsche Kultur und Lebenswirklichkeit 1933-1945, 2. Aufl., München/Wien 1982, S. 7 ff.

14 Altersstruktur im Regierungsbezirk Düsseldorf 1910–1933 (in %):

	1910	1925	1933
0–20 Jahre	46,2	37,0	30,2
20–45 Jahre	38,0	41,0	43,7
über 45 Jahre	15,8	22,0	26,1

Die Angaben entstammen den Volkszählungsbänden der Statistik des Deutschen Reiches.

solchen Halt dar, „denn er ist jung und versteht das Opfern. Das Ganze ist eine Frage der Generationen. Alt oder jung! Evolution oder Revolution! Sozial oder sozialistisch! Für uns ist die Wahl nicht schwer."[15] Verschwommene Wunschvorstellungen von einer klassenübergreifenden Generationensolidarität spielten bei Goebbels immer wieder eine Rolle: „... dann wird einst der deutsche Student an der Spitze deutscher Arbeiter das ewig junge Symbol des neuen Sozialismus sein"[16], oder: „Der Glaube an die Zukunft! Bannerweihe von Hattingen und Langenberg. Die Hattinger Fahne weihe ich mit einer stillen Wehmut. Mädchen tanzen den Feuerreigen. Ein prachtvolles Bild! ... Unten im Saal die ganze Nacht durch! Ich werde auf den Schultern von den Jungs getragen. Arbeiter von fern und nah!"[17] Derselbe Joseph Goebbels steht dann an seinem 28. Geburtstag vor dem Spiegel und stellt fest: „Ich werde alt. Ich merke das heute mit Schaudern. Das Haar fällt mir aus. Auf dem Wege zur Glatze. Aber im Herzen will ich jung bleiben in alle Ewigkeit!"[18]

Die Angst vor dem Alter als Folge der übersteigerten Erwartungen an die Jugend ist auch bei Hitler belegt. Sein in den Jahren seit 1937 zu beobachtendes starkes Drängen auf außenpolitische Entscheidungen beruhte, wie er selbst mehrfach zugegeben hat, auf der Sorge, „dass er nicht mehr auf der Höhe seiner Lebenskraft sein könnte, wenn es gelte, den großen Krieg zu führen"[19].

„Macht Platz, ihr Alten!" tönte wenig später Goebbels' Freund Gregor Strasser, und er warf der älteren Generation Unfähigkeit und Schwäche, Feigheit und Ehrlosigkeit, Charakterlosigkeit und Verrat in einer solchen Schärfe und Radikalität vor, wie sie bisher als Ausdruck von Spannungslinien zwischen den Generationen in der politischen Debatte noch nicht zu hören gewesen waren.[20] Hier zeichneten sich bereits die extremen Auswüchse jener Vorstellung, ja geradezu Ideologie ab, dass Jugend etwas Besonderes, völlig Eigenwertiges sei, das – wenn nötig mit Gewalt – ertrotzt werden dürfe, und dass Jugend immer schon deshalb das Recht auf ihrer Seite habe, weil ihr die Zukunft gehöre. Literaten, Journalisten, Pädagogen und Kulturkritiker dieser mittleren Generation hatten, übrigens keineswegs nur in

---

15 Das Tagebuch von Joseph Goebbels 1925/26, hg. von Helmut Heiber, 2. Aufl., Stuttgart 1961, S. 27 (Eintrag vom 11.9.1925).

16 „Nationalsozialistische Briefe" vom 15.7.1926, zit. ebd., S. 86, Anm. 1.

17 Ebd., S. 85 f. (Eintrag vom 28.6.1926).

18 Ebd., S. 38 (Eintrag vom 29.10.1925).

19 Vgl. Martin Broszat: Der Staat Hitlers, München 1969, S. 380.

20 Gregor Strasser: Macht Platz, ihr Alten! (8.5.1927), abgedruckt in: ders.: Kampf um Deutschland, München 1932, S. 171 ff.

Deutschland,[21] dieses Konzept seit Mitte der 20er Jahre immer aggressiver vertreten und sich in das exklusive Gefühl einer besonderen Jahrgangs-Genossenschaft hineingesteigert. Jahrhunderte schienen jetzt Väter und Söhne zu trennen. Sie sprächen „eine andere Sprache, wie zwei fremde Völker, zwei fremde Rassen, zwei fremde Welten."[22] Die Trennlinie zwischen diesen beiden Generationen war die „neue Front",[23] und an diese Front wurden die Jugendlichen dann in den Wahlkämpfen der frühen 30er Jahre von links- und rechtsaußen auch gezielt geführt. Die genannten Propagandisten dieses Jugendmythos waren jedoch, als sie ab Mitte der 20er Jahre mit ihren Thesen in die Öffentlichkeit drängten, bereits meist selbst schon über dreißig Jahre alt. Entsprechend konnten sie nicht mehr mit dem biologischen Jugendalter argumentieren, sondern definierten „Jugend" zu einem besonderen Lebensstil um, zu einer Warenmarke quasi, unabhängig vom Lebensalter. Zugespitzt ausgedrückt, war die Generationenkonstellation um 1925–1930 folgende: Es standen sich gegenüber

1. die Mitglieder der älteren Generation, d.h. die über 45- bis 50-, ja über 60-Jährigen, die den Weltkrieg zumeist nur aus der Heimat miterlebt hatten und im Staat, in der Gesellschaft, in allen wichtigen Institutionen das Heft in der Hand hatten. Ihre Sozialisationsphase lag in der Zeit der Entstehung und früheren Ausformung des deutschen Kaiserreichs;
2. die Generation der 25- bis 45-, 1930 dann 30- bis 50-Jährigen, deren männlicher Teil durch den Krieg dezimiert war, die in besonderer Weise durch das Fronterlebnis geprägt waren, sich durch den Krieg um ihre Jugend betrogen fühlten und von der älteren Generation, die im Vergleich zur Vorkriegszeit überproportional vorhanden war, daran gehindert wurden, verantwortliche Positionen zu übernehmen, weil diese Älteren – obwohl sie in den Augen dieser Generation „abgewirtschaftet" hatten – sich das Heft nicht aus der Hand nehmen ließen;
3. die Generation der nach 1900 Geborenen, die ihre wichtigste Sozialisationsphase zum größten Teil vaterlos im Krieg und in den Wirren der Nachkriegszeit erlebt hatte, zahlenmäßig – abgesehen von den im Krieg Geborenen – recht stark war und in der Weltwirtschaftskrise nur höchst düstere Zukunftsaussichten hatte. Gerade dieser Generation war aber immer wieder ih-

21 S. zum Beispiel Ben B. Lindsey/Wainwright Evans: The Revolt of the Youth (1925), dt.: Die Revolution der modernen Jugend, Berlin/Leipzig o.J.

22 Vgl. Hermand/Trommler, Kultur (s. Anm. 13), bes. S. 89 f. Das Zitat stammt aus R.N. Coudenhove-Kalergi: Held oder Heiliger, Wien 1927, S. 114.

23 S. hierzu ausführlich die Arbeit von Barbara Stambolis: Der Mythos der jungen Generation, Diss., Bochum 1982.

re besondere Bedeutung als Erneuerungskraft eingeredet worden. Vor allem die noch starken Geburtsjahrgänge um 1905 waren dann die Jungwähler von 1930; aber nur die NSDAP und KPD stellten junge Kandidaten auf, die den Vorstellungen und dem Stil dieser Wählergruppe entgegenkamen.

Zur Wahlanalyse der Wahlen in der Endphase der Weimarer Republik liegen inzwischen recht viele Untersuchungen vor, die aber diesen Aspekt meist gar nicht oder nur mit einem Satz, wie etwa dem folgenden von Bracher, andeuten: „Unbestreitbar ist freilich die verhängnisvolle Rolle, die besonders die radikalen Neigungen der Jungwähler gespielt haben."[24] Die Umdeutung des Begriffs „Jugend" zu einer Bezeichnung für einen avantgardistischen Lebensstil, für zukunftsgerichtete Kraft, für eine revolutionäre Erneuerungsbewegung führte vor allem auch dadurch, dass hier sowohl diffuse psychische Bedürfnisse und Sehnsüchte als auch Forderungen nach neuer Rationalität und Klarheit befriedigt zu werden schienen, bei den 15- bis 25-Jährigen zu der Vorstellung, einen klaren Sendungsauftrag zu besitzen. Das schon zitierte Buch von Gründel trägt den Titel *Sendung der Jungen Generation* und wies der Jugend bei einer nationalrevolutionären Lösung der mateiellen wie geistigen Krise eine zentrale Funktion zu: Die NSDAP als eine „Partei der Jugend" werde – so Gründel – die „Herrschaft der Greise" hinwegfegen,[25] und Peter Suhrkamp schrieb 1932:

> „Noch nie ist eine Revolution von der Jugend ausgegangen. Die Situation unserer Jugend aber... ist derart, dass sie ein mit Jammer, Hass, Wut und edler Empörung geladenes Material ist, bereit für jede Revolution."[26]

Auf einen einfachen Nenner gebracht, ereignete sich hier Folgendes: Die bisher zu kurz gekommene „Frontgeneration" – Hitler war 1930 z.B. 41 Jahre alt, Ley 40, Gregor Strasser 38, Göring 37, Heß 36, Goebbels 33, Speer 25 und Schirach 23 – begann in der Endphase der Weimarer Republik die Jugend als angeblich ernst genommenen Partner für ihre Zwecke zu mobilisieren, und dies mit dem Slogan vom Kampf der Jungen gegen die Alten. Der Begriff „Material" in dem Zitat von Peter Suhrkamp ist bezeichnend für diese Strategie. Die Toten in den Straßenkämpfen jener Jahre waren folglich im wesentlichen junge Leute, zumal sich auch die radikale Gegenseite, die KPD, der Jugend als ihre Partei anbot. Der 1933 gedrehte NS-Film „Hitler-

---

24 Karl Dietrich Bracher: Wahlentwicklung in der Weimarer Republik, in: Otto Büsch u.a. (Hg.): Wählerbewegung in der deutschen Geschichte, Berlin 1978, S. 643; s. auch ders.: Die deutsche Diktatur, 5. Aufl., Köln 1976, S. 103 f.

25 Gründel, Sendung (s. Anm. 12), S. 70 und passim.

26 Zit. nach Götz von Olenhusen, Krise (s. Anm. 8), S. 82.

junge Quex" zeigt in gekonnt propagandistischer Weise eine Fülle von Beispielen, wie die Manövriermasse „Jugend" eingesetzt wurde und welche Register der Verführung gezogen worden sind. Nun soll hier nicht behauptet werden, die Entstehung des Dritten Reiches hänge in erster Linie mit jener spezifischen Generationenkonstellation zusammen, doch unter dem Gesichtspunkt der zeitgenössischen Bewusstseinsstrukturen ist ihre Bedeutung sicher nicht zu unterschätzen.[27]

Rückblickend gesehen war es demnach eine Kardinalfrage für den Weimarer Staat, ob es den staatstragenden Parteien und Verbänden gelingen würde, die um 1930 in besonders großer Zahl wahlberechtigt werdenden Geburtsjahrgänge von ca. 1905 bis 1912 – die zahlenmäßig größte Alterskohorte, die es im Deutschen Reich je gegeben hat[28] – für ein Votum für die Republik zu gewinnen. Tatsächlich ist damals jedoch lange Zeit diese Frage kaum ernsthaft zu beantworten versucht worden, obwohl der Begriff Jugend und die Beschwörung von Jugendlichkeit in politischen Reden, in der Konsumwarenwerbung und in der Selbstdefinition vieler gesellschaftlicher Gruppen geradezu mythische Dimensionen besaßen.[29] Stattdessen sah sich die Jugend mit einer wachsenden Fülle von Zähmungs- und Unterordnungsbestrebungen konfrontiert, die nicht mehr von dem Ziel geprägt waren, die Jugendlichen wieder der alleinigen Kontrolle der Familie zu unterstellen, sondern darauf hinausliefen, öffentliche Institutionen an die Stelle der traditionellen familiären Definitionsmacht, „was Jugend sei und was sie tun dürfe", zu setzen.[30] Dagegen war die Umwerbung der Jugend für die Nationalsozialisten schon früh ein handfest strategischer Punkt ihrer Propaganda und Aktionen. „Vor allem wenden wir uns an das gewaltige Heer unserer deutschen Jugend", so Hitler in *Mein Kampf* (S. 450): Sie – die Jugend – wachse in eine große Zeitwende hinein, und was die Trägheit und Gleichgültigkeit ihrer Väter verschuldet habe, werde sie selbst zum Kampf und zum Aufstand gegen die bestehenden Verhältnisse zwingen.

---

27 Darauf hat Arno Klönne bereits Ende der 50er Jahre hingewiesen; s. seine Arbeit „Hitlerjugend. Die Jugend und ihre Organisation im Dritten Reich", Hannover/Frankfurt 1960, bes. S. 84 f.; s. auch ders.: Jugend im Dritten Reich, Düsseldorf/Köln 1982.

28 Peter Marschalck: Bevölkerungsgeschichte Deutschlands im 19. und 20. Jahrhundert, Frankfurt a.M. 1984, S. 146.

29 S. Stambolis, Mythos (s. Anm. 22), sowie Thomas Koebner u.a. (Hg.): „Mit uns zieht die neue Zeit." Der Mythos Jugend, Frankfurt a.M. 1985.

30 Elisabeth Domansky: Politische Dimensionen von Jugendprotest und Generationenkonflikt in der Zwischenkriegszeit in Deutschland, in: Dieter Dowe (Hg.): Jugendprotest und Generationenkonflikt in Europa im 20. Jahrhundert, Bonn 1986, S. 126.

II.

„Jugend", „junge Generation" und „Kampf" waren also Schlüsselbegriffe für die mentalitätsgeschichtliche Situation um 1930: Vor allem in der Propaganda der extremen Rechten verkam Gesellschaft jetzt fast ausschließlich zu einem Kampfplatz bzw. Schlachtfeld mit scharf gezogenen Frontlinien, wobei die Nationalsozialisten die perspektivlose „junge Generation" der bürgerlichen Mittelschichten mit dem erwähnten Revolutionsversprechen umwarben. Die „Sendung der jungen Generation" bestehe darin – so Ernst Günther Gründel als einer der Wortführer –, „vom Parlamentarismus zum Heroismus" vorzustoßen:[31] Die Zukunft gehöre weder den Parteien noch den Massen, sondern dem großen Einzelnen und Helden, der als „gemeinschaftsgebundene Persönlichkeit" vom „Willen zum Werk" besessen sei, d.h. zur Zerstörung der morschen alten Welt und revolutionären Herbeiführung der großen Wende. Aus der Generation der Enterbten werde so die Generation der Berufenen und schließlich die Generation der Erwählten werden.[32] Solche verführerische und angesichts der mentalen Disposition vieler vor allem männlicher Jugendlicher auch recht wirksame Sinnstiftung stellte sich aber bald nach dem Regierungsantritt Hitlers als das heraus, was einige wenige hellsichtige Zeitgenossen schon vorher dahinter vermutet hatten:[33] als Köder, um die Jugend für die „Machtergreifung" als Hilfstruppe zu gewinnen. Bereits im Jahre 1933 wurde die Parole „Schluss mit ‚junger Generation'" ausgegeben,[34] die von den Nationalsozialisten beschworene Partnerschaft zwischen der Jugend und der Frontsoldatengeneration wurde aufgekündigt: In einer „gleichgeschalteten" Volksgemeinschaft konnte keine Sonderung in Altersgruppen geduldet werden. Stattdessen musste die Jugend als „Stand der jungen Mannschaft" in Volk und Staat bruchlos eingebunden werden: Nur wenn sie diszipliniert und bedingungslos „treu" war, konnte der Plan der Züchtung eines zur Weltherrschaft fähigen neuen Geschlechts gelingen. Die männliche Jugend galt nun als „kämpferischer Vortrupp" im nationalen Selbstbehauptungskampf, die weibliche als „Bewahrerin der natürlichen Kräfte des Volkes, Bewahrerin des Blutstroms und der blutstreuen Sitte"[35]. In einer solchen Argumentation der NS-Ideologen, die jetzt die öffentliche

---

31 Gründel, Sendung (s. Anm. 12), S. 433.

32 Ebd., S. 441.

33 Theodor Haubach: Die Generationenfrage und der Sozialismus (1930), Wiederabdruck in: Wolfgang Luthardt (Hg.): Arbeiterbewegung und Weimarer Republik, 2. Bd., Frankfurt a.M. 1978, S. 81-93.

34 Karl Rauch: Schluss mit ‚junger Generation'!, Leipzig 1933.

35 Horst Becker: Die Familie, Leipzig 1935, S. 138.

Meinung bestimmten, wurde eine Phraseologie weitergeführt, die schon in den frühen 20er Jahren, zum Teil auch in den beiden letzten Jahrzehnten vor dem Ersten Weltkrieg entstanden, durchweg also nicht originell war, jetzt aber zugespitzter, platter und massenwirksamer vertreten wurde.

Die Gesellschaftsgeschichte der folgenden Jahre war demnach in besonders krasser Weise von der Spannung zwischen den diversen ideologiegeleiteten Vorstößen, die lautstark verkündeten völkischen Ziele zu erreichen, einerseits und der konkreten Struktur und Realität einer modernen Massengesellschaft andererseits geprägt, einer Realität, die letztlich trotz aller Gemeinschaftsbeschwörung auch weiterhin durch eine starke innere Zerklüftung bestimmt war und in der folglich Elemente und Bereiche stärkerer oder geringerer bzw. fehlender Affinität zum nationalsozialistischen Gedankengut nebeneinander existierten. „Zerklüftung" soll dabei auf die zum Teil sehr ausgeprägten Spannungsverhältnisse zwischen den sozialen Klassen, zwischen Stadt und Land, zwischen den Generationen und den Geschlechtern, aber auch zwischen gesellschaftlichen Formationen und Institutionen wie Schule und Familie, unterschiedlichen Milieus und weltanschaulich geprägten Lebenskreisen verweisen. Zugespitzt ausgedrückt, lief infolgedessen das nationalsozialistische Bestreben um die Etablierung einer umfangreichen völkisch-nationalen Kultur auf zwei polare Strategien hinaus:[36] Einerseits ging es um die entsprechende Motivierung, Mobilisierung und Einbindung der für das Regime schon gewonnenen bzw. noch gewinnbaren gesellschaftlichen Elemente, die den „Überlebenskampf der arischen Rasse" tragen sollten – dies vor allem mit Blick auf die „junge Generation". Andererseits mussten die Elemente, die für gefährlich, belastend oder bloß wertlos erachtet wurden, ausgeschaltet werden, weil sie der Schaffung eines völkischen Staates und der Heranzüchtung der „Gemeinschaft opferbereiter Volksgenossen" im Wege standen. Dieses Bestreben nahm schon früh die Form offenen Terrors an und endete in den bekannten grauenvollen Aktionen der „Ausmerze" und Massenvernichtung. In diesem Zusammenhang musste eine Jugendpolitik durchgesetzt werden, die trotz strikter Einbindung der Jugendlichen das „Potential der jugendlichen Aggressivität"[37] virulent erhielt und sich nutzbar machte. Der schon seit mehreren Jahrzehnten anlaufende Prozess der „Verstaatlichung" der Jugend erreichte deshalb nun seinen Höhepunkt. Bereits 1933 traten die führenden HJ-Funktionäre mit dem An-

36 S. dazu Detlev Peukert: Volksgenossen und Gemeinschaftsfreunde. Anpassung, Ausmerze und Aufbegehren unter dem Nationalsozialismus, Köln 1982.

37 Richard Grunberger: Das zwölfjährige Reich. Der deutsche Alltag unter Hitler, Wien 1971, S. 278.

spruch auf, „die Gesamtheit der Jugend, wie auch den gesamten Lebensbereich der jungen Deutschen (zu) erfassen“[38]. Zu diesem Zweck musste die Schule in die Abhängigkeit von der Reichsjugendführung gebracht und die Familie als die bisher wichtigste Erziehungsinstanz zurückgedrängt werden. Im „Gesetz über die Hitlerjugend“ vom 1.12.1936 fand jener Prozess der Verstaatlichung der Jugend dann seinen Höhepunkt und Abschluss: Die Hitlerjugend sollte neben Elternhaus und Schule die gesamte Jugend „körperlich, geistig und sittlich im Geiste des Nationalsozialismus zum Dienst am Volk und zur Volksgemeinschaft“ erziehen;[39] d.h. die Überwindung der traditionellen Gesellschaft sollte im Wesentlichen auf diesem Wege erreicht werden.

Die Anfangserfolge in den ersten Jahren des Dritten Reiches ließen die Erwartung entstehen, dass durch ein beharrliches Werben die Ausrichtung der Jugend ohne allzu viel Zwang durchsetzbar und durch eine quasi „positive“ Jugendpolitik ihre völlige Gleichschaltung bald erreicht sein würde. Doch zeigte sich Ende der 30er Jahre immer deutlicher, dass eine wachsende Zahl von Jugendlichen sich dem Drill und Zwang zu entziehen suchte, mit wachsender Aufsässigkeit reagierte oder sich gar oppositionellen, mehr oder weniger spontanen Jugendcliquen anschloss (s.u.). Zwar gab es viele Jugendliche, die gerne in den Jungvolk- und HJ-Gruppen mitmachten – dies aber nur in relativ wenigen Fällen aus politischer Überzeugung, sondern in erster Linie wegen des jugendlichen Gemeinschaftslebens, des Karriereangebots und der sportlichen Aktivitäten, die vor allem die Jungen anlockten. Nicht die „Herausbildung einer breiteren Schicht von fanatisch-aktiven jungen Nationalsozialisten“ war deshalb das Ergebnis, sondern allenfalls die „Dressur der Jugendlichen zur Systemanpassung, zum Verzicht auf politische und gesellschaftliche Willensbildung und Spontaneität“, was einer „politisch-gesellschaftlichen Entmündigung der Jugend“ gleichkam.[40] Zusammengehalten wurde auf Dauer das Regime gerade nicht durch die opferbereite Begeisterung der Volksgenossen, sondern – so David Schoenbaum[41] – durch „eine Kombination von Ideologie und sozialer Dynamik auf einer Grundlage von Charisma und Terror“, wobei Ideologie und Charisma immer mehr zurücktraten.

---

38 Klönne, Jugend im Dritten Reich (s. Anm. 27), Einführung, S. 7 ff.

39 Zit. ebd., S. 28.

40 Matthias von Hellfeld/Arno Klönne: Die betrogene Generation. Jugend im Faschismus, Köln 1985, S.. 345.

41 David Schoenbaum: Die braune Revolution. Eine Sozialgeschichte des Dritten Reiches, München 1980, S.. 339.

Das Bestreben, ein starkes, führertreues und rassereines Geschlecht heranzuzüchten, das nach dem HJ-Motto „Treu leben, todtrotzend kämpfen, lachend sterben“[42] Deutschland so groß wie nie zuvor machen sollte, fand sehr früh und durchgreifend in einer Fülle von Gesetzen, Verordnungen, Institutionen und Eingriffen Ausdruck.[43] Allerdings musste die Jugend, die die führenden NS-Funktionäre mit dem Slogan vom Kampf der Jungen gegen die Alten für ihre Zwecke mobilisiert hatten, nun fest eingebunden und entsprechend diszipliniert werden, ohne dass jenes auch weiterhin nützliche „Potential der jugendlichen Aggressivität“ verloren ging. Die Instrumentalisierung der Jugend wurde jetzt offen zugegeben, und Baldur von Schirach verkündete 1936 im Zusammenhang mit dem Erlass des „Gesetzes über die Hitlerjugend“:

„Der Gegensatz der Generationen ist heute überwunden. Und das ist gut so. Denn Jugendbewegungen haben nur insoweit Daseinsberechtigung, als sie fähig sind, ihre Tätigkeit für den Staat positiv zu gestalten. Sie sind nicht daseinsberechtigt als Organisationen unreifer oppositioneller Kräfte gegen die Führung ihrer völkischen Gemeinschaft!“[44]

Disziplinierung bedeutete zugleich Reglementierung und Uniformierung. Der Optimismus vieler ehemaliger Jugendbewegter, dass die unter der Parole „Jugend soll durch Jugend geführt werden“ angetretene HJ einen Freiheitsspielraum bieten würde, erwies sich schon sehr bald als fataler Irrtum. Die Aufzucht einer – so Hitler – „gewalttätige(n), herrische(n), unerschrockene(n), grausame(n) Jugend“[45] erlaubte keine Freiräume, und so verkündete Hitler 1938 unter brausenden „Heil“-Rufen unter Bezug auf die kontinuierliche Einbindung der Jugend in die verschiedenen NS-Organisationen: „... und sie (die Jugendlichen, d.V.) werden nicht mehr frei ihr ganzes Leben!“[46] Die Auswüchse des militärischen Drills, bei dem schließlich schon Zehnjährige das Werfen von Handgranaten üben mussten, und das immer weiter gehende Aufbürden von Erwachsenenaufgaben auf immer Jüngere

---

42 Zit. nach dem „Kalender der deutschen Jugend 1936“, Bayreuth 1935, S. 176.

43 S. neben den in Anm. 27 genannten Arbeiten von Klönne auch Hansjoachim Koch: Geschichte der Hitlerjugend, Percha, 2. Aufl., 1979, und Hans-Christian Brandenburg: Die Geschichte der HJ, Köln, 2. Aufl., 1982, sowie Christoph Schubert-Weller: Hitlerjugend. Vom „Jungsturm Adolf Hitler“ zur Staatsjugend des Dritten Reiches, Weinheim/München 1993.

44 Zit. nach Karl Otto Paetel: Das Bild vom Menschen in der deutschen Jugendführung, Bad Godesberg 1954, S. 41.

45 Zit. nach Hermann Rauschning: Gespräche mit Hitler, Zürich/New York 1940, S. 237.

46 Hitlerrede in Reichenbach am 2.12.1938, abgedruckt im „Völkischen Beobachter“ vom 4.12.1938, S. 4 (hier zit. nach einer Schallplattenwiedergabe).

führten schließlich sowohl zu erheblichen physischen und psychischen Krankheitserscheinungen in der Jugend als auch zu solch grotesken Situationen, wie sie Grunberger in seinem Buch über den Alltag im Dritten Reich beschreibt.[47] Die HJ-amtliche Definition von „Kind" spricht dabei für sich: „Mit Kind bezeichnen wir die nichtuniformierten Wesen, die noch nie einen Heimabend und einen Ausmarsch mitgemacht haben."[48]

Sozialgeschichtliche Untersuchungen z.B. von Michel Kater und Detlev Peukert sowie neuerdings Arno Klönne haben gezeigt, wie sehr die Quantität an Phrasen, Deklamationen, Verfügungen und sich jagenden Aktionen nach ersten Erfolgen letztlich doch in einem zum Teil krassen Missverhältnis zu den Ergebnissen stand.[49] Das Hinausdrängen der Familie aus ihrer Rolle als dominierende Erziehungsinstanz und ihre Einbindung als eine den Zielen der Staatsjugend und damit des Regimes untergeordnete Institution gelang ebenso wenig wie die totale und nicht nur physische Erfassung der gesamten Jugend in den Staatsjugendorganisationen. Hatten die HJ-Funktionäre zunächst geglaubt, sie könnten „die Gesamtheit der Jugend, wie auch den gesamten Lebensbereich der jungen Deutschen erfassen"[50], so mussten bereits 1935 regionale HJ-Führungen, wie z.B. in Düsseldorf, Elternsprechtage einrichten, um bei den Eltern mehr Verständnis für die HJ-Arbeit zu erzielen und bestehende Missverständnisse auszuräumen[51], und 1936 betonte der Gebietsjungvolkführer des Ruhrgebiets, Otto Thomas, nachdrücklich die Notwendigkeit, unbedingt das „Vertrauen des Elternhauses" zu gewinnen, da erst mit einer solchen Unterstützung die der HJ vom Führer auferleg-

---

47 Grunberger, Reich (s. Anm. 37), bes. S. 288 f. Über die Gefährdungen der Jugendlichen in der HJ s. die große Anzahl von Hinweisen in den SOPADE-Berichten (= Deutschland-Berichte der Sozialdemokratischen Partei Deutschlands 1934-1940, Neudruck Salzhausen/Frankfurt 1980), wo von „Verrohung", „Verwahrlosung" und von „katastrophalen moralischen Zuständen" gesprochen wird (vgl. z.B. den Bericht aus Rheinland-Westfalen im 2. Jg., 1935, S. 692 ff.).

48 Zit. nach Grunberger, Reich (s. Anm. 37), S. 288.

49 Neben dem in Anm. 36 genannten Buch von Detlev Peukeret s. auch ders.: Die Edelweißpiraten. Protestbewegungen jugendlicher Arbeiter im Dritten Reich, Köln 1980, sowie seine weiter unten zitierten Aufsätze; Michael Kater: Die deutsche Elternschaft im nationalsozialistischen Erziehungssystem, in: Vierteljahrschrift für Sozial- und Wirtschaftsgeschichte, 67. Bd. (1980), S. 484-512; ders.: Bürgerliche Jugendbewegung und Hitlerjugend in Deutschland, in: Archiv für Sozialgeschichte, Bd. XVII (1977), S. 127-174; Klönne, Jugend (s. Anm. 27).

50 Klönne, Hitlerjugend (s. Anm. 27), S. 12; Zitat aus H.H. Dietze: Die Rechtsgestalt der HJ, Berlin 1939, S. 88.

51 S. Kater, Elternschaft (s. Anm. 49), S. 487.

te „gewaltige Aufgabe" erfüllt werden könne.[52] Doch die Opposition innerhalb der HJ und vor allem der durch das HJ-Gesetz des Jahres 1936 in die Staatsjugend hineingezwungenen Jugendlichen wuchs bereits. Schon im Sommer 1935 hatten die SOPADE-Berichterstatter eine spürbare Aufsässigkeit und Radikalisierung in der Jugend registriert: Für sie habe das Regime keine Besserung ihrer Lage gebracht, und nichts habe sie gewonnen als militärischen Zwang.[53] Und so begann sich – gerade auch im rheinisch-westfälischen Raum – ab 1937 eine überraschend vielfältige spontane jugendliche Gegenkultur und Oppositionsbewegung auszubreiten, zum Teil unter dem Namen „Edelweißpiraten" bekannt: die Essener „Fahrtenstenze", die Oberhausener und Düsseldorfer „Kittelbachpiraten", die Kölner „Navajos" und ähnliche Gruppen in Wuppertal, Bonn, Bochum, Recklinghausen, Bottrop, Duisburg, Krefeld usw.[54] Zusammenfassend notierten die SOPADE-Berichte im Juni 1937 über die Stimmung im Rheinland: „Die Flucht aus der HJ würde sehr stark sein, wenn nicht aller möglicher Terror in Anwendung käme. Die Jugend hat das ewige Marschieren, das Besuchen der faden Heimabende, all den Zwang satt bis oben ran. Alles wird als Zwang empfunden und alles ist Zwang. Von Freiwilligkeit, von freiwilliger Disziplin ist nirgends die Rede."[55] Solche auch in anderen Gegenden Deutschlands, zum Teil recht handfest nach dem Motto „Schlagt die HJ, wo ihr sie trefft", zum Teil – wie in Hamburg – auch als Swing-Jugend auftretenden Gegenkulturen[56] irritierten die Nationalsozialisten nicht nur, sie erschienen der HJ-Führung und der Gestapo geradezu als eine der gefährlichsten Bedrohungen, da sie das nationalsozialistische Erziehungsmonopol unterliefen und deutlich infrage stellten. Entsprechend scharf reagierte das Regime, am Ende sogar mit der Errichtung spezieller Jugendkonzentrationslager. Detlev Peukert hat in seinen Forschungen zu diesem Komplex gerade auch am Beispiel Rheinland-Westfalens gezeigt, wie dominierend schließlich statt einer „positiven" Jugendpolitik die bloß negative Politik des Terrors und des gewaltsamen

52 Ebd.

53 SOPADE-Berichte 1935 (s. Anm. 47), S. 660.

54 S. neben Peukert, Edelweißpiraten (s. Anm. 49) auch Heinrich Muth: Jugendopposition im Dritten Reich, in: Vierteljahrshefte für Zeitgeschichte, 30. Jg. (1982), S. 369-417.

55 SOPADE-Berichte 1937 (s. Anm. 47), S. 847.

56 S. Detlev Peukert: Edelweißpiraten, Meuten, Swing. Jugendsubkulturen im Dritten Reich, in: Gerhard Huck (Hg.): Sozialgeschichte der Freizeit, Wuppertal 1980, S. 307-327; Lothar Gruchmann: Jugendopposition im Dritten Reich. Die Probleme bei der Verfolgung Leipziger Meuten durch die Gerichte, in: Miscellanea. Festschrift für Helmut Krausnick, Stuttgart 1980, S. 103 ff., und den in Anm. 54 zit. Aufsatz von Muth.

„Ausmerzens" aller störenden „Elemente" betrieben wurde.[57] Ein nicht mehr zustande gekommenes Gesetz sollte ausdrücklich alle so genannten „Gemeinschaftsfremden" aus der Volksgemeinschaft eliminieren; darunter wurden neben Personen, die ein „nichtsnutzes, unwirtschaftliches oder ungeordnetes Leben" führten, u.a. auch solche Menschen verstanden, die „aus Unverträglichkeit oder Streitsucht den Frieden der Allgemeinheit hartnäckig" störten.[58]

Die NS-Jugendpolitik weist damit eine erstaunliche Parallelität zu den rassenpolitischen Bestrebungen und ihren Auswirkungen im Dritten Reich auf. Auch in diesem Bereich dominierte schließlich die „negative" Seite, d.h. die Politik der Ausgrenzung und Ausmerzung.[59] Grundsätzlich lässt sich sagen, dass alle auf Ehe und Familie gerichteten gesellschaftspolitischen Maßnahmen des NS eindeutig unter bevölkerungspolitischer und rassenhygienischer Zielsetzung standen: Beide Ziele ergänzten und durchdrangen einander.[60] Die Bevölkerung sollte sich auf keinen Fall um den Preis einer „Rassenverschlechterung" vermehren. Rassenhygienische Erneuerung war vielmehr die politisch-ideologische Grundlage der gesamten NS-Familien- und -bevölkerungspolitik. Das entsprechende Programm sah sowohl die Förderung positiver erbbiologischer Auslese als auch die Ausmerzung krankhafter oder unerwünschter Erbanlagen vor. „Auslese" und „Ausmerze" waren also auch das zentrale Begriffspaar der nationalsozialistischen „Erb- und Rassenpflege". Einerseits wurde die Gewährung der wichtigsten materiellen Familienhilfen – Ehestandsdarlehen, Kinder- und Erziehungsbeihilfen, Siedlungsunterstützung – an die Zugehörigkeit der Bewerber zur „positiven erbbiologischen Auslese" geknüpft, wobei zu sagen ist, dass nicht nur die Bewerber selbst, sondern auch ihre Sippen bis ins dritte Glied erblich nicht belastet sein durften. Andererseits schuf sich der NS-Staat mit einer umfangreichen Gesetzgebung zur Rein- bzw. Gesunderhaltung der Rasse die Handhabe, direkt und autoritär durch Eheverbote und Sterilisationszwang zum Zwecke der Ausmerzung „minderwertigen" Erbgutes in das generative Verhalten der Bevölkerung einzugreifen.

Im Hinblick auf die damaligen lebensweltlichen Erfahrungen von Jugendlichen stellten jedoch diese kontrollierenden und segregierenden

57 Neben den genannten Untersuchungen s. bes. auch seinen Aufsatz: Arbeitslager und Jugend-KZ: Die „Behandlung Gemeinschaftfremder" im Dritten Reich, in: ders./Jürgen Reulecke (Hg.): Die Reihen fast geschlossen, Wuppertal 1981, S. 413-434.

58 Zit. nach dem Faksimile-Abdruck des Gesetzentwurfs auf der 4. Umschlagseite von Peukert/Reulecke, Die Reihen fast geschlossen (s. Anm. 57).

59 Vgl. Broszat, Der Staat Hitlers (s. Anm. 19), S. 435.

60 S. dazu Lisa Pine: Nazi Family Policy 1933-1945, Oxford/New York 1997.

Aspekte der NS-Gesellschaftspolitik nur die eine Seite der Medaille dar. Besonders die soziale Dynamik, die das Regime in Gang setzte, söhnte viele der Jüngeren trotz ihrer Kritik an einzelnen Erscheinungsformen des Nationalsozialismus mit den Verhältnissen weitgehend aus. In diesem Bereich lassen sich die wohl deutlichsten „Modernisierungseffekte" des Dritten Reiches nachweisen.[61] Durch die gewaltige Expansion der HJ wurden in größerem Ausmaß erstmalig Jugendliche erfasst, in deren Milieu, etwa auf dem Lande oder in den Kleinstädten, ein ortsüberschreitendes Jugendgruppenleben bisher unbekannt gewesen war. Ein Engagement in der HJ konnte also durchaus, besonders bei weiblichen Jugendlichen, beträchtliche Impulse zur Befreiung aus der Enge der traditionellen Umgebung und des sozialen Milieus bewirken. Wenn auch nicht in dem Ausmaß, wie die NS-Ideologen gefordert hatten, so doch in mancherlei Hinsicht trug die Beteiligung an den vielen HJ-Aktivitäten zu einer tendenziellen Annäherung verschiedener jugendlicher Lebenswelten bei und begann, die „historisch gewachsenen Besonderheiten ‚bürgerlicher' und ‚proletarischer', ‚städtischer' und ‚ländlicher' Jugendmilieus zu verwischen".[62] Zudem boten die HJ und auch die anderen NS-Organisationen aktiven jungen Menschen bemerkenswerte Bewährungs-, Übungs- und Aufstiegsmöglichkeiten an. Hier gab es vielfältige Chancen einer Vermischung traditioneller Eliten mit sozialen Aufsteigern vor allem aus den Mittelschichten, so dass man in einer Reihe von Punkten feststellen kann, dass jetzt erst viele schon in der Weimarer Zeit überfällig gewesene gesellschaftliche Wandlungen nachgeholt wurden bzw. dass diverse Nivellierungs- und Anpassungsprozesse „ein Stück nachgeholter sozialer bürgerlicher Revolution" bedeuteten.[63] Die herkömmlichen verlässlichen Merkdaten, was „oben" oder „unten" war, vermischten sich zudem; insofern kann man – mit mancherlei Einschränkungen zwar – von einer „klassenlose(n) Wirklichkeit des Dritten Reiches" sprechen.[64] Mochte die Ideologie auch noch so rückwärtsgewandt und antizivilisatorisch sein: Die Behauptung, die im 19. Jahrhundert von den herrschenden Eliten verteidigten ständischen Strukturen seien erst mit dem Nationalsozialismus und dem Zweiten Weltkrieg nachhaltig überwunden worden, hat vieles für sich. Außerdem hat der Nationalsozialismus in großem Ausmaß moderne Mittel der Technik, der Massenbeeinflussung, des Verkehrs usw. eingesetzt, um seine Zwecke zu erreichen, was wiederum viele Jugendliche in besonderem Maße

61 So Hans Mommsen: Nachwort, in: Schoenbaum (s. Anm. 41), S. 359.

62 Klönne, Jugend (s. Anm. 27), S. 287.

63 Broszat, Nach Hitler (s. Anm. 1), S. 168.

64 Schoenbaum, Die braune Revolution (s. Anm. 41), S. 345.

ansprach. Die zeitgenössischen Jugendzeitschriften und Jugendalmanache à la *Durch die weite Welt* zeigen, in welch starkem Maße die Faszinationskraft moderner Technik von den Nationalsozialisten zur Gewinnung der Jugendlichen eingesetzt wurde. Es klingt paradox: Die radikal antimodernen Ziele des Nationalsozialismus verlangten „die modernsten Mittel und den radikalsten, modernsten, von traditionellen Hemmungen befreiten Gebrauch der Mittel“[65]. Vielfach verselbstständigten sich diese Mittel dann oder hatten auch im gesellschaftlichen Leben ungeplante modernisierende Effekte. Verluste und Einschränkungen, die man im alltäglichen Leben hinnehmen musste, wurden darüber hinaus durch Gewinne in anderen Bereichen wieder ausgeglichen, so dass keiner sich als Sieger oder Verlierer fühlen konnte.

III.

Die langfristigen Wirkungen solcher Erfahrungen gerade auch mit Blick auf die Nachkriegszeit und die Ausgangsbedingungen der Bundesrepublik, d.h. die politischen Optionen und sozialen Einstellungen in den 50er Jahren, dürften bedeutsam sein, müssten aber im Zuge jener verstärkten „Historisierung“ des Nationalsozialismus erst noch gezielter analysiert werden. Anders ausgedrückt: Die Bedeutung der radikalen „Verstaatlichung“ von Jugend im Dritten Reich erschließt sich unter mentalitätsgeschichtlichem Blickwinkel erst, wenn man auch die Verhaltensweisen dieser Jugendlichen als Erwachsene untersucht. Von erheblicher Wirksamkeit auf die deutsche Gesellschaftsgeschichte im mittleren Drittel des 20. Jahrhunderts dürfte ja nicht nur gewesen sein, wie die jungen Menschen in den zwölf Jahren des Nationalsozialismus gelernt haben, sich alltäglich mit dem Terrorsystem, seinen Repressionen und Zwängen zu arrangieren, sondern wie sie ihre konkreten Erfahrungen mit Diktatur und Krieg nach dem „Zusammenbruch“ psychisch bewältigt, in neues Verhalten und in nach vorn gerichtete Handlungsstrategien umgesetzt haben. Entsprechende Forschungen fehlen allerdings noch weitgehend. Dennoch seien einige Hinweise angefügt: Ausgehend von jener Frage nach den langfristigen mentalen Folgen lassen sich gesellschaftsgeschichtlich – abweichend von den gängigen Periodisierungen – die Jahre 1942/43 bis 1948 insofern unter einem gemeinsamen Oberbegriff zusammenfassen, als sich in diesem Jahrfünft die bisher wohl radikalste Auflösung eines großen Teils der Elemente vollzog, die die traditionelle deutsche Gesellschaft trotz aller schon in Gang gekommenen Wandlungsprozesse noch

65 Nipperdey, Probleme (s. Anm. 7), S. 302.

ausgezeichnet hatten[66] – eine Auflösung, die die Nationalsozialisten bereits durch ihre Aushöhlung traditioneller Autoritäten, die Nivellierung von Klassenunterschieden, durch diverse Mobilisierungsimpulse u.Ä. vorbereitet hatten, die jedoch jetzt angesichts des Bombenkriegs und der immer unübersehbarer heranrückenden Niederlage ganz andere Ergebnisse als geplant zeitigte: Statt einer volksgemeinschaftlichen Opferbereitschaft und bedingungslosen Treue zum Führer begann in der Endphase des Krieges eine „Rette-sich-wer-kann"-Haltung um sich zu greifen Der Sicherheitsdienst der SS musste nun feststellen: „Die Luftangriffe haben den einigermaßen normal gewesenen Ablauf in einem Ausmaß zerschlagen, dass er für jeden spürbar wird. Die Verbindungen zwischen den Menschen sind weitgehend abgerissen ... Allgemein ist der Drang, dass sich die Sippen und Familien zusammenschließen, wenn das äußerste Unglück über Deutschland hereinbricht."[67] Zentrale Bestrebungen der Menschen waren jetzt, sich „aus den zerrütteten öffentlichen Beziehungen auf die Bindungen der Familien" zurückzuziehen, sich schrittweise vom Regime zu distanzieren und Überlegungen über eine Neuorientierung anzustellen. Diese Auflösungsepoche endete im Chaos nach dem Kriegsende und in einer weit verbreiteten moralischen Krise,[68] die erst nach 1948 überwunden werden konnte, als nach der Währungsreform mit einer geradezu verblüffenden Schnelligkeit die Phase allgemeiner Verwirrung in die mit den Namen Adenauer und Erhard verbundene Restauration der 50er Jahre, die Zeit des so genannten Wirtschaftswunders, überging. In dieser Phase, der Startphase der Bundesrepublik, blendeten die meisten Deutschen dann im Rahmen ihrer Identitätssuche die selbstkritische Aufarbeitung der Jahre 1933 bis 1947/48 weitestgehend aus[69] und kehrten – so beobachtete der Zeitkritiker Walter Dirks schon 1950 – „zum Jahre 1932 zurück" – dies lediglich „unter Abzug der Nationalsozialisten und Militaristen".[70]

Falsch wäre es aber, aus dieser Rückkehr schließen zu wollen, dass zugleich auch die Erfahrungen der NS-Zeit und der unmittelbaren Nachkriegs-

---

66 Peter Hüttenberger: Deutsche Gesellschaft 1945, in: Manfred Funke u.a. (Hg.): Demokratie und Diktatur, Bonn 1987, S. 316-330.

67 Ebd., S. 321.

68 Hermann Glaser: Kulturgeschichte der Bundesrepublik Deutschland, Bd. 1: 1945-1948, München/Wien 1985; s, dazu auch Reulecke, Probleme (s. Anm. 6).

69 Lutz Niethammer: „Normalisierung" im Westen: Erinnerungsspuren in die 50er Jahre, in: Gerhard Brunn (Hg.): Neuland. Nordrhein-Westfalen und seine Anfänge nach 1945/ 46, Essen 1986, S. 175-206.

70 Walter Dirks: Der restaurative Charakter der Epoche, in: Frankfurter Hefte 5 (1950), S. 942-954, hier S. 953.

zeit keine Konsequenzen für das Verhalten und die Einstellungen zu Politik und Gesellschaft gehabt hätten. Das Gegenteil ist der Fall. Dies lässt sich an einem Komplex belegen, zu dem bisher allerdings eher provozierende Thesen als gesicherte Forschungen vorliegen. Aus Oral-History-Studien geht hervor, dass in der Restaurationsphase der 50er Jahre zwar – was die allgemein verkündeten Werte, Normen und Umgangsformen angeht – im Wesentlichen an christlich-konservative, bürgerliche Verhaltensmaximen des Kaiserreichs und der 20er Jahre angeknüpft wurde, dass sich dagegen die Vorstellung von sozioökonomischer „Normalität" weitgehend an der zweiten Hälfte der 30er Jahre orientierte.[71] D.h. die Stabilisierung der Lebens- und Arbeitsbedingungen in diesen Jahren infolge der nationalsozialistischen Rüstungsanstrengungen, eine Stabilisierung, die eine sich im Zusammenspiel mit den erwähnten Mobilisierungseffekten und Aufstiegschancen nach außen unpolitisch gebende Fülle von neuen Unterhaltungsmöglichkeiten, Sport- und sonstigen Freizeitaktivitäten für immer mehr, vor allem jüngere Menschen bereitstellte: diese Stabilisierung hatte dem Einzelnen durchaus besonders im Nahbereich seiner Familie und seines Freundeskreises eine Vielzahl von Befriedigungen und Erlebnissen verschafft, die vorher in den so genannten „Notjahren der Systemzeit", der Weimarer Republik, erst sehr viel weniger Menschen vergönnt gewesen waren. Es sei hier nur an das durchaus massenwirksame NS-Programm „Kraft durch Freude" erinnert.[72] Insofern spielten im Lebensentwurf der Generation, die ihre Jugend Ende der 20er und in den 30er Jahren verlebt hatte, nicht so sehr die Erfahrungen des politischen Engagements im öffentlichen Leben, wie sie für die in den 20er Jahren bereits erwachsenen Menschen prägend waren, eine zentrale Rolle, sondern der Wunsch und das Bestreben, nach dem Chaos von Krieg und Nachkriegszeit wieder jene befriedigende ökonomische „Normalität" im privaten Alltag zu erreichen und zu leben, die man vor Kriegsbeginn kennen gelernt hatte. Vor allem und gerade im Arbeitermilieu lässt sich ein solches Verhalten nachweisen. Die gelernte Bereitschaft zur äußeren Anpassung an die politischen Verhältnisse bei gleichzeitigem Ausbau der Privatwelt, die dann in der Zeit des Luftkriegs, der Evakuierung, der Flucht und Vertreibung geradezu mit Zügen einer Idealwelt ausgestattet worden war, prägte einen erheblichen Teil der mittleren und jüngeren Generation. Es ist deshalb

71 Hierzu und zum folgenden neben Niethammer (s. Anm. 69) Alexander von Plato: Erfahrungsstrukturen der Besatzungszeit nicht nur in Nordrhein-Westfalen: Mit alten Köpfen in neue Zeiten, in: Brunn: Neuland (s. Anm. 69), S. 9-27.

72 Hasso Spode: „Der deutsche Arbeiter reist". Massentourismus im Dritten Reich, in: Huck, Sozialgeschichte der Freizeit (s. Anm. 56), S. 281-306.

sehr bezeichnend, dass bereits kurz nach der Entstehung der ersten politischen Organisationen nach 1945 der Vorwurf der Überalterung der neu oder wieder begründeten Parteien erhoben werden konnte und gleichzeitig den jüngeren Menschen empfohlen wurde, zunächst einmal außerhalb des politischen Alltagsgeschäfts neue Umgangsformen zu entwickeln.[73] Hinter dieser Empfehlung stand ein oft geäußertes Verständnis gerade der älteren Menschen dafür, dass viele der Jüngeren von politischen Programmen „die Nase voll" hätten und erst einmal Zeit und Ruhe zum Reifen brauchten. Das Ergebnis solcher Sozialisation war eine Generation, die später der Soziologe Schelsky als „skeptische Generation" apostrophiert hat, eine Generation, die „ein starkes Bedürfnis der Sicherung des privaten Lebensbereiches" auszeichne, die misstrauisch, glaubens- und illusionslos, ohne Pathos, vorsichtig, vor allem aber angepasst sei.[74] Nach dem Willen der Wortführer der älteren Generation sollte also dem Nachwuchs ein Moratorium gewährt werden, damit er sich in dieser Reifezeit auf seine spätere Aufgabe vorbereiten könne, „unser deutsches Haus mit Liebe in Ordnung zu bringen und in Ordnung zu halten". Vor allen sollte er so erzogen werden, dass sich unter den Deutschen „wieder eine saubere öffentliche Atmosphäre bilde(n)" werde – so der damalige Innenminister Gerhard Schröder im Jahre 1953.[75] Das aus der Jugendbewegung stammende Motto der Zwischenkriegszeit „Rein bleiben und reif werden" tauchte also nicht zufällig in gewandeltem Gewand auch zu Beginn der 50er Jahre wieder auf. Gleichzeitig blieb aber durch die nicht zuletzt auch hiermit geförderte Einstellung, sich aus der Politik herauszuhalten, jenes Misstrauen eines großen Teils der Bevölkerung gegenüber Staat und Politik latent erhalten,[76] das in der Endphase der Weimarer Republik von den politischen Extremen systematisch geschürt worden war. Dass dieses Misstrauen lange Zeit nicht virulent wurde, hing keineswegs nur mit dem rasanten wirtschaftlichen Aufschwung der 50er Jahre zusammen, sondern auch mit der gelernten Lektion: „Nicht auffallen und möglichst ohne anzuecken durch- und weiterkommen!"[77]

Eine der Hauptthesen, die sich bei der hier versuchten „Historisierung des Nationalsozialismus" mit Blick auf eine deutsche Jugendgeschichte des frühen 20. Jahrhunderts ergeben hat, ist die der fortschreitenden „Verstaatlichung" von Jugend, die im Dritten Reich ihren bisher extremsten

73 Dazu Reulecke: Probleme (s. Anm. 6), bes. S. 18 (s. unten S. 198).

74 Helmut Schelsky: Die skeptische Generation, Düsseldorf 1957, S. 369 und passim.

75 Gerhard Schröder: Freie Jugend im freien Staat, Bonn 1958, S. 5 ff.

76 Hüttenberger: Deutsche Gesellschaft (s. Anm. 66), S. 323.

77 von Plato: Erfahrungsstrukturen (s. Anm. 71), S. 20.

Ausdruck gefunden hat. Unter gesellschaftsgeschichtlichem Aspekt und vor dem Hintergrund solch längerfristiger Betrachtung erweisen sich die oft als „Jugendprotest" bezeichneten „Jugendbewegungen" der letzten achtzig Jahre weniger als selbstbestimmte innovative Aufbruchsbestrebungen, sondern als mehr oder weniger spontane Versuche, auf eine als allzu drückend empfundene Indienstnahme der Jugend zu reagieren und entsprechende Gängelungen abzuwehren. Jugend ist kein Wert an sich, sondern das jeweilige Konzept „Jugend" erweist sich immer als ein gesellschaftliches Konstrukt von Meinungsmachern, d.h. als ein Ensemble von gesellschaftlichen Sinnzuschreibungen und Wunschvorstellungen. Insofern ist meines Erachtens die Behauptung von Gillis, Jugend mache ihre Geschichte,[78] durchaus fragwürdig und wohl kaum zu halten. Selbstverständlich sind die jeweiligen Jugendgenerationen ein identifizierbarer Teil der konkreten Gesellschaftsgeschichte; sie erleben innergesellschaftliche Spannungen und mentalitätsgeschichtliche Brüche meist besonders intensiv und reagieren auch besonders sensibel auf entsprechende Zumutungen, sind aber zugleich auch Strategien zu ihrer Instrumentalisierung für gesellschaftsstabilisierende wie gesellschaftskritische Zwecke in besonderer Weise ausgeliefert.

Der historische Zusammenhang dieses Befundes ergibt sich aus der grundsätzlichen Frage nach dem Umgang moderner Industrie- und Massenkonsumgesellschaften mit ihrem Nachwuchs. Zugespitzt und trivial ausgedrückt: Es geht um eine Erbschaftsproblematik vor dem Hintergrund schnellen sozioökonomischen, technischen und auch kulturellen Wandels, wobei gleichzeitig immer auch ein Integrations- und intergenerationelles Kommunikationsproblem zu lösen ist. Solchen Herausforderungen müssen sich zwar alle Industriegesellschaften stellen, doch spricht vieles dafür – zumindest was die deutsche Gesellschaftsgeschichte vom Ende des 19. Jahrhunderts bis in die 1950er Jahre angeht –, dass das Problemfeld „Jugend" in der gesellschaftlichen Wahrnehmung und Identitätssuche in Deutschland vergleichsweise besonders extreme Konturen besessen hat, sehr viel intensiver „beackert" worden ist und auch unverwechselbare Ergebnisse und mentalitätsgeschichtliche Langzeitwirkungen hervorgebracht hat. Von den damit zusammenhängenden Besonderheiten der deutschen politischen Kultur, die gelegentlich bis an sozialpathologische Züge heranreichen, kann auch keine „Gnade der späten Geburt" erlösen ...

---

78 Gillis: Jugend (s. Anm. 5), S. 11.

Hat die Jugendbewegung den Nationalsozialismus vorbereitet? Zum Umgang mit einer falschen Frage

Obwohl von vornherein gesagt werden sollte, dass es nach den vielen einschlägigen Forschungen und Auseinandersetzungen der letzten Jahrzehnte meines Erachtens heute kaum mehr sonderlich sinnvoll erscheint, die Titelfrage in der zitierten allgemeinen Form noch einmal zu stellen, liefert sie dennoch den Anstoß für diesen Beitrag – nicht um einen weiteren unsinnigen Versuch zu ihrer Beantwortung zu starten, sondern um die Frage als solche zu problematisieren und das damit angesprochene Problemfeld zu differenzieren. Zwei Schritte werden im Folgenden zu diesem Zweck unternommen: Zum einen soll an einer exemplarischen Facette gezeigt werden, warum die Frage viel zu oberflächlich ist, um in eine fruchtbare historische Analyse des Verhältnisses von Jugendbewegung und Nationalsozialismus einzutreten. Zum anderen sollen einige ausgewählte Kontexte vorgeführt werden, in denen in den letzten sechzig Jahren diese Frage gewissermaßen „strategischen" Charakter besessen hat – dies ausdrücklich in der zitierten undifferenzierten Formulierung!

Kurz nachdem am 23. Januar 1930 mit Wilhelm Frick erstmalig ein Nationalsozialist ein Ministeramt in einem deutschen Staat (Thüringen) erhalten hatte und wenige Monate vor jener verhängnisvollen Reichstagswahl des Herbstes 1930, die den Stimmenanteil der NSDAP als nun zweitstärkster Partei im Reichstag von bisher 2,6 Prozent auf 18,3 Prozent erhöhte, ließ ein knapp 22-jähriger Münchener Geschichtsstudent in einem hektografierten Rundbrief einer jugendbewegten Gruppierung einen Artikel mit dem Titel „Unsere Haltung zum Nationalsozialismus" abdrucken. Viele ähnliche Standortbestimmungen aus unterschiedlichen gesellschaftlichen Kreisen sind damals erschienen: Man begann relativ plötzlich die Nationalsozialisten als bisher unterschätzte Kraft zu entdecken, mit der man fortan rechnen und zu der man Position beziehen musste.[1] Was diesen Text und sein Umfeld je-

1 Die folgende exemplarische Analyse hätte deshalb auch an diversen anderen Texten durchgeführt werden können, z.B. Hans Joachim Schoeps: Jugend und Nationalsozialismus, in: Max Naumann (Hg.): Der Nationaldeutsche Jude, Nov. 1930; Wiederabdruck

doch besonders bemerkenswert erscheinen lässt, ist neben der Tatsache, dass sein Verfasser der für die bundesrepublikanische Geschichtswissenschaft später so impulsgebende Kölner Historiker Theodor Schieder war[2], der hier unternommene intensive Versuch, sich über die Gründe für die eigene Nähe und Distanz, Sympathie und kritische Zurückhaltung gegenüber der NS-Bewegung und deren Ideologie „mit innerer Wahrhaftigkeit" Rechenschaft abzulegen.[3]

Theodor Schieder, 1908 in Oettingen, Bayrisch-Schwaben, als Sohn eines Notars geboren und in protestantischer Umgebung hier und dann in Augsburg aufgewachsen, lernte jugendbewegte Ideen und Lebensformen zunächst als Schüler und Mitglied eines Bibelkreises (BK) kennen.[4] Zwar versuchte sich die Bibelkreis-Bewegung mit ihrer starken Betonung christlicher Prinzipien damals gegen die Einflüsse der freien „idealistischen" Jugendbünde ab-

---

in: Ders.: Die letzten dreißig Jahre. Rückblicke, Stuttgart 1956, S. 198-202. Schoeps, geb. 1909, war Mitglied der Akademischen Freischar und nach dem Krieg Professor für Religions- und Geistesgeschichte in Erlangen.

2 S. vor allem den Nachruf auf Theodor Schieder von Hans-Ulrich Wehler, in: Geschichte und Gesellschaft, 11. Jg. (1985), S. 143-153, sowie die Beiträge in: Andreas Hillgruber (Hg.): Vom Beruf des Historikers in einer Zeit beschleunigten Wandels (= Akademische Gedenkfeier für Theodor Schieder am 8. Februar 1985 in der Universität zu Köln), München 1985; darin bes. der Beitrag von Werner Conze: Die Königsberger Jahre, S. 23-31. Auf die seit 1992 und besonders seit dem Frankfurter Historikertag 1998 geführte Debatte über Schieders Rolle als Ideenlieferant für den „Generalplan Ost" und ähnliche NS-Strategien wird hier nicht eingegangen; s. dazu Winfried Schulze/Otto Gerhard Oexle (Hg.): Deutsche Historiker im Nationalsozialismus, Frankfurt a.M. 1999; außerdem Peter Schöttler (Hg.): Geschichtsschreibung als Legitimationswissenschaft 1918-1945, Frankfurt a.M. 1997, darin bes. den Beitrag von Ingo Haar.

3 Theodor Schieder: Unsere Stellung zum Nationalsozialismus, in: Gemeinsamer Rundbrief der Gilden des Arbeitsabkommens: Teschen, Riga, München, Greifswald, Berlin, 1. Folge, Mitte Februar 1930, S. 16-22. Dieser und der unten zit. 2. Rundbrief befinden sich im Archiv der deutschen Jugendbewegung auf Burg Ludwigstein, Sign. 400242/1. Ich danke Jörn Rüsen herzlich, dass er mich zur Suche nach diesem Text ermuntert hat und mir ein Manuskript vor der Veröffentlichung zugänglich gemacht hat, in dem er bereits den Schiederschen Text in anderem Kontext analysiert: Jörn Rüsen: Kontinuität, Innovation und Reflexion im späten Historismus: Theodor Schieder, in: ders.: Konfigurationen des Historismus: Studien zur deutschen Wissenschaftskultur, Frankfurt 1993, S. 357-397, bes. S 364-366. Auch Werner Conze (wie Anm. 2) ist bereits in seinem Nachruf kurz auf diesen Text eingegangen (S. 25 f.).

4 S. die autobiografische Skizze von Theodor Schieder: Kleine und große Welt, in: Andreas Kraus (Hg.): Land und Reich, Stamm und Nation (= Festausgabe für Max Spindler zum 90. Geburtstag, Bd. III), München 1984, S. 389-413.

zugrenzen, doch gelang dies vielfach nicht. Wie für eine beträchtliche Zahl weiterer bekannter Personen aus dem Umfeld der Jugendbewegung war die Mitgliedschaft im BK auch für Schieder nur ein Zwischenschritt auf dem Weg in einen jener freien Bünde, die sich in Fortführung des Vorkriegswandervogels und unter gleichzeitiger Aufnahme neuer Ideen und Stilformen in der Weimarer Republik als Teile der „bündischen Jugend" ausbreiteten: ein äußerst heterogenes, vielfach zersplittertes Spektrum von kleinen und größeren Gruppierungen, deren – schwer zu schätzende – Gesamtmitgliederzahl Ende der 1920er Jahre irgendwo zwischen 50 000 und 100 000 gelegen haben dürfte. Wenn sich in diesen Bünden auch nicht einmal ein Prozent überwiegend der männlichen Jugendlichen engagierten, so ist dennoch ganz unbestritten, dass bündische Leitbilder, Lebensformen und Stilelemente eine beträchtliche Ausstrahlungskraft auf die großen jugendpflegerischen Verbände ausübten und das pädagogische Denken der damaligen Zeit erheblich beeinflusst haben.[5]

An seinem Studienort München fand Schieder Anschluss an die dortige Hochschulgilde „Greif"; sie zählte im Wintersemester 1929/30, als er die Funktion des „Gildenmeisters" innehatte, etwa sechzig Mitglieder und war Teil einer Bündigung mit dem Namen „Deutsch-Akademische Gildenschaft", die 1920 durch Zusammenschluss einiger Einzelgilden gegründet worden war und in etwa dreißig Universitätsstädten des Deutschen Reiches und Österreichs, aber auch in Prag, Danzig und Riga Mitgliedsgilden besaß.[6] Gildestudenten waren anfangs vor allem von der Front zurückgekommene ehemalige Wandervögel gewesen, die einen Kompromiss zwischen dem Stil der traditionellen Korporationen und den jugendbewegten Denk- und Lebensweisen anstrebten. Von vornherein standen dabei deutschvölkische und männerbündlerische Ideen im Mittelpunkt; „deutsch, wehrhaft, fromm" lautete der allgemein akzeptierte Gildenwahlspruch.[7] In der Anfangsphase engagierte sich eine Reihe von Gildestudenten in den Grenzlandkämpfen der völkischen Kampfbünde; so gehörte z.B. der Tiermediziner Friedrich Weber, einer der Führer des Bundes „Oberland", der u.a. am Hitlerputsch 1923

5 Die Vielzahl der Darstellungen der Jugendbewegung ist inzwischen kaum noch zu überschauen. Hilfreiche Nachlagewerke sind in unserem Kontext: Rudolf Kneip: Jugend der Weimarer Zeit. Handbuch der Jugendverbände 1919-1938, Frankfurt 1974, und Bernhard Schneider: Daten zur Geschichte der Jugendbewegung, Bad Godesberg 1965.

6 Ein kurzer Überblick über die Entwicklung der Gildenschaft befindet sich in: Werner Kindt (Hg.): Die deutsche Jugendbewegung 1920 bis 1933. Die bündische Zeit (= Dokumentation der Jugendbewegung III), Düsseldorf/Köln 1974, S. 1371-1387.

7 S. Kneip (wie Anm. 5), S. 71 f.

beteiligt war, zur Münchener Gilde „Greif".[8] Nach 1923/24, als die Frontsoldatengeneration das Studium abgeschlossen hatte und ins Berufsleben trat, lag der Schwerpunkt des Lebens in den Gilden auf Fahrten in Gebiete des Grenz- und Auslandsdeutschtums, auf Kultur- und Bildungsprogrammen und auf dem Sport „unter fachmännischer Leitung und in straffer soldatischer Zucht"[9]. Im Wintersemester 1929/30 beschäftigte sich die Münchener Gilde „Greif" z.B. intensiv mit der Weimarer Verfassung, mit dem Parteiensystem und mit der „Krise des Parlamentarismus"; dabei war der Münchener Geopolitiker und Universitätsprofessor Karl Haushofer einer der wichtigsten Freunde und Anreger der Gilde, der – wie es im Semesterbericht heißt – „rege zur Erweiterung unseres geistigen und politischen Blickfeldes" beitrug.[10]

Offenbar wurde in diesen Monaten aber auch eine immer kontroverser werdende Debatte innerhalb der gesamten Gildenschaft über die Haltung zur NSDAP geführt, „deren innere Verwandtschaft" – so Schieder – „mit dem, was man unter bündischer Bewegung versteht, nicht zu leugnen war"[11]. In diesem Zusammenhang kam es dann zu einem spektakulären Austritt von drei Gilden, angeführt von der Gilde „Ernst Wurche" unter dem Bonner Geschichtsdoktoranden Ernst Anrich, der seit 1928 auch Mitglied des Nationalsozialistischen Studentenbundes war und mit Baldur von Schirach kooperierte.[12] Die drei Dissidenten (die Gilden Tübingen, Heidelberg, Bonn, später auch Wien) gründeten die „Deutsche Gildenschaft Ernst Wurche" und ließen sich im Frühjahr 1930 korporativ in den NS-Studentenbund eingliedern.[13]

Zur Klärung seiner eigenen Position und der der nicht zum Nationalsozialismus überschwenkenden Gilden verfasste Theodor Schieder von Febru-

8 Dokumentation III (wie Anm. 6), S. 1371. Zu Weber und dem Bund Oberland s. auch Ernst Otto Schüddekopf: Linke Leute von rechts. Nationalbolschewismus in Deutschland von 1918 bis 1933, Stuttgart 1960, S. 366 (Beziehungen zu Ernst Niekisch) und S. 514, Anm. 55.

9 Zit. nach Dokumentation III (wie Anm. 5), S. 1378.

10 S. den Semesterbericht der Gilde „Greif" in: Gemeinsamer Rundbrief 1 (wie Anm. 3), S. 11. Zu Haushofer s. Armin Mohler: Die Konservative Revolution in Deutschland 1918-1932. Ein Handbuch. Ergängungsband, Darmstadt 1989, S. 25-28; vor allem aber Hans-Adolf Jacobsen: Karl Haushofer – Leben und Werk, 2 Bde., Boppard 1979.

11 Schieder: Unsere Stellung (wie Anm. 3), S. 16.

12 Zu Anrich s. Anselm Faust: Der Nationalsozialistische Studentenbund, 2 Bde., Düsseldorf 1973, Band 1: S. 156 ff., Band 2: S. 157. In der Untersuchung von Michael H. Kater: Studentenschaft und Rechtsradikalismus in Deutschland 1918-1933, Hamburg 1975, werden diese Zusammenhänge und die Gilden nicht erwähnt.

13 Kneip (wie Anm. 5), S. 84 und S. 279.

ar bis Herbst 1930 drei Artikel – neben dem schon erwähnten zwei weitere, in denen er sich mit dem „politischen Wesen der Gilde“ und mit den „Grundlagen unserer Gemeinschaft“ auseinandersetzte.[14] Die Begründung für seinen Schritt lieferte Schieder selbst: In Zeiten, in denen „Schlagworte“ und „Psychosen“ vorherrschten, komme es darauf an, „dass Menschen und Gruppen da sind, die sich nicht überrennen lassen von den Geschehnissen, den Aktionen als solchen, die auch imstande sind zu ordnen und zu gestalten“[15]. Seine Analyse der Situation setzt bei einer seiner Meinung nach verhängnisvollen Entfremdung der „jungen Kräfte“ von den Parteien der älteren Generation an: Diese prägten die Weimarer Republik und trügen die Schuld daran, dass sich „hinter den geschmacklosen Kulissen überlebter Ideale“ die Weltanschauungsparteien innerlich auflösten und zu reinen Interessenvertretungen („Wahlfangmaschinen“) geworden seien.[16] Alle, die noch mit einem „gewissen Instinkt von Sauberkeit“ ausgestattet seien, würden von einem „tiefen Gefühl der Ernüchterung“ erfasst. Verunsicherung habe auch die politisch heimatlose bündische Bewegung ergriffen. In dieser Situation sei nun mit der NSDAP eine neue Bewegung entstanden, in der der „bündische Gedanke“ zum Prinzip erhoben werde und sich ein echter nationaler Widerstandswille „gerade der unteren Volksschichten“ gesammelt habe. Die starken, aus dem Volksbewusstsein stammenden „ethischen Auftriebe“ dieser Bewegung hätten, so Schieder, in den Gilden ein „Gefühl der Gleichgerichtetheit“ entstehen lassen. Die sich gewissermaßen spontan vor allem im bisher vom Marxismus verführten Proletariat äußernden „volkhaften Kräfte“ sind für ihn die eine Seite der Medaille; ihnen gilt seine Sympathie, auch wenn sie ihre „historische und biologische Tauglichkeit noch nicht erwiesen haben“.[17] Als zweite Seite sieht er jedoch das Problem der Führung dieser Bewegung an, die aus dem „dumpfen geschichtslosen Unterbewusstsein“ Geschichte zu machen begonnen habe. Die Kernfrage ist also für Schieder die nach der Beziehung zwischen nationalsozialistischer Bewegung und deren Führerschaft, denn: „Man kann eine Bewegung verfälschen, man kann ihr zunächst das Gesetz des Handelns vorschreiben, ihr zum Zwecke der Machtgewinnung Konzessionen machen, um schließlich von ihr

14 Theo Schieder: Vom politischen Wesen der Gilde, in: Jungnationale Stimmen 5 (1930), S. 86-89; ders.: Gedanken über die Grundlagen unserer Gemeinschaft, in: Gemeinsamer Rundbrief 2 (wie Anm. 3), S. 15 f.; der Semesterbericht der Gilde „Greif“ in diesem Rundbrief stammt ebenfalls von Schieder (ebd., S. 5-7).

15 Ebd., S. 5.

16 Schieder: Unsere Stellung (wie Anm. 3), S. 16, sowie ders.: Vom politischen Wesen (wie Anm. 14), S. 86.

17 Unsere Stellung (wie Anm. 3), S. 17.

– der Gefolgschaft – als Führung abhängig zu sein.“ An diesem Punkt setzt nun seine grundsätzliche Kritik der NSDAP ein: Zwar habe sie jene lebendigen Kräfte des Volkes, mit denen man eine Neuordnung aufbauen könne, organisiert, dies jedoch „einzig und allein unter (dem) Gesichtspunkt der Machtgewinnung“[18]. Die Methoden ihrer Massenorganisierung bzw. ihres „Stimmfangs“ sind nach Schieder: Weckung primitiver Instinkte, raffinierte Propaganda, „Versinnlichung politischer Vorgänge“ mit Hilfe von Symbolen, Mythen, historischen Persönlichkeiten u.Ä., vor allem aber die Legitimierung des eigenen Handelns aus „großen Negationen“, d.h. aus der Negation des Marxismus, des Freimaurertums und – alle anderen überwölbend – des Judentums. Nicht positive Endziele, sondern diese Negationen seien es, die das Band zwischen der NS-Führerideologie und der „Volksbewegung“ knüpften. Dadurch werde die dringend notwendige „innere Einheit“ des deutschen Volkes unmöglich gemacht; die Kampfmethoden der NS-Führer und die „Dogmenhaftigkeit ihrer Auffassungen“ rissen auseinander, was die nationalsozialistische Volksbewegung eigentlich zusammenfassen wolle.[19] Insbesondere wirft er der nationalsozialistischen Ideologie vor, die rein „volksbiologische“ Frage, wie die „Symbiose des deutschen und jüdischen Volkes“ zu gestalten sei, mit dem Grundproblem vermischt zu haben, wie das „Wert- und Lebenssystem“ des Liberalismus mit all seinen zerstörerischen Einflüssen vom deutschen Volk abgewehrt werden könne. Dieses System sei eben kein vom Judentum bzw. von einem „organisierten Geheimbund von Alljuda“ gelenktes, sondern werde sehr häufig auch von Nichtjuden getragen.[20]

Wo sieht Schieder nun ein Gegenmodell zur NS-Staatsideologie angesichts jenes Aufsteigens neuer „volkhafter Kräfte“, durch das sichtbar zu werden schien, dass sich gerade die bisher dem Volksganzen entfremdete bzw. bloß auf die Befriedigung ihrer engsten Lebensbedürfnisse fixierte Arbeiterschaft „enger mit der Schicksalsgemeinschaft des Volkes“ zu verbinden begann? Im Grunde ist dies die Frage danach, zu welchen Gesellschafts- und Politikvorstellungen eindeutig zum rechten bzw. völkischen Lager gehörende jugendbewegte Älterenkreise um 1930 eigentlich kommen konnten, wobei sich als weitere Frage gleich anschließt, wo ihre Wahrnehmungsgrenzen bzw. -blockaden aufgrund ihrer bündischen Sozialisation und ihres bündischen Menschen- und Weltbildes lagen. Ohne den Versuch, sich einer Antwort wenigstens anzunähern, kann man dem Denkhorizont der jungen

18 Ebd., S. 18.
19 Ebd., S. 21.
20 Ebd., S. 19 f.

Intellektuellen aus der Jugendbewegung im Vorfeld des „Dritten Reiches" nicht gerecht werden und kommt dann zu solchen pauschalen Urteilen wie dem, der Nationalsozialismus habe schon lange vor 1933 „mittels der ihm spezifischen Ideologie integrierend unter den Bündischen gewirkt" bzw. – umgekehrt ausgedrückt – die „faschistoide Lebens- und Staatsphilosophie der bündischen Gruppen" sei dem totalitären Regime „auf weiten Strecken" entgegengekommen.[21]

Ausgangspunkt ihres politischen Denkens und zentrale Leitidee war für Schieder und viele seiner bündischen Altersgenossen aus der Kohorte der zwischen 1902 und 1912 Geborenen die „deutsche Volkserneuerung", wobei Volk als ein Organismus verstanden wurde, der – abgesehen von Extremsituationen wie im August 1914 – erst dadurch, dass es innerhalb des Volksganzen vielfältige „Gruppenbildungen" gibt, zu einer für den Einzelnen „wirklich erlebbaren Größe" wird. Die vorhandenen Parteien waren für die allermeisten Bündischen keine solche „irgendwie im Volksleben verwurzelten Gruppenbildungen", die für die parlamentarische Demokratie eine politisch tragende Schicht hätten bereitstellen können. In bewusster Absetzung von ihnen sei – so Schieder – als Ausdruck politischer Gestaltungskraft im Volk infolge des Weltkriegserlebnisses eine bündische Bewegung entstanden, deren Einzelbünde – verstanden als „Lebensgemeinschaften" – gerade nicht auf einzelne Wahlkämpfe und den tagespolitischen Machtkampf divergierender Interessen fixiert seien, im Gegenteil: Sie seien losgelöst „von aller Zweckhaftigkeit"; ihre Stärke und Spontaneität entstammten „den Tiefen des Seelischen".

Einerseits stand Schieder mit diesen Gedanken in der Tradition deutscher Kulturkritik, „die die Entstehung des modernen Parteienstaats als Austreibung der Kultur aus der Politik ansah und gegen die staatlich organisierte Herrschaft der Massen Kultur im Asyl der Innerlichkeit ... propagierte"[22]. Andererseits bewegten sich seine Vorstellungen vom Bündischen aber ganz offensichtlich auch – ohne dass er einen direkten Hinweis darauf gibt – im Rahmen dessen, was durch den Anstoß des Soziologen Herman Schmalenbach seit Anfang der 1920er Jahre eine breite Diskussion ausgelöst hatte: die Erweiterung des Begriffspaares Gemeinschaft und Gesellschaft (Tönnies) zu einer Dreierkombination Gemeinschaft – Gesellschaft – Bund, wobei mit Bund eine dritte autonome Größe gemeint war, die die Menschen (gedacht

21 Beide Urteile stammen von Michael H. Kater: Bürgerliche Jugendbewegung und Hitlerjugend in Deutschland von 1926 bis 1939; in: Archiv für Sozialgeschichte XVII (1977), S. 174.

22 Rüsen: Kontinuität (wie Anm. 3), S. 366.

ist dabei praktisch ausschließlich nur an die Männer) – im Gegensatz zur Gemeinschaft – deshalb zu bewusster und begeisterter Teilnahme motivierte, „weil die Individuen hier als aus der Gemeinschaft ‚entlassene' Individuen da sind"[23].

Die Gildenschaft war für Schieder ein solcher Bund – dies in doppelter Hinsicht: Sie war kulturschöpferisch, weil sie ohne Reglementierung den Schaffenswillen des Einzelnen in der Gildenschaft anregte und freisetzte, und sie erfüllte eine politische Aufgabe, weil sie innerhalb des Volksganzen eine spezifisch „genossenschaftliche", auf „willensmäßigem Zusammenhalt in korporativer Straffheit" beruhende Gestaltungsform, „ein Stück Volk", war.[24] Ohne die Lebenssphäre des Einzelnen vollständig auszufüllen und zu beaufsichtigen, verfolgte die Gilde dennoch weitgehende pädagogische Ziele, z.B. das Individuum zu befähigen, nach klaren ethischen Grundsätzen an dem Platz, an dem es während des Studiums und vor allem danach stand, „Arbeit an der kulturellen Substanz unseres Volkes" zu leisten,[25] was wiederum als hochrangige politische Aufgabe angesehen wurde – Politik hier (mit den Worten eines Gildebruders von Schieder) verstanden „als organisierendes Hilfshandeln in der Gesellschaft", um die „Lebensbeziehungen zwischen Menschen und Erde und zwischen den Menschen untereinander unter dem Gesichtspunkt der Staatenbildung" bewusst zu ordnen.[26] Die besondere Verantwortung akademischer Bünde für das Volksganze sieht Schieder in der aufgrund der größeren seelischen und geistigen Spannweite ihrer Mitglieder gesteigerten Einsatzfähigkeit für größere Bildungen, d.h. in der Möglichkeit zur Gestaltung größerer Zusammenhänge begründet; letztlich sollten die Gilden auf diese Weise ihren Beitrag dazu leisten, dass ein gesellschaftlicher „Führerstand" aus bündischem Geist als „heimlich-offener Bund" entstand[27], dessen Mitglieder sich im Tageskampf für die Verwirklichung der Volkserneuerung durch die Übernahme von entsprechenden Aufträgen bereithielten.

23 Zit. bei René König: Soziologie in Deutschland. Begründer / Verächter / Verfechter, München/Wien 1987, S. 186.

24 Schieder: Vom politischen Wesen (wie Anm. 14), S. 88.

25 Ebd., S. 89. Als ein solcher ethischer Grundsatz galt etwa die berühmte „Meißner-Formel" von 1913, die Freideutsche Jugend wolle „aus eigener Bestimmung, vor eigener Verantwortung, mit innerer Wahrhaftigkeit ihr Leben gestalten." S. dazu Winfried Mogge/Jürgen Reulecke: Hoher Meißner 1913, Köln 1988, bes. S. 51 ff.

26 Schieder: Unsere Stellung (wie Anm. 3), S. 22.

27 Ebd., S. 16; auch ders.: Vom politischen Wesen (wie Anm. 14), S. 89; der Begriff „heimlich-offener Bund" stammt von Paul de Lagarde.

Solches Handeln beruhte laut Schieder nicht zuletzt auf zwei Prinzipien, die sich von denen der Nationalsozialisten deutlich unterschieden und ein weitgehend anderes Menschenbild zur Voraussetzung hatten: auf einer spezifischen Auffassung von Führertum und von Selbstverwaltung bzw. von autonomer Selbstgestaltung. Führertum sollte auf keinen Fall in einer hierarchischen Ordnung verwirklicht werden, sondern durch eine „der Gemeinschaft verantwortliche Beauftragung", wobei Spontaneität und persönliche Veranlagung (sprich: Charisma) zwar durchaus wichtig waren, der lebendige Zusammenhalt zwischen „Führung und Volk" aber – ähnlich wie in der Gilde durch die klare Bindung des Sprechers an die Gildenbrüder – im Staat erst durch die Bindung der politischen Führer an das Volk geschaffen werden sollte.[28] Führung zu übernehmen setzte jedoch voraus, im engen Kreise eines Bundes Selbstverwaltung und Selbstgestaltung erlebt zu haben, um sich mit dieser Erfahrung an „staatlicher Arbeit" verantwortungsbewusst beteiligen zu können. Um die entsprechenden Voraussetzungen zu schaffen, brauchten die Bünde Gestaltungsfreiheit, und geradezu trotzig oder beschwörend erklärt deshalb Schieder am Ende seines Beitrags über das Verhältnis der Gilden zum Nationalsozialismus: „Aber die Freiheit des Bundes lassen wir uns nicht nehmen", weil nur in der Existenz selbstständiger Korporationen „die neugestaltende Kraft der bündischen Bewegung" liege.[29]

Wie im Fall der gesamten bündischen Jugend dachten jedoch die Nationalsozialisten nach ihrer „Machtergreifung" auch mit Blick auf die Gilden nicht daran, die gewünschten Freiräume zu gewähren. Zwar kam es im April 1933 noch zu einer Einigung aller deutschen und auslandsdeutschen Gilden, wobei der ehemalige Oberlandführer Friedrich Weber Bundesführer wurde, doch beugte sich diese Deutsche Gildenschaft dann – wie alle übrigen nichtnationalsozialistischen studentischen Organisationen – im Sommer 1935 dem massiven Druck und löste sich „freiwillig" auf.[30] Angesichts der NS-Maxime „Deutscher Student, es ist nicht nötig, dass Du lebst, wohl aber, dass Du Deine Pflicht gegenüber Deinem Volk erfüllst"[31] konnte es keine selbstgestaltbaren Spielräume für bündische Selbstverwirklichung mehr geben.

Aus den Zitaten lässt sich herauslesen – das war das Ziel der Vorführung dieser exemplarischen Facette –, dass die Vordenker der bündischen Jugend

28 Ebd., S. 16.

29 Ebd., S. 22.

30 S. dazu Dokumentation III (wie Anm. 6), S. 1374; allgemein zur Auflösung der studentischen Organisationen: Faust, Bd. 2 (wie Anm. 12), S. 131.

31 Zit. nach Faust, ebd., S. 133.

und die Nationalsozialisten um 1930 zwar weitgehend identische Begriffe benutzten, deren Inhalte jedoch oft erheblich voneinander abwichen. Ein ins nationalsozialistische Lager übergeschwenkter bündischer Führer hat 1933 in polemischer Weise die unterschiedlichen Bedeutungen folgender Begriffe gegenübergestellt: Generation, Wirklichkeit, Revolution, Führer, Wirken, Ordnung und Politik.[32] Manche weitere ließen sich hinzufügen. Auf den ersten Blick erscheinen deshalb viele programmatische Aussagen aus den Bünden als konform mit der NS-Ideologie. Dass eine partielle „Sympathie" zur nationalsozialistischen Bewegung verbreitet war, bestätigt ja Schieder ausdrücklich, doch überraschen dann doch bei genauerem Hinsehen die Unterschiede. Das besagt allerdings nichts über die gemeinsame Front gegenüber dem Weimarer Staat, den – so Schieder – „wir in vielen seiner Grundlagen und Lebenstendenzen ablehnen"[33]. In diesem Kontext zeigt sich, dass politisch rechts stehende Bündische offenbar sehr viel mehr zu nationalrevolutionären als zu nationalsozialistischen Auffassungen neigten. Schieder hat z.B. sehr deutlich Elemente aus der damaligen Situationsanalyse Ernst Niekischs übernommen, die dieser in Vorträgen 1930 in München vorgestellt hatte. Die Gilde „Greif" hat an diesen Veranstaltungen „geschlossen" teilgenommen.[34] Nationalrevolutionäre Auffassungen spiegeln sich z.B. in Schieders Kritik an der NS-Führung, sie paktiere aus Machthunger mit der „mechanischen Liberaldemokratie" des Weimarer Systems und wolle mit Hilfe des Parlaments an die Macht kommen.[35] Niekisch hat diese Zweideutigkeit der nationalsozialistischen Führung als Widerspruch „zwischen ihrer revolutionären Maske und ihrer selbstverräterischen Legalität" charakterisiert: Hitler mit seinem „sozialen Jesuitismus" „wate im Sumpf des Parlamentarismus" und lasse sich von kapitalistischen Wirtschaftsführern aushalten; er repräsentiere die „Summe (der) Fieberphantasien" der wilhelminischen Zeit, die nun im „Verröcheln" liege. Insofern sei der Nationalsozialismus Ausklang und Ende und kein Beginn.[36] Weniger wortgewaltig, aber in die gleiche Richtung bewegte sich auch Schieder, wenn er schreibt, die Bündischen könnten keiner Führung Gefolgschaft leisten, die mit Verschleierungen die Massen zu gewinnen versuche und vorläufige Mittel bzw.

---

32 So Karl Rauch in seiner Broschüre „Schluß mit ‚junger Generation'!", Leipzig 1933.

33 Schieder: Unsere Stellung (wie Anm. 3), S. 18.

34 Semesterbericht „Greif" in: Rundbrief 2 (wie Anm. 14), S. 6.

35 Schieder: Unsere Stellung (wie Anm. 3), S. 18.

36 Zitate aus Ernst Niekisch: Hitler – ein deutsches Verhängnis, Berlin 1932, S. 28 und S. 34 f.; zu Niekisch s. Mohler (wie Anm. 10), Band 1: S. 465 f., Ergänzungsband: S. 61 f.; außerdem Birgit Rätsch-Langejürgen: Das Prinzip Widerstand. Leben und Wirken von Ernst Niekisch, Bonn 1997.

Durchgangslösungen als Endlösungen ausgebe: „Für uns beginnt dahinter erst das feste Neuland.“[37]

Wenn man die Vorstellungen bündischer Idealisten um 1930 aus der Rückschau auch als naive Illusionen, elitäre Kurzsichtigkeit oder Ausdruck apolitischer Selbstüberschätzung abtun kann, so geht ein solches Urteil an der höchst geschichtswirksamen Tatsache vorbei, dass sich darin Wahrnehmungen und Sinngebungsversuche eines beträchtlichen Teils junger bürgerlicher Intellektueller angesichts der in vieler Hinsicht bedrückenden Situation widerspiegeln. Dass Menschen in einer Lage massiver Verunsicherung leicht zur Beute radikaler Erneuerungspropheten und -lehren werden können, ist eine triviale Erfahrung – ebenso trivial ist die Feststellung, dass es die von vornherein relativ wenigen ausdrücklichen Befürworter und Träger der Weimarer Demokratie nicht geschafft haben, die junge Generation für sich zu gewinnen, sodass ein breites Spektrum antirepublikanischen Denkens ins Kraut schießen konnte. Die Frage nach dem Standort der in sich immens zersplitterten Jugendbewegung in diesem Spektrum ist zweifellos sinnvoller als jene platte Titelfrage dieses Beitrags. Dennoch ist die Frage nach der Vorbereitung des Nationalsozialismus durch die Jugendbewegung seit 1933 immer wieder gestellt worden.

Gemeint war damit nicht in erster Linie der Umstand, dass die Jugendbewegung viele Stilelemente, Symbole, Begriffe und Umgangsformen „erfunden“ hatte, die sich auch hervorragend dazu verwenden ließen, vor allem die männlichen Jugendlichen ins Jungvolk und in die HJ zu locken (Fahrt- und Lagerleben, Feuerromantik, Liedgut, Kluft usw.): Diese äußeren Formen gelten zwar nicht als völlig neutral – man hat rückblickend vom „Gift der blauen Blume“ gesprochen –, aber sie wurden nicht nur in der NS-Jugenderziehung übernommen, sondern waren schon in der Weimarer Republik in den großen christlichen, sozialistischen und Sportjugendorganisationen nachgeahmt worden, waren also vielseitig verwendbar, spielten auch beim Wiederaufbau der Jugendorganisationen nach 1945 wieder eine wichtige Rolle und bestimmen noch heute das Binnenleben bündischer Gruppen, „Horten“ usw. Im Grunde waren dies alles Mittel, um den Kleingruppenzusammenhalt besonders dicht, abenteuerlich und mitreißend zu gestalten. Die hier nicht weiter zu erörternde, bisher viel zu wenig beachtete Grundfrage nach der Bedeutung jugendbewegter Sozialisation für die Gesamtbiografie von Beteiligten dürfte unter Umständen zu dem Ergebnis kommen, dass es gerade dieses Gruppenerlebnis – zugespitzt: das abenteuerliche „innere

37 Schieder: Unsere Stellung (wie Anm. 3), S. 21.

Wirkgeflecht einer Jungenbande“[38] – war, das lebenslang prägte, und nicht so sehr das mehr oder weniger abgehobene Ringen bündischer Führer um die Bundesidee. Die Annahme jedenfalls, die unzähligen Versuche älterer Jugendbewegter vor 1933 und nach 1945, in verschriftlichter Form den Sinn des Bündischen zu erörtern, gäben auch nur annähernd einen treffenden Einblick in das, was der Einzelne durch die zeitweilige Bindung an eine bündische Gruppe an Lebensintensität (wie auch Verführbarkeit!) vermittelt bekommen hat, geht an der Realität vorbei.

Wie dem auch sei: Bei den kontrovers geführten Debatten um eine Antwort auf die Titelfrage ging es jedoch – deshalb auch das Beispiel Schieder vorweg – im Wesentlichen um die angenommene (bzw. abgelehnte) klare ideologische Verbindungslinie von der Jugendbewegung zur Staatsjugend des NS-Regimes und um die Behauptung, die bündische Ideenwelt habe den Einzelnen für den Nationalsozialismus besonders empfänglich (bzw. verführbar) gemacht. Bei den Auseinandersetzungen dominierten – auf grobe Nenner gebracht – zunächst Anbiederung an und deren Zurückweisung durch die Nationalsozialisten, nach 1945 dann Schuldzuweisung und das Bemühen um deren Widerlegung. Die Ursache für die schon in dieser Begriffswahl angedeutete Emotionalität der Debatte liegt darin, dass diese bis in die 1970er Jahre hinein, in Resten noch heute, meist von Personen geführt worden ist, für die die Jugendbewegung aus biografischen Gründen sehr viel mehr bedeutete als nur ein gesellschaftsgeschichtliches Phänomen unter vielen anderen.

Bei der nicht geringen Zahl von jugendbewegten Führern, die sich im Umfeld der Machtergreifung zum Nationalsozialismus bekannten – aus Motiven, die von der (illusionären) Vorstellung, man könne die HJ bündisch unterwandern, über Opportunismus und Aufstiegsehrgeiz bis hin zum begeisterten Mitgestaltenwollen reichten –, herrschte die Strategie vor, sich durch Beschwörung einer Kontinuitätslinie hoffähig zu machen, d.h. eine Stufenentwicklung von den noch ungefügen Wandervogelgruppen der Vorkriegszeit über die sich disziplinierende und bereits „volkspolitische“ Ziele verfolgende bündische Jugend bis hin zum abschließenden Aufgehen in einer „Symphonie des ganzen Volkes“ (Littmann) zu konstruieren. Dafür liefert vor allem der 1934 von Will Vesper herausgegebene Sammelband *Deutsche Jugend*[39], in dem sich bekannte Führer und Pädagogen aus der Jugend-

---

38 So Walter Scherf: Die Jungenbande stirbt aus. Zur Sozialpsychologie einer Gemeinschaftsform, in: Walter Sauer (Hg.): Rückblicke und Ausblicke. Die deutsche Jugendbewegung im Urteil nach 1945, Heidenheim 1970, S. 201.

39 Will Vesper (Hg.): Deutsche Jugend, Berlin 1934.

bewegung zu Wort meldeten (z.B. Ahlborn, Kindt, Littmann, Flitner, Raupach, Luserke und Jöde), eine Vielzahl von Beispielen, in denen mehr oder weniger enthusiastisch, aber doch einhellig die Meinung vertreten wird, dass die Jugendbewegung bei den Bündischen die Bereitschaft erzeugt habe, im erneuerten Staat „eine Volksordnung der nationalen Gesittung und der sozialen Verbundenheit aller Stände ... geistig zu begründen".[40] Besonders pathetisch fallen die Ausführungen des ehemaligen Freischarführers Arnold Littmann aus. Er behauptet, die bündische Jugend habe schon immer „den aufopfernden politischen Frontkampf ihrer Kameraden" in den NS-Formationen bewundert. Eigentlich hätte der „entsagungsvolle stille Dienst unter der Fahne der nationalen Erneuerung" beide bündischen Formationen schon viel eher zusammenführen müssen, „denn beide sind gleichen Blutes, nur sind sie jede nach einem anderen Gesetz angetreten und haben jede für sich das Gesetz erfüllt, wie es sich geziemt"[41]. Auch die Jugendbewegung habe durch ihre Ostlandarbeit einen bescheidenen Teil der „historische(n) Sendung eines Mannes mit vorbereiten helfen, der für Deutschland, Europa und die Welt eine ersehnte Zeitenwende sichtbar eingeleitet" habe: „Noch können wir (gemeint ist die bündische Jugend, J.R.) im Jubel über das Glück der von Adolf Hitler herbeigeführten nationalen Einigung ... die historische Tragweite dieses säkularen Ereignisses gar nicht fassen", schrieb Littmann enthusiastisch am Schluss seines Beitrags.[42] Wenig später konnte er allerdings diese Tragweite durchaus besser erfassen: Er geriet in Konflikt mit dem Regime, kam für ein halbes Jahr in ein KZ und konnte schließlich, jetzt angeblich Regimegegner, nach Schweden emigrieren. Anders, aber nicht weniger hingebungsbereit argumentierte der aus dem Bund Deutscher Neupfadfinder stammende Karl Rauch sowohl im Vesper-Band als auch besonders in seiner Broschüre *Schluß mit ‚junger Generation'!* aus dem Jahre 1933. Er sah in der NS-Machtergreifung den geschichtsnotwendigen Impuls zur Weiterentwicklung der bündischen Generation zu einem „Stand der jungen Mannschaft", die von nun an der „Führung der Männer" vertraue.[43] Die Jugendbewegung habe den ihr zugehörigen Jungen schon vorher ein Bild von „des Reiches großdeutscher Wirklichkeit" gegeben; jetzt habe sich die Millionenbewegung der NSDAP, die – wenngleich sie auch „entwicklungsmäßig, taktisch und politisch andere Wege" genommen habe – „in ihrem Quell und Ursprung aus nächster Nähe des bündischen Jugendreiches" stam-

40 Wilhelm Flitner in: ebd., S. 225.

41 Arnold Littmann in: ebd., S. 186 f.

42 Zu Littmann s. die Kurzbiographie in Dokumentation III (wie Anm. 6), S. 1779.

43 Rauch (wie Anm. 32), S. 119.

me[44], begeistert in des Führers Hand gegeben: Er könne das Volk wie einen Teig kneten, „und was er daraus formen wird, liegt an ihm. Was folgt, ist Sache des Glaubens und der Hoffnung. Es gibt nichts anderes.“[45]

Diese Beispiele mögen genügen. Ob sie tatsächlich selbst daran glaubten oder nicht: Für diese bündischen Führer lautete die Antwort auf die Titelfrage also eindeutig ja! Ganz anders sah es bei den Nationalsozialisten, allen voran Baldur von Schirach, aus. Die sich andienenden ehemaligen Leitfiguren aus der bündischen Jugend sahen sie mit Skepsis. In einer Schrift aus dem Jahre 1934 wurde die Jugendbewegung geradezu als eine pazifistische und z.T. kommunistisch infizierte Bewegung dargestellt.[46] Dahinter standen ein massiver Abgrenzungswille und eine dezidierte Hervorhebung des nicht-jugendbewegten Herkommens der NS-Formationen. Schirach verkündete z.B. bereits im März 1933: „Die HJ knüpft nicht an die Bünde an, will keine in ihrem Sinne bündische Gemeinschaft sein, denn sie sieht in den Bünden ängstliche Überlieferer sterbender Tradition ...“; es gebe zwar geistige Berührungspunkte, doch sei die Jugendbewegung kein wirklicher Vorläufer der HJ. Diese sei nämlich nicht bündisch, sondern heroisch; sie sei Mittel zum Zweck und nicht – wie die bündische Jugend – Selbstzweck.[47] Und dem NS-Philosophen Alfred Baeumler galten die Bündischen als „Anhänger des bildlosen Idealismus“; es sei deshalb unangemessen, sie z.B. mit der NS-Studentenschaft in Verbindung zu bringen, weil „der Nationalsozialismus von den geistigen Positionen der Vergangenheit aus nicht mehr verstanden werden“ könne.[48] Zwar urteilten nicht alle führenden NS-Pädagogen so eindeutig; Ernst Krieck, Karl Friedrich Sturm u.a. argumentierten differenzierter, doch dominierte insgesamt die Auffassung: „Die HJ sieht ihre Ahnen nicht in den Freideutschen, sondern in der Jugend von Langemarck“, d.h. in den jungen Kriegern aus den Materialschlachten des Ersten Weltkriegs.[49]

Tatsächlich konnten die Nationalsozialisten keine jugendliche Bewegung dulden, die eigene Gestaltungsräume reklamierte. Die sogenannten „bündischen Umtriebe“ nach der offiziellen Auflösung aller jugendbewegten Bünde im Juni 1933 wurden daher unnachsichtig verfolgt; eine Reihe bündischer Führer endete im KZ. Die aus NS-Perspektive verfasste Dissertation

44 Ebd., S. 25.

45 Ebd., S. 47.

46 So in Fritz Hippler: Jugend fordert, Oldenburg 1934.

47 Zit. nach Walther Kost: Die bündischen Elemente in der deutschen politischen Gegenwartsideologie, Diss., Greifswald 1934, S. 107, Anm. 74.

48 Alfred Baeumler: Männerbund und Wissenschaft, Berlin 1934, S. 127.

49 Karl Friedrich Sturm: Deutsche Erziehung im Werden, 4. Aufl., Berlin 1938, S. 137 f.

von Luise Fick *Die deutsche Jugendbewegung* aus dem Jahre 1939 stellt denn auch fest, die Jugendbewegung habe als eine Bewegung, die „den führerschaftlichen Zug gegenüber dem föderativen, genössischen vernachlässigt“ habe und bei einer „inneren Bereitung und Selbsterziehung“ stehen geblieben sei, nach 1933 „ausgelöscht“ werden müssen.[50] Nach der Machtübernahme hätten nur noch „hoffnungslos unpolitische“ kleine Klüngel bündischer Reaktion versucht, die geschichtliche Entwicklung zu sabotieren; dies aber seien bloß „Individualisten, Schwärmer, Auslesepharisäer, die im Bund steckenblieben“ – sie seien nun „abgetan, wie ihre Zeit, deren Ausdruck sie selbst“[51]. Dies war allerdings ein krasses Herunterspielen der Tatsache, dass illegale bündische Jugendgruppen der HJ, SS und Gestapo erheblich zu schaffen machten und zunehmend auch spontane neue Gruppierungen – so genannte Edelweißpiraten, Meuten, Cliquen usw. – bündische Formen weiterzuleben versuchten. Auch die bekannteste jugendoppositionelle Gruppe – die Münchener Studentengruppe „Weiße Rose“ – entstammte ja eindeutig jugendbewegten Wurzeln. Jedenfalls zeigte sich schon in der zweiten Hälfte der 1930er Jahre und erst recht im Krieg, dass – so Arno Klönne – das „autonome“ Milieu jugendbewegten Gruppenlebens „mindestens zum Teil widerstandsfähig“ gegenüber dem totalitären Zugriff des NS-Regimes auf die Jugend blieb[52], obwohl 1933 ein großer Teil der bündischen Führerschaft vor dem Nationalsozialismus kapituliert oder sich ihm angedient hatte – für eine ganze Reihe von Jüngeren übrigens ein deprimierendes Erlebnis des Verratenseins und Sich-im-Stich-gelassen-Fühlens.[53] Einer dieser Führer, der Geschichtsprofessor Kleo Pleyer, 1930 Gründer der „Bündischen Reichsschaft“ und 1932 noch von der HJ tätlich angegriffen[54], schrieb übrigens kurz vor seinem Tod an der Ostfront 1941/42 ein Buch mit dem Titel *Volk im Feld*, in dem er die jüngere Generation intensiv beschwor, sich für die Stunde des letzten Kampfes zu rüsten, hart zu sein, „wo Härte not tut“, denn: „Alles, was die völkische Erhebung innerhalb Deutschlands er-

---

50 Luise Fick: Die deutsche Jugendbewegung, Jena 1939; die folgenden Zitate stammen von den Seiten 217 f. und 221. S. zu Ficks Beurteilung auch die treffenden Bemerkungen von Wilhelm Zilius: Bücher über die Hitler-Jugend, in: Jahrbuch des Archivs der deutschen Jugendbewegung 13 (1981), S. 234-237.

51 Fick, S. 219 f.

52 Arno Klönne: Einleitung zu Michael Jovy: Jugendbewegung und Nationalsozialismus: Analyse ihrer Zusammenhänge und Gegensätze, Münster 1984, S. XI.

53 S. entsprechende Zitate bei Karl O. Paetel: Jugendbewegung und Politik, Bad Godesberg 1961, S. 137.

54 Zu Pleyer s. Kneip (wie Anm. 5), S. 44 f., und Dokumentation III (wie Anm. 6), S. 1788.

kämpft hat, bräche zusammen, wenn wir diesen Krieg nicht gewännen ... Was von der nationalsozialistischen Bewegung in Deutschland als Vorkampf begonnen worden ist, das muss die nationalsozialistische Wehrmacht auf der Welt zu Ende führen."[55] Dies formulierte der ehemals bündische Kleo Pleyer, nun Propagandist eines totalen Krieges und einer totalen Aufopferung der Jugend, zu einem Zeitpunkt, als sich in München um den zwanzig Jahre jüngeren Hans Scholl die Gruppe „Weiße Rose" zu sammeln begann, die bald darauf ihr erstes Flugblatt (Juni 1942) mit dem Satz beginnen ließ: „Nichts ist eines Kulturvolkes unwürdiger, als sich ohne Widerstand von einer verantwortungslosen und dunklen Trieben ergebenen Herrscherclique ‚regieren' zu lassen ..."[56]

Ohne dies hier weiter ausführen zu wollen: Jugendbewegt-bündische Sozialisation konnte offenbar unter den Bedingungen Hitlerdeutschlands zu extremen Optionen führen; sie reichten vom überzeugten Sich-Ausliefern an das Regime und dessen Ideologie bis zum aktiven Widerstand z.B. in der „Weißen Rose" und im „Kreisauer Kreis".[57] Zwischen diesen Extremen befand sich ein allenfalls durch viele Einzelanalysen aufhellbares Spektrum des alltäglichen Mitmachens und der „Pflichterfüllung", des nur partiellen Mitläufertums, der tatsächlichen oder lediglich behaupteten „inneren Emigration", des „Wegtauchens" usw. Aus dem tatsächlichen Verhalten von Jugendbewegten im und zum Dritten Reich auf einen grundsätzlich „präfaschistischen" Charakter der Jugendbewegung schließen oder ihn – umgekehrt – klar widerlegen zu wollen, führt jedenfalls ganz offensichtlich in die Irre.

Der Zweite Weltkrieg war noch nicht zuende, als der amerikanische Soziologe Howard Becker, Kenner jugendbewegter Gruppen aus Deutschlandaufenthalten in den 20er Jahren und zeitweise Assistent bei Leopold von Wiese und Max Scheler, sein Buch *German Youth: Bond or Free* zu schreiben begann, das dann 1946 in englischer Sprache, drei Jahre später in er-

55 Kleo Pleyer: Volk im Feld. Sonderausgabe für den Dienstgebrauch der Hitlerjugend, Hamburg 1943, S. 243 und S. 248 f.

56 Zit. nach dem Originalflugblatt in der Gedenkstätte Deutscher Widerstand in Berlin.

57 S. dazu etwa Arno Klönne: Jugend im Dritten Reich. Die Hitler-Jugend und ihre Gegner, Düsseldorf/Köln 1982; Ger van Roon: Widerstand im Dritten Reich. Ein Überblick, München 1987, sowie ders.: Wirkungen der Jugendbewegung im deutschen Widerstand, in: Jahrbuch des Archivs der deutschen Jugendbewegung, 6. Band (1974), S. 31-37; Matthias von Hellfeld: Bündische Jugend und Hitlerjugend. Zur Geschichte von Anpassung und Widerstand 1930-1939, Köln 1987, sowie Wilfried Breyvogel (Hg.): Piraten, Swings und Junge Garde. Jugendwiderstand im Nationalsozialismus, Bonn 1991.

weiterter Fassung unter dem Titel *Vom Barette schwankt die Feder* auch in deutscher Übersetzung erschien.[58] Becker verfolgte ursprünglich die Absicht, der amerikanischen Leserschaft Informationen über die Jugend des zu besetzenden Deutschland zu liefern, und hat wohl tatsächlich vielen amerikanischen Jugendoffizieren in der frühen Besatzungszeit, als der Autor zeitweise in Hessen Leiter der Universitätsabteilung der Militärregierung war, das Standardwerk zum Verständnis der deutschen Jugendbewegung geliefert.[59] Becker unterstellte der deutschen Jugend im Dritten Reich eine vollständige, geradezu dämonische Besessenheit und die Bereitschaft, sich „frohlockend" in die eigene Vernichtung zu stürzen.[60] Diese Haltung sei durch die Jugendbewegung vorbereitet worden: Zwischen den programmatischen Äußerungen der Nationalsozialisten und einzelner Bündischer einerseits und der alltäglichen Realität andererseits sah er keinen Unterschied. Und so war denn auch seine Interpretation eindeutig: Der schon lange vor der Mitte der 20er Jahre in der Jugendbewegung „jeglicher Richtung" weit verbreitete „schwülstige Chauvinismus" habe nur noch „systematischer Formulierung und Propagierung (bedurft), um den Nazilehren haargenau zu entsprechen".[61] Die Nationalsozialisten hätten ihrerseits weitgehend die Stilformen der Wandervögel „direkt kopiert"; nur der Grad der Verallgemeinerung und durchgängigen Systematisierung unterschied beide Bewegungen.[62] Zwar hat Becker in der deutschen Ausgabe seines Buches in zwei z.T. neu geschriebenen Kapiteln 1949 versucht, seine Eindrücke differenzierter darzustellen, da sich jene von 1944/45 aus der Rückschau als „allzu düster erwiesen" hätten, doch blieb sein Urteil insgesamt unmissverständlich: dass – mit den Worten eines Rezensenten[63] – „die Hitlerjugend eine notwendige Folge und Überwindung der Jugendbewegung gewesen" sei. Zugespitzt ausgedrückt, diente Beckers Argumentation weitestgehend der Rechtfertigung der amerikanischen Jugendpolitik im besetzten Deutschland, z.T. auch der Kritik an einzelnen Fehlentwicklungen. Da er nicht daran glaubte, dass sich in absehbarer Zeit „die Gesinnung der bündischen Jugend noch einmal als

---

58 Howard Becker: Vom Barette schwankt die Feder. Die Geschichte der deutschen Jugendbewegung, Wiesbaden 1949.

59 S. den Klappentext ebd.; vgl. auch Jovy (wie Anm. 52), S. 179. Eine ähnliche, wenn auch weiter gefasste Zielsetzung verfolgte 1944/45 auch der amerikanische Offizier Saul K. Padover; s. seine jüngst veröffentlichten Aufzeichnungen: Lügendetektor. Vernehmungen im besiegten Deutschland 1944/45, Frankfurt a.M. 1999.

60 Becker (wie Anm. 58), S. 177, 185, 206.

61 Ebd., S. 171.

62 Ebd., S. 200.

63 Paul Hühnerfeld: Vom Barett zur Uniform, in: DIE ZEIT, Anfang Mai 1950, S. 5.

anziehend erweist", empfahl er z.B. nachdrücklich die Übernahme der „sozialen Methoden und Instrumente" der Jugendbewegung (z.B. Wandern, Zeltlager, Heimabende, Lieder des *Zupfgeigenhansl*) in die alltägliche Jugendarbeit der amerikanischen und zunehmend heranzuziehenden zuverlässigen deutschen Sozialarbeiter, wobei er sich bei der Reedukation „Sozialchirurgen mit großer Geschicklichkeit" wünschte.[64]

Beckers Buch, das nicht zuletzt auch die Schwäche besaß, alle aufgestellten Behauptungen und Zitate ohne Belege zu präsentieren, sollte noch für Jahre für deutsche Autoren mit jugendbewegten Erfahrungen ein Stein des Anstoßes sein – Karl O. Paetel nannte es z.B. „oberflächlich-naiv"[65]; Karl Seidelmann sprach von „pseudo-historischer Aufarbeitung" und bewertete es als „extrem unwissenschaftlich"[66], während ein Rezensent ohne Beziehungen zur Jugendbewegung zu der Einschätzung kam, Becker habe sein Werk „mit tiefer Sachkenntnis und echter Erschütterung über das Schicksal der deutschen Jugend geschrieben"[67]. Wissenschaftlich griff die Beckersche Provokation dann ein junger Historiker auf, der 1939 wegen „bündischer Umtriebe" als 19-Jähriger verhaftet, wegen Hochverrats verurteilt und 1944 in die berüchtigte Bewährungseinheit 999 „entlassen" worden war, ehe er zu den amerikanischen Truppen hatte überlaufen können: Michael Jovy.[68] Er hatte sich in den ersten Nachkriegsjahren bei der Wiederbegründung bündischer Gruppen engagiert und verfasste von 1950 bis 1952 nicht zufällig bei Theodor Schieder in Köln eine Dissertation mit dem Titel *Jugendbewegung und Nationalsozialismus. Zusammenhänge und Gegensätze – Versuch einer Klärung*[69]. Jovy betont durchaus, dass eigene Erfahrungen in die Begründung einer Gegenposition zu Becker eingeflossen seien, und nennt auch das in jugendbewegtem Schrifttum oft anzutreffende Argument, dass Außenstehende „fast unmöglich tiefer" in das wesentlich „erlebnismäßig" bedingte jugendbewegte Geschehen eindringen könnten, also – wie Becker – kaum

64 Zitate aus Becker (wie Anm. 58), S. 272 ff.

65 Karl O. Paetel: Jugendbewegung und Politik. Randbemerkungen, Bad Godesberg 1961, S. 132.

66 Karl Seidelmann: War die Jugendbewegung präfaschistisch?, in: Jahrbuch des Archivs der deutschen Jugendbewegung, 7. Band (1975), S. 66-74, hier: S. 73.

67 Hühnerfeld (wie Anm. 63).

68 S. den Nachruf auf Jovy von Arno Klönne im Jahrbuch des Archivs der deutschen Jugendbewegung, 15. Band (1984/85), S. 373-378.

69 Jovy (wie Anm. 52). In seiner Einleitung begründet Arno Klönne, warum diese 1950 abgeschlossene Dissertation noch 1984, als sie erstmalig gedruckt vorgelegt wird, Interesse verdient.

um Missverständnisse herumkämen.[70] Seine Untersuchung läuft auf die Konstatierung eines „grundlegenden Unterschieds“ zwischen Jugendbewegung und Nationalsozialismus hinaus, auch wenn er von verschiedenen Berührungspunkten und einer (scheinbar) „völlig übereinstimmenden Begriffswelt“ spricht.[71] Jovy legt, um unsere Titelfrage beantworten zu können, vor allem Wert auf die Darstellung der NS-kritischen Äußerungen von jugendbewegten Älterenkreisen aus der Zeit vor 1933,[72] zieht zudem die Selbstdeutungen führender nationalsozialistischer Jugendführer, allen voran Baldur von Schirachs, heran, die die Entwicklung von bündischer Jugend und Hitlerjugend als „zwei völlig getrennt verlaufende Wege“ verstanden hätten,[73] und dokumentiert insbesondere die vielfältigen Ansätze illegaler Tätigkeit von Bündischen gegen das Regime. Nicht nur wegen der eigenen Erfahrungen lag es für Jovy nahe, gerade den letztgenannten Punkt hervorzuheben. In seiner kurzen Einführung zur späteren Druckfassung der Jovyschen Dissertation von 1984 nennt Arno Klönne jedoch ein bemerkenswertes weiteres grundsätzliches Argument, das er mit der spezifischen Art der Auseinandersetzung mit dem Nationalsozialismus in der frühen Bundesrepublik in Verbindung bringt: Jovy habe mit seiner starken Pointierung der Bedeutung jugendlichen Widerstands der Tendenz in der frühen Nachkriegszeit entgegenwirken wollen, vor allem die junge Generation und speziell die Jugendbewegung um 1930 für den Erfolg des Nationalsozialismus verantwortlich zu machen.[74] Abgesehen von der als idealistische Ausnahme deklarierten Studentengruppe „Weiße Rose“[75] blieb der Jugendwiderstand tatsächlich in der Restaurationsphase der Bundesrepublik lange Zeit ein weißer Fleck. Die Begründung für dieses Ausblenden – dass nämlich mit der Überbetonung der jugendlichen NS-Anfälligkeit die Verantwortung der sonstigen gesellschaftlichen Mächte und Institutionen (Parteien, Verbände,

70 Ebd., Zitate S. 8 und 10.

71 Ebd., S. 7.

72 Z.B. geht Jovy ausführlich auf zwei „Probeabstimmungen“ von 1928 und 1930 in Berliner bündischen Kreisen über die parteipolitischen Optionen der Mitglieder ein (ebd., S. 80 f.), wobei ein erstaunlicher Rückgang der NSDAP-Stimmen zwischen beiden Daten zu konstatieren ist.

73 Ebd., S. 84.

74 Ebd., S. VIII.

75 Beginnend mit einer Rede Romano Guardinis vom 4.11.1945 in München (gedruckt unter dem Titel „Die Waage des Daseins“, Tübingen/Stuttgart 1946) und dann in dem 1953 von Inge Scholl erstmalig veröffentlichten, anschließend in vielen Auflagen verbreiteten eindrucksvollen Bericht „Die weiße Rose“; s. kritisch zur Rezeptionsgeschichte Wilfried Breyvogel (wie Anm. 57), S. 159-201.

Kirchen usw.) für die „deutsche Katastrophe" im Dunkeln gelassen werden konnte, um sie beim inneren Aufbau der Bundesrepublik aus der „Schusslinie" herauszuhalten – hat einiges für sich und müsste noch genauer belegt werden. Arno Klönne ist in diesem Zusammenhang Zeitzeuge und rückschauender Interpret zugleich, denn er hatte als 23-Jähriger – in Kenntnis der Jovyschen Arbeit und selbst an einer Dissertation über die Hitlerjugend arbeitend[76] – Ende 1953 einen Beitrag veröffentlicht, der ihm von ehemaligen wie zeitgenössischen Jugendbewegten den Vorwurf der „Brunnenvergiftung" einbrachte.[77] In dieser hitzig geführten Debatte lagen die Frontlinien jedoch anders als diejenigen, die Jovy im Auge gehabt hatte. Klönne, Schüler von Wolfgang Abendroth in Marburg und selbst Führer einer bündischen Jungenschaftsgruppe, hatte die Unfähigkeit der jugendbewegten Älteren zur differenzierend kritischen Selbstanalyse ebenso angegriffen wie neonazistische Tendenzen, die in einigen bündischen Gruppen Anfang der 50er Jahre zu beobachten waren. Der Autor vertrat zwar einerseits die Meinung, die bündische Jugend habe „dem Nationalsozialismus einen guten Teil seines bürgerlichen Bodens bereitet und die Hitlerei salonfähig gemacht": Die bündische Ablehnung rationaler Kritik und die Verbannung der Politik aus den Gruppen hätten zur Anfälligkeit „gegenüber jeder national-faschistischen Bewegung (geführt), – sofern diese nur im Gewande bündischer Mythologie einherzugehen verstand"[78]. Andererseits wies er jedoch auf die Binnendifferenzierung der Jugendbewegung vor 1933 hin und nahm die stark von Gesellschaftsprotest geprägte „klassische Epoche" der Wandervögel und Freideutschen ebenso von seiner Kritik aus wie die „dritte Welle" der Jugendbewegung, die Jungenschaftsbewegung seit 1929, mit ihrem angeblich „rational-kritischen Zug" und ihrem vehementen Autonomiebestreben. Der vielfältig nachweisbare Widerstand von Jungenschaftlern gegen den Nationalsozialismus, am spektakulärsten sichtbar in der Münchener Studentengruppe „Weiße Rose", war für Klönne der Beleg, dass hier eine deutlich andere Stoßrichtung als die in vielen bündischen Gruppen gängige „bündisch-völkische Linie" vorgeherrscht hatte.

---

76 Gedruckt unter dem Titel „Hitlerjugend. Die Jugend und ihre Organisation im Dritten Reich", Hannover 1955, 2. Aufl. Hannover/Frankfurt 1960. S. auch Arno Klönne: Gegen den Strom. Ein Bericht über die Jugendopposition im Dritten Reich, Hannover/ Frankfurt 1958, 2. Auflage 1960.

77 Antwort auf eine Brunnenvergiftung (= offener Brief von Kurt Werner Hesse an Klönne), in: Das Nachrichtenblatt, hg. vom Freideutschen Kreis und von der Vereinigung Jugendburg Ludwigstein, Nr. 25/26 (März 1954), S. 17-19.

78 Arno Klönne: Jugendbewegung als Vorspann der Reaktion, in: Allgemeine Deutsche Lehrer-Zeitung, 1.11.1953, S. 265-268.

Zweifellos war Klönnes Argumentation polemisch gemeint und zeichnete die Verhältnisse allzu schwarz-weiß, da er das Ziel verfolgte, das Wiederaufleben und Weitertransportieren von völkisch-nationalistisch-soldatischen Ideologien mit den entsprechenden Stilformen in rechts stehenden Jugendbünden zu Beginn der 50er Jahre aufs Korn zu nehmen. Vor dem Hintergrund allgemeiner Restauration und Verdrängung blieb Klönnes Vorstoß jedoch eine Ausnahme und galt als „Brunnenvergiftung" (s.o.); man warf ihm Leichtfertigkeit, Unseriosität und krasse Fehleinschätzungen vor.[79] Um nur ein Beispiel zu nennen: Klönne hatte die „Ostlandmythen" und die „Volkstumsarbeit" der Bündischen für das Auslandsdeutschtum vor 1933 als Handlangerdienst für die Nationalsozialisten und als Einfallstore für Chauvinismus kritisiert.[80] Die „Wiederlegung" aus bündischen Kreisen lautete, es habe sich dabei doch bloß „um die ganz nüchterne und reale Bestandsaufnahme des Deutschtums im Osten und Südosten" gehandelt.[81]

Trotz seiner provozierenden Überzeichnungen steht Klönne mit seiner – wenn auch zugespitzten – Analyse am Anfang einer erst sehr viel später breiter verfolgten Argumentationslinie, die von der inneren Heterogenität und der Notwendigkeit zur Differenzierung dessen ausgeht, was in der Öffentlichkeit pauschal als die Jugendbewegung bezeichnet worden ist. Tatsächlich war es dann so, dass es – obwohl einer der wichtigsten Älterenkreise, der Freideutsche Kreis, bei seiner Gründung 1947 mit einer Art Selbstprüfung über das Verhalten seiner Gründungsmitglieder zum Nationalsozialismus gestartet war – von den frühen 50er Jahren an bis weit in die 70er Jahre hinein praktisch zu keiner entsprechend breit angelegten, (selbst)kritischen und vor allem differenzierenden Analyse kam – von einigen wenigen ersten Ansätzen abgesehen (neben Klönne z.B. Laqueur, Raabe[82]). Die Selbstrechtfertigungsbemühungen ehemaliger Jugendbewegter standen beziehungslos neben der ansonsten weit verbreiteten Auffassung von der Vorläuferrolle der Jugendbewegung für den Nationalsozialismus, obwohl

79 So z.B. Hesse (wie Anm. 77), S. 19.

80 Klönne (wie Anm. 78), außerdem ders.: 40 Jahre Deutsche Jugendbewegung, in: Das Parlament, Nr. 40 vom 7.10.1953, S. 6.

81 Hesse (wie Anm. 77), S. 18.

82 Walter Z. Laqueur: Die deutsche Jugendbewegung. Eine historische Studie, Köln 1962, 2. Aufl. 1978; Felix Raabe: Die Bündische Jugend. Ein Beitrag zur Geschichte der Weimarer Republik, Stuttgart 1961. S. auch George L. Mosse: The Crisis of German Ideology, New York 1964; deutsch unter dem Titel: Ein Volk, ein Reich, ein Führer. Die völkischen Ursprünge des Nationalsozialismus, Königstein/Ts. 1979, darin bes. S. 281 ff.; sehr knapp auch Ulrike Schmidt: Über das Verhältnis von Jugendbewegung und Hitlerjugend, in: Geschichte in Wissenschaft und Unterricht, 16. Jg. (1965), S. 19-37.

schließlich Historiker wie Felix Messerschmid darauf hinwiesen, mit Wissenschaft habe eine solche Globalthese nichts zu tun, auch wenn sie sich wissenschaftlich drapiere.[83]

Eine Zuspitzung der Positionen erfolgte seit Ende der 60er Jahre noch einmal dadurch, dass nun selbst viele jüngere Bündische aus der Nachkriegsjugendbewegung im Zuge der studentischen Protestwelle und Linksorientierung mit ihrer – für die westdeutsche Ausprägung des weltweiten Jugendprotests typischen – Stoßrichtung gegen die NS-Vergangenheit der Elterngeneration die Vorläuferthese aufzugreifen und in z.T. platter Form zu vertreten begannen. Dies zwang wiederum die Jugendbewegten aus der Weimarer Zeit zu abwehrenden Stellungnahmen, zumal gleichzeitig in vielen soziologischen, politologischen und bildungsgeschichtlichen Publikationen massive Äußerungen über das Versagen der Jugendbewegung, ihre historische Schuld, ihren krassen Mangel an politischer Reife, ihr gänzliches Unvorbereitetsein auf die Diktatur u.Ä. zu finden waren.[84]

Einen gewissen Höhepunkt, aber auch den Ansatz zur Überwindung der Polarisierung erreichte die Diskussion in den Jahren 1974/77. Einerseits erschien 1974 der voluminöse Schlussband der von Werner Kindt und einem Kreis angesehener älterer Historiker (u.a. Helmuth Croon, Günther Franz, Hans Herzfeld, Walther Hubatsch, Felix Messerschmid, Hans Raupach, Theodor Schieder, Adam Wandruszka) herausgegebenen „Dokumentation der Jugendbewegung“ mit dem Titel *Die deutsche Jugendbewegung 1920 bis 1933 – Die bündische Zeit*[85]; hierzu steuerte Hans Raupach (Jahrgang 1903, Professor für Volkswirtschaftslehre in München) ein abwägendes Schlusswort bei, das „Lebensformen, Führungsstil und Aktivitätsspielraum der deutschen Jugendbewegung in der Zeit der Weimarer Republik“ aus der selbstkritischen Rückschau eines Dabeigewesenen darstellte: Sein Fazit lautete, die „bündische Bewegung (sei) von der pseudobündischen Organisation und deren Massenaufgebot überrollt“ worden.[86] Ähnlich und ebenfalls im

83 Felix Messerschmid: Dokumentation der deutschen Jugendbewegung, in: Geschichte in Wissenschaft und Unterricht, 26. Jg. (1975), S. 499.

84 Bes. scharfe Vorwürfe dieser Art finden sich z.B. schon bei Harry Pross (Hg.): Die Zerstörung der deutschen Politik. Dokumente 1871-1933, Frankfurt 1959, Neuausgabe 1983; ders.: Jugend, Eros, Politik. Die Geschichte der deutschen Jugendverbände, Bern/München/Wien 1964.

85 S. oben Anm. 6; dieser Band umfasst 1840 Seiten! Alle genannten Historiker besaßen übrigens jugendbewegte Erfahrungen.

86 Ebd.; auch als Separatdruck in der Broschüre: Was war das – die Jugendbewegung? Drei Antworten von Theodor Wilhelm, Wilhelm Flitner und Hans Raupach, Düsseldorf/Köln 1980, S. 37-47, Zitat S. 45. Wilhelm Flitner kommt ebd. (S. 36) zu dem Gesamt-

Kern eindeutig reagierte gleichzeitig der Reformpädagoge Karl Seidelmann (Jahrgang 1899), ehemaliger Freischar- und Pfadfinderführer und bis 1964 Leiter des Hessischen Lehrerfortbildungswerks in Kassel, auf die immer wieder gestellte Frage „War die Jugendbewegung präfaschistisch?" Es könne nicht um eine „verzerrende Totalkritik" gehen, mahnte Seidelmann: Zwar habe mangelnde Rationalität bei vielen Bündischen ein verhängnisvolles Missverhältnis zwischen Reflexion und Engagement erzeugt, aber trotz einzelner „präfaschistischer Implikationen" verdiene die Jugendbewegung nicht jenes pauschale „diffamierende Votum".[87] Auch die Imitation jugendbewegter Lebensformen durch die Nationalsozialisten sei kein Gegenbeweis. Ein wenig resignierend kommt Seidelmann zu dem Schluss, eine sachlich abwägende Analyse sei zur Zeit offenbar noch gar nicht möglich, weil weniger der wissenschaftliche Erkenntniswille als sehr viel mehr der „Kampf der Ideologien" und weltanschauliche Motive bei der Beantwortung der Frage im Mittelpunkt ständen.

Eine letzte umfassende Schuldzuweisung unternahm demgegenüber in diesen Jahren noch einmal ein Historiker der jüngeren Generation, Michael Kater (Jahrgang 1937), nachdem kurz vorher bereits ein junger Pädagoge, Hubertus Kunert (Jahrgang 1940), in ähnlicher Weise eine Pauschalschelte der Jugendbewegung mit ihren angeblich „verschleierte(n) faschistische(n) Denkkategorien" veröffentlicht hatte.[88] Kater wollte bewusst nicht differenzieren und die innere Mannigfaltigkeit der Bünde berücksichtigen; ihm ging es um die Herausstellung der „großen Linien", d.h. um das für alle Gruppen der bürgerlichen Jugendbewegung Symptomatische. Aufgrund der Auswertung vieler zeitgenössischer Selbstaussagen von bündischen Führern, aus denen er nicht nur Ideenharmonie mit dem völkischen, antisemitischen, antichristlichen, neuheidnischen und totalitären Programm der Nationalsozialisten, sondern auch ein weitgehendes Anbiedern an das Regime und ein „freudiges" Indienststellen herausgelesen hatte, kommt er zu dem Urteil, dass die „institutionelle Fusion von HJ und bündischer Jugend" nach 1933 die „logische Konsequenz einer gemeinsamen ideellen Grundstimmung" gewesen sei.[89] Trotz diverser sozialgeschichtlicher Einsprengsel argumentiert Kater

urteil: „Die Historiographie kann nur feststellen, dass auch die Jugendbewegung alle die Mängel zeigte, die dem deutschen Staatsbürgertum überhaupt anhafteten."

87 Seidelmann (wie Anm. 66), Zitate S. 67 und 74.

88 Hubertus Kunert: Deutsche Reformpädagogik und Faschismus, Hannover 1973, S. 89; Michael Kater (wie Anm. 21), S. 127-174.

89 Ebd., S. 174; hier auch die folgenden Zitate; s. auch oben, Anm. 21.

im Wesentlichen ideengeschichtlich: Die Übereinstimmungen zwischen den politisch-konservativen Anschauungen des Wilhelminischen Bürgertums, sichtbar in besonderer Weise gerade auch in der daraus hervorgegangenen Jugendbewegung, mit dem Programm der Nationalsozialisten reichen für ihn zur Erklärung für die von ihm behauptete Tatsache aus, dass die Bündischen wesentliche ideologische Bestandteile der nationalsozialistischen Weltanschauung vor 1933 bereits vorweggenommen hätten.

Im Grunde war damit die von konträren Positionen mit nur wenigen Differenzierungsansätzen bestimmte Debatte über eine eindeutige Beantwortung der Titelfrage beendet; salopp ausgedrückt: Der Dampf war raus, auch wenn es in den Folgejahren hier und da noch von alt gewordenen Jugendbewegten scharfe Attacken gegen die ignoranten „Neuwissenschaftler“ bzw. „professionellen Wissenschaftshistoriker“ gab.[90] Vor dem Hintergrund einer seit Mitte der 70er Jahre verstärkt auch alltags-, mentalitäts-, und wahrnehmungsgeschichtliche Fragen aufgreifenden (jüngeren) Geschichtsforschung verlor sich die Polarisierung der Antworten zugunsten eines immer mehr differenzierenden Blickes auf das Verhältnis von Jugendbewegung und Nationalsozialismus: Das sich seither aus einer wachsenden Zahl von Detailstudien ergebende Bild ist alles andere als schwarz-weiß, zumal die zunehmende „Historisierung“ des Dritten Reiches, d.h. der Versuch, die Entstehung der NS-Diktatur und deren breite Akzeptanz in der Bevölkerung im Langfristkontext der deutschen Gesellschafts- und Mentalitätsgeschichte zu interpretieren, die Fragehorizonte ganz erheblich erweitert und manche bisher gängigen Urteile deutlich relativiert hat. Dadurch haben Begriffe wie Vorläufertum, Versagen, Prädisposition u.Ä., wenn ihre Verwendung in diesem Kontext überhaupt noch sinnvoll erscheint, eine ganz andere Tiefendimension gewonnen – dies nicht im Sinne einer aus der Rückschau noch eindeutigeren (moralischen) Be- oder Verurteilung, sondern zur Benennung höchst diffuser Wahrnehmungen und komplizierter Erfahrungen von Zeitgenossen im Zusammenhang ihrer spezifischen lebensweltlichen Einbindung. In diesen Forschungen einer jüngeren Generation über das Verstricktsein ihrer Großeltern in die gesellschaftsgeschichtlichen Prozesse des frühen 20. Jahrhunderts geht es nicht mehr um Schuldzuweisung versus Rechtfertigung, sondern um Aufklärung. Als viel hilfreicher für eine sachliche Auseinandersetzung mit den noch lebenden Zeitzeugen haben sich inzwischen Begriffe wie Wechselwirkung, Hintergründe, Differenzierung, mentale Zu-

90 Vgl. z.B. Hans Graul: Die Deutsche Jugendbewegung als Forschungsobjekt der zeitgeschichtlichen Wissenschaften in den letzten zehn Jahren, in: Der neue Bund, 32. Jg. (1983), S. 114-129.

sammenhänge, „Schnittmengen“[91] usw. erwiesen. Erste Meilensteine in dieser Richtung waren zwei Tagungen des Archivs der deutschen Jugendbewegung im Herbst 1979 und 1980 auf Burg Ludwigstein,[92] denen eine große Zahl von Veröffentlichungen im Lauf der 80er Jahre folgte, wobei vor allem die abwägende Kölner Dissertation von Matthias von Hellfeld zu erwähnen ist, in der das Verhältnis von bündischer Jugend und Hitlerjugend zwischen 1930 und 1939 als eine Geschichte von Anpassung und Widerstand dargestellt wird.[93]

Ohne jetzt Detailergebnisse referieren zu wollen: Insgesamt zeigen jedenfalls die neueren Forschungen, dass jeder Versuch, die Jugendbewegung zu einer Vorläuferin des Nationalsozialismus zu erklären, die Handlungsmöglichkeiten und -spielräume der Jugendbewegung völlig überschätzt und die Bewegung selbst isoliert bzw. segmentiert, d.h. aus ihrem gesamten gesellschaftlichen Kontext herausreißt. Sie war ein Kind ihrer Zeit, zwar ein eigenwilliges, aber politisch kein maßgebliches, und – wie hätte es anders sein können – intensiv in schichten- und vor allem auch generationenspezifischer Weise von den mentalen Dispositionen und geistigen Strömungen seit Ende des 19. Jahrhunderts geprägt. Deshalb verdienen – um ein „vorläufiges“ Urteil Peter Stachuras aufzugreifen[94] – die „Unterlassungssünden“ der Jugendbewegung – „verglichen mit der vor 1933 gezeigten Unzulänglichkeit vieler anderer gesellschaftlicher Gruppen“ – „kaum die leidenschaftliche Kritik, die einige Beobachter an ihr geübt haben“. Genauso, wie man nicht sagen kann, der Nationalsozialismus sei die einzige logische Folge, gewissermaßen ein unabwendbares Schicksal, aufgrund der vorherigen deutschen Geschichte gewesen, kann man auch die Jugendbewegung nicht in ein zwangsläufiges Ursache-Folge-Verhältnis hineinzuinterpretieren versuchen.

---

91 Titel einer selbstkritischen Zeitzeugenanalyse von Heinrich Steinbrinker, in: Jahrbuch des Archivs der deutschen Jugendbewegung, Band 12 (1980), S. 11-22; die übrigen Begriffe befinden sich als Überschriften in anderen Beiträgen desselben Bandes.

92 Dokumentiert in den beiden Jahrbüchern des Archivs Band 12 (1980) und Band 13 (1981); darin bes. die umfassenderen Analysen von Arno Klönne (Jugendbewegung und Faschismus, Bd. 12, S. 23-34), Peter D. Stachura (Deutsche Jugendbewegung und Nationalsozialismus, Bd. 12, S. 35-52) und Winfried Mogge („Der gespannte Bogen“. Jugendbewegung und Nationalsozialismus: Eine Zwischenbilanz, Bd. 13, S. 11-34).

93 Matthias v. Hellfeld (wie Anm. 57); vgl. auch Irmtraud Götz von Olenhusen: Jugendreich, Gottesreich, Deutsches Reich. Junge Generation, Religion und Politik 1928-1933, Köln 1987, sowie dies.: Die Krise der jungen Generation und der Aufstieg des Nationalsozialismus, in: Jahrbuch des Archivs der deutschen Jugendbewegung, Band 12 (1980), S. 53-82.

94 Stachura (wie Anm. 92), S. 52.

Die Verhaltensweisen und Weltsichten der Jugendbewegten waren ein exemplarischer Ausdruck der Art und Weise, wie junge Menschen vorwiegend aus dem bildungsbürgerlichen Milieu im ersten Drittel des 20. Jahrhunderts auf die „verstörte Modernisierung“ bzw. auf die „Krisenjahre der Klassischen Moderne“ (Peukert) reagierten, wobei ihre Politikvorstellungen weitgehend „Symptom einer allgemeinen politischen Fehlentwicklung des deutschen Bürgertums (waren) – aber eben nur ein Symptom neben vielen gleichgerichteten“[95]. Gleichzeitig befähigte aber jugendbewegte Sozialisation eine durchaus bemerkenswerte Zahl von jungen Menschen auch zur Opposition gegen das Regime bis hin zum offenen Widerstand. Auch von einer sozialisationsgeschichtlichen Einbahnstraße kann also keine Rede sein.

Vielleicht kann man aus der Rückschau zugespitzt Folgendes sagen: Nicht ihre konkrete gesellschaftspolitische Wirksamkeit in ihrer Epoche war das Entscheidende der Jugendbewegung, auch wenn dieser Aspekt aus den genannten Gründen lange Zeit im Mittelpunkt der Auseinandersetzungen gestanden hat, sondern ihre individualgeschichtliche Prägekraft für die Biografien der von ihr sozialisierten Menschen im Gesamtablauf unseres Jahrhunderts. Damit ist ein zweifellos sehr umfangreiches und zugleich reizvolles neues Forschungsfeld angesprochen: In einer Sozialisations- und Generationengeschichte des 20. Jahrhunderts als Teil einer allgemeinen deutschen Mentalitätsgeschichte in der Moderne wäre dann auch das Beziehungsgeflecht zwischen Jugendbewegung und Nationalsozialismus neu zu befragen.[96]

95 Klönne: Jugendbewegung und Faschismus (wie Anm. 92), S. 34.

96 Erste Ansätze und Impulse in dieser Richtung finden sich z.B. bei Christa Berg: Fragwürdige Zusammenhänge. Das Problem der Kontinuitäten in der Bildungsgeschichte des 20. Jahrhunderts, in: Zeitschrift für Pädagogik, 38. Jg. (1992), S. 811-829, bes. S. 817 ff.; sowie bei Ulrich Herrmann: Das Konzept der „Generation“, in: ders. (Hg.): Jugendpolitik in der Nachkriegszeit. Zeitzeugen – Forschungsberichte – Dokumente (= Materialen zur Historischen Jugendforschung, Bd. 2), Weinheim/München 1993, S. 99-117. Den Gedanken, dass „nicht im Politischen, sondern im Bereich menschlicher Entwicklung ... die Bünde ihre bedeutendste und nachhaltigste Wirkung“ ausübten, vertreten inzwischen nachdrücklich führende Vertreter des Freideutschen Kreises ehemaliger Jugendbewegter; z.B. Rudolf Bree: Die Bünde im Jahre 1933 – Aufforderung zum Sammeln von Dokumenten und Interpretationen, in: Jahrbuch des Archivs der deutschen Jugendbewegung, Band 14 (1982/83), S. 99-104, Zitat S. 104.

„Sterben wie eine Ratte, die der Bauer ertappt“[1] Letzte Briefe aus Stalingrad

(Verfasst zusammen mit Thomas Kohut)

Glasnost und Perestrojka führten seit 1988 nicht nur dazu, dass aus den „Giftschränken“ der offiziellen Archive der UdSSR bisher streng geheim gehaltene Materialien bekannt und in den Medien veröffentlicht wurden,[2] sondern auch zu ersten Hinweisen auf ein bisher völlig unbekanntes sowjetisches Staatssonderarchiv im Nordwesten Moskaus.[3] Für die deutsche Geschichtswissenschaft ist dieses Archiv von höchster Bedeutung: Es beherbergt den Kernbestand aller deutschen Akten und Archivalien, die der Roten Armee seit Kriegsbeginn 1941, vor allem bei ihrer Besetzung Ostdeutschlands und Berlins, in die Hände gefallen sind. Außerdem wurden hier in den Jahren nach 1945 die wichtigsten Unterlagen der deutschen Kriegsgefangenenlager in der Sowjetunion zentral gesammelt. Glasnost und Perestrojka waren es auch, die die Möglichkeit schufen, im Vorfeld der fünfzigsten Wiederkehr des Tages, an dem 1941 das nationalsozialistische Deutschland die Sowjetunion überfiel, der deutschen Öffentlichkeit einen historisch-politisch zwar unbedeutenden, mentalitätsgeschichtlich aber wichtigen und menschlich sehr anrührenden Spezialbestand dieses Sonderarchive zu präsentieren: eine Sammlung von Kriegsbriefen, die Soldaten der Roten Armee in den Brieftaschen toter deutscher Soldaten oder in erbeuteten Postsäcken gefunden und ihren Vorgesetzten abzugeben hatten. Solche Briefe dienten

1 Diese Zeile entstammt dem Gedicht „An die deutschen Soldaten im Osten“, das Bertolt Brecht unter dem Eindruck der Kapitulation von Stalingrad im Frühjahr oder Frühsommer 1943 in seinem kalifornischen Exil niedergeschrieben hat, kurz nachdem er über Moskau und Wladiwostok dort angekommen war.

2 S. dazu Dietrich Geyer: Perestrojka in der sowjetischen Geschichtswissenschaft, in: ders. (Hg.): Die Umwertung der sowjetischen Geschichte, Göttingen 1991, bes. S. 19.

3 Nach einer ersten Veröffentlichung in der Zeitung Iswestija vom 18.2.1990 erschien im August 1990 eine deutsche Übersetzung eines Berichts über dieses Archiv von Elsa Maximowa in der Zeitschrift „Sowjetunion heute“, S. 32 ff. Als erste Übersicht über die Bestände s. Götz Aly/Susanne Heim: Das zentrale Staatsarchiv in Moskau („Sonderarchiv“). Rekonstruktion und Bestandsverzeichnis verschollen geglaubten Schriftguts aus der NS-Zeit, Düsseldorf 1992.

damals der Feindaufklärung über die Lage an der deutschen Front und an der „Heimatfront“, wurden entsprechend ausgewertet und zum Teil auch für Propagandazwecke benutzt. Ein beträchtlicher Teil der insgesamt über 5 000 in Moskau liegenden Briefe stammt aus Stalingrad.

Eine Mülheimer Initiative für deutsch-sowjetische Freundschaft – getragen auf deutscher Seite insbesondere von dem Bonner Zeithistoriker Hans-Adolf Jacobsen und dem Leiter der Evangelischen Akademie Mülheim/Ruhr, Dieter Bach, auf der sowjetischen Seite vom Generaldirektor der Literaturnaja Gazeta, Anatoly Golovchansky, dem führenden Mitglied des sowjetischen Schriftstellerverbandes Valentin Osipov und Anatoly Prokopenko, dem Direktor des oben erwähnten Staatssonderarchivs – entwickelte 1990 die Idee, eine Auswahl dieser Briefe als Zeichen der „Verständigung und Versöhnung“ sowie als Beleg für „Vertrauen und Offenheit“ zum Jahrestag des nationalsozialistischen Überfalls in Deutschland veröffentlichen zu lassen. Dieses humanitäre Ziel war der Hintergrund, das zwar spektakuläre, politisch aber nicht brisante Material der Anlass bzw. der Schlüssel, der die Türen des Archivs im Herbst 1990 erstmalig Benutzern öffnen half.[4] Im Frühjahr 1991 konnte dann ein Sammelband mit dem Titel „Ich will raus aus diesem Wahnsinn“ erscheinen;[5] in ihm sind knapp zweihundert Front- und Heimatbriefe jeweils komplett, das heißt ohne Kürzungen und unter Beibehaltung aller orthografischen und stilistischen Besonderheiten – abgesehen von der Verschlüsselung vorkommender Familiennamen – abgedruckt. Etwas mehr als die Hälfte der Briefe sind Soldatenbriefe, also von Frontsoldaten geschriebene, nicht mehr abgeschickte und deshalb auch nicht an den Adressaten gelangte Briefe; die übrigen stammen aus der Heimat:

4 Inzwischen erhielten viele weitere Benutzer Zugang; so veröffentlichte z.B. der englische Historiker Gerald Fleming kurze Zeit später bereits einen Artikel mit dem Titel ”The Auschwitz Archives in Moscow“ (in: Jewisch Quarterly, Herbst 1991, S. 9-12), in dem er über Aktenfunde aus der zentralen Baukommission in Auschwitz berichtet, die ebenfalls im Moskauer Staatssonderarchiv lagern. S. auch Bernd Wagner: Deutsche Aktenbestände im Moskauer Zentralen Staatsarchiv. Ein Erfahrungsbericht, in: Vierteljahrshefte für Zeitgeschichte, 40. Jg. (1992), S. 311-319; zu den Verhandlungen des Bundesarchivs wegen einer Aktenrückgabe s. Friedrich P. Kahlenberg: Die Archive Osteuropas im Kontakt mit dem Bundesarchiv – eine Zwischenbilanz, in: Johannes Booms/Johannes Favier (Hg.): Miscellanea in honorem Caroli Keeskeméti, Brüssel 1998, S. 213-224.

5 „Ich will raus aus diesem Wahnsinn“. Deutsche Briefe von der Ostfront 1941-1945. Aus sowjetischen Archiven, hg. v. Anatoly Golovchansky u.a. - deutsche Bearb.: Ute Daniel/Jürgen Reulecke, Wuppertal 1991.

von Ehefrauen, nahen Angehörigen, Freundinnen und Freunden.[6] Zum Komplex Stalingrad finden sich in dem Band insgesamt 67 Soldatenbriefe, die – wie die Inhalte bzw. die (seltenen) Angaben über den Aufenthaltsort des Schreibers belegen – vermutlich tatsächlich aus dem „Kessel" stammen.[7]

Die Publikation von Kriegsbriefen – meist von Soldatenbriefen, sehr viel seltener von Heimatbriefen – hat eine weit über einhundertjährige Tradition.[8] Lange Zeit verfolgte sie den Zweck, Opferbereitschaft, Vaterlandsliebe und Heldenmut der Soldaten zu dokumentieren, Kampfschilderungen aus erster Hand zu liefern und gleichzeitig den nachlebenden Generationen ethische Maßstäbe anzubieten. Die Schreiber der Briefe waren durchweg Männer aus den gehobenen Bildungsschichten, die über ein hohes Maß an Reflexionsfähigkeit verfügten. Charakteristisch hierfür ist die berühmte Sammlung des Freiburger Germanistikprofessors Philipp Witkop *Kriegsbriefe gefallener Studenten*, die 1916 erstmalig erschien, nach dem Ersten Weltkrieg mehrere weitere ergänzte und veränderte Auflagen erlebte und bis 1942 eine Auflagenhöhe von ca. 200 000 Exemplaren erreichte.[9] An ihr ori-

6 Diese Relation entspricht nicht ganz derjenigen des Moskauer Bestandes, wo sich annähernd doppelt so viele Heimatbriefe wie Frontbriefe befinden.

7 Übrigens wurde kurz darauf bekannt, dass sich im Panorama-Archiv Wolgograd (= Stalingrad) einige hundert weitere Briefe befinden. Auszüge nach Kopien veröffentlichte die Zeitung „Welt am Sonntag" im Dezember 1990 mit vollständiger Angabe von Namen und Anschrift der Briefschreiber (falls angegeben). 22 Briefe aus diesem Museum sind vollständig abgedruckt bei Jens Ebert (Hg.): Stalingrad – eine deutsche Legende, Reinbek 1992, S. 61 ff.; s. auch Sabine R. Arnold/Manfred Hettling: Briefe aus Stalingrad in sowjetischen Archiven, in: Wolfgang Wette/Gerd R. Ueberschär (Hg.): Stalingrad. Mythos und Wirklichkeit einer Schlacht, Frankfurt a.M. 1992, S. 82-89.

8 In den letzten Jahren wurden Kriegsbriefe vor allem im Rahmen alltags- und mentalitätsgeschichtlicher Fragestellungen als besonders ergiebige Quellen neu entdeckt. Stellvertretend für verschiedene neuere Publikationen und Editionen sei hier vor allem hingewiesen auf Ortwin Buchbender/Reinhold Sterz: Das andere Gesicht des Krieges. Deutsche Feldpostbriefe 1939-1945, München 1982. Darin befinden sich auch Informationen über die Organisation der Feldpost im Zweiten Weltkrieg, über die Zensur u.Ä.. S. auch die historische Einbindung der Kriegsbriefe in einen längeren Überblick bei Klaus Latzel: Vom Sterben im Krieg. Wandlungen in der Einstellung zum Soldatentod vom Siebenjährigen Krieg bis zum II. Weltkrieg, Warendorf 1988, sowie zu den sowjetischen Stalingradbriefen Sabine R. Arnold: Stalingrad im sowjetischen Gedächtnis. Kriegserinnerung und Geschichtsbild im totalitären Staat, Bochum 1998, bes. S. 65 ff.

9 Philipp Witkop (Hg.): Kriegsbriefe deutscher Studenten, Gotha 1916; in den folgenden Auflagen lautete der Titel „Kriegsbriefe gefallener Studenten". S. dazu Manfred Hettling/Michael Jeismann: Der Weltkrieg als Epos. Philipp Witkops „Kriegsbriefe gefallener Studenten", in: Gerhard Hirschfeld/Gerd Krumeich (Hg.): „Keiner fühlt sich hier

entierte sich 1952 eine Sammlung von „Kriegsbriefe(n) gefallener Studenten“ aus dem Zweiten Weltkrieg; sie sollte – so die Herausgeber –, „sichtbar machen, wie unsere gefallene Jugend den Wirklichkeiten des Krieges begegnet ist“, und ihr „beständiges Suchen nach den tieferen Lebensgrundlagen“ dokumentieren.[10] Berüchtigt ist dagegen jene mit einem Geleitwort von Goebbels versehene Edition *Deutsche Soldaten sehen die Sowjet-Union*, die Ende 1941 erschien und in massivster propagandistischer Weise „Kronzeugen gegen den Bolschewismus“ präsentierte; es ging dem Herausgeber darum, die „Notwendigkeit dieses Ringens“ angesichts der angeblich die Heimat bedrohenden „bolschewistische(n) Walze von Kampfwagen und Mordbrennern“ zu beweisen.[11] Von der Erzeugung von Hass auf den Feind bis zur Erzeugung von Mitgefühl mit den jungen Gefallenen konnte also das Spektrum der beabsichtigten Wirkungen von Kriegsbriefeditionen reichen.

Ein besonders eindringliches Gefühl von Betroffenheit sollte 1954 offenbar ein schmales Bändchen *Letzte Briefe aus Stalingrad* erzeugen und hat es wohl auch erzeugt:[12] 39 Briefe aus den angeblich letzten aus Stalingrad ausgeflogenen Postsäcken sind hier abgedruckt; die Säcke seien, so berichtet ein Nachwort des Verlags ohne Autorenangabe, auf Befehl des Führerhauptquartiers beschlagnahmt und nach Briefen durchsucht worden, die den heroischen Durchhaltewillen der Soldaten im Kessel widerspiegelten. Da jedoch nur noch 2,1 Prozent der Schreiber positiv zum Krieg eingestellt gewesen seien, habe man den Plan einer Veröffentlichung fallen gelassen, und das Briefpaket sei dann in das „Heeresarchiv Potsdam“ gewandert, von wo es kurz vor der Einnahme Berlins „in Sicherheit gebracht“ worden sei. Kenner der Verhältnisse im Kessel von Stalingrad haben schon früh die Authentizität dieser Briefe bezweifelt. Offenbar hatte bei der Edition der Heeresberichterstatter der 6. Armee, Heinz Schröter, seine Hand im Spiel; von ihm stammt ein ähnlicher, etwas differenzierterer Bericht über die abenteuerliche Briefaktion in seinem ebenfalls 1954 erschienenen Buch *Stalingrad ... bis*

mehr als Mensch ...“. Erlebnis und Wirkung des Ersten Weltkriegs, Essen 1993, S. 175-198.

10 Walter Bähr/Hans W. Bähr (Hg.): Kriegsbriefe gefallener Studenten 1939-1945, Tübingen/Stuttgart 1952, Zitate S. 466.

11 Wolfgang Diewerge (Hg): Deutsche Soldaten sehen die Sowjet-Union. Feldpostbriefe aus dem Osten, Berlin 1941, Zitate S. 10.

12 Letzte Briefe aus Stalingrad (= Bertelsmann: Das kleine Buch 60), Gütersloh 1954; bereits im Sommer 1954 wurde das 21.-30. Tausend verkauft; das kurze Nachwort ohne Autorenangabe befindet sich auf S. 67f.

zur letzten Patrone.[13] Die vor allem von Wilhelm Raimund Beyer jüngst zusammengestellten Zweifel an der Echtheit beziehen sich vor allem auf sachliche Ungereimtheiten und auf den zum Teil theatralischen, zum Teil „kessen", „schnoddrigen" und „überheblichen" Stil, der angesichts der Lage im Kessel im Januar 1943 und der geistigen Befindlichkeit der Soldaten alles andere als glaubwürdig sei.[14]

Wie dem auch sei: Keiner der in Moskau lagernden Briefe aus Stalingrad ist mit denen der Edition von 1954 vergleichbar; alle eingesehenen Briefe liefern keine abgehobene, quasi philosophische Reflexion, keine großen Abrechnungen, keine pathetischen Abschiedsworte, sondern sind von beeindruckender Direktheit und Schlichtheit angesichts des drohenden physischen und psychischen Endes. In ihnen spiegeln sich krasse Verzweiflung, Sehnsucht nach zu Hause und die den Menschen auf seine einfachsten Bedürfnisse zurückwerfenden grauenhaften Verhältnisse wider. Doch dies ist bereits ein Hinweis auf Auswertungsversuche, die im Folgenden unternommen werden sollen.

Eine Analyse der Soldatenbriefe, die in dem Sammelband *Ich will raus aus diesem Wahnsinn* abgedruckt sind, ist keine leichte Aufgabe.[15] Wenn man diese Briefsammlung lediglich liest, so ist dies eine bewegende und oft erschütternde Erfahrung. Erheblich schwieriger ist es jedoch, sich mit den äußerst persönlich gehaltenen Briefen des Bandes abständig auseinander zu setzen und sie mit der notwendigen wissenschaftlichen Distanz zu interpretieren. Welches Recht hat der Forscher eigentlich, so fragt man sich, innerste Gedanken und intime Gefühle zu analysieren, die in Texten überliefert werden, die nicht von Personen öffentlichen Interesses geschrieben worden sind und auch nicht zur Veröffentlichung bestimmt waren bzw. sogar nie von der Person oder den Personen gelesen werden konnten, an die sie gerichtet waren? Noch ein Weiteres: Diese Sammlung ist wissenschaftlich nicht zuletzt deshalb so schwer zu analysieren, weil die Briefe Texte ohne Kontext prä-

13 Heinz Schröter: Stalingrad ... bis zur letzten Patrone, o.O., o.J. (vermutlich 1954), dort zu den Kriegsbriefen S. 171 f.

14 Wilhelm Raimund Beyer: Stalingrad. Unten, wo das Leben konkret war, Frankfurt am Main 1987; zu Schröter (s. Anm. 13) s. S. 46 ff.; zu den „Letzte(n) Briefe(n) aus Stalingrad" ebd. S. 62-68.

15 S. zur Repräsentativität der edierten Auswahl im Hinblick auf den gesamten Moskauer Bestand „Ich will raus aus diesem Wahnsinn" (s. Anm. 5), S. 306 ff. Im Folgenden werden zwar alle Soldatenbriefe des Bandes herangezogen und ausgewertet, das Schwergewicht liegt aber auf den Briefen aus Stalingrad. Einzelne zitierte Sätze oder Teile von Sätzen aus den Briefen werden in den folgenden Anmerkungen nicht nachgewiesen, nur längere Passagen.

sentieren: Alles, was man über diese Briefe weiß, steht in den Briefen selbst.[16] Folglich ist der Historiker mit der Alternative konfrontiert, sich entweder ganz auf die Texte zu konzentrieren und einfach die Briefinhalte zu referieren oder die Texte hinter sich zu lassen, um Aussagen über ihre allgemeine Bedeutung zu treffen. Die erste Möglichkeit steht in der Gefahr, ganz Offensichtliches zu wiederholen, die zweite, unangebrachte Spekulation zu betreiben. Im Folgenden wollen wir uns darum bemühen, zwischen den Polen einer Konstatierung des Trivialen und einer nicht mehr vertretbaren Spekulation hindurchzusteuern. Wenn einige unserer Feststellungen über die Erfahrungen der Briefschreiber nicht sehr überraschend ausfallen, sollte man sich daran erinnern, dass die Inhalte der Briefe darüber hinausgehende, ebenfalls erwartbare Folgerungen eben nicht zulassen. Und falls andere Bemerkungen eher spekulativ erscheinen, sollte man sich klar machen, dass diese notwendigerweise bloß auf Vermutungen beruhen, weil wir es mit isolierten Texten zu tun haben – denen diejenigen Kontexte fehlen, die manche Urteile möglicherweise zulassen, andere aber unwahrscheinlich erscheinen lassen. Wir hoffen allerdings, dass wir einfühlsame und plausible Deutungen liefern können, auch wenn es letztlich Vermutungen bleiben.

In einer frühen Version seiner verherrlichenden Darstellung des soldatischen Mannes *In Stahlgewittern* behauptet Ernst Jünger, Frauen und Krieg passten nicht zusammen:

„Trotzdem ich kein Weiberfeind bin, irritierte mich jedesmal das weibliche Wesen, wenn mich das Schicksal der Schlacht in das Bett eines Krankensaales geworfen hatte. Nach dem männlichen, zielbewussten und zweckmäßigen Handeln des Krieges tauchte man in eine Atmosphäre undefinierbarer Ausstrahlungen."[17]

Der Kontakt mit Frauen entmanne den Soldaten und lasse Gefühle entstehen, die unvereinbar seien mit der Härte und der Selbstentäußerung, die ei-

16 Selbstverständlich besitzen wir heute ein detailliertes Wissen über die allgemeine Kriegsgeschichte an der Ostfront und verfügen auch über einige Forschungen zu den Verhaltensweisen, Wahrnehmungen und Erfahrungen deutscher Soldaten in der Sowjetunion. Doch über diese Briefe, ihre Schreiber und Adressaten wissen wir nur das, was aus den Briefen selbst hervorgeht; der sonstige spezifische Kontext, in dem sie geschrieben sind, ist unbekannt. Insofern spricht jeder Brief nur für sich und ist ein in sich abgeschlossenes Dokument.

17 Es handelt sich hierbei um ein Zitat aus der Ausgabe von 1922 (Ernst Jünger: In Stahlgewittern. Aus dem Tagebuch eines Stoßtruppführers, 4. Aufl., Berlin 1922, S. 247 f.); in späteren Auflagen taucht diese Passage nicht mehr auf. Zur wechselhaften Editionsgeschichte von „In Stahlgewittern" s. Johannes Volmert: Ernst Jünger: „In Stahlgewittern" (= UTB 1263), München 1985.

nen effektiven Kampf und die soldatische Vervollkommnung erst ermöglichten – so Jünger mit Blick auf die Schützengräben an der Westfront während des Ersten Weltkriegs.

Die Situation, in der die Stalingradbriefe im vorliegenden Sammelband geschrieben wurden, legt die Annahme nahe, dass die Soldaten hier an der Ostfront im Zweiten Weltkrieg mit einer im Sinne Jüngers geradezu idealen kriegerischen Situation konfrontiert waren: ein totaler Krieg, unbarmherzige Härte und äußerste Hoffnungslosigkeit.[18] Und dennoch unterschied sich die Art und Weise, in der die Soldaten im Osten diese Situation erlebten – widergespiegelt in diesen Briefen – von jener Art und Weise, in der Jünger den Krieg im Westen ein Vierteljahrhundert vorher erlebt hatte. Im Gegensatz zu jenem Hochgefühl, jener Selbstachtung und heroischen Selbstüberwindung, die Jünger beschrieben hat, sehnten sich diese Soldaten intensiv nach der Heimat, nach ihrer Familie, nach Geborgenheit und ... nach Kuchen. Weit davon entfernt, Frauen als Gegenwelt des Krieges zu hassen, sehnten sie sich nach ihnen gerade deshalb, weil sie diese Gegenwelt verkörperten. Und in einigen Fällen wünschten sich die Männer in ihrer extremen Lage vor allem auch zurück zu ihren Müttern.

Eines der auffallendsten Merkmale der in dieser Sammlung veröffentlichten Soldatenbriefe ist das Fehlen von Reflexionen über die heroische Kriegserfahrung, die Jüngers und andere Berichte über Kriege des 20. Jahrhunderts uns erwarten ließen. Es ist bemerkenswert, wie wenig Briefe Beschreibungen von Kampferfahrungen enthalten,[19] wie selten die Männer Begeisterung über das Kriegserlebnis ausdrückten, wie wenig Stolz sie offenbar mit ihren militärischen Siegen, Orden und Beförderungen verbanden, wie wenig Hinweise auf die psychische und moralische Bedeutung der Kameradschaft zu finden sind, wie selten vom Feind in verächtlichen oder krass abwertenden Ausdrücken gesprochen bzw. wie selten er überhaupt erwähnt wird und wie wenig chauvinistische Äußerungen gegenüber Frauen vorkommen.

Stattdessen fallen dem Leser zwei oft wiederholte Wörter auf. Das erste ist „noch“: „Sonst geht es mir noch gut“ oder „Gott sei Dank noch am Leben und noch soweit gesund“; ich bin „noch“ gesund, unverwundet, am Le-

18 Jüngers Überzeugung war es, dass der Soldat desto reiner den Kampf und seine eigene Erfüllung durch diesen erlebe, je hoffnungsloser die Situation sei. S. dazu im vorliegenden Band auch den Beitrag „Vom Kämpfer zum Krieger“, S. 89-101, bes. S. 99 f.

19 Es ist ohne Zweifel kein Zufall, dass solche Beschreibungen hauptsächlich in Briefen auftauchen, die Soldaten untereinander geschrieben haben (s. in der Briefsammlung bes. S. 32 f., S. 210 ff., S. 234 f., S. 253 ff. und S. 264).

ben, so informierten die Schreiber ihre Freunde und Liebsten, aber dieses „noch“ drückte auch die Möglichkeit aus, dass sich die Lage jeden Moment ändern konnte; es gab die Ahnung der Soldaten um die Zerbrechlichkeit, die Launenhaftigkeit und die Unvorhersehbarkeit des Lebens an der Ostfront wieder.

Das andere Wort, das bemerkenswert oft in der Sammlung auftaucht, ist „Hoffnung“. Die Männer hofften, aus dem Kessel von Stalingrad befreit zu werden, auf das Ende des Krieges, auf den Schutz Gottes, auf bessere Zeiten, auf das „Beste“. Selten hofften sie dagegen auf etwas Konkretes und Naheliegendes, das sie wirklich hätte retten können, etwa auf den Zusammenbruch der Sowjetarmee, auf konkrete Verstärkungen der Truppe oder auf einen Ausbruch aus dem Kessel. Da nichts davon zu erwarten war, da die Versprechungen vom Sieg oder von einer bevorstehenden Befreiung so dürftig waren, blieben als einzige solch globale Hoffnungen übrig. „Hoffnung“ in diesen Briefen war letztlich Ausdruck von Verzweiflung. Hinter dem Wort stand gleichzeitig die Befürchtung der Soldaten, dass der Krieg sich inzwischen jenseits jeder menschlichen Kontrolle befand. Verstandesmäßige Entscheidungen und Aktionen schienen nutzlos zu sein. Der Zufall herrschte an der Ostfront, und alles, was den Soldaten scheinbar noch blieb, war „Hoffnung“ in einem abgehobenen Sinn.

Der Leser von *Ich will raus aus diesem Wahnsinn* stößt jedoch nicht nur auf die überraschend häufige Verwendung von „noch“ und „Hoffnung“, sondern auch auf eine intensive gedankliche Beschäftigung der Soldaten mit der Feldpost und der Verlässlichkeit des Transports der Brief- und Paketsendungen. Offensichtlich war die Feldpost während des Briefeschreibens ein Gegenstand von zentraler Bedeutung – dies vor allem deshalb, weil viele Briefe bei den Soldaten nicht ankamen und viele Briefe von ihnen nicht die Heimat erreichten. Und mit der Post wurden auch Proviantpakete befördert, in einigen Fällen – insbesondere im Kessel von Stalingrad – dringend herbeigesehnte Lebensmittel. Überdies spiegelte sich im Zustand der Feldpost die Lage der Männer: Die Unmöglichkeit, Sendungen zu erhalten oder abzuschicken, resultierte aus der Tatsache, dass sie von der Roten Armee einkesselt waren.

„Schreiben tu ich auf den Knien. Post ist auch schon über acht Tage nicht angekommen. Verluste haben wir fast jeden Tag. Viele Kameraden sind schon tot u. verwundet ... Wenn nur erst wieder mal Post käme u. die lieben Päckchen. Manchmal ist mirs zum Verzweifeln. Die Hoffnung auf Befreiung schwindet immer mehr.“[20]

---

20 Briefsammlung (s. Anm. 5), S. 208 f.

Psychologisch gesehen, stellte die Feldpost den Bezug zu einer Welt jenseits von Russland her, die einzige Verbindung zur Heimat und zur Familie. „Unheimlich viel Post fehlt", schrieb ein Soldat kurz vor der Kapitulation von Stalingrad; das Adjektiv spiegelt die Angst der Entfremdung, die er mit dem Zusammenbruch der Verbindung erlebte. Ebenso wie die Worte „noch" und „Hoffnung" geben also auch die Klagen über den Zusammenbruch der Feldpost das Erlebnis völliger Unkalkulierbarkeit der Verhältnisse an der Ostfront wieder. Nicht zuletzt dieser Zusammenbruch der Post verwies auf die Erfahrung, dass das Leben jeglicher menschlichen Organisation und Kontrolle entbehrte, und zeigte, dass die Männer hilflos und auf sich zurückgeworfen waren. „Wenn doch nur einmal wenigstens ein Brief ankäme", schrieb ein Soldat nur wenige Tage vor dem Untergang der 6. Armee, „aber nichts dergleichen. Es ist, als ob sich im Jahre 1943 alles gegen mich verschworen hat."[21]

Die Briefe vermitteln letztlich den Eindruck, dass ein großer Teil der Angst der Männer eine Folge ihres Gefühls ist, nur passive Figuren in einem reinen Glücksspiel zu sein. Dementsprechend sehnten sie sich nach geordneten Verhältnissen, danach, dass alles wieder „seinen geregelten Gang" geht.[22] „Wäre der Krieg nur schon zu Ende", schrieb ein Soldat, „wie schön wäre es doch wenn ... alles wieder seinen geregelten Gang ginge ... wenn nur die Ungewissheit nicht wäre." „Denn in Russland ist mit Allem zu rechnen", „es kommen ja immer unvorhergesehene Ereignisse dazu", und „man weiß ja nie, was die nächste Minute bringen wird". In einem Brief vom Januar 1943 brachte ein Soldat, der bei Stalingrad eingekesselt war, das, was die Männer zwar befürchteten, aber selten zugaben, auf einen treffenden Nenner. Mit seiner Assoziation zum wechselnden und unvorhersehbaren Wetter drückte er gleichzeitig seine Zukunftserwartung aus:

> „Wenn die Stunde da ist, müssen wir gehen, ob wir wollen oder nicht und wo ist auch ganz gleich. Bei uns ist das Wetter immer so wechselnd. Einmal Regen, einmal Schnee, einmal Frost, einmal Sonnenschein."[23]

Mit der zunehmenden Verzweiflung ging das Gefühl einher, dass die eigene Tätigkeit nutzlos und belanglos war, dass man in Stalingrad allenfalls noch

---

21 Ebd., S. 231.

22 Ebd., S. 173. Der Wunsch der Soldaten, Ordnung in ihr Leben zu bringen, zeigt sich auch in vier Briefen aus dem Kessel, in denen Soldaten darum bitten, man möge ihnen Taschenkalender schicken. Dieser Wunsch mag auch damit zusammenhängen, dass die Soldaten der Zeitlosigkeit in ihrem Lebenslauf entkommen wollten; ein Kalender hätte ihnen helfen können, sich das Gefühl für ein Fortschreiten der Zeit zu erhalten.

23 Ebd., S. 168.

auf eine übermenschliche Erlösung hoffen konnte. Zwei Soldaten, deren Briefe in der Sammlung veröffentlicht sind, hofften, dass Hitler eine solche wunderbare Lösung finden würde. Andere vertrauten dagegen auf Gott, der sie schützen und sicher nach Hause bringen sollte. Die Vorstellung, in Gottes Hand gegeben zu sein, scheint ihr Gefühl der Isolation und Hoffnungslosigkeit, des Ausgeliefertseins an die Willkür der Verhältnisse gemildert zu haben; sie half ihnen, sich mit der ständigen Todesgefahr abzufinden. Manche ergaben sich dem „Schicksal“ und verstanden darunter so etwas wie eine höhere, rationale, wenn auch für die Menschen undurchschaubare Macht. Zwei der Soldaten versuchten, mit ihren Ängsten fertig zu werden und ihrem Tun wieder einen Sinn zu geben, indem sie annahmen, sie müssten irgendeine Schuld auf sich geladen haben, für die sie nun bestraft würden: Sie suchten also in sich selbst den Grund, der letztendlich wieder Ordnung und Sinn in den Wahnsinn bringen würde. Wieder andere erwarteten ganz offensichtlich, bald sterben zu müssen; angesichts der Wahrscheinlichkeit ihres Todes fanden sie es sinnvoll, sich psychisch darauf vorzubereiten – vielleicht, um gerade dadurch dem Zufall zu entkommen.

Der Fatalismus und der Mangel an individueller Initiative, die sich in dem Wort „Hoffnung“, in der Unterwerfung unter Gottes Willen bzw. das „Schicksal“ und in der Vorbereitung auf den Tod offenbaren, finden ihren Ausdruck auch in der Überzeugung, dass „seine Pflicht zu tun“ die einzige Alternative war, die den Männern als Sinnstiftung noch blieb. Sie erlebten grauenhafte Szenen und waren dem Verhungern nahe; „viele sind schon aus den Latschen gekippt“, schrieb einer aus dem Stalingradkessel am 7. Januar 1943, „trotzdem müssen wir aushalten und unsere Pflicht tun, denn wir dürfen hier nicht zu grunde gehen.“ Eine Woche später notierte ein offenbar schwer kranker und sehr deprimierter Soldat in einem Brief an seine Frau:

> „Nun dauert es schon 8 Wochen und immer ist unsre Lage und unser trauriges Schicksal noch unverändert. Noch nie in meinem Leben hat mich das Schicksal so schwer bestraft und noch nie hat uns der Hunger so gequält als jetzt. Jetzt zeigt uns der Krieg seine ernste Seite, aber nun heißt es immer fester den Stahlhelm zu schnallen, denn nur so gibt es eine Erlösung.“[24]

Im Einsatz zu sein und seine Pflicht zu tun bedeutete für die Soldaten, handeln zu können und weiterzukämpfen. In ihrer Phantasie aber sehnten sich die Männer intensiv nach Heim und Familie als Alternative zum Krieg. Der Gedanke an die Rückkehr half ihnen, die Situation zu ertragen:

---

24 Ebd., S. 223.

„Uns schwebt immer noch unser Ideal des gemütlichen Familienlebens vor Augen, darum noch mal kurz auf die Zähne gebissen und dann ist es bald soweit das für uns alle ein neues Leben anfängt das wir uns dann nach eigenem Gutdünken gestalten."[25]

Heimat und Familie wurden als Gegenpol zu einer entfremdenden Umgebung erlebt, als ordentlicher, geregelter und überschaubarer Ort, als eine Welt der Liebe, Fürsorge und Behaglichkeit. Die Imagination von Heimat und Familie gab ihnen die Möglichkeit, wenn auch nur in ihren Gedanken und Träumen, der Realität der Front zu entfliehen: „Liebe Eltern. Jeden Tag jede Stunde bin ich bei Euch in Gedanken und möchte so gerne mit Euch zumittesitzen. Danach sehne ich mich so sehr ja so sehr." „Ich hatte einen wunderbaren Traum", schrieb ein weiterer Soldat aus dem Stalingradkessel im Januar 1943:

„Ich war in Gedanken auf Urlaub. Erst zu Hause und dann bei Dir. Es waren herrliche Tage. Wie ich träumte sind wir beide jeden Morgen nach dem Kaffeetrinken einige Stunden spazieren gegangen."[26]

In einem anderen in Stalingrad geschriebenen Brief erschienen Heimat und Familie als vertraute, verständliche, begreifbare, schöpferische Welten, wo das Individuum noch zählt, als warme und freundliche Refugien, dem Leben an der Ostfront krass entgegengestellt:

„Gestern sagte zu mir einer, er würde ja auf alles verzichten, würde die dreckigsten Arbeiten ausführen als Handlanger oder Stiefelputzer oder sonst irgend etwas, wenn er nur nach Hause käme, einmal wieder unter Bekannten sein dürfte, Deutsche Laute hören, deutsche Kultur sehen könnte! ‚Deutschland', ‚Heimat' so schreit es aus jedem einzelnen von uns heraus. Und dann gibt man sich den Illusionen hin, denkt wie schön es sein könnte, ..., macht Pläne, schmiedet, baut Häuser, ein Haus über dem anderen, bis die Gedanken zuweit gehen, bis sie einstürzen und dann kommt wieder die Wirklichkeit, nackt, brutal, grausam, ohne Rücksicht auf den einzelnen und nur eines ist geblieben, dass es einmal doch wieder anders kommen kann, und dann muss es so werden, wie wir Tag und Nacht davon träumen, ein häusliches, stilles Glück."[27]

Oft betonen die Soldaten in ihren Briefen auch die Distanz, die sie von der Heimat und ihren Familien trennte; sie schreiben „aus der Ferne", „aus weiter Ferne" oder „aus dem fernen Osten". Ein Soldat wusste genau, wie viele Kilometer er von der deutschen Grenze entfernt war. Klima und Landschaft verkörperten die Entfremdung: Russland war „Feindesland", eine „Wildniß"

25 Ebd., S. 46; ähnlich S. 47 ff., S. 120 und S. 193 f. (Die Zitate aus den Kriegsbriefen werden in der Originalorthografie wiedergegeben).

26 Ebd.. S. 209 f.

27 Ebd., S. 134; s. auch S. 79.

und hatte ein „Höllenklima“. Der Osten war wie eine Mondlandschaft, die jeden Einzelnen in ihrer „weiten rußischen Steppe“ erdrückte; sie bot statt Nahrung „nur Steppe“, war kalt und verwüstet, war eine „öde trostlose Steppe“.[28] Ein Soldat schrieb knapp zwei Wochen vor der Kapitulation der 6. Armee:

„Und sonst bin ich mit meiner Stimmung mal wieder auf dem Nullpunkt. Es ist ja so, Hilde, dass man mal wieder plötzlich ganz down ist. Man kann sich dann selber soviel Mut und Glauben zusprechen, aber das alles nutzt auch nichts. Die Gedanken an die Lieben kommen, der Vergleich wie man hier lebt und wie man ohne Krieg leben könnte. Die schöne Wohnung, überhaupt die herrliche Heimat stellt man sich vor. Hier nur weiße Flächen, Bunker, Elend, kein richtiges Zuhause. Das muß ja den Geist dann auch langsam aber sicher ruinieren. Man kommt nicht mehr dagegen an. Aber danach fragt uns hier ja kein Mensch. Wir müssen auch dann, wenn es unmöglich erscheint.“[29]

Von wesentlicher Bedeutung für die Soldaten war, dass Heimat und Familie als Orte von Sicherheit, Stabilität und Ordnung intakt und unverändert blieben, frei von jedem Hauch aus dem Osten mit seinen Gefahren, seiner Fremdheit und seinen chaotischen Perspektiven. Es war wichtig, dass die geliebten Personen gesund blieben, die Ehefrauen und Geliebten treu. „Sei mir nicht böße wenn ich dich jetzt Frage: Wirst du mir auch Untreu?“, schrieb ein Soldat seiner Freundin 1942:

„Ich habe so viel Angst um dich. Was würde ich machen ohne dich? Ich würde es nicht ertragen ... Du mußt mich sehr lieb haben, denn ohne dich könnte ich bestimmt nicht leben ... Liebe Rosl du mußt mich lieben. Wenn ich bei dir wäre dann hätte ich keine Angst, den da

---

28 Ebd., S. 183. Die Nazipropaganda, in der die Sowjets als barbarische Horden und Untermenschen dargestellt wurden, mag zu einer brutaleren Haltung der deutschen Soldaten beigetragen haben; man kämpfte ja nicht gegen andere menschliche Wesen, sondern gegen etwas anderes, etwas völlig Fremdes. Sie konnte aber auch das Gefühl hervorrufen, einem schrecklichen, weil unbegreiflichen Gegner gegenüberzustehen und in einer menschenabweisenden Mondlandschaft gelandet zu sein.

29 Ebd., S. 219; s. auch S. 283. Den Kampf gegen solche „flauen Gefühle“ bzw. gegen „Flaumacher“ haben die Nationalsozialisten bewusst und intensiv geführt – bis hin zur Verbreitung von eingängigen Liedtexten aus Filmen wie „Die große Liebe“ (1942) und „Die Frau meiner Träume“ (1944). Im erstgenannten singt Zarah Leander den Schlager „Davon geht die Welt nicht unter, sieht man sie manchmal auch grau ...“, im zweiten Marika Rökk: „Schau nicht hin! Schau nicht her! / Schau nur gradeaus! Und, was sonst noch kommt, / mach dir nichts daraus! / Weißt du auch manchesmal weder ein noch aus, / Nimms nicht allzu schwer! Mach dir nichts daraus! / Geht dir nicht alles genau wie du's willst, / nimm es hin! Irgendwo hat jedes Ding seinen Grund / und seinen Sinn!“ Bezeichnend ist, dass in diesen Schlagern den Frauen die Rolle zugeschoben wird, die Männer bei der Stange zu halten.

würde ich kämpfen bis aufs letzte, aber ich bin so weit von dir weg und kann dich nicht sehen."[30]

Bei den bedrohlichen und verwirrenden Verhältnissen an der Ostfront gab das Bewusstsein, jemanden in der Heimat zu haben, auf den man sich verlassen konnte, Halt. „Denn wenn mal schwere Stunden kommen, und die kommen in der augenblicklichen Lage oft", schrieb ein Soldat aus dem Kessel, „dann ist es ein beruhigendes Gefühl zu wissen, daß in der Heimat jemand ist, der einen lieb hat und auf den man noch Vertrauen setzen kann."[31] „Wenn ich Dich nicht hätte", schrieb ein anderer aus Stalingrad, „wäre ich schon verzweifelt. Der Gedanke an Dich reißt mich immer wieder hoch."

Dennoch: Obwohl die Gedanken an Heimat und Familie den Soldaten Kraft zum Durchhalten gaben, scheint es für sie schwer gewesen zu sein, nach Hause zu schreiben. Teilweise lag das daran, dass sie ihre Situation einfach nicht in Worte fassen konnten. „Was ich eigentlich schreiben soll weiß ich selbst nicht." „Liebe Mama ich weis überhaupt nicht mehr was ich schreiben soll Pferde haben wir keine mehr sind alle geschlachtet wurden zum Essen." „Denn man weiß wirklich nicht was man anders als einen Gruß schreiben soll." „Was ich Dir nun noch eigentlich schreiben soll, weiß ich bald nicht mehr." Die starke Zurückhaltung der Soldaten, über ihre Lage zu schreiben, mag zwar teilweise mit ihrem Wissen über die militärische Briefzensur zusammenhängen. Vielleicht wollten sie auch nicht ihre Freunde und Verwandten durch krasse Zustandsbeschreibungen beunruhigen. Nicht unwahrscheinlich ist auch, dass die Männer auch selbst vor dem Eingeständnis ihrer verzweifelten Situation und vor der Reflexion darüber zurückschreckten. „Die ganze Lage in der wir seit mitte November stecken und die dazugehörigen Strapazen und Ereignisse haben bei mir die Lust am Schreiben so fast zum erliegen gebracht, bis auf das Nötigste", schrieb ein Soldat seinem Bruder im Januar 1943. „Wenn ich Dir das alles aufzählen wollte, würde es zu weit führen, ich kann Dir nur versichern es war eine sehr schlechte und ist noch eine schwere Zeit."[32] Weil Krieg und Heimat polare Welten darstellten, mussten die Männer beim Schreiben die schwierige Umstellung von einer Lebenswelt in die andere gedanklich bewältigen; dabei war es für sie offenbar schmerzlich, sich allzu intensiv und ausführlich vorzustellen, wo sie herstammten und wo sie jetzt waren.

---

30 Ebd., S. 67 f.; s. auch S. 127–131 und S. 174.

31 Ebd., S. 174.

32 Ebd., S. 55; s. auch S. 280.

„Um für einige Minuten wieder andere Gedanken zu fassen, habe ich mir eine Pfeife Maisblätter angesteckt und schreibe in meinem Bunker diese Zeilen. Habt Ihr in diesem Jahr wieder eine Festgans gehabt? An solche Dinge darf ich gar nicht denken. Ich habe z.B. gestern abend seit 5 Tagen wieder das erste Stückchen Brot gegessen,[33]

schrieb ein Soldat seinen Eltern im Januar 1943 aus dem Stalingradkessel. Es ist bemerkenswert, dass die Speise, nach der sich die hungernden Soldaten am meisten sehnten, Kuchen gewesen zu sein scheint. „Ich möchte so gern wieder einmal Kuchen essen oder ein gutes Mittagessen geniessen." „Liebe Wally wenn ich gesund nach Hause kommen solte und wir verheiratet sind mußt Du dann fleißig Kuchenbacken den noch nie habe ich so ein starken Kuchenappetit wie jetzt." „Und einem Appetit habe ich jetzt auf ein schönes Stück Kuchen aber für uns scheint es nur Entbehrungen zu geben." Kuchen zu essen bedeutete in besonders deutlicher Weise, dass man satt, in Sicherheit und zu Hause war. Mit dem Wort „Kuchen" assoziierte man gerade nicht den Krieg und andere männliche Aktivitäten, sondern Kuchen genoss man mit Kaffee am Sonntagnachmittag zusammen mit der Familie, den Frauen, der Mutter.

Tatsächlich war es in vielen Fällen die Mutter als klarste Verkörperung von Heimat und Familie, als ursprünglichste Quelle von Schutz, Geborgenheit und Nahrung, nach der sich viele Soldaten in ihren Briefen am leidenschaftlichsten sehnten. „Wenn man in der Fremde ist und ganz für sich alleine ist, merkt man erst recht was eine Mutter wert ist", schrieb ein Soldat seinem Bruder im Frühjahr 1942. Indem sich die Männer allein und hilflos fühlten, begannen sie ihre Mutter als früheste Bezugsperson in besonders eindringlicher Weise zu schätzen.

„Sollte ich lb. Mutter nochmal das Glück haben nach Hause, zu Dir hin zu kommen, dann brauchst Du mich nicht mehr zu fragen was Du kochen sollst – alles werde ich essen ohne mit den Wimpern zu zucken, u. nicht mehr meckern. Jeden abend wenn ich mich hinlege lb.

---

33 Ebd., S. 198 f. Vor allem während der Weihnachtstage übermannte die Sehnsucht nach Heimat und Familie die Soldaten, wie viele Briefe; zeigen. So schrieb ein Soldat im Dezember 1942: „Meine liebe Paula, in ein paar Tagen ist wieder Weihnachten das schönste Fest der Familie u. ich darf wieder nicht bei Dir u. bei unseren Kindern sein, u. wie sehne ich mich nach Hause, nach Frau und Kindern." (ebd., S.149). Ein anderer Soldat verband den Verlust von Weihnachten mit dem Verlust an Kindheit: „Erster Advent, und ich habe gar nicht so ein vorweihnachtliches Gefühl! Wie schön war es doch früher. Ich erinnere mich, daß die Tage und Wochen vor Weihnachten wohl die schönsten waren, voller Spannung, Hoffen und Wünschen, die köstlichste Zeit eines Kinderjahres. Und wie ist es jetzt! ... Es raunt die Vergangenheit es sprechen die Kinderjahre und singen von dem Glück und der Unbeschwertheit einer verschwundenen Kindheit." (ebd., S. 283 f.).

Mutter bin ich alle Stunden lang wenn ich nicht einschlafen kann, mit den Gedanken bei Dir. Jetzt erst weiß ich es wie gut ich es einst bei Dir hatte. ... Nu, lb. Mutter, will ich Euch nicht länger kränken diese Zeilen schrieb ich mit schwerem Herzen. Du kannst mir ja doch hier nicht helfen! ... Meine liebe Mutter, wird es noch einmal Tage geben, wo ich bei Dir sein kann? Wo Deine Hände mich hegen u. pflegen? Ich kann es kaum noch begreifen, daß es noch mal so schön werden kann. Alles war nur ein Traum.“[34]

Wie kindlich geradezu die Sehnsucht nach der Mutter sein konnte, zeigt sich in einem besonders ergreifenden Brief, der vor dem Zusammenbruch des Kessels geschrieben wurde.[35]

Der Wunsch nach mütterlichen Fürsorge drückte sich jedoch nicht nur in den an die Mütter, sondern auch in manchen an die (Ehe-)Frauen geschriebenen Briefen aus, die jetzt in diese mütterliche Rolle von ihren Männern hineingedrängt wurden. „Mein liebes Mamile“, schrieb ein Soldat aus Stalingrad seiner Geliebten oder Ehefrau im November 1943,

„Die ganze Umwelt kann mein Herz Dir gegenüber nicht ändern, ja ich werde noch besser ... Daß Du’s weißt Mamile, ich geb Dich nie her. Geh, u. sag mir wieder, daß Du nur Eckel für andere empfindest. Du, Du bekommt ein recht gutes Drucki-Bussi dafür ... Du Buzzi-Schnucki, Du. Freue mich ja schon so auf Dich. Werde Dir tagesüber viel mehr die Hände u. Wangen küssen als bisher ... Diesmal leg ich meinen Kopf auf Deinen Schoß u. schau zu Dir hinauf. Mamile da liegt sichs aber gut u. ich druck mich ans Bauzi. Sehe, wie Du Dich über mich beugst, spüre Dein streicheln ... Neig Dich herab zu mir. So ein langes Bussi bekommt Du. Und nun laß meine Hände um Dich legen will mich ja fest an Dich drücken ... Bin ja Dein braves Manti u. da muß ich Dir doch auch ganz gefallen. Gelt ja?“

Und am nächsten Tag setzte er seinen Brief fort:

„Liebe Mami! Ich werde mir das Daheim zu schätzen wissen ... Ich werde so lieb zu Dir sein, wie Du Dirs gar nicht ausmalen kannst. Mir kommt es vor, als könnte ich Dir mal nichts mehr tun ohne Deinen Verlangen. Ein Bussi geben, da werd ich fragen müssen. Mamile ich verehre Dich!... Wirklich Mami, so schön bist Du! Gelt Du bist mein heiliges Mami-Körperle. Wenn ich daheim bin, dann schau ich Dich immer an ... Wenn ich Dich gar

34 Ebd., S. 207 f. Ein anderer Soldat bat seine Mutter, ihm seine vielen Verfehlungen als Kind zu verzeihen: „Du hast dich lange um uns gesorgt hast gearbeitet, hast uns gepflegt, hast alles für uns getahn waß nur deine lieben Hände alles für uns machen konten ja sogar zur nacht auch jetzt noch falten deine müden Hände sich für uns zum Gebet für mich im Feld, aber ich konte Dir liebe Mutter noch nichts für alles Gute deiner Liebe zu uns beistehn, waß haben wir dir noch alle deine Kinder noch angetahn nur noch Sorgen und Kumer, darum meine gute Mutter vergebe mir die Jugendschmerzen die ich dir alls Kind hab angetahn.“ (ebd., S. 179).

35 Ebd., S. 216.

streicheln darf od. Bussi geben, Mamile, wird das gut tun. Weibile, gönn mir dieses Himmelreich u. bring mich wieder Heim."[36]

Dieser Brief wurde von einem Mann geschrieben, der, psychologisch gesehen, zu einem Kind geworden war; der Schreiber scheint seinen Realitätssinn verloren zu haben und versinkt in seiner Phantasie im Schoß seiner Geliebten, die er in die allmächtige Mutter seiner frühesten Kindheit verwandelt hat. Sicherlich stellt dieser Brief einen extremen Fall von psychischer Regression dar, ein ungewöhnlich archaisches und ursprüngliches Sehnen nach Fürsorge und Schutz durch die Mutter, und doch lassen sich vergleichbare Sehnsüchte, wenn auch in eher verdeckter Form, auch in manchen anderen Briefen aus dem Stalingradkessel auffinden.

Ein vorsichtiges Fazit dieser Beobachtungen: In gewisser Hinsicht scheinen die Briefe in *Ich will raus aus diesem Wahnsinn* Ernst Jüngers oben zitierte Polarisierung von Front und Familie, Krieg und Frau, Kampf und Liebe zu bestätigen. Einige Briefe bestätigen sogar die von Jünger implizit behauptete Entwicklungslinie vom harten männlichen Kämpfer auf der einen zum weichen, fast schon kindlichen Liebhaber auf der anderen Seite. Und dennoch handelten diese deutschen Soldaten, die sich in ihren Gedanken, Träumen und Worten aus der harten und angeblich so männlichen Welt des Kampfes in Stalingrad lösten, nicht in dieser Weise wegen der Gegenwart von Frauen – so die Jüngersche Erfahrung –, sondern gerade weil sich die Männer in einer Situation befanden, die Jünger wahrscheinlich als eine totale und heroische gerühmt hätte, eine Situation, die sie jedoch als grauenhaft, fremd und unmenschlich, also gänzlich unheroisch erlebten. Wie bei anderen Menschen, die sich in einer Situation befinden, in der Strukturen und Reaktionen fehlen, die den Menschen psychisch stabilisieren, kann man wohl tatsächlich auch bei einigen dieser Soldaten von einer Regression sprechen. Man sollte allerdings nicht vergessen, wo und wann genau dieser Wandel bzw. diese Regression erfolgte: Es war dann, wenn die Soldaten in ihren Bunkern hockten, allein mit ihren Gedanken und Gefühlen, wenn sie sich nach der Heimat, der Familie, ihren Frauen und ihren Müttern sehnten und sich an diese als Ursprünge von Schutz, Geborgenheit und Fürsorge erinnerten. Die Regression, die aus manchen Briefen erschlossen werden kann, erscheint also unter diesem Blickwinkel als Folge der Erfahrung einer Umgebung, die eine in höchstem Maße physische und emotionale Mangelsituation erzeugt hatte, verbunden mit Erinnerungen an Zeiten und Orte, wo physische und emotionale Bedürfnisse befriedigt worden waren.

36 Ebd., S. 127-130.

Die Umstände, unter denen diese Regression erfolgte, können vielleicht zu erklären helfen, warum es für einige der Männer so wichtig war, „seine Pflicht zu tun“, und warum so viele es als schwierig empfanden, Briefe zu schreiben: Pflichtbewusstes Handeln konnte die Regression verhindern; das Schreiben hätte sie vielleicht gefördert. Es klingt paradox: „Seine Pflicht zu tun“ stattete die Männer offenbar mit einer gewissen psychischen Festigkeit und mit konkreten Zielen aus, ohne die sie sich deprimiert, einsam und hilflos gefühlt hätten. Die Furcht vor der Regression, das heißt vor der Erinnerung an Bedürfnisse und Wünsche, die mit der Kindheit verbunden waren, hinderte die Soldaten am ausführlichen Schreiben. Andererseits halfen die Briefe den Männern aber auch, die hoffnungslose Frontsituation zu ertragen und dort ihre Pflicht zu erfüllen. So findet sich denn in den Briefen kein Grund zur Annahme, dass die Männer, die sich in ihren Träumen vom harten männlichen Kampf lösten oder sogar mit einer Regression reagierten, als Soldaten ungeeignet gewesen wären. Tatsächlich war es wohl so, dass selbst jener Briefschreiber, der in seinen Briefen die stärkste Regression offenbart hat, seine militärischen Pflichten ohne Schwierigkeiten erfüllte. Indem sie „ihre Pflicht taten“ und Seite an Seite mit ihren Kameraden kämpften, bemühten sich die Soldaten erfolgreich, ihre Ängste und ihr Bedürfnis nach Schutz und Geborgenheit zu unterdrücken oder herunterzuspielen. Ein Brief war dagegen ein genau umrissenes Feld, wo Gefühle aufkommen durften und wo die Männer es sich erlauben konnten, sich verängstigt, schwach und klein zu fühlen. Die Zeugnisse in *Ich will raus aus diesem Wahnsinn* (besonders, wenn man sie im Zusammenhang mit der militärischen Geschichte der deutschen Wehrmacht im Osten sieht) zeigen, dass sich der innere Wandel bzw. die Regression – wenn überhaupt – nur auf das Schreiben eines Briefes, auf einen Traum, auf Momente von Phantasie und Sehnsucht beschränkte. Wenn sie ihren Stift zur Seite legten oder aus ihren Träumen oder Tagträumen erwachten, setzten die meisten Soldaten ihren Kampf fort, buchstäblich bis zum bitteren Ende.

„Laßt der Jugend Zeit!"

Jugend und Jugendpolitik nach 1945

Die späten vierziger und frühen fünfziger Jahre sind die entscheidende Prägephase jener Altersgruppe gewesen, die in den letzten zehn Jahren begonnen hat, in Politik, Wirtschaft und Gesellschaft die Weichen zu stellen. Gleichzeitig waren die Jahre nach 1945 aber auch die Formationsphase der Bundesrepublik, deren insbesondere mentalitätsgeschichtliche Spezifika im Vergleich zu denen der DDR-Geschichte erst jetzt allmählich in ihrer vollen Breite bewusst werden, wo beide deutsche Gesellschaften sich darum bemühen, die über vierzig Jahre lang aufgebauten Barrieren zu beseitigen und die Gräben zuzuschütten. Die Frage nach der wieder aktualisierbaren gesamtdeutschen Geschichte mit ihren Höhen und Tiefen, nach der Akzeptanz oder Ablehnung gemeinsamer Traditionen und nach der – mehr oder weniger starken – Radikalität der Neuanfänge nach dem Kriegsende in West und Ost stellt sich nun in neuer Weise.[1] Nicht so sehr die ältere Generation ist da zu klaren Antworten herausgefordert, sondern die Generation, die ihre Kindheit im Weltkrieg und ihre Jugend zunächst in der Besatzungszeit und dann in den Jahren des Wirtschaftswunders und „kalten Krieges" verbracht hat. Da es eine mentalitätsgeschichtliche „Stunde Null" sicherlich nie geben kann, wohl aber Zeiten, in denen aufgrund gravierender kollektiver Umbrucherlebnisse ein besonders breites gesellschaftliches Lern- und Wandlungspotenzial vorhanden ist, das dann intensiv und auf Dauer genutzt werden oder auch nach kurzer Zeit wieder versanden kann, lautet also die in unserem Kontext zu stellende Frage, ob und, wenn ja, in welchem Umfang das Ende des Zweiten Weltkrieges und des Dritten Reiches einen mentalitätsgeschichtlichen Wandlungsschub in der unmittelbaren Nachkriegszeit in Westdeutschland ausgelöst hat.

Ein wichtiger, vielleicht der wichtigste Bereich, in dem sich die hiermit angesprochene Problematik handfest niederschlägt, ist der Umgang der je-

1 Vgl. dazu Jürgen Kocka: Vereinigungskrise. Zur Geschichte der Gegenwart, Göttingen 1995.

weiligen Gesellschaft mit ihren potenziellen Erben, das heißt mit ihrem Nachwuchs. Wenn man davon ausgeht, dass „Jugend“ nicht in erster Linie als eine anthropologische Konstante, sondern als eine von konkreten Gesellschaften definierte und mit entsprechenden Erwartungen versehene Lebensspanne zwischen Kindheit und Erwachsenenstatus zu interpretieren ist, dann ergibt sich daraus, dass die zeitgenössische Wahrnehmung von Jugend einerseits, das Gesamtbündel an weltanschaulichen Ideen, an Verhaltensempfehlungen und Wertmustern andererseits, welches der Jugend als geistiges Erbe mit auf den Weg gegeben wird, zentrale Indikatoren für die Art und Weise sind, wie eine konkrete Gesellschaft sich über sich selbst vergewissert. Reden über und an die Jugend stellen also ebenso wie das jugendpolitische und jugendpädagogische Handeln eine wichtige Quelle zur Beantwortung der Frage dar, in welcher Bandbreite und mit welcher Schwerpunktsetzung bestimmte Wertmaßstäbe und Lebenssinnangebote einschließlich entsprechender Handlungs- und Verhaltensanweisungen propagiert worden sind. Eine einigermaßen konsolidierte Gesellschaft, die sich nicht in einer tiefen aktuellen Krise befindet, verfolgt mit dieser Form gesellschaftlicher Sinnstiftung vor allem den Zweck, Kontinuität zu schaffen und die nachwachsende Generation in die mentalen Strukturen der gegebenen Ordnung einzufügen. Welche Funktionen haben aber Ansprachen an die Jugend in tiefen Krisenzeiten, besonders nach verlorenen Kriegen, in denen viele Elemente des vorher betonten Sinns unsinnig geworden sind? Versucht auf diese Weise eine aus dem Tritt geratene Gesellschaft einen neuen Sinn zu konstruieren oder noch so viel wie möglich von dem problematisch gewordenen herkömmlichen Sinn zu retten, das heißt den Scherbenhaufen wieder zu kitten?

Bei solchen Fragen geht es also weder um eine Sozialgeschichte der Jugend noch um eine traditionelle Ideen- und Kulturgeschichte, sondern um die historische Analyse von Elementen des mentalen Gesamtklimas und auch einzelner „Klimazonen“. Auf unsere Epoche der Nachkriegszeit bezogen: Wie hat besonders die damals mittlere Generation als die rund zwanzig Jahre vorher intensiv umworbene Kraft ihre Erfahrungen mit dem Niedergang der Weimarer Republik, dem Nationalsozialismus und dem Krieg verarbeitet? Was wollte sie als Frucht ihrer Erfahrungen, als ihr „mentales Erbe“ an die Jugend der Nachkriegszeit weitergeben? An welche Werte konnte und wollte sie in einer Situation geistiger Depression anknüpfen? Wie selbstkritisch sah sie sich selbst nach dem barbarischen Tiefpunkt deutscher Geschichte im Dritten Reich? Ein zweiter Ansatz einer solchen mentalitätsgeschichtlichen Analyse der Nachkriegsgesellschaft besteht darin, danach zu fragen, ob und – wenn ja – wie, das heißt in welcher Filterung, mit welcher

Intensität und vor allem mit welchen langfristigen Wirkungen die besonderen Sozialisationsbedingungen und die Sinnangebote der Erwachsenengeneration die damit traktierte damalige Jugend, die heute etwa Sechzig- bis Siebzigjährigen, geprägt haben.

I.

Um einige Dimensionen und historische Eckdaten des Themas anzudeuten, zunächst drei Momentaufnahmen aus dem Problemspektrum: Am 11. November 1945 hielt der Dichter Ernst Wiechert (geb. 1887) im Münchener Schauspielhaus eine vielbeachtete „Rede an die deutsche Jugend". Sie begann mit den schweren Worten: „Wir hatten einmal ein Vaterland, das hieß Deutschland. Es war ein Land wie andere Länder auch. In ihm wurde gearbeitet und gelacht, geliebt und gelitten, wie in anderen Ländern auch ... Es gab Mühsal und Streit in ihm, Missgunst und Hass, aber am Abend sang eine Mädchenstimme hier und da das Lied vom Mond, der aufgegangen ..."[2] Wiecherts Rede ist wohl eines der eindrucksvollsten Zeugnisse erster geistiger Auseinandersetzung mit der Hybris des „Übermenschen" in den Jahrzehnten vorher, zugleich eine Beschwörung der Jugend, einen neuen Anfang zu wagen. Er weiß, dass nicht nur viele ehemals sinnstiftende Begriffe wie Vaterland, Ehre, Staat, Freiheit und Recht jetzt entwertet, sondern auch ihre Inhalte fragwürdig geworden sind. Von einem „Vaterland" konnte in dieser Zeit keine Rede mehr sein: Ein ganzes Volk war praktisch heimatlos geworden. Dennoch forderte Wiechert die Jugend auf, die nationale Schande nicht nur in Leid und Scham zu ertragen, sondern durch neue Ehre zu überwinden. Der damals achtundfünfzigjährige Dichter war zu seinem Appell, in dieser Situation tiefer geistiger Depression nicht in eine gnadenlose Rache an den Henkern zu verfallen, sondern in der Welt um Erbarmen zu bitten und auf Gottes Gerechtigkeit zu vertrauen, durchaus wie nur wenige Zeitgenossen legitimiert: Er hatte 1933 und 1935 vor Münchener Studenten zwei Reden gehalten, in denen er mutig gegen das „Boxerethos" des Systems polemisiert und die von den Nationalsozialisten intensiv umworbene „junge Generation" angesichts der ihr nun zugefallenen Macht zur Demut aufgerufen hatte.[3] Seine oppositionelle Haltung brachte ihn im Jahr 1938 für einige Monate in das KZ Buchenwald. Doch der schwermütige Grübler kapitulierte ähnlich

2 Ernst Wiechert: Rede an die deutsche Jugend 1945 (= Europäische Dokumente, Heft 1), München 1945, S. 5; die folgenden Zitate ebd., passim.

3 Abgedruckt in: Reden an die deutsche Jugend im zwanzigsten Jahrhundert, hg. von Adam Weyer, Wuppertal 1966, S. 124-145; vgl. auch im vorliegenden Band den Beitrag „Zornige junge Männer", bes. S. 19 f.

wie Hermann Hesse, Thomas Mann und Ernst Jünger vor der Wegweiseraufgabe, die sich Menschen wie ihm aus der älteren Generation nun stellte[4] und die zu übernehmen er von der jüngeren Generation nachdrücklich aufgefordert worden war, nämlich an der „Klärung und Gestaltung" der Nachkriegssituation mitzuhelfen.[5] Wiechert siedelte kurze Zeit später resigniert in die Schweiz um, wo er 1950 starb, unfähig, aus dem Gefühl von Scham und Schande der Jugend letztlich mehr zuzurufen, als dass sie nicht beiseite stehen solle: „Wir warten, dass ihr unsere Kleider nehmt, unseren Spaten, unseren Pflug, unsere Feder. Der Tag hat uns müde gemacht, müder als euch, denn wir wussten ja, während ihr nicht wusstet."[6]

Acht Jahre später, am 19. November 1953, hielt der damalige Innenminister der Bundesrepublik, Gerhard Schröder (geb. 1910), vor der Hauptversammlung des Deutschen Bundesjugendrings in Hamburg eine Rede zum Thema „Was erwartet der Staat von seiner Jugend?" Bereits diese Fragestellung spiegelt deutlich gewandelte Verhältnisse gegenüber 1945 wider. An der zentralen Aufgabe – so Schröder –, „unser deutsches Haus mit Liebe in Ordnung zu bringen und in Ordnung zu halten", wolle der Staat die Jugend in Zukunft verstärkt beteiligen.[7] So solle sie dazu beitragen, „dass sich wieder eine saubere öffentliche Atmosphäre bildet": Das Jugendschutzgesetz vom 4. Dezember 1951 und das gerade erlassene Gesetz gegen den Vertrieb jugendgefährdender Schriften blieben nur Papier, „wenn nicht die Jugend selbst und vor allem die Jugendgruppen zu ihren Hütern werden". Darüber hinaus belehrte Schröder seine Zuhörer, dass „die Nationen natürlich gewachsene Organisationen" und zugleich „seelische Behausungen der Menschen im Großen" wie die Familie im Kleinen seien: Eines Tages müssten die europäischen Nationen infolge eines zu fördernden „europäischen Lebensgefühls aller jungen Menschen in Europa" durch eine „übernationale Kuppel", das heißt ein freies Europa, überwölbt werden. Allerdings sollten eine sichere und ruhige Vaterlandsliebe – frei von der „hektischen Labilität des Nationalsozialismus" – und die nüchterne Anerkennung der „Grundtatsachen unserer nationalen Existenz" in der Jugend gleichzeitig auch den fesen Willen zur militärischen Verteidigung erzeugen, denn es gebe „ewige

4 S. Hermann Glaser: Kulturgeschichte der Bundesrepublik Deutschland, Bd. 1: 1945-1948, München/Wien 1985, S. 95 ff. („Absagen an Deutschland").

5 S. dazu „Horizont", 6. Heft vom 17.02.1946, S. 18 (zur Zeitschrift „Horizont" s. unten).

6 Ernst Wiechert: An die Jugend. Zuspruch und Tröstung, in: ebd., 4. Heft vom 20.1. 1946, S 4 f.

7 Gerhard Schröder: Was erwartet der Staat von seiner Jugend?, in: ders.: Freie Jugend im freien Staat (= Schriftenreihe der Bundeszentrale für Heimatdienst, Heft 27). Bonn 1958, S. 9-16, Zitat S. 13: die folgenden Zitate ebd., passim.

Gesetze des Lebens und der Geschichte“. Eines dieser Gesetze sei, dass man seine Ideale auf Dauer nur erhalten könne, wenn man zu ihrer Verteidigung mit der Waffe bereit sei. Es müsse daher, so Schröder, von der Jugend erwartet werden, dass sie diese Grundtatsachen begreife und dabei auch ernsthaft und „mit nüchterner Leidenschaft“ das „Leid der Nation“, die Spaltung Deutschlands, in sich aufnehme.

Die acht Jahre von 1945 bis 1953 hatten offenbar ausgereicht, viele der traditionellen Begriffe und sinnstiftenden Konzepte, die Wiechert und mit ihm viele andere nach dem Kriegsende als durch den Nationalsozialismus entwertet empfunden hatten, wieder hoffähig zu machen: Die Deutschen hatten wieder ihr, wenn auch noch gespaltenes, Vaterland, das sie auch auf beiden Seiten der Elbe militärisch verteidigen wollten. Vor allem war der Staat wieder ein Staat, der wusste, was er von seiner Jugend verlangen konnte. Die Sprache Schröders ist demnach nicht mehr die Sprache eines mit der Jugend zusammen neue Wege suchenden Vertreters der mittleren Generation – Schröder war damals 43 Jahre alt –, sondern die des selbstbewusst Wissenden, der die jugendlichen „Kräfte in richtige Bahnen“ lenken wollte.[8] Das mentalitätsgeschichtliche Loch, in das die Deutschen nach dem Zweiten Weltkrieg gefallen waren, schien also 1953 überwunden.

Gab es zu diesem Einschwenken in traditionellen Sprachgebrauch und traditionelle Denkformen Anfang der fünfziger Jahre noch Alternativen? Noch eine dritte Momentaufnahme zum Themenspektrum: Im September 1952 erschien im Düsseldorfer Verlagshaus Eugen Diederichs ein schmales Gedichtbändchen mit dem Titel *Ich schreibe mein Herz in den Staub der Straße*, das großes Aufsehen erregte. Innerhalb kürzester Zeit erlebte es sieben Auflagen; rund 16 000 Exemplare wurden verkauft.[9] Im Februar 1954 folgte ein zweiter Band – *Stark wie der Tod ist die Nacht ist die Liebe* – mit ähnlichem Erfolg. Verfasser der Gedichte war, wie ein Anhang im ersten Band mitteilte, ein junger Autor mit dem Namen George Forestier, 1921 bei Kolmar als Sohn eines Franzosen und einer Deutschen geboren, der nach seiner Teilnahme am Russlandfeldzug und nach seiner Flucht aus amerikanischer Kriegsgefangenschaft schließlich 1948 in Marseille als Fremdenlegionär angeworben worden war, von wo er dann nach Indochina geschickt

8 Ebd. S. 40.

9 S. Kurt Port: Der Fall Forestier oder wie kommt man in die Literaturgeschichte? in: Die Pforte, Jg. 1956, S. 85-110. Die Angaben zu Forestier finden sich in dem zitierten ersten Gedichtband, Düsseldorf 1952. Der „Fall Forestier“ wird hier nur kurz angesprochen; s. dazu die ausführliche Darstellung in dem Beitrag „Ein Herz im Straßenstaub“ im vorliegenden Band S. 233-247.

wurde. Dort hatte er seine Gedichte auf Zetteln, die er deutschen Freunden in Briefen beilegte, und in einer kleinen schmutzigen Kladde niedergeschrieben, ehe er im Herbst 1951 von einem Erkundungsauftrag nicht mehr zurückkehrte. Seine Gedichte wurden von vielen Jugendlichen geradezu begeistert verschlungen; eine Reihe der Verse wurde in jugendbewegten Kreisen vertont und wird zum Teil noch heute gesungen. Vor allem sein „Lied für Europa" fand Anklang und wurde nachgedruckt. Es endet mit den Zeilen: „Horch auf dein Herz: Europa stirbt nicht. Es kann nicht sterben, solange du es liebst", und kam gerade richtig in einer Zeit, in welcher der Europagedanke intensiv propagiert wurde. Literaturkritiker lobten die Gedichte als „bleibenden Ausdruck für das Lebensgefühl unserer, einer verlorenen Generation"[10]. Die Nachkriegsjugend, so hieß es, habe in diesem „europäischen Troubadour" jetzt endlich ihren Dichter gefunden; hier seien Aufruf und Anruf einer neuen Jugend zu spüren: Sentimentalität stehe neben Respektlosigkeit, Auflehnung gegen eine kasernierte Sexualität neben religiöser Bildersprache; Fernweh und Abenteuersehnsucht würden immer wieder neu in ungewöhnlichen Metaphern eingefangen; neben Vagabundenversen, Hurenhymnen, Tramperballaden und Zigeunerromantik seien Jazzlyrik und Amerikabegeisterung zu finden. Nur wenige Kritiker rückten von dieser Begeisterung ab und sprachen von „massenhaft nichtssagendem Sprachgeröll", das an Benn, Lorca und Rimbaud erinnere.[11]

Nun: Kurze Zeit später entpuppte sich die ganze Geschichte als Schwindel. Bei den „Mittwochsgesprächen" des Buchhändlers Ludwig in Köln bekannte der Verlagsleiter des Verlagshauses, Karl Emerich Krämer, er habe Forestier erfunden, um „das deutsche Publikum aus seiner Lethargie gegenüber der zeitgenössischen Lyrik aufzurütteln"[12]. Er habe eigene Gedichte aus der Kriegszeit neu bearbeitet und einem Freund gegeben, der sie dann mit den Informationen über den legendären Forestier an den Verlag geschickt habe. Die Blamage für viele Literaturkritiker war perfekt, und das neue Idol der Jugend verschwand so schnell, wie es gekommen war. Die Alternative zu den staats-offiziellen „Verlautbarungen" im traditionellen Sprachgewand, wie sie zum Beispiel in der Rede Schröders an die Jugend zu finden sind, entpuppte sich als geschickt gemachte Verkaufsstrategie, die clever auf vorhandene „Befindlichkeiten" in der jungen Generation spekuliert hatte. Das der Nachkriegsjugend nachgesagte tiefe Misstrauen, ihre Skepsis, war offenbar im Schwinden; sie war auf modische, vor allem an Gottfried Benn ori-

10 Zit. nach Port (s. Anm. 9, dort Anm. 19).
11 Hans Egon Holthusen: Fünf junge Lyriker, in: Ja und Nein, Jg. 1954, S. 124 ff.
12 Zit. nach Port (s. Anm. 9).

entierte Worthülsen hereingefallen! Aber Helmut Schelskys bekannter Begriff der „skeptischen Generation" – im Wesentlichen gewonnen aus der „Generationsgestalt" der Jugend in den 1950er Jahren – bezieht sich gerade nicht auf ein kritisch-misstrauisches Prüfen und ein distanziertes Grundverhältnis zur Welt der Erwachsenen,[13] sondern eher auf den „nüchternen Wirklichkeitssinn" dieser Jugend, der sich – so Schelsky – vor allem in ihrer Einstellung zu Beruf und Konsum äußere, weshalb man sie durchaus auch als „angepasste Jugend" bezeichnen könne. Sie habe sich auf das Überleben eingerichtet: „ohne Pathos, Programme und Parolen".[14] Die Begeisterung für Forestiers Gedichte, die übrigens in demselben Verlag erschienen wie Schelskys viel zitiertes Buch fünf Jahre später, stand – so kann man vielleicht sagen – als Episode an der Wendemarke zu jener Zeit, von der Luise Rinser in ihren Lebenserinnerungen geschrieben hat, in ihr sei „die alte muffige Welt, die Vorkriegsbürgerwelt ... still und unaufhaltsam wieder aufgebaut (worden), als sei nichts geschehen"[15].

Mit der Rede Wiecherts auf der einen und der Rede Schröders auf der anderen Seite sind mentalitätsgeschichtliche Eckdaten angedeutet, zwischen denen sich aus dem geistigen Chaos der unmittelbaren Nachkriegszeit mit all ihrer potenziellen Offenheit und ihrem Chancenreichtum jene dominante Linie herauskristallisierte, die in diesem bitteren Urteil Luise Rinsers pointiert angesprochen ist: die geistige Restauration in der Adenauer-Ära. Sensible Zeitbeobachter sahen diesen Trend bereits seit 1949/50. Walter Dirks war einer von ihnen; er analysierte in den *Frankfurter Heften* im September 1950 schonungslos das gesamte Panorama der unübersehbar Oberhand gewinnenden restaurativen Kräfte und kam zu dem Ergebnis:[16]

„Die eigentliche Sünde der Restauration ist die Sünde der Unterlassung: derer, die berufen waren oder sind, jene menschlichere Welt zu erdenken, zu erfüllen, zu erkämpfen, zu erproben. Die eigentlichen Schuldigen sind die zur Erneuerung Berufenen, die zu bequem sind, die Inbrunst des Gefühls, die Anstrengung des Begriffs, die Mühe und das Risiko der Tat, die Mühe des Dienstes, das Kreuz des Opfers auf sich zu nehmen. Die eigentlichen Schuldigen sind die matten Christen und die matten Sozialisten, die ausweichen: entweder in die

---

13 S. dazu auch Alexander von Plato: Erfahrungsstrukturen der Besatzungszeit nicht nur in Nordrhein-Westfalen: Mit alten Köpfen in neue Zeiten, in: Gerhard Brunn (Hg.): Neuland. Nordrhein-Westfalen und seine Anfänge nach 1945/45, Essen 1986, S. 21.

14 Helmut Schelsky: Die skeptische Generation. Eine Soziologie der deutschen Jugend, Düsseldorf/Köln 1957, S. 88 und 488 ff.

15 Luise Rinser: Den Wolf umarmen, Frankfurt 1981, S. 396.

16 Walter Dirks: Der restaurative Charakter der Epoche, in: Frankfurter Hefte, 5. Jg. (1950), S. 942-954; das folgende Zitat findet sich auf den Seiten 946 f. (Wiederabdruck in ders.: Sozialismus oder Restauration, Zürich 1987, S. 326-348).

Revoluzzerei, den Radikalismus, die Gesellschaftshuberei, in ‚das gute Werk', den Praktizismus oder aber in den Verzicht, die Resignation, das Privatleben, die ‚Religion'."

Die Deutschen seien – so lautet Dirks' illusionslose Erkenntnis – dazu verführt worden, „zum Jahre 1932 zurückzukehren – unter Abzug der Nationalsozialisten und Militaristen". Im Kampf zwischen den Restauratoren und den Erneuerern waren also bereits 1950 die Sieger abzusehen: Die Verwirklichung eines in den Augen der ersteren schönen und edlen Traumes begann sich abzuzeichnen, nämlich des Traumes „von einem ‚christlichen', ‚konservativen', ‚sozialen' Europa bürgerlicher Prägung" – für Dirks eher ein böser Traum![17]

Es ist wohl mehr als ein Zufall, dass in derselben Ausgabe der *Frankfurter Hefte* auch ein Bericht über die seit dem Frühjahr 1950 zu beobachtende staatsoffizielle „Aktivierung der deutschen Jugend" zu finden ist.[18] „Erst jetzt" – heißt es hier – wachse die Bereitschaft des Staates, der Jugend „die Bedeutung zuzuerkennen, die sie für den Bestand und die Zukunft unserer Demokratie" habe. Endlich sei ein „Deutsches Jugendwerk" von der Regierung in Angriff genommen worden, um die Not der berufs-, arbeits- und heimatlosen Jugend zu beheben. Aber alle solche Pläne seien ohne eine eigene Begeisterung in der Jugend selbst und deren politische Aktivierung allzu kurzgriffig. Es müsse über die materielle Hilfe hinaus die Jugend auch dazu herausgefordert werden, „ihre Leistungskraft an einem großen Ziel zu erproben" – ein solcher großer Entwurf könne zum Beispiel Europa sein. Doch der Verfasser ahnte bereits, dass jede unbürokratische Aktivierung der Jugend, wie sie der damalige Innenminister Heinemann – noch bis zum 9. Oktober 1950 im Amt – im Auge hatte, sehr bald im Kompetenzgerangel, im Gestrüpp der Ministerialbürokratien und infolge massiver Gängelung von oben stecken bleiben werde. Der Begriff „Restauration" fällt in diesem Zusammenhang zwar nicht, aber dass ein traditionelles staatspolitisches und entsprechend bürokratisches Umgehen mit der Jugend, wie es dann etwa in der zitierten Schröder-Rede deutlich zutage tritt, die erhoffte Aktivierung der Jugend gerade nicht erzeugen werde und dass damit der Anfang vom Ende jeder Neuorientierung erreicht sei, ist das Fazit dieses bereits halb resignativen Appells.

II.

Abgesehen von dem Hinweis auf die Gedanken Ernst Wiecherts in seiner Rede vom 11. November 1945 ist bisher das Pferd eher vom Schwanz auf-

17 Ebd., S. 953.

18 Aktivierung der deutschen Jugend, ebd., S. 913-915.

gezäumt worden, das heißt von den Restaurationstendenzen zu Beginn der fünfziger Jahre. Es bleibt die Frage nach der Breite des geistigen Spektrums in den Jahren vorher: Mit welchen Empfehlungen und Sinnangeboten wandten sich in der unmittelbaren Nachkriegszeit diejenigen aus der Erwachsenengeneration an die Jugend, die sich nicht wie Wiechert und andere entzogen, sondern die bewusst zur Überwindung der geistigen Krise beitragen wollten, ehe dann die verschiedenen Strömungen in das kanalisierte Flussbett der fünfziger Jahre einmündeten? Ein erster Blick in die gedruckten Quellen zeigt, dass eine geradezu erschlagende Masse an Material vorliegt: Die öffentliche Beschäftigung mit dem Thema Jugend, das ja – dies ist bereits oben betont worden – wie kaum ein zweites die jeweilige gesellschaftliche Selbstinterpretation und Zukunftshoffnung widerspiegelt, ist damals vor allem unter den Überschriften „geistige Not" und „Vertrauenskrise der Jugend"[19] diskutiert worden.

Abbildung 10: Titelseite des ersten Heftes der Zeitschrift „Horizont" vom 9. Dezember 1946 (Linolschnitt von Franz Haaken)

19 Hans-Peter Berglar-Schröer: Die Vertrauenskrise der Jugend, in: ebd., 2. Jg. (1947), S. 693-701.

Eine wichtige Brücke zwischen dieser Diskussion, die vor allem Angehörige der mittleren Generation, das heißt Fünfundzwanzig- bis Fünfundvierzigjährige, führten, und der Jugend, zugleich ein zentrales Medium, in dem sich Jugendliche selbst zu Wort melden konnten, waren die in der Nachkriegszeit überraschend zahlreichen Zeitschriften für die „junge Generation". Seit Ende 1945 erschienen sie mit zum Teil bemerkenswert hohen Auflagen, oft auf Initiative einzelner Personen wie Erich Kästners *Pinguin*, dann aber auch im Zusammenhang mit dem Wiederaufbau der großen Jugendverbände. Schon die Namen der meisten dieser Zeitschriften hatten programmatischen Charakter: *Ins Neue Leben, Junge Welt, Der Ruf, Das junge Wort, Ende und Anfang, Die Zukunft, Der Fährmann, Das große Wagnis, Junge Stimme, Baustein, das feuer* usw.[20] Zwar beeinträchtigten die Schwierigkeiten mit den Alliierten und die Papierknappheit in der Anfangszeit die Herausgabe solcher Schriften ganz erheblich, doch konnten diese Hemmnisse in den folgenden Jahren weder die Entstehung einer bunten Vielfalt von Jugendzeitschriften noch die zum Teil recht spritzige und einfallsreiche inhaltliche Gestaltung behindern. Die Lizenzierungspraxis in den einzelnen Zonen war allerdings recht unterschiedlich: Bereits Ende 1945 begann mit Erlaubnis der amerikanischen Militärregierung in Berlin *Horizont*, eine Halbmonatsschrift für junge Menschen, zu erscheinen, und im Herbst 1946 erteilte die französische Militärregierung dem Freiburger Christophorus-Verlag die Lizenz für den Druck der Monatszeitschrift *Der Fährmann* für die ältere katholische Jugend, während im Rheinland die Engländer deutlich später – erst Anfang 1948 – zu einem solchen Schritt bereit waren: Erst am 1. März 1948 konnte hier die erste Nummer der *Wacht*, eines Blattes für vierzehn- bis achtzehnjährige katholische Jugendliche, ausgeliefert werden, nachdem angeblich bis dahin liberale und freimaurerische Offiziere in den für Kultur- und Jugendfragen zuständigen Militärbehörden die Lizenzierung rein katholischer Jugendzeitschriften abgelehnt hatten.[21] Etwas früher hatten dagegen die evangelischen Schülerbibelkreise Erfolg; ihre 1938 verbotene Zeitschrift *Jungenwacht* erschien erstmalig wieder im Januar 1947.[22]

---

20 S. dazu neben Glaser (s. Anm. 4), S. 173 f., vor allem Arno Klönne: „Jugend, weißt du den Weg ...", Eine Erinnerung an die Jugendpublizistik der Nachkriegsjahre, in: deutsche jugend, Heft 11, Jg. 1988, S. 498-502, sowie Klaus Doderer (Hg.): Zwischen Trümmern und Wohlstand. Literatur der Jugend 1945-1960, Weinheim/Basel 1988.

21 Josef Wisdorf: Das Schrifttum des Bundes, in: 10 Jahre Bund der Deutschen Katholischen Jugend (= Der Jungführer 56-57/VI), S. 39.

22 Eberhard Warns u.a.: Evangelische Schülerarbeit in 100 Jahren, Wuppertal 1983, S. 110.

Um einen Eindruck von den inhaltlichen Schwerpunktsetzungen zu bekommen, soll im Folgenden ein kurzer Überblick über die Hauptthemen zweier besonders früh erscheinender Jugendzeitschriften gegeben werden. Damit kann selbstverständlich kein repräsentativer Querschnitt geboten werden, doch lassen sich einige typische Akzentsetzungen durchaus schon erkennen. Es handelt sich um die Zeitschriften *Horizont* und *Der Fährmann*, beide für

Abbildung 11: Titelseite der Nullnummer der Zeitschrift „Der Fährmann", hg. von Karl Becher, September 1946 („Jonas" von Michelangelo).

ältere Jugendliche und junge Erwachsene – die erstgenannte überkonfessionell, eher christlich-liberal, die zweite zunächst ausdrücklich zur Sammlung der katholischen Jugend in einer Zeit bestimmt, in der es den späteren Bund der Deutschen Katholischen Jugend noch nicht gab.

Trotz ihrer unterschiedlichen Ursprünge verbindet beide Zeitschriften eine Fülle von Gemeinsamkeiten; dies beginnt bereits mit den Losungen, die am Anfang stehen: „Sursum corda! Empor die Herzen!“ und „Wir heißen euch hoffen“, wobei damit in beiden Fällen vor allem die Selbsthilfekraft des Menschen angesprochen ist, sich aus dem bisherigen „Bunkerhorizont“ zu befreien, den drohenden „Kulturverfall“ mutig zu bekämpfen und zu „neuen Ufern ... des ganzen, wirklichen Lebens“ vorzudringen – auch wenn im *Fährmann* gleichzeitig das Vertrauen auf Gottes Hilfe mit gemeint ist.[23] Ein erster zentraler Bereich der Auseinandersetzung, der in beiden Zeitschriften eine bemerkenswerte Rolle spielt, war die intensive Reflexion über die Situation der Jugend und das Generationenverhältnis sowie die Frage nach dem politischen Engagement und der gesellschaftlichen Funktion der jungen Generation. Zwar gab es Stimmen aus der mittleren Generation der Fünfundzwanzig- bis Fünfundvierzigjährigen, die Extrempositionen vertraten zwischen einerseits tiefen Selbstvorwürfen, Warnungen und Mäßigungsappellen und andererseits überzogenen Erwartungen, es müsse jetzt ein breiter geistiger Aufbruch erfolgen und die ganze junge Nation zu einer einzigen politischen Elite werden,[24] doch dominierten anfangs eine eher abwartende Haltung und eine bewusste Offenheit ohne allzu schnelle Festlegung nach dem Motto: „Ihr werdet suchen müssen!“[25] Auch wenn diese Einstellung im *Fährmann* geringer ausgeprägt war – die Richtung des Suchens war schließlich durch die Konfession vorgegeben –, zeigt sie sich auch hier zum Beispiel im Ernstnehmen eines „sauberen Sozialismus“ und in der Bereitschaft zu ökumenischer Annäherung. Der Herausgeber von *Horizont*, Günther Birkenfeld (geb. 1901), hatte den Lesern seiner Zeitschrift von vornherein empfohlen,[26] jeder fertigen Parole zu misstrauen und allgemeinverbindliche Programme abzulehnen: Den geistigen Schwierigkeiten der Zeit, insbesondere der Lage der Jugend, sei mit Theorien welcher Art auch immer nicht beizu-

---

23 Zitate aus „Horizont“, 1. Heft vom 9.12.1945, S. 3 f., und aus „Der Fährmann“, Heft 1 vom Oktober 1946, S. 1, sowie aus der vorhergehenden Broschüre „Wir heißen euch hoffen“, hg. von Karl Becker, Freiburg 1946.

24 S. dazu auch Frank Trommler: Mission ohne Ziel. Über den Kult der Jugend im modernen Deutschland, in: Thomas Koebner u.a. (Hg.): „Mit uns zieht die neue Zeit“. Der Mythos Jugend, Frankfurt 1985, S. 44 f.; dort ein entsprechendes Zitat aus der Zeitschrift „Der Ruf“, Heft 3 vom 15.9.1946.

25 Ernst Friedländer: An die Skrupellosen. An die Suchenden, in: Reden (s. Anm. 3), S. 220-243.

26 S. Anm. 23.

kommen. Ein grundsätzlicher Appell, der an vielen Stellen auftaucht, lautet deshalb: „Lasst der Jugend Zeit!“[27] Man sei bereit, die Jugend ernst, aber nicht wichtig zu nehmen – im Gegensatz zum Nationalsozialismus, bei dem es umgekehrt gewesen sei.[28]

Dahinter stand der Gedanke eines Moratoriums: Da sich die Jugend in einem Zustand „maßloser Überanstrengung“ und „bitterer innerer Ratlosigkeit“ befinde, müsse sie zunächst einmal mit sich selbst ins Reine kommen.[29] Sie sehne sich nach sauberen und klaren Linien, nach klassischem Maß, brauche aber Zeit, um ihre Konturen zu festigen Nach dem Ersten Weltkrieg sei sie „strotzend von formensprengendem Mut“ heimgekehrt und habe das Laute und Grelle geliebt, bewegt von einer revolutionären Idee; die jetzige Jugend sei dagegen mit einer kommandierten Idee aufgewachsen, die sich dann als verbrecherisch herausgestellt habe. Neue Ideen könnten in der Jugend erst allmählich reifen: „Das Ideal der Demokratie etwa, an das wir Älteren heute umso leidenschaftlicher unser Bemühen setzen, je tragischer es uns zwischen 1918 und 1933 schon einmal zerrann – wie könnte es jetzt schon lebendiger Besitz und heißer Impuls einer Jugend sein, die davon kaum mehr weiß als eben die Tatsache des Versagens und Erliegens im Jahre 1933?“[30] Auch die Parteien sollten deshalb der Jugend noch eine Erholungsfrist gönnen. Sie seien jetzt schon so überaltert, dass sie auch noch etwas länger altern könnten; danach aber solle man auf den gefestigten Zielwillen der jungen Generation vertrauen und ihr entsprechende Realisierungsschancen geben. Und Walter Först (geb. 1920) schrieb im April 1946 im *Horizont*: „Wenn die ältere Generation Jahre und Jahrzehnte brauchen wird, um mit dem Maßlosen der Gegenwart fertig zu werden: die Jugend wird es eher können, weil sie, die noch keine Form hatte, schneller eine neue Form finden wird. Aber sie kann es noch nicht.“[31]

Die erwähnte Erholungsfrist sollte vor allem zur Horizonterweiterung genutzt werden; sie war ein zweites wichtiges Ziel der Herausgeber, das sich in einer Fülle von Berichten über das Leben außerhalb Deutschlands, besonders das Leben von Jugendlichen in anderen Ländern niederschlug (neben Frankreich, England, der Schweiz und den USA in beiden Zeitschriften auch in der UdSSR und in China). Horizonterweiterung bedeutete darüber hinaus aber auch die historisch-kritische Auseinandersetzung mit problematischen

27 „Horizont“, 7. Heft vom 3.3.1946, S. 3 f.
28 Ebd., 10. Heft vom 14.4.1946, S. 3.
29 Ebd., 7. Heft vom 3.3.1946, S. 4, hieraus auch die folgenden Zitate.
30 Ebd.
31 Ebd., 11. Heft vom 28.4.1946, S. 14.

älteren und neuen Schlagworten wie Vaterland, Pflicht, Führung, Sozialismus, Materialismus, Sozialreform und anderen sowie die Information über demokratische Spielregeln (zum Beispiel das Wählen) und Lebensformen (beispielsweise Fragen der Mitbestimmung in der Arbeitswelt). Außerdem finden sich in beiden Zeitschriften ausführliche Darstellungen neuer wissenschaftlicher Erkenntnisse, besonders aus dem Bereich der Atomphysik (zum Beispiel die Serie „Vom Sandkorn zur Atombombe" im *Fährmann*), aber auch aus der Biologie und Psychologie (zum Beispiel zur Vererbung der Intelligenz): Der Jugend sollte Wissen darüber vermittelt werden, was in der Zeit „unserer Abriegelung draußen ... zum Segen der Menschheit erreicht" worden sei.[32]

Ein dritter Themenblock in den beiden Zeitschriften besteht in der Vorführung von Lebensschicksalen vorbildlicher Menschen – dies ganz offensichtlich in der Absicht, grundsätzliche Lebenswerte und Handlungsformen zu vermitteln und Identifikationen zu ermöglichen. Während es im *Fährmann* im Wesentlichen religiös motivierte Personen mit sozialem Engagement (zum Beispiel Elisabeth von Thüringen, Theresa von Avila, Don Bosco, Adolf Kolping), aber auch aus der Jugendbewegung stammende Mitglieder der „Weißen Rose" (Willi Graf, Christoph Probst) sind, die vorgestellt werden, dominieren im *Horizont* die eher diesseits orientierten „Helden ohne Waffen" wie Marie Curie, David Livingston, Alexander von Humboldt, Alfred Wegener, Heinrich Schliemann, daneben als charakterstarke sittliche Wegweiser Ricarda Huch, Fritjof Nansen und Albert Schweitzer. In diesen Themenblock gehören weiterhin viele Erzählungen über Tapferkeit, Zivilcourage und Opferbereitschaft von Alltagsmenschen, wobei hier vor allem Ereignisse aus dem Dritten Reich, der Kriegszeit und der Nachkriegsgegenwart berichtet werden. Einschlägig ist zudem noch eine Reihe von Artikeln, die sich mit Alltagstugenden und Regeln des guten Benehmens beschäftigen, dies zwar gelegentlich in ironischer Form, immer aber in der deutlichen Absicht, in einer Zeit allgemeinen Eigennutzes und weit verbreiteter Sittenlosigkeit wieder Hilfsbereitschaft, Höflichkeit und Mitmenschlichkeit zu fördern.

Ein weiterer auffälliger Themenblock ergibt sich aus dem Versuch, die Jugend in die Werke und das Denken großer deutscher Dichter und Künstler einzuführen, ihr auf diese Weise das „Reich des Schönen" zu erschließen und aus solcher Gegenwelt heraus neue Wege zu Kraft, Mut und Lebensfreude in den alltäglichen Sorgen zu zeigen. Offenbar stand hinter solchen Bemühungen gleichzeitig die Hoffnung, dass das nationale Kulturerbe so

32 Ebd., 1. Heft vom 9.12.1945, S. 4.

etwas wie eine zeitlose Quelle allgemein menschlicher Orientierung sei, die auch der Nationalsozialismus nicht habe zerstören können und die es jetzt neu zu entdecken gelte.[33] Auch wenn das Vaterland in Trümmern lag, bot sich in der Literatur und Kunst – neben dem Wiederfinden seelischer Heimat in der Familie, Nachbarschaft und Religion – eine unzerstörte geistige Heimat. Die Artikel zeigen deutlich, dass die Werke Lessings und Lichtenbergs, Schillers, Büchners und Pestalozzis, Bachs und Mozarts auf eine Welt der Ideale verweisen sollten, an denen sich zu orientieren als Beitrag zur allgemeinen moralischen Läuterung verstanden wurde – dies durchaus in aufklärerisch-zeitkritischer Absicht. Darüber hinaus finden sich viele Hinweise zum rechten Verständnis und Erlebnis „großer" Musik, Musik verstanden als „Stück lebendigen Lebens", dem Ehrfurcht entgegenzubringen sei, weil sie den Menschen wieder zu Stille und innerer Ruhe hinführen könne.[34] Nicht zuletzt, damit die derzeitige junge Generation – gewissermaßen in einem Schnellkursus – diese ihr bisher fremden Wertschätzungen nachlernen konnte, wollte man ihr das erwähnte Moratorium zubilligen. Das „Lernen" von neuen mentalen Grundeinstellungen aber braucht seine Zeit, und diese verrann in der unmittelbaren Nachkriegszeit besonders schnell. Wolfdietrich Schnurre, damals 25 Jahre alt, schrieb Anfang 1946 unter diesem Eindruck die treffenden Verse:[35]

Gehetzt.
Wir möchten still und einfach sein,
und wollten: alle unsre Schritte
sie führten uns, uns – ganz allein –
zur großen, lang ersehnten Mitte.

Doch was wir sagen, klingt verworrn,
und was wir fragen: schreit.
An unserm Weg die Blumen dorrn,
und was uns fehlt, ist ... Zeit.

Indem man der Jugend wohlmeinend eine Schonfrist gewährte, die sie auch allzu gern akzeptierte, schloss man sie allerdings von vornherein von wirklicher Mitgestaltung aus und kanalisierte vorhandene Wünsche nach Mitbe-

33 S. ähnliche Beobachtungen bei Everhard Holtmann: Kultur- und Tugendfragen. Politische Nachkriegskultur am Beispiel Unna, in: Revier-Kultur, Heft 4 (1986), S. 57-65; grundsätzlich dazu: Manfred Burschka: Re-education und Jugendöffentlichkeit. Orientierung und Selbstverständnis deutscher Nachkriegsjugend in der Jugendpresse 1945-1948. Diss., Göttingen 1987.

34 „Der Fährmann", Heft 1 (Okt. 1946), S. 5.

35 Zit. nach „Horizont", 7. Heft vom 3.3.1946, S. 3.

stimmung in so genannten Jugendparlamenten, in der Schülermitverwaltung und Ähnlichem als weitgehend unverbindlichen Spielwiesen zur Einübung demokratischer Spielregeln.

Der oben zitierte Satz von den schon überalterten Parteien ist für diese Strategie bezeichnend, und noch bezeichnender ist, wie in den hier behandelten Jugendzeitschriften das Thema Parteienbildung und Parteipolitik vorgestellt wird. Den älteren Jugendlichen wurde nicht etwa empfohlen, so schnell wie möglich in die Parteien einzutreten und als unbequeme Mahner und Frager auf deren Programme Einfluss zu nehmen, sondern man brachte dem angeblich sehr starken Misstrauen der Jugend gegenüber den Parteien sehr viel Verständnis entgegen.[36] Zwar wurden politische Wachsamkeit und eine kritische Beteiligung an den Wahlen empfohlen, doch setzte sich in solcher Grundeinstellung jene Parteienschelte fort, die schon das Klima in der Endphase der Weimarer Republik bestimmt hatte. Man hatte immer noch und nun erst recht von Parteipolitik „die Nase voll“[37]; sie wurde auch jetzt wieder als oft schmutziges Geschäft angesehen, als Tummelplatz sich gegenseitig bekämpfender Gesinnungen, ehrgeiziger Interessenvertreter und Verfechter von Parolen von vorgestern. Geradezu blauäugig wirkt die daraus abgeleitete Empfehlung, die Jugend solle sich zunächst einmal demokratische Umgangsformen unbelastet von den Verwicklungen in das politische Alltagsgeschäft aneignen, um dann später als revolutionärer Sauerteig das Parteiwesen von innen her umzugestalten.[38]

Das gleichzeitige intensive Streben danach, der heimatlosen Jugend wieder Halt und Geborgenheit zu geben, führte dazu, dass sehr schnell eine Vielzahl vorwiegend von jüngeren Erwachsenen (wieder)gegründeter, insbesondere konfessioneller Jugendverbände entstand, die genau diese Funktion übernehmen sollten. Zwar engagierten sich ihre Funktionäre auch in den neuen Orts-, Kreis- und Landesjugendringen und schließlich im Deutschen Bundesjugendring, doch dominierten – neben durchaus beachtlicher konkreter jugendpolitischer Arbeit – sehr oft allzu idealistische Konzeptionen, mit denen nun das erreicht werden sollte, was in der Weimarer Republik nicht zum Ziel gekommen war, zum Beispiel die Idee eines „Bundes der Bünde“ als des Daches einer „freien sozialen Gemeinschaft, im Geist ei-

---

36 Vgl. z.B. ebd., 8. Heft vom 17.3.1946, S. 3 f., sowie „Der Fährmann“, Heft 4 vom April 1948, S. 6.

37 Vgl. dazu von Plato (s. Anm. 13), S. 20.

38 „Horizont“, 8. Heft vom 17.3.1946, S. 4.

ner lebendigen Weltverbundenheit, durch die wir so werden sollten, wie Goethe es uns vorgelebt hat"[39].

Im Leben der einzelnen Jugendgruppen setzten sich unter dem Einfluss einiger älterer Führer recht bald die Gemeinschaftsformen der ehemaligen bündischen Jugend wieder durch – dies unter Abzug der nationalsozialistischen Übersteigerungen, vor allem des militärischen Drills und des Führerkults. Fahrt und Zeltlager, Banner und Wimpel, Fahrtenlieder und Lagerfeuerromantik, Geländespiele, Singeabende im Gruppenheim usw. galten als so unpolitisch und entsprechend unbelastet, dass sie als Stilformen vor allem im Gemeinschaftsleben der männlichen Jugend wieder ganz selbstverständlich übernommen werden konnten, zumal sie dem Ziel der Ausgestaltung einer „pädagogischen Provinz" beziehungsweise eines vom Alltag abgekoppelten eigenen Jugendreiches sehr entgegenkamen.

Jugendbewegte Traditionen spielten meist in den sich an alle Jugendlichen wendenden „freien", das heißt weltanschaulich offenen Zeitschriften wie *Horizont* eine eher untergeordnete Rolle; umso deutlicher traten sie dagegen in den konfessionellen Jugendzeitschriften hervor, die infolge des raschen Niedergangs der meisten freien Blätter nach 1947/48 schließlich den Markt weitgehend beherrschten. Im *Fährmann* und in der evangelischen *Jungenwacht* nahmen Fahrtenberichte einen wichtigen Platz ein, und das Wiederaufgreifen älterer Formen wirkte sich bis in die Sprachformen hinein aus. So war – um ein Beispiel zu zitieren – in einem *Jungenwacht*-Heft aus dem Jahre 1947 zu lesen:[40]

> „Es flattert die Fahne aus nachtschwarzem Tuch, die irrendem Wahne und drohendem Fluch in Reinheit entging; Nun walle und schwing vom steinernen Turm mit Flattern und Knattern bei Wind und bei Sturm und wecke und mahne die Jugend der Fahne: dass Mannen sie werden dem Herrn der Erden."

Dieses nahtlose Fortführen jugendbewegter Traditionen in den konfessionellen Zeitschriften ist nicht zu unterschätzen, wenn man etwa bedenkt, dass die katholische Jugend bereits Mitte 1947 rund 800 000 Mitglieder zählte.[41] Im Bereich der jugendlichen Lebensformen setzte die von Walter Dirks beklagte Restauration also bereits zu dem Zeitpunkt ein, als das möglicherweise als Unruheherd auftretende Jugendpotenzial durch die großen Verbände

39 Zit. nach Walter Rosenwald/Bernd Theis: Enttäuschung und Zuversicht. Zur Geschichte der Jugendarbeit in Hessen 1945-1950, München 1984, S. 60; s. außerdem Arno Klönne: „Jugendeinheit – deutsche Einheit". Die Bemühungen um eine gesamtdeutsche Jugendvertretung 1946-1948, in: Deutschland-Archiv, 21. Jg. (1988), S. 624-633.

40 Zit. nach Warns (s. Anm. 22), S. 111.

41 „Der Fährmann", Heft 6 (Juni 1947), S. 6.

eingehegt und angepasst wurde. Wirklich „autonome“ Jugendgruppen machten in diesem Spektrum nur eine winzige Minderheit aus. Nur in einer sehr kurzen Zeit war dieses jugendliche Potenzial von verschiedenen zeitkritischen Beobachtern und weitsichtigen Aufklärern als wichtiges Erneuerungselement in der Gesellschaft beschworen worden, doch blieben mit dem schnell Priorität gewinnenden materiellen Wiederaufbau die meisten aufklärerischen Anfangsimpulse auf der Strecke. Zunächst als große Unbekannte und zugleich als Hoffnungsträgerin apostrophiert, wurde die Jugend im gleichen wachsenden Ausmaß in den Griff genommen, wie die restaurativen Kräfte Tritt fassen konnten. Nicht eine weitere intensive Suche nach neuen humanen und sozialen Grundsätzen, bei der ja sehr gezielt nach den Gründen für das Scheitern der bisherigen Richtwerte hätte gefragt werden müssen, stand jetzt an, sondern das rasche Wegräumen auch der geistigen Trümmer sowie die Besinnung auf den darunter erhofften traditionellen deutschen Wertefundus und Tugendkatalog, zu dem Fleiß, Strebsamkeit, Ordnung und Sauberkeit gehörten.[42] Die bedeutendsten und öffentlichkeitswirksamsten Aktivitäten katholischer Jugendgruppen, die im *Fährmann* lobend kommentiert wurden, waren Demonstrationen gegen angeblich die Sittlichkeit bedrohende Filme wie zum Beispiel 1947 *Große Freiheit Nr. 7* und später vor allem *Die Sünderin.* Organisierte Jugend als Sittenwächter und Anwalt einer „sauberen Leinwand“ gab es also schon 1947, sechs Jahre bevor Gerhard Schröder in seiner oben zitierten Rede von 1953 der Jugend diese Aufgabe offiziell zuwies.

Möglicherweise hätte nur eine radikale Analyse der jüngeren deutschen Vergangenheit, wie sie Wiechert in seiner Rede vom November 1945 durchaus bereits begonnen hatte, eine neue Basis schaffen können, doch daran war nur wenigen Zeitgenossen gelegen. In den Jugendzeitschriften spielte deshalb eine systematische Beschäftigung mit der Vorgeschichte und Geschichte des Dritten Reiches – abgesehen von Einzelepisoden – keine Rolle; Fragen der Entnazifizierung, der Kriegsverbrecherprozesse und andere wurden mit ganz geringen Ausnahmen nicht angesprochen; man wollte nach vorn sehen und die bedrückende Vergangenheit so schnell wie möglich vergessen.

Abschließend an dieser Stelle nur eine knappe These: Wenn man will, dann kann man den hier angedeuteten mentalitätsgeschichtlichen Prozess als eine „Komplexitätsreduktion“ zugunsten der Restauration und zulasten einer selbstkritischen Vergangenheitsaufarbeitung bezeichnen: Es wurde nicht eine Analyse der gesamten Zusammenhänge, die den geistigen Scherbenhau-

42 Ähnliche Befunde bei Holtmann (s. Anm. 33), bes. S. 63 f.

fen verursacht hatten, in Angriff genommen, um eine Katharsis zu erzielen, sondern nach einer kurzen Phase allgemeiner Verwirrung und erster tastender Versuche im Wesentlichen nach Fluchtwegen aus dem Chaos gesucht. Da die Flucht gelang – aufgrund des „Wirtschaftswunders" viel schneller und erfolgreicher, als zunächst angenommen –, fand eine wirkliche „Umerziehung" der Deutschen nicht statt – Umerziehung in dem Sinn, dass grundsätzlich neue mentalitätsgeschichtliche Weichenstellungen erfolgt wären. Die Jugend war in diesem Prozess keine sperrige Hürde und konnte es auch nicht sein. Sie war selbst in der krassen Ausnahmesituation der unmittelbaren Nachkriegszeit das, was sie fast durchweg in der jüngeren Geschichte war: ein Objekt, an dem sich die gesellschaftliche Selbstvergewisserung und Sinnstiftung abarbeitete und in das vieles an Erwartungen, Hoffnungen und Ängsten der älteren Generationen mit entsprechenden Zumutungen hineinprojiziert wurde.

Fernweh und Großfahrten in der Bündischen Jugend der Nachkriegszeit

(Verfasst zusammen mit Norbert Schwarte)

Die Bündische Jugend, nach dem Zweiten Weltkrieg und bis in die Gegenwart hinein durchaus wieder präsent,[1] hat in der Phase ihrer Entwicklung seit 1945 seitens der Jugendforschung vergleichsweise wenig Interesse gefunden. Sie galt aus deren Perspektive als randständig und sozialisationsgeschichtlich bedeutungslos. Das Wesentliche dazu schien schon vor der – zumindest in erheblichen Teilen erzwungenen – Auflösung im Jahre 1933 gesagt. Selbst die, die einst dazu gehört hatten und sich nun daran machten, „Welt und Wirkung der Jugendbewegung" in aller Breite zu dokumentieren und zu deuten, nahmen von denen, die sich nach dem Zweiten Weltkrieg auf die Jugendbewegung beriefen, wenn überhaupt, dann allenfalls beiläufig und in deutlicher Abgrenzung Notiz.[2] Die stark makrosoziologisch ausgerichtete Jugendforschung wandte sich stattdessen in den ersten Jahrzehnten nach 1945 dem jugendkulturellen Mainstream oder aber auffälligeren Gruppierungen zu, um so zu einer eher großflächigen „jugendtheoretischen Verknüpfung von kulturellem Stil und Lebenslage bzw. Sozialisationsgeschichte"[3] beizutragen. Erst seit den achtziger Jahren lässt sich im Gefolge der Pluralisierung jugendlicher Lebensstile ein nennenswertes Forschungsinteresse auch an solchen jugendkulturellen Milieus konstatieren, die sich weder spektakulär in Szene setzten noch auf eine Massenbasis verweisen konnten oder sonst geeignet gewesen wären, den generationalen Typisierungen zwi-

1 Vgl. Lothar Böhnisch/Hans Gängler/Thomas Rauschenbach (Hg.): Handbuch Jugendverbände. Eine Ortsbestimmung der Jugendverbandsarbeit in Analyse und Selbstdarstellungen, Weinheim/München 1991.

2 Elisabeth Korn/Otto Suppert/Karl Vogt (Hg.): Die Jugendbewegung: Welt und Wirkung, Düsseldorf/Köln 1963; Werner Kindt (Hg.): Dokumentation der Jugendbewegung, 3 Bände, Düsseldorf/Köln 1963, 1968, 1974; Felix Raabe: Die Bündische Jugend, Stuttgart 1961. Zum Einfluss bündischer Gruppen, insbesondere der Jungenschaft, auf die Studentenbewegung s. Fritz Schmidt/Bernd Gerhard (Hg.): Die klare Luft gibt's heute umsonst... Der Bund deutscher Jungenschaften, Heidenheim 1986.

3 Jürgen Zinnecker: Jugendkultur 1940-1985, Opladen 1987, S. 123.

schen „Skeptischer Generation“ und „Generation X“ Stempelfläche zur Verfügung zu stellen.[4]

Erste Jugendgruppen in der Tradition der Bündischen Jugend bildeten sich bereits im Jahre 1945 teils mit, teils ohne die erforderliche Lizenz der Besatzungsbehörden, deren Jugendpolitik in den Westzonen durchaus uneinheitlich war,[5] während in der sowjetisch besetzten Zone freie Jugendgruppen generell nicht zugelassen wurden.[6] Allerdings setzte schon 1946/47 eine breite, unterschiedlich motivierte Kampagne gegen die Wiederaufnahme jugendbewegter Lebensformen in der Jugendarbeit ein, deren Attraktivität offensichtlich weit über die neubündischen Gruppierungen hinausging. In einer gewissermaßen gesamtdeutschen Kampagne warnten so unterschiedliche Personen wie der Kölner Erzbischof Joseph Kardinal Frings, der FDJ-Vorsitzende Erich Honecker und Henri Nannen, damals Lizenzträger der Jugendzeitschrift *Zick Zack*, nahezu gleichlautend vor dem „Gift der Blauen Blume“ und der „Flucht in die jugendbewegte Romantik“.[7] Ein Beitrag der Jugendzeitschrift *Zick Zack*, aus der später die Illustrierte *Stern* hervorging, kann als exemplarisch für die damaligen Argumentationsmuster gelten:

„Unser Volk liegt zerschlagen am Boden, der Willkür seiner Sieger preisgegeben. Es leidet unsagbar unter den Folgen des verlorenen Krieges und sucht in ehrlichem Bemühen, seinen alten Platz auf der Bühne der Welt zurückzugewinnen. Und dann stehen da welche auf und behaupten, trotzige Lieder und klirrende Klampfen seien die Sinnbilder ihres Wesens. ... Jeder mag nach seiner Façon selig werden. Was aber nicht widerstandslos hingenommen werden darf, ist die verlogene und unechte Romantik, die in den Köpfen der neugermanischen Sprösslinge gezüchtet wird. Es geht nicht an, dass junge Menschen, die heute ziellos umherirren, denen der Gedanke an den Bestand sittlicher Werte jäh zerstört wurde, Strömungen verfallen, die äußerst zweifelhafte Ideologien verbreiten und sich in falschen Ressentiments ergehen, die mit dem ernsten Streben nach neuen Formen wenig gemein haben. ... Worum es hier geht, das ist die Frage, ob man eine Entwicklung von Kräften zulassen darf, die uns schon einmal in eine verheerende Katastrophe geführt haben.“[8]

Als ausgemacht sollte demnach gelten, dass die Romantik, die sich in Fahrten und Liedern auslebt, offensichtlich per se verlogen und unecht sei, kei-

---

4 Vgl. Ulrich Herrmann: Das Konzept der „Generation“, in: ders. (Hg.): Jugendpolitik in der Nachkriegszeit, Weinheim/München 1993, S. 99 ff.

5 Burkhard Fehrlen/Ulrich Schubert: Die westdeutsche Jugendverbandsarbeit in der Nachkriegszeit, in: Böhnisch u.a. (s. Anm. 1), S. 67 ff.

6 Vgl. Peter Krahulec: Die Entwicklung der FDJ, in: ebd., S. 79 ff.

7 Arno Klönne: Blaue Blumen in Trümmerlandschaften. Bündische Jugendgruppen in den Jahren nach 1945 (= puls 18, Dokumentationsschrift der Jugendbewegung), Witzenhausen 1990.

8 Zit. ebd., S. 30.

neswegs aus der Jugend selbst heraus entstehe, sondern von nicht näher bezeichneten Drahtziehern „gezüchtet" werde und Jugend auch in Teilen nicht imstande sei, ihr Leben selbst in die Hand zu nehmen, zumindest ihre Freizeit eigensinnig und selbstbestimmt zu gestalten, und dass es schließlich Jugendliche und nicht Erwachsene gewesen seien, die Deutschland in die Katastrophe geführt hätten. Bei aller Anerkennung berechtigter Kritik an einer bewusstlosen Übernahme fragwürdiger jugendkultureller Traditionsbestände bleibt jedoch zu prüfen, inwieweit sich die präzeptorale Rhetorik, die hier gegen die „Jugendromantik in Trümmerlandschaften" (Arno Klönne) aufgeboten worden ist, dem Bemühen verdankt, Kontrolle über die spontanen und autonomen Gruppenbildungen der unmittelbaren Nachkriegszeit zu gewinnen, um sie in die entstehenden sozialdisziplinierenden Strukturen jener von Erwachsenenorganisationen abhängigen jugendpflegerischen Großverbände einzubinden, die dann wenige Jahre später die staatlich geförderte und damit als „pädagogisch wertvoll" legitimierte Jugendarbeit beherrschten.

Schon 1951 waren dann in dieser Hinsicht die jugendpolitischen Weichen gestellt: Den Gruppierungen der Bündischen Jugend war es nicht gelungen, als „vierte Säule" in dem sich über den Bundesjugendring etablierenden großverbandlichen Korporationssystem Fuß zu fassen. Nimmt man die damaligen Selbstbekundungen der neubündischen Gruppierungen, stellt sich allerdings die Frage, ob eine derartige Einbindung von ihnen überhaupt gewollt war: Der mit der Ausgrenzung einhergehende Bedeutungsverlust stellt sich nämlich in den Selbststilisierungen vielfach als eine „splendid isolation" dar.

Die Geschichte der deutschen – bürgerlichen – Jugendbewegung seit der Jahrhundertwende mit dem Aufbruch der Wandervögel aus der wilhelminischen Plüschkultur – „aus grauer Städte Mauern" „über die Fluren weit, aufwärts zu den klaren Gipfeln der Einsamkeit" – ist, was ihre Ideen- und Organisationsgeschichte angeht, schon oft dargestellt worden.[9] Doch lässt sich auch aus der überreich vorhandenen Darstellungsliteratur die Realgestalt der Bündischen Jugend kaum erschließen. Hier schreiben zumeist Ältere über die Köpfe der Jungen hinweg, und was sie an politischen und weltanschaulichen Fragestellungen und Positionen zu Papier bringen, ist mit dem, was in

9 Immer noch als Überblick brauchbar: Walter Z. Laqueur: Die deutsche Jugendbewegung. Eine historische Studie, 2. Aufl., Köln 1978; vgl. auch den Bericht über den aktuellen Forschungsstand von Jürgen Reulecke: Jugendbewegung als Objekt der Geschichtswissenschaft – neue Ansätze in der Forschung, in: Ludwigsteiner Blätter, Heft 187 (1995), S. 6-23. Ansonsten sei verwiesen auf die fortlaufende Bibliografie im Jahrbuch des Archivs der deutschen Jugendbewegung, zuletzt Band 18 (1993-1998) S. 443-512.

den Köpfen der Jungen vorging und deren Lebenswelt bestimmte, nicht identisch. Zahlenmäßig fielen die freien Bünde im Ensemble der Jugendverbände der Weimarer Zeit kaum ins Gewicht. Auch in ihrer Blütezeit dürften dem bündischen Spektrum kaum mehr als ein bis zwei Prozent eines Jahrgangs angehört haben. Aber sie bestimmten im Unterschied zur Zeit nach dem Zweiten Weltkrieg das Bild der jungen Generation maßgeblich. Einige dieser Bünde sind dann auch – vielleicht mehr rückschauend imaginativ als faktisch – in den Nachkriegsjahren für das jugendbündische Milieu stilprägend gewesen. Insbesondere die wohl wichtigste und – lebensgeschichtlich für das Individuum – bedeutsamste Erfindung der Jugendbewegung wurde auf diese Weise weitertransportiert: die kleine selbstbestimmte, fantasievoll gelebte Gruppe mit eigenen Stilformen und eigener Symbolwelt. Für die Gruppen war es dann an erster Stelle die „Fahrt", die Fahrt an den Wochenenden und Feiertagen in die nähere Umgebung oder zu überregionalen Treffen und die so genannte Großfahrt im Sommer in die Ferne, die jenes fast schon rauschhafte Erlebnis von Autonomie, Abenteuer und Gruppeneros erzeugte, das ehemalige Jugendbewegte als die letztlich unbeschreibbare Quintessenz ihrer jugendbewegten Prägung bezeichnen. Hier hatten bereits die in dieser Hinsicht wohl profiliertesten Bünde der späten Weimarer Republik – der Nerother Wandervogel und die dj.1.11 (Deutsche Jungenschaft vom 1.11.1929) – mit ihren Großfahrten bis nach Indien und China, Südamerika und in den hohen Norden besonders extreme Maßstäbe gesetzt und Mythen geschaffen.

Der Nerother Wandervogel, 1919 von den Bonner Zwillingsbrüdern Robert und Karl Oelbermann in einer Höhle bei Neroth in der Eifel mit Freunden gegründet, ist – bis heute – einer der eigenwilligsten und ausgefallensten Äste am Baum der Jugendbewegung.[10] Ihm fehlte augenscheinlich von Anfang an der damals in vielen Bünden übliche Zug ins Vormoderne. Dazu gehörte auch seine Abkehr von den gesanglichen Tümeleien und die Hinwendung zur – wie man heute sagen würde – internationalen Folklore, zu Songs von Brecht, Graßhoff, Kästner und Eigenschöpfungen ebenso wie der zur Vagabondage tendierende Stil seiner abenteuerlichen Auslandstrampfahrten. Sie begünstigten Weltläufigkeit. Unter dem Gesichtspunkt kul-

10 Robert Oelbermann: Die Idee des Nerother Bundes und der Rheinischen Jugendburg, 1930, Nachdruck: Burg Waldeck 1956; vgl. auch Stefan Krolle: Bündische Umtriebe, Münster 1986, S. 145, ferner Norbert Schwarte: Wer Nerother war, war vogelfrei. Dokumente zur Besetzung der Burg Waldeck und der Auflösung des Nerother Wandervogels 1933 (= puls 20), Witzenhausen 1993. Eine recht hagiographische Selbstdarstellung liefert Nerom: Die letzten Wandervögel. Geschichte einer Jugendbewegung, Baunach 1995.

tureller Modernität sind vor allem auch die von Karl Mohri professionell gemachten Großfahrtenfilme zu nennen, die die UFA noch in ihrem Kulturfilmprogramm hatte, als der Bund in der NS-Zeit schon wiederholt verboten worden war. Der bieder-braven Wanderei stellten die Nerother das zeitnähere Trampen gegenüber, und selbst die einzig konkrete Forderung der Meißner-Formel von 1913, wonach die Veranstaltungen der Freideutschen alkohol- und nikotinfrei sein sollten,[11] stand bei ihnen zur Disposition. Bei alledem ist der Nerother Wandervogel jedoch eher an der Peripherie als im Zentrum der Weimarer Bünde zu verorten: Seinen Unternehmungen haftete oft etwas Fantastisches, Widersprüchliches, zuweilen durchaus Unernstes und Selbstironisches an, und das war der Jugendbewegung in der Mehrheit damals durchweg fremd. Zu diesen fantastischen Unternehmungen gehören auch die Pläne zur Errichtung einer „Rheinischen Jugendburg" im Hunsrück als Denkmal für die im Ersten Weltkrieg gefallenen Wandervögel: ein fantasievolles, aber illusionäres Bauvorhaben, wenn man es mit der Jugendburg Ludwigstein vergleicht,[12] das allerdings, weil es niemand bezahlen konnte, über das Planungsstadium nicht wesentlich hinauskam. Der im Umkreis der Burgruine Waldeck gekaufte Grund und die darauf errichteten, wesentlich bescheideneren Baulichkeiten erfüllten aber den eigentlichen Zweck als Zentrum des Bundes und Ort weit ausstrahlender jugendkultureller Impulse bis weit in die sechziger Jahre hinein, als dort die legendären Chansonfestivals stattfanden.[13]

Der andere bedeutende Ast der bürgerlichen Jugendbewegung der Weimarer Zeit, der neben den Wandervogelgruppen unterschiedlichster Art und der Pfadfinderei nach 1945 wieder Früchte trug, waren die Jungenschaften in mehr oder weniger starker Anlehnung an die Tradition der 1929 von

11 Winfried Mogge/Jürgen Reulecke (Hg.): Hoher Meißner 1913. Der Erste Freideutsche Jugendtag in Dokumenten, Deutungen und Bildern, Köln 1988; zur Meißner-Formel vgl. bes. S. 51 ff.

12 Die Jugendburg Ludwigstein bei Witzenhausen/Werra, seit 1920 in Selbsthilfe ebenfalls zur Erinnerung an die im Ersten Weltkrieg gefallenen Wandervögel ausgebaut, pflegt noch heute als freie Jugendherberge mit eigener Jugendbildungsstätte und dem Archiv der deutschen Jugendbewegung am umfassendsten das Erbe der deutschen Jugendbewegung seit dem Jahrhundertbeginn.

13 Zur Burg Waldeck im Hunsrück als „mythischem Ort" der Jugendbewegung vgl. Werner Helwig: Auf der Knabenfährte, Bad Godesberg 1953, und ders.: Die Blaue Blume des Wandervogels, Gütersloh 1960, sowie Richard Bersch: Pathos und Mythos. Studien zum Werk Werner Helwigs, Frankfurt a.M. u.a. 1992. Zu den Chanson-Festivals seit 1964 vgl. Oss und Hein Kröher: Rotgraue Raben. Vom Volkslied zum Folksong, Heidenheim 1969.

Eberhard Koebel-tusk gegründeten dj.1.11.[14] Dem nerothanen Vaganten stand hier der von tusk propagierte Typus des „Selbsterringenden“ gegenüber. Karl von den Driesch hat dessen Charakteristika auf sechs Punkte gebracht, zu denen neben Selbstdisziplin, neben der Entwicklung von Stilbewusstsein, der Pflege musischer Anlagen, des Durchstehens und Gestaltens eines bewussten Lebens u.Ä. vor allem gehörte:

> „Selbsterfahrung durch mühevolle Fahrten in die Welt, Fahrten, mit denen man sich das Leben erschließt und sich einer Bewährung stellt in Gemeinschaft mit anderen, Vorurteile korrigiert.“[15]

Nach 1945 knüpfte eine Reihe junger Männer, meist geboren um 1920, an diese Traditionen an, ohne sie simpel zu kopieren. Der sich aus seinem Londoner Exil zu Wort meldende Eberhard Koebel-tusk, der dann 1948 nach Ostberlin ging und sich der SED zur Verfügung stellte, konnte deshalb keinen Einfluss mehr gewinnen.[16] Bei den neuen jungen Führern bündischer Gruppen vermischten sich Vorprägungen aus der späten Weimarer Zeit, Erfahrungen mit Jungvolk, Hitlerjugend und oppositionellen bündischen Gruppen in den dreissiger Jahren und Einsichten aus ihren Kriegserlebnissen. Die Biografien der beiden wohl bedeutendsten Protagonisten der frühen Nachkriegszeit, Michael Jovy-mike (maik) und Walter Scherf-tejo, sind typisch dafür.[17] Walter Scherf zum Beispiel hatte im Frühjahr 1945 als junger Leutnant auf der Flucht vor den Russen irgendwo im Erzgebirge mit Kameraden ausdrücklich den Entschluss gefasst, sich „um die Jugend zu kümmern in der Zeit nach dem Kriege und ihr das zu geben, was ihr in großen Teilen die

---

14 Zu Eberhard Koebel-tusk und zur Geschichte der d.j.1.11 s. Fritz Schmidt (Hg.): tusk. Versuche über Eberhard Koebel, o.O. (Witzenhausen) 1994.

15 Karl von den Driesch: Entwicklungen. Fernweh und Großfahrten Bündischer Jugend in der Nachkriegszeit. Eine autobiographische Skizze, Baunach 1996, hier S. 17.

16 Dazu Eckehard Holler: Der spätere Lebensweg von Eberhard Koebel-tusk – England-Emigration und DDR, in: Schmidt, tusk (s. Anm. 14), S. 143-205; s. dazu auch Michael Buddrus: Rezension zu Schmidt, tusk, in: Jahrbuch des Archivs der deutschen Jugendbewegung, Band 18 (1993-1998), S. 643-674, sowie ebd.: Winfried Mogge: Legenden um Eberhard Koebel (I und II), S. 675-690.

17 Zu Jovy vgl. Horst-Pierre Bothien: Die Jovy-Gruppe. Eine historisch-soziologische Lokalstudie über nonkonforme Jugendliche im „Dritten Reich“, Münster 1995, sowie die posthum veröffentlichte Dissertation von Michael Jovy aus dem Jahre 1952: Jugendbewegung und Nationalsozialismus. Zusammenhänge und Gegensätze, Münster 1984; zu Scherf vgl. Karl Düsseldorff: Kindheit und Jugend 1929-1939 in Wuppertal: Persönliche Eindrücke und Rückblicke von Walter Scherf, in: Burkhard Dietz u.a. (Hg.): Jugend zwischen Selbst- und Fremdbestimmung, Bochum 1996, S. 179-202.

nationalsozialistische Herrschaft verwehrt und vorenthalten hat"[18]. Ähnlich war es bei Michael Jovy, wie Scherf Jahrgang 1920: Er war 1939 wegen so genannter „bündischer Umtriebe" verhaftet und dann zu sechs Jahren Haft verurteilt worden, konnte in der Kriegsendphase aus einem Strafbataillon zu den Amerikanern entkommen und gründete nach dem Krieg im Kölner Raum, ähnlich wie Scherf in Göttingen, Jungenschaftsgruppen und bündische Zeitschriften. Eine „Stunde Null" hat es also für diese jugendbündischen Gruppen wohl ebenso wenig gegeben wie in der übrigen Gesellschaft: Die meisten der Jungen in diesen Gruppen hatten ihre Erfahrungen mit dem Jungvolk gemacht, in dem – zumindest bis etwa 1936 – das bündische Element anfangs einen beträchtlichen Einfluss gehabt hatte.[19] Man sang dort bündische, vor allem jungenschaftliche Lieder, trug die von tusk eingeführte Jungenschaftsbluse mit einer geringfügigen Abwandlung, und die Zeitschrift „Deutsches Jungvolk" wurde von ehemals bündischen Führern maßgeblich mitgestaltet. Gerhard Szczesny hat darüber in seinen Erinnerungen sehr anschaulich berichtet.[20] Das änderte sich dann zwar spätestens 1936 in den Leitungsformationen des Jungvolks; an der Basis scheinen dagegen die bündischen Traditionen, wenngleich zunehmend verdeckt, noch weiter Bestand gehabt zu haben. Der Anspruch des NS-Staates auf eine totale Erfassung und Erziehung der Jugend ist dann vor allem während des Krieges auf vielfältige Weise unterlaufen worden: Das Spektrum reichte von neubündischen Gruppierungen bis zu den so genannten Jugendcliquen vom Typ der Swing-Jugend oder der Edelweißpiraten, die sich der Jugenddienstpflicht zu entziehen versuchten.[21] Ohne ihre bündischen Wurzeln wäre übrigens auch der Widerstand der Münchener Studentengruppe „Weiße Rose" um Hans Scholl und Willi Graf, z.T. auch des „Kreisauer Kreises" und der „Roten Kapelle" nicht zu verstehen.

Trotz aller äußeren Schwierigkeiten und der recht uneinheitlichen Genehmigungspraxis der Alliierten begann mit dem Wiederaufbau bündischer Gruppen zwischen Berlin, Kiel, Köln, Göttingen, Minden und Stuttgart, um nur einige Orte zu nennen, und mit der Aufnahme erster Kontakte zwischen

---

18 Zit. nach Düsseldorff (s. Anm. 17), S. 180.

19 Vgl. dazu Arno Klönne: Jugend im Dritten Reich. Die Hitler-Jugend und ihre Gegner, Düsseldorf/Köln 1982, sowie Matthias von Hellfeld: Bündische Jugend und Hitlerjugend. Zur Geschichte von Anpassung und Widerstand 1930-1939, Köln 1987.

20 Gerhard Szczesny: Als die Vergangenheit Gegenwart war, Frankfurt a.M. 1990, S. 66 ff.

21 Vgl. dazu zuletzt Alfons Kenkmann: Wilde Jugend. Lebenswelt großstädtischer Jugendlicher zwischen Weltwirtschaftskrise, Nationalsozialismus und Währungsreform, Essen 1996.

diesen Gruppen schon im Sommer 1946 wieder ein buntes Fahrtenleben.[22] Ein eindrucksvoller Bericht mit dem Titel „Großfahrt 1946“ über eine Fahrt von Berlin durch Mecklenburg nach Stralsund zeigt allerdings sehr plastisch die gravierenden Probleme einer solchen Fahrt durch ein verwüstetes, von den Sowjets besetztes Land.[23] Die typischen Beschwernisse der unmittelbaren Nachkriegszeit werden so beschrieben:

„Nach einer Woche mussten drei Jungen mit zerrissenen Schuhen nach Hause fahren. Unsere dürftigen, einzigen Paar Schuhe waren schon durch die Gefangenschaft marschiert oder viele Kilometer auf dem Treck durch Schnee und Schmelzwasser gestolpert oder von heißer Asche angekohlt oder unter Schuttbergen hervorgeklaubt. Einer Großfahrt durch tropfende Wälder und über holprige Landwege waren sie kaum mehr gewachsen.“

Der Verfasser fragt dann am Schluss seines Berichts nach dem Sinn eines solchen Unternehmens im Schatten des gerade beendeten Krieges und kommt zu dem Ergebnis: „Sie (die Fahrt, J.R.) war eine Heimfahrt, die jeder für sich zu bestehen hatte. Deshalb konnte die Zeit auch jeden einzelnen überwältigen, sie hätte uns beinahe erniedrigt ...“ Auf jeden Fall sei es aber „eine Fahrt zu uns selber“ gewesen, und in diesem Sinne ist auch hier der Begriff „Heimfahrt“ offenbar als das zu verstehen, was der bündischen Fahrt immer schon idealiter unterstellt worden ist: dass sie eine besonders intensive Form der Selbstfindung sei!

Der Mythos „Fahrt“ erwies sich also bereits ein Jahr nach Kriegsende als ungebrochen. Gerade die kolossalen Extrembedingungen und die Bewährung in schwierigen Lagen waren es, die die in Chaos und Trümmern Heranwachsenden in diesen Jahren reizten. Was es zum Beispiel bedeutete, dass die beiden Jungenschaftsgruppen von Michael Jovy-mike-, Köln, und Heinrich Steinhöfel-heinpe-, Kiel, im Sommer 1947 eine gemeinsame Trampfahrt ins Hochgebirge durchführen („Tramp Kiel, Hannover, Köln, Stuttgart, München, Garmisch-Partenkirchen; Wanderung im Gebiet des Zugspitz-Massivs, ähnlicher Rücktramp und abschließendes Kohtenlager auf Sylt“[24]), ist aus der Rückschau allenfalls zu ahnen.

Wie vielfältig in den Nachkriegsjahren die wieder erwachende bündische Fahrtenkultur war (bis 1950 wegen der noch geschlossenen Grenzen im Wesentlichen innerhalb Deutschlands), lässt sich aus einer großen Zahl von

---

22 Zum Wiederaufleben bündischer Gruppen nach 1945 siehe Klönne, Blaue Blumen (s. Anm. 7).

23 Das Lagerfeuer, Jg. 1952, Heft 7/8, S. 207-211; hieraus stammen auch die folgenden Zitate.

24 Fritz Schmidt: Deutsche Jungenschaft 1945-1951 (= puls 19), Witzenhausen 1991, S. 14.

Fahrtenberichten ablesen, die in den von Jovy (*feuer*), Scherf (*Unser Schiff*) und anderen herausgebrachten bündischen Zeitschriften damals abgedruckt wurden.[25] Und die Sinnstiftung, die mit den „Fahrten neuen Stils" verbunden wurde, atmet noch ganz das Pathetisch-Rauschhafte dieses Aufbruchs- und Sucherlebnisses einer aus den Grauen des Krieges entkommenen Generation: Leben werde auf Fahrt „bewusst in den ursprünglichen Zusammenhängen (erlebt): im Kreis von Freunden eins sein mit der Natur", heißt es in den Freischarbriefen vom Oktober 1947,[26] und an anderer Stelle:

> „Lasst uns deshalb unsere Anforderungen so weit stecken, dass uns die ‚Fährlichkeiten' die Müdigkeit vertreiben. Wir müssen Fahrten unternehmen, die unsere ganze Kraft beanspruchen. Das Wesentliche kommt dann auch zu uns ganz von selbst."

Wie dies konkret geschieht, wusste ein anderer Autor zu berichten, der eine Fahrtenwoche als „Pflanzendasein" beschrieb, nach der er sich „nun geradezu wieder auf das Leben, die Arbeit, die Not und das Ringen nach Erlösung (freute)": In dieser Woche aber sei er „so leicht, so locker geworden, aller Krampf, der uns unter Menschen packt, löste sich. Die Dinge stehen jetzt wieder richtig, die mir bisweilen auf dem Kopf zu tanzen schienen. Der Glaube in mir ist wieder stark geworden, dass der Urgrund des Lebens nicht das Chaos, sondern die Ordnung ist."[27]

Die „große Sehnsucht", Trampfahrten über die Landesgrenzen hinaus durchführen und mit der „Außenwelt" Fühlung aufnehmen zu können,[28] ließ sich jedoch erst fünf Jahre nach Kriegsende befriedigen, als es ab 1950 wieder leichter möglich war, mit Hilfe eines Visums ins benachbarte Ausland zu kommen. Die Geschichte der Bad Godesberger „Horte" Karl von den Drieschs in diesen Jahren kann in ihrer Hauptentwicklungslinie auch für viele andere bündische Gruppen stehen. Nachdem Michael Jovy den Bonner Studenten der Volkswirtschaft Karl von den Driesch (geb. 1925) im Frühjahr 1948 zur Gründung einer Jungenschaftsgruppe angeregt hatte, führte

---

25 Diese Zeitschriften gehören zu dem äußerst vielfältigen Spektrum von Jugendzeitschriften in den ersten Nachkriegsjahren; vgl. Arno Klönne: „Jugend, weißt du den Weg...". Eine Erinnerung an die Jugendpublizistik der Nachkriegsjahre, in: deutsche jugend, Jg. 1988, S. 498-502, sowie Manfred H. Burschka: Jugendzeitschriften im Nachkriegsdeutschland, in: Kein Alter zum Ausruhen – 40 Jahre Deutscher Bundesjugendring, Düsseldorf 1989, S. 44-51.

26 Freischarbriefe. Mitteilungen der „Akademischen Freischar Göttingen", Oktober 1947, S. 7 ff.

27 Ebd., S. 10.

28 S. die Einleitung zu Jürgen Reulecke (Hg.): Rückkehr in die Ferne. Die deutsche Jugend in der Nachkriegszeit und das Ausland, Weinheim/München 1997, S. 7 ff.

dieser mit seinen Jungen schon im Sommer des Jahres die erste große Trampfahrt ins Allgäu durch – mit erheblichen „Ausrüstungs-Defiziten“: „weder Normalzelt noch Kohte, und Horst besaß nur Sandalen aus Autoreifen; damit musste er auch über die Gletscher. Aber man war damals nicht zimperlich.“[29] Im nächsten Jahr gelang es der Gruppe, ein altes Schlauchboot der Wehrmacht zu ergattern; eine Großfahrt donauabwärts bis nach Passau – nach einem Tramp samt Schlauchboot von Bad Godesberg nach Ulm – war dann der Höhepunkt des Sommers 1949. In Passau angekommen, wanderte die Gruppe anschließend noch durch den Bayrischen Wald an der tschechischen Grenze entlang.[30] Das spektakulärste Fahrtenerlebnis mit beachtlichem publizistischem Echo folgte dann im Sommer des nächsten Jahres: Zwar wollte die Gruppe eigentlich wieder im deutschen Alpenraum bleiben, entschloss sich aber dann unterwegs, sich über die „grüne Grenze“ ohne Papiere und Visum nach Rom durchzuschlagen.[31] Das Abenteuer gelang; erst beim Rücktramp wurde die Gruppe von italienischen Grenzbeamten festgesetzt, nach Österreich abgeschoben, dann aus dem Innsbrucker Polizeigefängnis nach Garmisch-Partenkirchen überstellt und dort schließlich freigelassen. von den Driesch als Gruppenführer musste wegen des Verstoßes gegen eine alliierte Militärverordnung eine geringfügige Strafe bezahlen. Die überregionale Presse berichtete über diese Geschichte; Franz-Josef Strauß, damals Generalsekretär der CSU und Vorsitzender des „Bundestagsausschusses für Jugendfragen“, kümmerte sich darum und intervenierte; Bundespräsident Heuss lud die Gruppe im November 1950 zu sich ein, und in einer NWDR-Sendung benutzte der Journalist Axel Eggebrecht das Ereignis als Anlass zu dem Appell, „endlich die Grenzen zu öffnen für ein besseres Europa“.[32]

Die mit solcher Interpretation versehene Resonanz ist zweifellos vor dem Hintergrund einer gerade im Sommer und Herbst 1950 besonders in Westdeutschland vehementen Propaganda für eine europäische Einigung zu sehen, wobei eine spektakuläre Reaktion einiger jugendlicher Gruppierungen damals darin bestand, an der deutsch-französischen Grenze demonstrativ Grenzpfähle niederzureißen.[33] Noch ein anderer Kontext ist erwähnenswert: Der neue Staat begann seine Jugend zu entdecken – dies nicht zuletzt auch

---

29 von den Driesch (s. Anm. 15), S. 32.

30 Ebd., S. 35 f.

31 Ebd., S. 37 ff.; s. außerdem Karl von den Driesch: Fahrtenbuch Italien, Opladen 1951.

32 von den Driesch (s. Anm. 15), S. 39.

33 Hans-Peter Schwarz: Die Ära Adenauer. Gründerjahre der Republik 1949-1957, Stuttgart/Wiesbaden 1981, S. 100.

deshalb, weil die von der DDR aus gesteuerte FDJ in Westdeutschland mit großen Kundgebungen auf sich aufmerksam machte. Anfang 1950 hatte Walter Ulbricht in Ostberlin ein „Gesetz über die Teilnahme der Jugend am Aufbau und die Förderung der Jugend“ verkündet; viel Geld wurde für dessen Umsetzung bereitgestellt. Zudem hatte ein erstes „Deutschlandtreffen der Jugend und Studenten“ in Ostberlin zu Pfingsten 1950 auch eine beträchtliche Anzahl westdeutscher Besucher angelockt, sodass man sich in Bonn nun gezwungen sah, ebenfalls eine „Aktivierung der (west)deutschen Jugend“ zu betreiben und ein „Deutsches Jugendwerk“ zu begründen.[34] Das Ergebnis dieser Überlegungen war dann der Bundesjugendplan, der am 18. Dezember 1950 verkündet wurde. Adenauer hatte vorher zugegeben, dass die Bundesregierung bisher für die Jugend kaum etwas getan habe.[35] Mit dem von nun an im Bundesetat bereitgestellten Geld glaubte man – wie es damals hieß – „sicherer gegen Aufmärsche (zu kämpfen) als durch Beschwörungen“[36].

Übrigens: Als die Godesberger Jungenschaftsgruppe dem Bundespräsidenten aus ihrem Repertoire ein Lied singen wollte und dazu das russische „Tyi morjak“, ein Matrosenlied vom Kaspischen Meer, auswählte, wurde Heuss offenbar recht nervös und beendete das Treffen.[37] Dieses Verhalten ist aus der Rückschau keineswegs so „befremdlich“, wie es die Gruppe damals empfand. Schließlich war der Kalte Krieg in vollem Gange und russischer Gesang so wenig opportun wie das Absingen der Lieder Bertolt Brechts, die damals zum Standardrepertoire bündischer Gruppen gehörten. Die freien Gruppierungen der bündischen Szene galten, wie Arno Klönne wohl zurecht hervorgehoben hat, „teilweise und zeitweise als unsicher bei den Blockbindungen, die sich im Kalten Krieg herausgebildet hatten“[38], und die Gegnerschaft vieler Bündischer gegen die Remilitarisierung der Bundesrepublik wie auch später, Ende der fünfziger Jahre, die vielfältigen Verbindungen bündischer Gruppen zur Anti-Atomtod- und zur Ostermarsch-Kampagne schienen diesen Zweifel ihrer Kritiker zu bestätigen.

Mit der Öffnung der deutschen Grenzen seit 1950 begannen die vielen nun nicht mehr illegalen bündischen „Expeditionen“ ins Ausland: Die Godesberger Gruppe trampte nach Tanger und traf sich unterwegs mit der

34 Der deutsche Bundesjugendplan, Bad Godesberg 1961, bes. S 197; vgl. auch den Artikel „Aktivierung der deutschen Jugend“, in: Frankfurter Hefte, 5. Jg. (1950), S. 913-915.

35 Hans-Peter Schwarz: Adenauer, Bd. 1, Stuttgart 1986, S. 743.

36 Bundesjugendplan (s. Anm. 34), S. 197.

37 von den Driesch (s. Anm. 15), S. 39.

38 Klönne, Blaue Blumen (s. Anm. 7), S. 30.

Gruppe Michael Jovys, die nach Algerien unterwegs war. Stärker von der nerothanen Tradition geprägte Gruppen wie die Schwäbische Jungenschaft zog es, angeregt durch Werner Helwigs Hellas-Bücher[39], nach Griechenland. Jugoslawien war zeitweise das bevorzugte Ziel von nerothanen rheinischen Jugendgruppen, aus denen dann später der noch heute bestehende Fahrtenbund „Zugvogel“ hervorging. Walter Scherf, inzwischen von Göttingen nach Leverkusen übergesiedelt, trampte mit seiner neuen Gruppe nach Schweden. Krefelder Jungenschaft besuchte Ägypten, Straubinger Jungenschaft Finnland usw. Einzelne Bündische griffen noch viel weiter aus: So machte sich 1951 Oss Kröher[40] aus Pirmasens mit einem Freund auf einem 600er Beiwagenmotorrad auf den Weg durch den Nahen und Mittleren Osten bis nach Indien. Den hohen Anspruch an die eigene Fahrt konstrastierte man gern mit dem wieder aufkommenden Tourismus: Um sich zum Beispiel im Ausland richtig verständigen zu können, müsse

„man schon ziemlich fließend französisch sprechen. Mangelnde Sprachkenntnisse machen eine Auslandsfahrt sinnlos. Wirkliche Gespräche sind dann nicht möglich, und es wird eine Art 'sightseeing‘ amerikanischer Touristen, ohne aber deren Geldbeutel zu besitzen. Wir waren oft unangenehm berührt, wenn wir unterwegs junge Deutsche trafen, die völlig sprachunkundig, meist auch ohne jedes Geld durch die Lande zogen. Nur der Sensation wegen waren sie Tausende von Kilometern getrampt, wozu im übrigen nicht viel gehört, und hatten nicht die geringste Ahnung von Land und Leuten, schienen aber auch nicht daran interessiert zu sein, sie sich zu erwerben.“[41]

Wenngleich weniger spektakulär, bestätigt auch der umfassende Fahrtenbericht einer Wolfsburger Freischargruppe die besonderen Ansprüche, an denen sich bündische Großfahrten damals orientierten. 1952 machten sich die „Waldkäuze“, dreizehn Jungen zwischen 13 und 22 Jahren, über Frankreich nach Algerien auf. Mit Nachhilfestunden, Aushilfe bei Bauern und Bauplatzplanierungen in der Stadt hatten sie sich das Geld für die Fahrt verdient; bescheidenere Mittel aus dem Bundesjugendplan waren hinzugekommen:

„Ein ungeheurer Papierkrieg wurde entfesselt, denn ohne diesen ist eine doch so naheliegende Sache wie die Begegnung junger Menschen verschiedener Nationen leider nicht

39 Vor allem die Trilogie „Raubfischer in Hellas“, „Im Dickicht des Pelion“ und „Reise ohne Heimkehr“ – jüngst in der Reclam-Universal-Bibliothek wieder aufgelegt (Stuttgart 1991 und 1993).

40 S. den Fahrtenbericht von Oss Kröher: Sand und Salz, Heidenheim 1967, sowie ders.: Das Morgenland ist weit. Die erste Motorradreise vom Rhein zum Ganges, Blieskastel 1997.

41 Das Lagerfeuer, Jg. 1953, Heft 17, S. 165.

möglich ... Monatelang dauerte die Vorbereitung, Französisch wurde gepaukt, Land und Leute, wenn auch aus Büchern, eingehend studiert. Die Arme schwollen auf von der Pokkenspritze, die Kehlen wurden heiser vom Liederüben. Eine beherzte Mutter ließ den ganzen Zauber des Imprägnierens und Färbens von Kohtenbahnen in ihrer Küche über sich ergehen. Tagebücher und Pflanzenpressen wurden gebaut. Und es wurde gehofft und gebangt, bis das Visum nach sechs Wochen endlich kam und der Bundesjugendplan zarte Andeutungen machte."[42]

Die allenthalben vorgetragene Empfehlung, doch erst einmal die Heimat zu erwandern, schlug man in den Wind:

„Auslandsfahrten deutscher Jugendgruppen sollen dazu beitragen, uns aus der verhängnisvollen Isolierung herauszureißen und die Barrikaden der Vorurteile und Antagonismen abzubauen, für die wir, die modernen, jungen Menschen, einfach keine Zeit mehr haben ... Wir haben kein Verständnis für die dumpfen Gefühle und Antipathien der Unbelehrbaren ... Wir sind nach Nordafrika gefahren, weil wir Brücken zur französischen und muselmanischen Jugend schlagen wollten, weil uns dieses Land faszinierte ..."

Neben hochgestimmten Selbstansprüchen und Erwartungen finden sich aber auch selbstkritische Einschätzungen. So schreibt der spätere Botschafter der Bundesrepublik Deutschland, Klaus-Jürgen Citron, damals Jungenschafter, in demselben Heft der Zeitschrift *Lagerfeuer*:

„Früher, auf Fahrt, war es so leicht gewesen, ‚Brücken zu schlagen von Volk zu Volk'. Wenn wir heiter und unbeschwert durchs Land trampten und im oberflächlichen Gespräch mit Fahrern und Bauern ‚Europa Wirklichkeit werden sahen', weil wir uns gegenseitig beteuert hatten: ‚Wir sind doch alle Menschen und Brüder, was soll uns der Krieg, es sind doch immer die kleinen Leute, hüben und drüben, die darunter leiden. Frieden und Freiheit für alle, das wird der neue Grundstein für Europa!' In unseren optimistischen Gesprächen unterschätzten wir die Kräfte der Vergangenheit, der Geschichte und die fatalen Notwendigkeiten der Politik ..."[43]

In einer Fülle von Fahrtenberichten in den bündischen Zeitschriften oder in Buchform konnten die jungen Menschen Mitte der 50er Jahre nachlesen, welche Abenteuer die einzelnen Gruppen zu bestehen gehabt hatten.[44] Der spätere langjährige Minister in Nordrhein-Westfalen, seit 1990 Präsident der dortigen Landeszentralbank, Reimut Jochimsen, schrieb damals als 19-Jähriger in einem solchen Fahrtenbericht:

42 Ebd., S. 143 f.; hieraus stammt auch das nächste Zitat.

43 Ebd., S. 171.

44 Aus der großen Vielfalt seien hier neben von den Driesch, Fahrtenbuch Italien (s. Anm. 31) und Kröher (s. Anm. 40) nur noch erwähnt Henning Meincke: Im Watt verschollen, Bad Godesberg 1953, und Walter Scherf: Schwedenfahrt, Recklinghausen 1955.

„Wir wollten ... Lappland mit allen Sümpfen und Mücken bezwingen. Wir wollten alle Zivilisation hinter uns lassen und in eine sehnsuchtsvolle, unerschlossene Urlandschaft ziehen, dass sie uns Ruhe, Besinnung, Freude und Leid, Ernst und Einkehr bei uns selbst schenke. Fern vom ‚Treiben der großen Welt' stromerten wir durch Lappland, wir Pfadfinder aus Flensburg. Gerade in dieser Einsamkeit wurden uns die Menschen zu neuem, beglückendem Erlebnis ..."[45]

„Einkehr bei uns selbst" – in einer solchen Formulierung wird erneut deutlich, dass es bei den Auslandsfahrten der Bündischen in den frühen 50er Jahren letztlich doch nicht in erster Linie um internationale Jugendbegegnung, um einen Beitrag zur grenzüberschreitenden Jugendpolitik, um einen Versuch gezielter Aussöhnung mit den Nachbarn ging. Das alles mag zwar eine Rolle mitgespielt haben, doch trifft wohl durchweg das rückblickende Urteil Karl von den Drieschs zu: „Das Ausprobieren und Ausleben von Möglichkeiten nach ansprechenden Mustern galt primär immer der eigenen Individuation; die Fremde war da stets nur ein Lernmittel unter anderen."[46] Insofern war und blieb die Fahrt, besonders die Großfahrt, im Denken der jungen Bündischen in der Nachkriegszeit das, wozu sie auch schon vor 1933 idealiter stilisiert worden war: Lebensschule durch Bewährung in der Fremde und durch das Bestehen von Abenteuern! Walter Scherf fügte hierzu noch einen weiteren Begriff hinzu, den der „Weite", und schlug damit den Bogen zu jenem jugendbewegten Kernerlebnis, das schon den frühen Wandervogel beflügelt hatte und in romantisierender Überhöhung von Hjalmar Kutzleb idealtypisch in seinem Lied „Wir wollen zu Land ausfahren" – gedichtet um die Jahreswende 1910/11 – besungen worden war.[47] Scherf, der Märchenerzähler, Liedermacher und Lyriker, später Direktor der Internationalen Jugendbibliothek in München und bekannter Märchenforscher, hat damals in einer Vielzahl von kleinen Essays, Erzählungen, Aphorismen, Gedichten versucht, das Prägend-Erlebnishafte der Fahrt sprachlich zu bannen und etwas von dem Rauschhaften mitzuteilen, das die „Er-fahrung" von Fremde und Weite auslösten konnte:

„Die Weite ist das Element der großen Fahrt. Nicht der Apennin oder die Karpaten oder die norwegischen Fjells sind die Weite. Sie wartet in der Heimat auf dich ebenso wie im frem-

45 Reimut Jochimsen: Tak sa mycket – allen Lappländern, in: Das Lagerfeuer, Jg. 1952, Heft 12, S. 368 f.; s. auch den Nachruf auf Jochimsen und seine „bündische" Vergangenheit in: Rundschreiben 162 (Nachrichtenblatt im BdP – Bund der Pfadfinderinnen und Pfadfinder), Lilienwald 2000, S. 34.

46 von den Driesch (s. Anm. 15), S. 52.

47 Zur Entstehung dieses Liedes s. Gerhard Ziemer/Hans Wolf: Wandervogel und Freideutsche Jugend, Bad Godesberg 1961, bes. S. 278 ff.

den Land. Wer mit seinem Fernglas vom Promenadendeck die Küste absucht oder am Königsee Rollfilme verknipst, der ist weit weg von der Weite. Auch wenn ihn 500 oder 5000 Kilometer von seinem Zuhause trennen. Man muss der Weite ausgeliefert sein. Dann erst kommen ihre ungerufenen Abenteuer von selbst."[48]

Selten sind die Berichte und Gedichte, die dem Erlebnis „Fahrt" gewidmet sind, frei von pathetischer Überhöhung und stilisierter Selbstauslegung. Ein Autor mit dem Fahrtennamen „Massa Jim" behandelt zum Beispiel die „Erste Kohtenfahrt im Winter, als wir das Feuerholz trocknen lernten", folgendermaßen:

„Thilo hatte die große Idee, und sie gefiel, uns war sie neu, und der Alte machte sie mit: eine Kohte am Bruchberg, zu bauen im nassen Schnee, im tiefen Moor, abseits jeden Weges und Stegs. Da zu hausen in herrischer Zucht, in Härte hart und ungebeugt, trotzend drohender Wintergewalt. Wärme sollte das Feuer uns geben: Nass war das Holz, nur Qualm und Rauch füllten Kohte und Kehle uns an. Flach am Boden mussten wir atmen. Kein Lied erklang, kein Trunk war warm. Doch keiner fiel und keiner schwand, unser Bündnis bestand die Probe."[49]

Das dröhnt im Stabreim, als habe die *Edda* Pate gestanden, die sich damals, die Zeitbrüche überdauernd, noch auf dem Lehrplan der Gymnasien befand.

Walter Scherfs Veröffentlichungen hoben sich von solchen lyrischen Klimmzügen deutlich ab. Ein Effekt seiner regen Publikationstätigkeit[50] war allerdings, dass die „Weistümer" der jungenschaftlichen Sinnstiftung und die jungenschaftlichen Stilformen ebenso wie das entsprechende Liedgut weit über die engen bündischen Kreise hinaus auch in den Pfadfinderbünden und in konfessionellen Jugendgruppen bekannt und nachgeahmt wurden. Die Exklusivität der autonomen Jungenschaften verlor sich dadurch; folgerichtig warf man aus deren Kreisen Scherf-tejo vor, er „habe sein Wissen vergeudet": „Man fühlte sich betrogen wie ein Stamm, dessen Medizinmann Wanderprediger wird."[51] Gemessen an ihrem anfänglichen Höhenflug und elitären Anspruch unterlagen jedoch grundsätzlich seit der Mitte der 50er Jahre alle bündischen Gruppen einem offensichtlichen Bedeutungsverlust, dem hier allerdings nicht weiter nachgegangen werden soll. Zwar bestätigte eine Broschüre des Bundesjugendrings aus dem Jahre 1964, dass es neben den offiziell in den Jugendringen versammelten Jugendverbänden freie Ju-

48 Walter Scherf: Die Weite, in: Das Lagerfeuer, Jg. 1952, Heft 12, 2. Umschlagseite.

49 Ebd., Heft 3, S. 91.

50 Vgl. die Aufzählung seiner wichtigsten Veröffentlichungen aus den Jahren 1950 bis 1955 bei Fritz Schmidt, Jungenschaft (s. Anm. 24), S. 25.

51 Diethart Kerbs: Zur Geschichte und Gestalt der deutschen Jungenschaften, in: Neue Sammlung, 6. Jg. (1966), S. 146-170, Zitat S. 159.

gendbünde gebe, die „örtlich von nicht zu unterschätzender Bedeutung“ seien,[52] und zählte gerade auch die Jungenschaften dazu, doch hatten sich inzwischen innere Wandlungen vollzogen, die sowohl den Fahrtenstil als auch die gesellschaftskritische Einstellung mancher der jungenschaftlichen Zirkel betrafen und – zum Beispiel im Hinblick auf die berühmten Chansonfestivals auf Burg Waldeck im Hunsrück – schon eher etwas von der späteren Zeit der Studentenbewegung von 1967/68 vorausahnen lassen.[53]

Ein Versuch, sich dem Thema „Fernweh und Großfahrten in der Bündischen Jugend“ nach 1945 anzunähern, wäre aber unvollständig, wenn man nicht auch wenigstens kurz auf das Singen und das Liedgut der bündischen Gruppen in jener Zeit einginge: Ferne, Weite, Fremde wurden ja nicht nur durch das eigene Erlebnis auf Großfahrten „vor Ort“ vermittelt, sondern selbstverständlich auch durch die Berichte darüber, zudem durch Lesestoff aller Art (bis hin zur Karl-May-Lektüre und zur damals blühenden „Heftchenliteratur“), ganz besonders aber durch die Fahrtenlieder! Zur Fahrt gehört das Lied, das war in den Gruppen, die sich der Jugendbewegung und der bündischen Jugend zurechneten, seit jeher so. Aber nach dem Zweiten Weltkrieg tauchten neue, andere Lieder auf – in Text und Melodie weniger trutzig und markig als melancholisch und elegisch gestimmt. In einem Lied von Helm König heißt es etwa: „Der Ring wird geschlossen, der Abendwind weht, die Nachtgeister kommen, die Sonne vergeht. Der Tag geht zur Neige, die Fahrt findet Ruh’. Wir singen uns leise der Nachtwende zu.“[54] Man weiß damals, wie es im Vorwort der ersten großen bündischen Liedersammlung der Nachkriegszeit *Der Turm* heißt, dass „die Lieder weder von der Weise noch vom Wort her vollendet (sind). Sie sind einzig in den Gruppen seit Jahren lebendig, und das war entscheidend.“ Als Motto und aphoristische Selbstauslegung des in den Gruppen gepflegten neuen Singstils wählte man ein bezeichnendes Eskimowort: „Ich singe ein kleines Lied, eines anderen abgenutztes, kleines Lied, aber ich singe es wie mein eigenes, mein eigenes liebes kleines Lied. Und so spiele ich mit diesem abgenutzten kleinen Lied, indem ich es erneuere.“ Diese Haltung bestimmte auch die Rezeption der aus dem Ausland mitgebrachten Lieder, deren Wiedergabe und Tradierung in den Gruppen aus musikethnologischer Perspektive nicht selten fragwür-

52 Deutsche Jugendarbeit, hg. vom Deutschen Bundesjugendring, Bonn 1964, S. 19.

53 Vgl. dazu Oss und Hein Kröher (s. Anm. 13) und Schmidt/Gerhard (s. Anm. 2) sowie Kerbs (s. Anm. 51), S. 161 ff.

54 Zitiert nach dem Liederbuch „Der Turm“, 2., verbesserte Auflage, Bad Godesberg 1955 (1. Auflage 1952), Lied 22 (das Buch hat keine Seitenzählung!); die folgenden Zitate stammen aus einem eingeschobenen Text der Herausgeber nach Lied 81 b.

dig war. Doch traf das wenig, denn man wollte nicht vor diesen, sondern vor den eigenen Ansprüchen in den Gruppen bestehen. Insofern war auch an dieser Stelle – wenngleich unausgesprochen – die alte Meißner-Formel in den jungen Gruppen durchaus lebendig.

Eine bezeichnende Aufforderung der Herausgeber des *Turm* an die singenden Gruppen lautete in diesem Zusammenhang: „Habt den Mut, besinnliche Lieder zu singen. Schlicht und schwermütig sind die Weisen über den Herbst und alles Vergehende. Die rechte Zeit für das Entstehen dieser Lieder war wohl erst nach dem Zweiten Weltkrieg gekommen ..." Diese Aufforderung kam offenbar dem Lebensgefühl der jungen Bündischen um 1950 sehr entgegen: Als Teil der so genannten „suchenden Jugend" fanden sie ein Refugium bzw. eine Möglichkeit zur Flucht aus den immer noch bedrückenden Alltagsverhältnissen in der Imagination von „grenzenloser Weite", von abenteuerlicher, „seltsamer Ferne", von „fernen, weiten Räumen", von „fremden Wunderwelten", von „Küsten, die niemals ein Auge erschaut" – alles Zitate aus damals entstandenen bündischen Liedern, die im *Turm* oder in den seit 1950 herausgegebenen *Liederblättern deutscher Jugend* zu finden sind. Fernweh, der Mythos der Straße, Sehnsucht nach fremden Welten, Melancholie der Vergänglichkeit beherrschten viele dieser neuen Liedschöpfungen oder ließen auch manche der melancholischen Lieder aus den frühen zwanziger Jahren mit ihrer männerbündischen Romantik des „verlorenen Haufens" und der in den Tod reitenden jungen Landsknechte oder Soldaten eine Weile weiterleben.[55] Freilich gab es auch warnende Stimmen wie die von Werner Helwig, der die „männliche Sentimentalität" solcher Lieder kritisierte:[56] Sie beschwere das Individuum und sei „etwas Erstickendes, das einen fremd und sehnsuchtsvoll stimmt", und er, der Ältere (geb. 1905), fügte hinzu: „Und sich fremdgestimmt zu fühlen, das ist wohl eine der merkwürdigsten Seligkeiten innerhalb des Deutschen." Auch Walter Scherf warnte vor „Händlern mit Ersatzwaren" und „Jahrmärkten leichthin angebotener, aber gänzlich unzureichender Stoffe, Vorspiegelungen, Scharlatanerie"[57] und setzte in seinen Publikationen die einfachen Lieder von den Steppen und Strömen, Prärien und großen Wäldern, von den Hirten, Jägern, Bauern und Fischern in anderen Kulturkreisen dem verbrei-

55 Vgl. Jürgen Reulecke: „Wir reiten die Sehnsucht tot" oder: Melancholie als Droge. Anmerkungen zum bündischen Liedgut, in: Thomas Kühne (Hg.): Männergeschichte – Geschlechtergeschichte. Männlichkeit im Wandel der Moderne, Frankfurt/New York 1996, S. 156-173, bes. S. 168 f., im vorliegenden Band S. 103-128.

56 Helwig, Knabenfährte (s. Anm. 13), S. 174.

57 Walter Scherf: Zeltpostille. Geschichten und Lieder, Recklinghausen 1956, S. 65.

teten Talmi entgegen. Er warb für das „gute Lied“, das so still, verhalten und schlicht sei,

> „dass man es mit dem Verstand um und um drehen kann, ohne etwas Außergewöhnliches an ihm zu finden. Und doch ist im Shanty der Atem der See, der gute Klabautermann, das Sausen der Segel, das Knarren der alten Schiffe, ist im schwedischen Hirtenlied der Heideduft und die Stille der blühenden Bergwiesen. Such die einfachen Volkslieder unsrer großen europäischen Heimat, nimm die Blockflöte mit im Affen und spiel die alten Weisen und nicht das dick aufgetragene romantische Zeug einer sentimentalen Zeit!“[58]

Immerhin entstand insbesondere in den frühen Jungenschaftsgruppen nach 1945 auf diese Weise eine bemerkenswerte Liedkultur, die bis in die heutigen bündischen Gruppen hinein nachwirkt. Um es noch einmal zu sagen: Fahrt und Lied gehörten und gehören in den bündischen Gruppen untrennbar zusammen, und da die konkrete Fahrt dem Heranwachsenden gleichzeitig in Form der dazugehörenden Fahrtenlieder auch die Melancholie des grundsätzlichen menschlichen Auf-Fahrt-Seins vermittelt, d.h. das Gespür für das Kommen und Gehen, die Vergänglichkeit und das Scheiden-Müssen nach dem Motto „Wir sind nur Gast auf Erden“, gilt sie – die Fahrt – als der entscheidende und prägende Mythos des Bündischen in der Tradition der deutschen Jugendbewegung. Diesen „Staffelstab“ haben die jungen Bündischen der frühen Nachkriegszeit aufgegriffen und stilbildend weitergereicht – bis heute, wie die in unseren Tagen zwar unauffällige, aber durchaus noch lebendige bündische Szene beweist.[59]

---

58 Walter Scherf: Unsere Lieder; Wiederabdruck in ders.: Lautlos wandert der große Bär, Heidenheim 1982, S. 64.

59 Vgl. z.B. die Fahrtenberichte und Informationen über das Leben in heutigen bündischen Gruppen in den drei überbündischen Zeitschriften „der eisbrecher“, „Stichwort“ (beide erscheinen vierteljährlich, Verlagsort Stuttgart) und „Südland“ (erscheint unregelmäßig, Verlagsort zuletzt, 1995, Berlin) sowie in den vielen Mitteilungsblättern der einzelnen Bünde.

Ein Herz im Straßenstaub: der Fall Forestier 1952/55

Auch in der Geschichte gibt es Strohfeuerbrände: Da werden plötzlich Ereignisse, Probleme oder Personen zum zentralen Tagesgespräch und gelten kurzfristig als höchst wichtig und bedenkenswert, ehe sie wieder sang- und klanglos, so unvermutet, wie sie gekommen sind, aus dem Bewusstsein der Zeitgenossen entschwinden und in deren Erinnerung dann keine oder kaum noch Spuren hinterlassen. Für Historiker mit Interesse an mentalitätsgeschichtlichen Fragen sind dies faszinierende Phänomene, weil sich in solchen Bocksprüngen des Zeitgeistes in besonderer Weise zeittypische Wahrnehmungen und Bedürfnislagen aufdecken lassen. Der Fall Forestier war ein solcher Strohfeuerbrand.[1] Als im September 1952 der Düsseldorfer Verlag Diederichs ein schmales Gedichtbändchen mit dem Titel *Ich schreibe mein Herz in den Staub der Straße* des jungen Lyrikers George Forestier herausbrachte, begann zunächst eine Erfolgsstory ohnegleichen. In kürzester Zeit mussten immer wieder neue Auflagen nachgedruckt werden; bis zum Sommer 1955, als die inzwischen 7. Auflage (März 1955) verkauft wurde, konnte der Verlag über 18 000 Exemplare absetzen – eine für einen Band mit zeitgenössischer Lyrik bis heute einmalige Zahl![2] Im Februar 1954 war zudem noch ein zweites Gedichtheft des Autors ebenfalls mit Erfolg herausgekommen, Titel: *Stark wie der Tod ist die Nacht ist die Liebe*.

Mit wenigen Ausnahmen war das Kritikerurteil einhellig: Hier gebe – so hieß es – ein „europäischer Troubadour" in lyrischem Gewand dem Lebensgefühl und der Mentalität der Nachkriegsjugend in einer Weise Ausdruck, die diese „verlorene Generation" geradezu als Aufruf und Anruf verstehen könne, als Antwort auf die Fragen eines „zerrissenen, unruhevoll sehnsüch-

1 Der Verf. hat den Fall Forestier bereits einmal kurz in einem anderen Zusammenhang behandelt; s. den Beitrag „Laßt der Jugend Zeit", im vorliegenden Band S. 195-213, bes. S. 199 f. Der folgende Beitrag beruht jedoch auf völlig neuen Recherchen.

2 Eine sehr detailreiche Quelle für den Fall Forestier stellt ein Artikel im SPIEGEL Nr. 41 vom 5. Oktober 1955 dar („Forestier. Hinter einer frischen Leiche", S. 39-45). Hier finden sich auch Angaben zu den Auflagen und zum Absatz der Gedichtbände (S. 40).

tigen Lebens“[3]. Durch alle „Stationen des Kreuzweges“ dieser Generation – so schrieb die FAZ – habe Forestier „die unruhvolle Genialität des Abendlandes“ gelebt und bedichtet.[4] Und die Qualität der Verse beurteilte damals z.B. der Schriftsteller und Kritiker Paul Schallück (geb. 1922) als „so schlicht wie alle großen Dichtungen, so melodisch wie die besten Gedichte der Romantik und ... so modern wie kaum etwas in unserer Zeit“[5]. Andere rühmten, „die bronzene Sprache des Schicksals selber“ klinge aus mancher Strophe und das Los von Tausenden werde hier zu Wort; ein „dichterischer Ton von bezwingender Kraft“ prüfe selbst noch das Stupide und Öde „vor dem blitzend klaren Spiegel der dichterischen Wahrheit“[6]. Solche Zitate ließen sich leicht um ein Vielfaches vermehren. Vor allem die geschickte Kombination pointierter Gegensätzlichkeiten in den Forestier-Gedichten begeisterte Kritiker wie Leser: Sentimentalität stehe hier neben Respektlosigkeit, Auflehnung gegen eine kasernierte Sexualität neben religiöser Bildersprache; Fernweh und Abenteuersehnsucht würden immer wieder neu in ungewöhnlichen Metaphern eingefangen; neben Vagabundenversen, Hurenhymnen, Tramperballaden und Zigeunerromantik seien Jazzlyrik und Amerikabegeisterung zu finden. Nur wenige Kritiker rückten von dieser Begeisterung ab und sprachen – wie Hans Egon Holthusen (geb. 1913) – von „massenhaft nichtssagendem Sprachgeröll“, das an Benn, Lorca und Rimbaud erinnere.[7]

Wer war George Forestier? Ein Nachwort zum ersten Gedichtbändchen gab einige Hinweise.[8] Danach handelte es sich um den 1921 bei Kolmar im Elsass geborenen Sohn eines Franzosen und einer Deutschen, der zunächst als Freiwilliger am Russlandfeldzug teilgenommen hatte, 1945 in amerikanische Kriegsgefangenschaft geriet, entfliehen konnte und sich in Marseille

---

3 Zit. nach Dieter Hasselblatt: Lyrik heute. Kritische Abenteuer mit Gedichten (= Signum Taschenbücher 201), Güterloh o.J. (1963), S. 25.

4 Zit. nach dem SPIEGEL (s. Anm. 2), S. 40.

5 Zit. bei Hasselblatt (s. Anm. 3), S. 24; außerdem in dem zweiten Forestier-Gedichtband (s.u.), S. 56, sowie in der Einleitung von Rudolf Riedler „Anstelle eines Vorworts“ zu einem Nachdruck der Gedichte: George Forestier: Ich schreibe mein Herz in den Staub der Straße und andere Gedichte, Wiesbaden/München 1986, S. 12.

6 Westermanns Monatshefte, zit. bei Hasselblatt (s. Anm. 3), S. 25, und ebenfalls im zweiten Forestier-Band, S. 56; das weitere Zitat stammt aus der „Rheinischen Post“ vom 23. Oktober 1954.

7 Fünf junge Lyriker, in: Ja und Nein, Jg. 1954, S. 124-165. Aber auch Holthusen bestätigt, dass Forestier „gelegentlich herrliche Treffer erzielt“ und dass ihm zuweilen „unter der Hand zu Gold (wird), was er blindlings berührt“ (ebd.).

8 Ich schreibe mein Herz in den Staub der Straße, Düsseldorf 1952, S. 48.

herumtrieb, bis er dort von der Polizei aufgegriffen wurde. „Freiwillig" – dies in Anführungszeichen gesetzt – habe er sich dann 1948 zur Fremdenlegion gemeldet und sei nach Indochina abkommandiert worden, von wo er Freunden in Briefen einzelne Gedichte geschickt habe. Von einem Erkundungsauftrag mit seiner Vorpostentruppe sei er im Herbst 1951 nicht mehr zurückgekommen und seither verschollen.

Einer dieser Freunde, Dr. Karl Friedrich Leucht aus Aschaffenburg, Bundeschorleiter des Maintalsängerbundes, schickte im März 1952 – „auf Anraten von Herrn Dr. Gottfried Benn", wie er schrieb[9] – einige der Forestier-Gedichte an Peter Diederichs, den Verlagsleiter des Düsseldorfer Verlags. Dieser biss an, nannte die Verse „ungewöhnlich" und bedauerte, dass in Indochina „zweifellos ein sehr großes Talent dahingegangen (sei)". Ein „glücklicher Zufall", so Leucht, ermöglichte es dann, nach und nach noch weitere Gedichte des Autors von der Frau eines französischen Kameraden Forestiers zu bekommen, so dass Diederichs sich zum Druck eines ersten Gedichtbandes entschloss. Gottfried Benn, um ein Vorwort gebeten, distanzierte sich allerdings, weil er – wie er fand – keine Spuren davon entdecken könne, dass Forestier sein Jünger sei.[10] Immerhin hatte Benn vorher lobend bescheinigt, es handele sich bei den Gedichten um „wunderbar zarte, gedämpfte melancholische Verse"[11].

Die Resonanz übertraf alle Erwartungen des Verlagsleiters und seiner engsten Mitarbeiter, die in der Zeit vorher vergeblich versucht hatten, „das deutsche Publikum ... aus seiner Lethargie gegenüber der heutigen Lyrik aufzurütteln", indem man so genannte „Lyrikbogen" herausgab.[12] Über die beiden Gedichtbändchen hinaus wurden viele der Forestier-Gedichte nun in Zeitungen, Journalen, Literaturbeilagen, aber auch Lesebüchern, Jugendkalendern usw. abgedruckt. Beispielsweise finden sich in Heft 1 der renommierten Zeitschrift *Akzente* aus dem Jahre 1954 zwei seiner Gedichte zwischen einem Essay Ingeborg Bachmanns und einem Vortragstext von Martin Heidegger.[13] Die nur sehr knappen biografischen Informationen über den Autor luden zudem zu Ausschmückungen ein. So imaginierte in der *Deutschen Rundschau* ein Kritiker den dichterischen Schaffensprozess Forestiers folgendermaßen:

---

9 DER SPIEGEL (s. Anm. 2), S. 39.

10 Ebd., S. 40.

11 Zit. nach dem Nachdruck der Gedichte von 1986 (s. Anm. 5), S. 11.

12 Zit. nach DER SPIEGEL (s. Anm. 2), S. 42: „Der Erfolg dieser Bemühungen war gleich Null."

13 Akzente. Zeitschrift für Dichtung, 1. Jg. (1954), S. 54 f. und S. 56.

„Schwer war es, zwischen den kartenspielenden Kameraden an der Ecke des Tisches einen Platz für sich zu erobern. Die Hände, die einen Brief schreiben wollten, und das Papier waren sogleich von Schwärmen von Fliegen übersät. Doch dann war die trostlose Umwelt vergessen, und plötzlich standen ein paar Verszeilen auf dem Blatt ...“[14]

Der Erfolg der Forestierschen Gedichte – auch der zweite Band musste bereits nach zwei Monaten nachgedruckt werden – ließ den Verlag ebenso wie den Vermittler Leucht nicht ruhen, nach weiteren Spuren Forestiers zu suchen – und sie wurden fündig: Die Verlagszeitschrift *Der Diederichs Löwe* druckte z.B. das Foto einer Büste des Dichters ab, und im Sommer 1955 erschien in dem bis dahin unbekannten Darmstädter Georg-Büchner-Verlag ein kleiner Sammelband mit weiteren Hinterlassenschaften Forestiers, jetzt aus den Jahren 1940 bis 1943: Briefe an eine Freundin, einzelne Verse sowie Tagebuchfragmente. Herausgeber war wieder Karl Friedrich Leucht.[15]

Doch mit der Auslieferung dieses Bandes begann der Anfang vom Ende: Der Verleger Diederichs teilte in einem Rundschreiben einer Reihe von Buchhandlungen plötzlich überraschend mit, George Forestier sei ein Pseudonym und der – ungenannte – Autor der Gedichte lebe. Die breite Öffentlichkeit klärte dann der SPIEGEL in seiner Ausgabe vom 5. Oktober 1955 auf, fast exakt drei Jahre nach Beginn des kometenhaften Aufstiegs Forestiers zu einem „der größten deutschen Lyriker der Gegenwart“.[16] In einer hervorragend recherchierten Story entlarvte das Magazin, offenbar mit Billigung der Hauptperson, nämlich des bis Ende 1953 beim Diederichs-Verlag als Lektor, seither als Prokurist beim Düsseldorfer Karl-Rauch-Verlag beschäftigten Dr. Karl Emerich Krämer, die gesamte Forestier-Legende als geplanten Schwindel dieses Dr. Krämer und seines Freundes Dr. Leucht.

Krämer (geb. 1918 in Düsseldorf) hatte, inspiriert durch eine deutsche Ausgabe von Gedichten Garcia Lorcas, eigene Gedichtversuche überarbeitet, die Forestier-Geschichte erfunden und Leucht gewonnen, das Spiel mitzuspielen.[17] Peter Diederichs hatte zwar schon Mitte 1953 die Zusammenhänge entdeckt, hatte aber – da inzwischen bereits der zweite Band vorbereitet wurde – zunächst einmal auch diesen Band dem Urteil der Kritiker

---

14 SPIEGEL (s. Anm. 2), S. 40 (Karl Schwedhelm).

15 George Forestier: Briefe an eine Unbekannte, Darmstadt 1955.

16 So zu lesen im Anhang zu dem zweiten Forestier-Gedichtband „Stark wie der Tod ist die Nacht ist die Liebe“, Düsseldorf 1954, S. 56 (Zitat aus Continente Buenos Aires).

17 S. zum Folgenden vor allem den Bericht im SPIEGEL (s. Anm. 2), außerdem das Vorwort von Riedler (s. Anm. 5) und den Beitrag von Kurt Port: Der Fall Forestier oder wie kommt man in die Literaturgeschichte?, in: Die Pforte, Heft 71 (Band 7), 1956, S. 85-110.

stellen wollen, so Diederichs Begründung für sein Schweigen zwei weitere Jahre lang. Angeblich will er aber Krämer zur Auflage gemacht haben, „das Pseudonym hinfort nicht mehr zu verwenden“. Immerhin hielt er die Produkte Krämers für eine „zwar noch nicht ganz ausgereifte, jedoch ungewöhnlich begabte Versdichtung“. Als Krämer dann nach seinem Weggang aus dem Diederichs-Verlag jenen Sammelband *Briefe an eine Unbekannte* in dem von ihm übrigens selbst mit aufgebauten Darmstädter Verlag herausbrachte, war Diederichs empört, behauptete, Krämer habe sein Versprechen von 1953 (das dieser gegeben zu haben jedoch bestritt) gebrochen, und informierte den Buchhandel. Krämer versuchte jetzt, den Spieß umzudrehen, indem er seine Aktion dem SPIEGEL gegenüber als eine „doppelte Abrechnung“ hinstellte: „mit den Verlegern der alten Generation und mit den Kritikern, die sich als Autoren immer gegenseitig Lob spenden“[18]. Hiermit sind nun zwei Themen angesprochen, die im folgenden – und darin liegt meines Erachtens der eigentliche mentalitätsgeschichtliche Reiz der Forestier/Krämer-Story – etwas ausführlicher verfolgt werden sollen: das hier sichtbar werdende und anschließend intensiv erörterte Problem der Grenzen einer Literaturkritik sowie die damalige Generationenkonstellation.

Krämer gehörte als 1918 Geborener zu jener Generation, die die Jugendzeitschrift *Horizont* einige Jahre vorher bei einem Versuch, die Generationenverhältnisse der Nachkriegszeit aufzuschlüsseln, als „Kumpels“ (geb. ca. 1918/19 bis 1925, geprägt durch die Hitler-Jugend und die Erfahrungen des Zweiten Weltkriegs) identifiziert hatte.[19] Diesen „Kumpels“ wurden Realitätssinn, Selbstdisziplin, Heißhunger auf Bildung und die Übertragung des Kameradschaftsgeistes auf das zivile Leben, aber auch der Hang zum Sarkasmus und große Distanz zu jeder Art von Begeisterung wie die Neigung zu hartem Skeptizismus einerseits, zu einem „pfiffigen Materialismus“ andererseits attestiert. Krämers Selbstdeutung passt zumindest zu den letztgenannten Punkten, wenn er von sich sagt:

---

18 Zit. nach dem SPIEGEL-Bericht (s. Anm. 2), S. 44. Peter Diederichs, geb. 1904, leitete seit 1931 den Eugen Diederichs-Verlag. Zur Abrechnung mit den Kritikern s. die ironische Bemerkung bei Hasselblatt (s. Anm. 3) über den damaligen Stil nach dem Motto: „Krolow lobt Piontek, Piontek lobt Holthusen, und Holthusen lobt Krolow, alle loben Höllerer, und Höllerer stuft alle wertungslos, aber positiv ein.“ Hasselblatt nennt dies Verfahren „Alligatorenkritik (von alligare: verbinden, gebunden sein, verpflichten ...)“, S. 9.

19 Das Generationsproblem, 1. Teil, in: Horizont. Halbmonatsschrift für junge Menschen, Heft 3, 2. Jg. (1947), S. 8 ff.

„Ich gehöre einer Generation an, die genau weiß, was Managertum wert ist. Deshalb Forestier statt Förster. Ein neuer Verlegertyp ist im Kommen, der sich bei jedem Buch fragt: Kann ich das verkaufen, um mein Geld wieder hereinzukriegen, oder nicht?“[20]

Krämers Biografie war stark von der Hitlerjugend und der Kriegserfahrung bestimmt: Bereits 1932 war er in die frühe HJ eingetreten und erhielt deshalb später das HJ-Ehrenzeichen. 1937 legte er als Externer das Abitur ab und begann in Bonn und Frankfurt/Main ein Germanistikstudium, ehe er – ohne Studienabschluss – bei Kriegsanfang ins Militär überwechselte und dort Karriere zu machen versuchte. Als Abteilungskommandant an der Ostfront wurde er dann allerdings 1943 schwer verwundet und nach seiner Genesung als HJ-Bannführer nach Würzburg geschickt, wo er Leucht zu seinem Stellvertreter und zum HJ-Kulturamtsleiter machte. Das Kriegsende erlebte Krämer, der vorher mehrfach von der Reichsschrifttumskammer als Kriegsschriftsteller ausgezeichnet worden war, als Sonderbeauftragter des Wehrmachtsoberkommandos, was ihm anschließend bis Mitte 1946 eine Internierungshaft im Lager Hersbruck einbrachte. In diesem Lager lernte er übrigens einen elsässischen SS-Mann mit Namen Förster kennen, den dann die Amerikaner an die Franzosen auslieferten und der später als Fremdenlegionär in Indochina umkam – biografisches Vorbild für Krämers Forestier also!

Im Jahre 1949 schloss Krämer an der Bonner Universität sein wieder aufgenommenes Germanistikstudium mit der Promotion ab[21] und trat 1950 als Herstellungsleiter und zugleich Mitglied des Lektorenkreises in den Eugen-Diederichs-Verlag in Düsseldorf ein. Das Scheitern des oben erwähnten Versuchs, das deutsche Publikum durch „Lyrikbogen“ für die Nachkriegslyrik zu gewinnen, und die Anregungen vor allem der Lorcaschen Gedichte brachten Krämer auf die Idee, die Forestier-Legende zu erfinden und die überarbeiteten eigenen Gedichte – wie übrigens auch eine von einem Freund vor dem Krieg angefertigte eigene Büste – über Leucht dem Verlag zuzuspielen. Das Zerwürfnis mit Peter Diederichs, das Diederichssche Rundschreiben vom Sommer 1955 und die Tatsache, dass anschließend erste hämische Glossen in deutschen Tageszeitungen erschienen, haben vermutlich Krämer dazu gebracht, die SPIEGEL-Redaktion umfassend zu informieren.

Seinen – einzigen – großen Auftritt, vor seinem schnellen Abstieg in die Vergessenheit, hatte der Forestier-Erfinder dann wenige Tage nach der

---

20 Zit. nach dem SPIEGEL (s. Anm. 2), S. 44; zum Folgenden ebd.

21 Der Titel der Dissertation lautete: Die Entwicklung des Industrie-Volkstums an Rhein und Ruhr, bes. im Spiegel der zeitgenössischen Literatur (Diss. MS Bonn 1949).

SPIEGEL-Enthüllung in Köln:[22] Beim 229. Mittwochgespräch des Bahnhofsbuchhändlers Gerhard Ludwig am 19. Oktober 1955 kam es zu einem Eklat, als der Diskussionsleiter Hans Hennecke anlässlich der Frage „Fehlt uns Deutschen der literarische Sinn?“ auf die Aufdeckung der Forestier-Story kurz vorher hinwies und anschließend beklagte, dass das „literarische Bewusstsein“ in Deutschland „erschreckend gering ausgeprägt“ sei. Im Publikum erhob sich daraufhin der von Ludwig heimlicherweise eingeladene, als Person bis dahin völlig unbekannte Krämer und erklärte den verblüfften Zuhörern, „warum er zu einem derartig dubiosen Trick im eigenen Verlag gezwungen gewesen (sei)“. Die Sensation war perfekt; der ebenfalls anwesende Kölner Verleger Joseph Caspar Witsch z.B. warf Krämer „Hochstapelei“ vor und bezichtigte ihn des Plagiats. Für kurze Zeit gingen nun in den Literaturbeilagen der deutschen Zeitungen die Wogen hoch. Übrig blieb eine Art Katzenjammer und bei allen vorher so begeisterten Kritikern und Lyrikkollegen der Wunsch, die für sie blamable Angelegenheit so schnell wie möglich zu vergessen und Forestier alias Krämer dauerhaft totzuschweigen. Zu deutlich war geworden, dass der Lyrikkritik offenbar die Maßstäbe gefehlt hatten: Nicht die Qualität der Gedichte, die Krämer selbst nicht einmal allzu hoch einschätzte, war es, die den Erfolg bewirkt hatte, sondern die abenteuerliche Biografie der Forestier-Figur. Mit den Worten der Zeitung *Deutsche Woche* vom 2. November 1955:

> „Das Leserpublikum unserer Tage würdigt ein Buch nicht mehr nach dem ihm innewohnenden Wert. Es will, dass das Buch von einem außergewöhnlichen Autor unter außergewöhnlichen Umständen verfasst worden sei.“[23]

Und die vorher besonders begeisterte *Rheinische Post* schrieb nun empört:

> „In fremde Gestalten zu schlüpfen ist durchaus poetischer Brauch. Einem Toten aber die Werbetrommel in die Hand zu geben, sich hinter einer frischen Leiche zu verstecken, das blieb dem Forestier-Autor vorbehalten. Wenn es ein literarisches Strafgesetzbuch gäbe: Hier müsste der Literatur-Anwalt einschreiten.“[24]

Einen solchen Literatur-Anwalt gab es zwar nicht, doch begann in der Folgezeit ein intensiveres Nachdenken über die Möglichkeiten, Gefährdungen und Grenzen der Literaturkritik, zumal Anfang 1957 als „literarische Streit-

---

22 S. zum folgenden Rainer Steinberg: Von Mittelstürmern, Wildwesthelden, Kriegen und Büchern. Die literarischen Gesprächsabende im Kölner Hauptbahnhof, in: Historisches Archiv der Stadt Köln (Hg.): Die Kölner Mittwochgespräche 1950-1956, Köln 1991, S. 83 f.

23 Zit. ebd., S. 84.

24 Zit. nach dem SPIEGEL-Artikel (s. Anm. 2), S. 45.

schrift“ ein Taschenbuch erschien, das – ohne die Forestier-Affäre zu erwähnen – erneut in die offenen Wunden der Literaturkritiker schlug: Der junge Literaturhistoriker Karlheinz Deschner (geb. 1924) provozierte mit seinen Thesen über „Kitsch, Konvention und Kunst“ die Fachwelt,[25] indem er an Beispielen von Landschaftsschilderungen, Liebesszenen und Herbstgedichten Hermann Hesses, Hans Carossas, Werner Bergengruens, Rudolf Bindings, Gottfried Benns, Georg Trakls u.a. – an Werken von damals also hoch geachteten Dichterfürsten – nachwies, wie schmal der Grat zwischen Kunst und Kitsch war, wobei Deschner sich ganz besonders über Hesses Lyrik hermachte; er hielt sie für bedeutungslos: Sie sei „für jeden Kenner der Literatur indiskutabel“, vieles sei bloße „Reimerei“.[26]

Die desolate Lage der Literaturkritik Mitte der 50er Jahre und besonders Deschners Provokation waren schließlich im Herbst 1957 der Anlass für eine damals viel beachtete Tagung des „Bundes“, einer 1945/46 in Wuppertal gegründeten literarischen „Gesellschaft für geistige Erneuerung“.[27] Das Tagungsthema lautete „Literaturkritik – kritisch betrachtet“. Neben Deschner waren sowohl führende Literaturkritiker als auch Verlagsleute und vor allem Autoren anwesend. Das Spektrum reichte von Erich Rothacker, Hans Mayer, Rudolf Hartung und Rainer Gruenter über Peter Diederichs, Joseph Caspar Witsch und Hans Hennecke bis Walter Jens, Ingeborg Bachmann, Heinrich Böll, Paul Celan, Hans Magnus Enzensberger und Peter Huchel. Weder die – so eine Teilnehmerin – „entwaffnende Ungezogenheit“ Deschners noch die sonstigen z.T. pointierten Referate führten jedoch letztlich zu einer Polarisierung zwischen den Autoren und Kritikern und zwischen den west- und ostdeutschen Teilnehmern, sondern zu „erstaunlich fruchtbaren“ Gesprächen, was der FAZ-Berichterstatter als ein Zeichen dafür wertete, „dass die Kluft in der deutschen Literatur noch nicht so tief ist, wie es manchmal scheinen mag“. Das Thema Forestier, das allenfalls in den Pausen der Tagung angesprochen wurde, war damit endgültig vom Tisch, auch wenn sich sechs Jahre später noch einmal Dieter Hasselblatt in seinem Buch *Lyrik heute. Kritische Abenteuer mit Gedichten*, mit dem er gegen die „Selbstüberschätzung einiger Wortbörsenmakler und Lyrizisten“ zu Felde ziehen wollte, ironisch über die Forestier-Affäre äußerte.[28] Aber auch er zitierte

25 Karlheinz Deschner: Kitsch, Konvention und Kunst. Eine literarische Streitschrift (= List-Bücher 93), München 1957.

26 Ebd., S. 157.

27 S. zum Folgenden Uwe Eckardt: Paul Celan (1920-1970) und der Wuppertaler „Bund“, in: Geschichte im Wuppertal, 4. Jg. (1995), S. 90-100, bes. S. 92 ff.; hieraus stammen auch die wörtlichen Zitate.

28 Hasselblatt (s. Anm. 3), S. 23-27.

Friedrich Sieburg, der 1959 – nach dem Erscheinen eines dritten, nun völlig erfolglosen Gedichtbandes von Forestier – im Hinblick auf den Titel dieses Buches *Nur der Wind weiß meinen Namen* geschrieben hatte: „was, wie zu befürchten ist, bald der Fall sein wird.“[29] Als Krämer am 28. Februar 1987 in Düsseldorf starb, schrieb der SPIEGEL Ende März 1987 in einer kurzen Notiz, zwar habe Krämer in den drei Jahrzehnten nach 1955 noch vielerlei geschrieben, doch sei er seither ein „erledigter Fall“ geblieben: Die „feine Literaturkritik, die er einmal so glanzvoll düpiert hatte, verzieh ihm das nie“[30].

Hier könnte der vorliegende Beitrag enden, wenn er lediglich literaturhistorische Aspekte im Blick hätte, doch ist oben bereits kurz auch auf das im Kontext der Forestier-Story bemerkenswerte Generationenthema hingewiesen worden, eine Story, die meines Erachtens erheblich mehr exemplarische Facetten aufweist, als wenn man sie nur als eine Episode in der Geschichte der deutschen Literaturkritik sieht. Ob nun die Gedichte Forestiers alias Krämers hohe Lyrik sind oder nicht, ist unter mentalitätsgeschichtlichem Blickwinkel eher nebensächlich. Viel bedeutsamer ist die Frage nach der Stimmungslage, auf die die Gedichte bei den jungen Menschen damals trafen, und nach den Bedürfnissen, die sie offenbar befriedigten. Schließlich waren es bei vielen Lesern der Gedichte nicht die Umstände der Forestier-Story, sondern die Sprache, die Metaphorik, die angesprochene Grundstimmung, die den überwältigenden Erfolg der Gedichte ausmachten und so begeisterten, dass z.B. sofort mehrere der Texte in den Kreisen der damaligen bündischen Jugend vertont und – wie das Gedicht „Mein Lied für Europa“ – in Jungenkalendern auch noch nach 1955 aufgenommen wurden.[31] Mancher Forestierfreund wird vermutlich so gedacht haben wie jener Leserbriefverfasser, der nach der Aufdeckung der Story an den SPIEGEL schrieb:

> „Ob nun aber Maier, Schulze oder Krämer das geschrieben hat, tut doch dem Werk gar keinen Abbruch. Und das Märchen von Forestiers Leben und Tod? Na, wo wird heute keine Reklame gemacht? Schließlich hieß Willibald Alexis doch auch Häring!“[32]

---

29 Ebd., S. 289, Anm. 8 (FAZ vom 1. August 1959).

30 DER SPIEGEL, 30. März 1987, S. 272. Tatsächlich findet sich in einer größeren Anzahl von Lyrikanthologien aus den Jahren nach 1955, die der Verf. durchgesehen hat, kein einziges Forestier-Gedicht. S. zu diesem Totschweigen auch Hasselblatt (s. Anm. 3), S. 268. In einem Leserbrief an die Westdeutsche Allgemeine Zeitung vom 20. März 1986 spricht Krämer von über 60 Buchveröffentlichungen seit 1955.

31 Z.B. „Komm mit! Jugend-Taschenkalender 1958“, Münster 1957, S. 238.

32 DER SPIEGEL, 26. Oktober 1955, S. 5 (Leserbriefe).

Gleichgültig, ob die Forestier-Verse also nun Klischees enthielten und viele der Sprachbilder nach einer bestimmten Masche gedrechselt worden waren (z.B. sehr oft durch Genitivmetaphern wie „Staub der Straße“, „Blut des Meeres“, „Schiff meiner Sehnsucht“): Die Verquickung von Elementen aus dem traditionellen lyrisch-romantischen Fundus („Herz, Harfe, Sehnsucht, Blüte, Erde, Himmel“ usw.) mit „globaler Geographie, technischer Welt und Soldatendrastik“[33], mit kaum verhüllten sexuellen Anspielungen, mit einem betont männlichen Gestus und mit einem anrührenden Europapathos kam offenbar gut an – dies zumindest bei zwei (Männer-)Generationen, denen Krämer manche ihrer Bedürfnisse und Befindlichkeiten geschickt „abgelauscht“ hatte.

Die eine Generation war die oben schon erwähnte „Kumpel-Generation“ der um 1920 geborenen Jahrgänge, zu der Krämer selbst (geb. 1918) gehörte und der er auch seinen Forestier zurechnete (geb. 1921). Ihre Kleinkindzeit hat diese Altersgruppe in den Nachkriegswirren nach 1918 erlebt und ihre wichtigste jugendliche Prägephase in den Konsolidierungsjahren des „Dritten Reiches“, ehe sie dann das Hauptkontingent der deutschen Frontsoldaten stellte und schließlich meist körperlich und seelisch verwundet als eine „verlorene Generation“ aus Krieg und Kriegsgefangenschaft heimkehrte.[34] Sie war in ihrer Jugendzeit mit einer speziellen Art von Erinnerung an den Ersten Weltkrieg – Stichwort „Langemarck“ – traktiert worden und hatte nicht zuletzt mit den von der HJ übernommenen Männerbundliedern der bündischen Jugend wie „Wildgänse rauschen durch die Nacht“ und „Es klappert der Huf am Stege“ ein Lebensgefühl verinnerlicht, das im Extremfall von hoher Einsatz-, ja Opferbereitschaft und tiefer Melancholie zugleich geprägt war. Bitterkeit und Enttäuschung, z.T. auch die Flucht in Zynismus und Sarkasmus oder in materialistische Nüchternheit, so diagnostizierte die zitierte Zeitschrift *Horizont*, prägten diese „Kumpels“ in den ersten Nachkriegsjahren.[35] Die Forestier-Gedichte schienen jedoch nun, folgt man einer Interpretation aus der FAZ von Ende 1952, den Beweis zu liefern, „dass dies im Chaos erzeugte, im Chaos großgewordene Geschlecht wunderbarerweise doch nicht zu den verlorenen Generationen gehört“: Forestier repräsentiere das Zurückfinden dieser Generation zur „unruhvollen Genialität des Abend-

33 S. die kritischen Hinweise bei Hasselblatt (s. Anm. 3), S. 25; vgl. außerdem Port (s. Anm. 17) mit differenzierten Einzelanalysen.

34 Zur Generationenstruktur nach 1945 allgemein s. Helmut Fogt: Politische Generationen, Opladen 1982, bes. S. 126 ff., sowie Ulrich Herrmann: Das Konzept der „Generation“, in: ders. (Hg.): Jugendpolitik in der Nachkriegszeit, Weinheim/München 1993, S. 99-117.

35 S. oben, Anm. 19.

landes" – und dies im „Europa unserer Tage".[36] Neben dem allbekannten Wirtschaftswunder wurde also auch so etwas wie ein mentalitätsgeschichtliches Wunder Mitte der 1950er Jahre herbeigeredet! Nostalgische Erinnerungen (Stichwort „Soldatendrastik") und gleichzeitig die Bestätigung, dass man wieder Tritt gefasst hatte – trotz aller weiterhin vorherrschenden „Witterung für menschliche Isolation, für Vergeblichkeit"[37] –, konnten dementsprechend die „Kumpels" aus der Lyrik Forestiers beziehen.

Anders sah es bei der nachfolgenden Generation der um 1950 Achtzehn- bis Fünfundzwanzigjährigen aus, die die Zeitschrift *Horizont* als „neue Romantiker" bezeichnete: Sie seien einerseits „erstaunlich selbstsicher und frühreif" und zudem sehr begabt, andererseits aber auch von „gesteigerter Empfindsamkeit" geprägt und zeichneten sich durch „stark lyrische Züge" aus, d.h. durch eine „sehr begreifliche Sehnsucht nach Stille, eine Hinneigung zum Zarten und Innerlichen", verbunden mit einem „ungestümen Kulturhunger".[38] Arno Klönne hat einmal diese Situation als Suche nach der „blauen Blume in Trümmerlandschaften" charakterisiert[39] und damit darauf angespielt, dass zumindest Teile dieser Generation besonders empfänglich für jene jugendbewegte Romantik waren, deren Stilformen nach 1933 zwar z.T. durch die „Piraterie" der Nationalsozialisten in der Hitlerjugend übernommen worden waren, dennoch aber offenbar auch in den 1950er Jahren noch ein bewegendes und für unbelastet gehaltenes Potenzial enthielten, das dann bis in die 1960er Jahre hinein in Form einer Art „Restgeschichte" (A. Klönne) in freien bündischen Gruppen und in der Jugendarbeit der großen konfessionellen Jugendverbände weitertradiert werden konnte. Diese „suchende Jugend" Ende der 1940er/Anfang der 1950er Jahre[40] fand mindestens z.T. ein Refugium bzw. eine Möglichkeit zur Flucht aus den immer

36 Zit. nach dem SPIEGEL-Artikel (s. Anm. 2), S. 40.

37 So Karl Krolow, zit. nach dem Vorwort zu dem Nachdruck der Forestier-Gedichte (s. Anm. 5), S. 11.

38 Horizont (s. Anm. 19), S. 10; außerdem ebd., 2. Teil in Heft 4, 2. Jg. (1947), S. 9 f.

39 Arno Klönne: Blaue Blumen in Trümmerlandschaften. Bündische Jugendgruppen in den Jahren nach 1945 (= puls 18. Dokumentationsschrift der Jugendbewegung), Witzenhausen 1990.

40 S. den Band von Alfred Kantorowicz: Suchende Jugend. Briefwechsel mit jungen Leuten, Berlin 1949. In einer vom Sozialminister NRW hg. Broschüre „Jugend ohne Heimat" (1952) ist damals der Versuch unternommen worden, vier unterschiedliche Gruppierungen dieser „suchenden Jugend" zu identifizieren; eine dieser Gruppierungen von damaligen Jugendlichen wird mit „die das große Erlebnis suchen" beschrieben (S. 40 f.); weitere Gruppen sind „die dem Nihilismus Verfallenen, die von Torschlusspanik geprägten" und diejenigen, „die das Leben meistern wollen".

noch bedrückenden Alltagsverhältnissen in der Imagination von „grenzenloser Weite“, von abenteuerlicher, „seltsamer Ferne“, von „fernen, weiten Räumen“, von „fremden Wunderwelten“, von „Küsten, die niemals ein Auge erschaut“ – alles Zitate aus damals entstandenen bündischen Liedern, die z.B. in dem 1952 erstmalig erschienenen, 1955 in erweiterter Auflage herausgebrachten, weit verbreiteten Liederbuch *Der Turm* sowie in den *Liederblättern deutscher Jugend* (seit 1950) und einer Anzahl weiterer Liederhefte, Jungenbücher und -kalender zu finden sind.[41] Hier beginnt auch die Verbindung zur Forestier-Geschichte, denn einige seiner Gedichte tauchen sowohl als Liedtexte im *Turm* und in den *Liederblättern deutscher Jugend* als auch z.B. in dem Jungenkalender *Heijo* von 1954 auf. „Das ist eine Sprache, die ich noch nie gehört habe, aber das ist unsere Sprache, unser Gefühl“, heißt es dort[42] – und an anderer Stelle: „Seine (= Forestiers, J.R.) Gedichte weisen eine solche Eigenheit der Sprache, eine solche Echtheit des Gefühls und eine solche Weite des Horizonts auf, dass wir ihn als Repräsentanten der Empfindung des modernen jungen Europäers betrachten möchten.“

Zumindest bei diesen „neuen Romantikern“ im jugendbewegten Umfeld – aber sicherlich nicht nur dort – war also der Acker für den Forestier-Ton gut vorbereitet[43]: Grenzenloses Ausschweifen, „rastlos ruhelose“ Sehnsüchte, für die dann als Chiffren klingende Namen wie Sacramento, Rio und Shanghai eingesetzt werden, ein „Traum vom Glück“, eine „auf allen Straßen“ liegende „Lockung der Unendlichkeit“ – solche Grundgefühle beherrschten viele bündische Liedschöpfungen Ende der 40er/Anfang der 50er Jahre. Arno Klönne, in diesem Fall in ganz besonderer Weise Zeitzeuge und analysierender Zeithistoriker zugleich, hat in einem Interview die damalige generationenspezifische Emotionalität ausdrücklich bestätigt;[44] schließlich gibt es persönliche Quellen von ihm, die diese Stimmungslage exemplarisch

41 Es handelt sich um Veröffentlichungen des Voggenreiter-Verlags, Bad Godesberg, des Südmark-Verlags, Heidenheim/Brenz, des Verlags Junge Welt, Opladen, und des Paulus-Verlags, Recklinghausen.

42 Heijo. Taschenbuch für Jungen 1954, Opladen 1953, S. 145 ff.; das folgende Zitat stammt von S. 48.

43 S. zum damaligen Lesestoff der „Bündischen“ Norbert Schwarte: Fahrtentechnik – Lebenskunst, in: Stichwort, Heft 3, Jg. 1988, S. 76 ff.; Schwarte geht hier ausdrücklich auf Forestier ein.

44 Das Interview liegt inzwischen gedruckt in dem von Franz-Werner Kersting hg. Sammelband vor: Jugend vor einer Welt in Trümmern. Erfahrungen und Verhältnisse der Jugend zwischen Hitler- und Nachkriegsdeutschland, Weinheim/München 1998, dort S. 87-103.

belegen, wie z.B. einige von ihm damals vertonte Texte Stefan Gräffshagens: „Meine alten Stiefel tragen auf dem Leder grauen Staub“, „Hört ihr den fernen Bänkelsang: ein kühler Wind am Weg entlang treibt uns der Nacht entgegen“ oder „Die Stimmen sind verstummt, die Lieder starben“.[45]

Aber es war nicht nur diese Komponente Fernweh, Staub der Straße, Sehnsucht nach fremden Welten, Melancholie der Vergänglichkeit, die Krämer seinen Zeitgenossen „abgelauscht“ hatte, sondern auch die geheime Verehrung für die großen Outlaws, die einsamen Abenteurer, die weltweit beheimateten und zugleich unbehausten Globetrotter, die Tramper auf allen Meeren und in allen Kontinenten: „Vagabund, Zigeuner, Tramp treib ich mit den Vogelschwärmen, Güterzügen, Knochensammlern von New York bis San Francisco, von St. Lorenz bis Habana“, heißt es bei Forestier; und er besingt ausgerechnet den Clochard, den Penner und Bettler als den „letzte(n) König der Europäer ..., dem Flüsse und Straßen gehören. Alle Berge sind sein, alle Brücken und Städte.“[46] Ganz ähnliche Töne wurden auch in bündischen Liedern angeschlagen, angefangen von „Ich kenne Europas Zonen vom Ural bis westlich Paris. Die Händel der großen Nationen, der Klassen und Konfessionen sind für mich nur ein fauler Beschiss“ bis zu dem vertonten Text aus dem *Totenschiff* von Traven „Was gehn euch meine Lumpen an?“ mit der Schlußstrophe: „Ich pfeife auf das Weltgericht. An Auferstehung glaub ich nicht, ob's Götter gibt, das weiß ich nicht, und Höllenstrafen fürcht ich nicht.“[47] Das waren in einer Zeit forsch voranschreitender Restauration, umfassender Re-Etablierung christlicher Werte und massiver Bestrebungen, den „guten Ton in allen Lebenslagen“ wiederzufinden, sehr bewusste Provokationen und Versuche, eine eigene jugendliche Welt zu reklamieren. Entsprechende respektlose Texte, zugleich spritzig und pfiffig, fanden sich allerdings weniger bei Forestier, bei dem manche seiner weltweit ausschweifenden Sehnsüchte auf den schon arg kitschig anmutenden Hunger „nach dem Licht der Liebe“ zurückgeführt wurden,[48] sondern bei Fritz Graßhoff (geb. 1913), der ab 1954 in seiner *Halunkenpostille* und in weiteren Song-, Balladen- und Moritatenbänden diese Whiskyspelunkenromantik in den Häfen rund um den Globus sowie die gesamte Vagabunden- und Out-

45 Die Lieder sind in den „Liederblättern deutscher Jugend“ veröffentlicht (Nr. 7, 33 und 72), Heidenheim/Brenz 1952 ff.

46 Zit. nach dem Nachdruck der Gedichte (s. Anm. 5), S. 71 und S. 22.

47 Das erste Lied stammt aus den „Liederblättern“ (s. Anm. 45), Nr. 25; das Traven-Lied befindet sich im „Turm“, 2., verbesserte Auflage, Bad Godesberg 1955, Nr. 128.

48 Forestier-Gedichte (s. Anm. 5), S. 71.

law-Lyrik kräftig verulkte.[49] Letztlich kamen solche Texte auf längere Sicht in den jugendbewegten Gruppen mehr an als die meisten der Forestier-Gedichte, ebenso wie jetzt verstärkt die Aneignung originaler Lieder und Texte aus anderen Lebenswelten und Kulturräumen begann. Walter Scherf-tejo- (geb. 1920), der wohl bedeutendste Impulsgeber einer bündischen Jugendkultur nach 1945, hat 1956 in seiner *Zeltpostille* deutlich die Spreu vom Weizen getrennt; ohne Forestier zu erwähnen, sicherlich jedoch in Kenntnis der Story schrieb er: „Wo aber echte Beziehungen sind, geheime ‚Affinitäten' und Ströme, tauchen zu allen Zeiten Händler mit Ersatzwaren auf, ganze Jahrmärkte leichthin angebotener, aber gänzlich unzureichender Stoffe, Vorspiegelungen, Scharlatanerie."[50] Und so blieb dann auch in den bündischen Kreisen die Forestier-Begeisterung eine Episode, auch wenn einige der Vertonungen bis heute noch gesungen werden. Zudem waren die 50er Jahre und mit ihnen die Forestierfreunde in die Jahre gekommen; neue Generationenkonstellationen kündigten sich seit 1956/57 an: An die Stelle des Erlebnisses einer erdrückenden Alltagswelt voller Ruinen und geistiger Trümmer, aus der sich die jungen Menschen nur mit Hilfe imaginierter Gegenwelten befreien konnten, trat gegen Ende der 50er Jahre das Erlebnis einer sich sprungartig ausdehnenden Konsumwelt mit wachsendem Wohlstand und sicheren Perspektiven. Die Position der unbehausten und der verlorenen, der suchenden und der skeptischen Generation nahm nun mehr und mehr eine „unbefangene Generation" ein,[51] die dann aber zunehmend begann – zunächst tatsächlich noch recht „unbefangen", allmählich jedoch mit immer stärkerem politischem Unterton –, die Grundprinzipien der bundesrepublikanischen Gesellschaft kritisch zu befragen. Dass auch hier wieder Lyrik und Lieder eine wichtige Funktion hatten – von den Ostermärschen bis zu den Waldeck-Festivals, von Dieter Süverkrüp über Hanns Dieter Hüsch und Peter Rohland bis Franz Josef Degenhardt, Hein und Oss Kröher,

---

49 Die verschiedenen Gedichtbände Graßhoffs aus den Jahren 1954, 1955 und 1958 wurden dann unter dem Titel „Die große Halunkenpostille. Songs, Balladen, Moritaten" 1963 in einem Sammelband herausgebracht (dtv, Bd. 150), München 1963.

50 Walter Scherf: Zeltpostille. Geschichten und Lieder, Recklinghausen 1956, S. 65. Zum bündischen Liegut nach 1945 s. den Überblick von Erich Scholz-olka: Die Lieder zwischen 1945-1968, in: der eisbrecher 1/1988: Zur Geschichte der bündischen Lieder, S. 12-17.

51 Helmut Fend: Sozialgeschichte des Aufwachsens. Bedingungen des Aufwachsens und Jugendgestalten im zwanzigsten Jahrhundert, Frankfurt a.M. 1988, bes. 205 f.

Hannes Wader, Reinhard Mey, Walter Mossmann u.a.[52] –, soll aber an dieser Stelle nicht mehr behandelt werden: Das ist eine eigene Geschichte!

52 S. z.B. die Darstellung von Oss u. Hein Kröher: Rotgraue Raben. Vom Volkslied zum Folksong, Heidenheim/Brenz 1969.

Waren wir so? Zwanzigjährige um 1960: ein Beitrag zur „Ich-Archäologie"

Wer um 2000 sechzig Jahre alt geworden ist, gehört – folgt man Heinz Bude in seinem Buch *Das Altern einer Generation* – zu einer Altersgruppe, die sich von der Geschichte zurückzieht, um ihre eigene Biografie zu entdekken.[1] An dem behaupteten Rückzug aus der Geschichte scheint zur Zeit tatsächlich auf den ersten Blick etwas dran zu sein, wenn man die Diskussionen um die „Rente ab 60" bedenkt und gleichzeitig in seinem eigenen Umfeld registriert, dass sich immer mehr Bekannte schon vor ihrem sechzigsten Lebensjahr – freiwillig oder erzwungen – in den so genannten „Ruhestand" zurückziehen und damit gleichzeitig aus der „Geschichte", hier verstanden als gestaltendes aktives Handeln im öffentlichen Raum, verabschieden. Aber wie steht es mit der angeblich stark wachsenden Neigung dieser Sechzigjährigen, sich stattdessen intensiver mit der eigenen Lebensgeschichte zu beschäftigen? Ein solches rückwärtsgewandtes Verhalten ist ja angesichts unserer im Durchschnitt immer älter werdenden Gesellschaft und dem grundsätzlich sowieso meist stärker vergangenheits- als zukunftsorientierten Blick älterer Menschen nicht allzu überraschend. Das sich geradezu inflationär ausbreitende Geschäft mit dem kollektiven Erinnern in den letzten Jahren mag ein Symptom für eine solche überalterte Gesellschaft sein: Ein Gedenktag mit entsprechenden Ausstellungen jagt den anderen; die Diskussion über das, an was wir uns erinnern sollen, erregt – vor allem bei Kontroversen wie die um das Goldhagen-Buch und anlässlich der Bubis-Walser-Debatte, bei der Planung von Denkmälern, im Zusammenhang mit der so genannten Wehrmachtsausstellung usw. – die Gemüter; Fernsehserien mit dem dubiosen Anspruch zu zeigen, wie es angeblich wirklich gewesen ist, verzeichnen hohe Einschaltquoten; Erinnerungsbücher aller Art füllen die Schaufenster und Regale der Buchhandlungen wie wohl nie zuvor. Für Historiker offen-

1 Heinz Bude: Das Altern einer Generation. Die Jahrgänge 1938-1948, 2. Aufl., Frankfurt a.M. 1997, S. 101.

bar eine große Zeit: eine Zeit hoher Achtung ihrer Künste und besonderer Würdigung ihrer Leistungen, eine Erntezeit also?

Wer das annimmt, verwechselt Geschäftigkeit und Geschäftssinn im Umfeld der zur Zeit offenbar gut vermarktbaren Ware „Geschichte" mit historisch-kritischer Analyse und Wahrheitssuche bzw. selbstbefragender Historisierung und Sinnstiftung via Geschichte. Denn um letzteres geht es praktisch überhaupt nicht: Historiker werden für den schnelllebigen Erinnerungsrummel gar nicht primär gebraucht; sie gelten als eher sperrig, neigen zum Verkomplizieren und endlosen Differenzieren und wehren sich gegen platte Botschaften und Lehren aus der Geschichte, wie sie z.B. manche Medienmacher und Feuilletonschreiber verbreiten möchten. Insofern bleibt die Frage offen, ob der massenhafte Verkauf jener Ware mit dem Etikett „Geschichte" tatsächlich zu einer ernstzunehmenden Selbsthistorisierung der jetzt allmählich ins Rentenalter tretenden Zeitgenossen beiträgt. Eher das Gegenteil dürfte wohl der Fall sein: Punktualisierende historische „Anlasskultur" bringt noch keine Geschichts- oder Erinnerungskultur hervor, die diesen Namen verdient!

Und dennoch lenkt die eingangs zitierte Bemerkung Heinz Budes den Blick auf ein durchaus spannendes und bemerkenswertes Phänomen der letzten Jahre, das zwar einerseits in der Geschichte des 20. Jahrhunderts schon mehrfach eine Rolle gespielt hat und andererseits in trivialisierter Form auch in öffentlichen Debatten als plakative Grobkategorisierungshilfe benutzt wird, trotzdem aber ernst zu nehmen ist, weil es seit den frühen 80er Jahren das Lebensgefühl einer wachsenden Zahl von Menschen und auch die wissenschaftlichen Debatten über Lebensgeschichten im 20. Jahrhundert in beträchtlichem Umfang beeinflusst hat. Gemeint ist das Denken in Generationszugehörigkeiten, Generationenkonstellationen und -konflikten. Überspitzt gesagt scheint es manchmal, als sei an die Stelle der Strukturierung der Gesellschaft nach ökonomischen Klassen, sozialen Schichten oder Milieus das Kategorisieren nach Generationen getreten.[2] Zwar war seit den späten 1950er Jahren der Schelskysche Begriff der „skeptischen Generation" für die Anfang bis Mitte der 1930er Jahre Geborenen zum Schlagwort geworden und blieb es auch, doch entstand der neuerliche Boom eines Denkens in Generationen erst parallel zum Älterwerden der so genannten „68er", die ihre Selbst- wie Fremdidentifizierung als sichtbare Generation erst in den 1980er Jahren erfuhren (oder auch selbst provozierten). Gleich-

2 S. dazu z.B. Andreas Lange: „Generationenrhetorik" und mehr: Versuche über ein Schlüsselkonzept, in: Sozialwissenschaftliche Literaturrundschau, Jg. 1999, H. 2, S. 71-89.

zeitig setzte sich in verschiedenen Wissenschaftsdisziplinen und auch in den gehobenen Intellektuellenmagazinen – wieder einmal – der Trend durch, Generationenkonstellationen als bedeutsame historische Bewegungsimpulse, sozialpsychologische Abgrenzungsformen, politische Zuordnungsmöglichkeiten usw. zu deuten. Ein einschlägiger Aufsatz Karl Mannheims aus dem Jahre 1928 erlebte in diesem Zusammenhang eine bemerkenswerte Renaissance.[3]

Lässt man einmal die Tatsache beiseite, dass auch in den Massenmedien, in Politikerreden und Talkshows neuerdings inflationär mit Generationszuschreibungen hantiert wird bzw. ständig neue Generationen herbeigeredet werden, so liefert das Generationenkonzept dennoch ganz offensichtlich eine Fülle von Impulsen, dem im Rahmen einer „kulturalistischen Wende" in der Geschichtswissenschaft der letzten Jahre oft angesprochenen „subjektiven Faktor" in der Geschichte auf die Spur zu kommen und „den wechselseitigen Verflechtungen von individueller und gesellschaftlicher Entwicklung Rechnung (zu tragen)"[4]. Eine Reihe einschlägiger Detailuntersuchungen hat inzwischen gezeigt, wie fruchtbar der Generationenansatz sein kann und wie sehr er schon einen anregenden interdisziplinären Austausch angestoßen hat.

Dies soll hier jedoch nicht weiter thematisiert werden, sondern es soll eine Beobachtung aufgegriffen bzw. ein Phänomen beleuchtet werden, das mit der angeblich besonders ausgeprägten Biografisierungslust jener Altersgruppe zusammenhängt, die Bude pauschal als „68er" bezeichnet hat: die Jahrgänge 1938 bis 1948, hier speziell die Jahrgänge um 1940. Auffallend ist nämlich, dass fast alle neueren Anstöße zur Verfolgung generationsgeschichtlicher Fragen seit den frühen 1980er Jahren zunächst von Personen ausgingen, die heute etwa sechzig Jahre alt sind, ehe dann später weitere folgten, die – wie z.B. Heinz Bude, Peter Dudek, Irmtraud Götz von Olenhusen, Claus Leggewie, Detlev Peukert und Axel Schildt – um 1950 geboren sind. Zu jenen fast gleichaltrigen Protagonisten, zu denen sich auch der Autor zählt, gehören z.B. Christa Berg, Helmut Fend, Helmut Fogt, Ulrich Herrmann, Walter Hollstein, Sibylle Hübner-Funk, Hans Jaeger, Tilmann Moser, Peter Schulz-Hageleit, Bernhard Schäfers, Jürgen Zinnecker. Und es war wohl auch kein Zufall, dass sich 1984 in Berlin erstmalig auf einem

3 Karl Mannheim: Das Problem der Generationen, in: Kölner Vierteljahrshefte für Soziologie, Jg. 1928/29, S. 157-185, S. 309-330; inzwischen mehrfach nachgedruckt!

4 Kurt Lüscher: Generationenbeziehungen - Neue Zugänge zu einem alten Thema, in: ders./F. Schultheis (Hg.): Generationenbeziehungen in postmodernen Gesellschaften, Konstanz 1993, S. 17-47, hier S. 17.

Historikertag eine Sektion mit einem Generationsthema beschäftigt hat, nämlich mit *Generationenkonstellationen und Jugendprotest in Deutschland 1890 bis 1933* (Leitung: Jürgen Reulecke, Referenten neben Hans Mommsen Irmtraud Götz von Olenhusen, Ulrich Herrmann, Ulrich Linse und Hans Jaeger).[5] Die Genannten kamen von recht unterschiedlichen Disziplinen her, z.B. von der Jugendsoziologie, der Politologie und der Historischen Bildungsforschung, von der Sozial-, Sozialisations- und Mentalitätsgeschichte, von der Psychoanalyse und Psychohistorie, aber was ihnen gemeinsam war, war einerseits ihr grundsätzliches Interesse an der Frage nach den historischen Zusammenhängen und Folgen von Generationenwechseln in der jüngeren Geschichte und andererseits ihre Neugier zu erfahren, welche Rolle altersspezifische Mentalitäten und Wandlungsmuster bei der Entwicklung der bundesrepublikanischen Nachkriegsgesellschaft gespielt haben.

Selbstverständlich nimmt heute kein ernstzunehmender Historiker mehr an, dass es möglich sei, Geschichte „objektiv" darzustellen, wie es sich einst Leopold von Ranke vorgestellt hat, nämlich so, „wie es eigentlich gewesen ist": Immer wirken sich vielfältige individuelle Vorgaben, Interessen, Klärungsbedürfnisse, Begrenztheiten u.Ä. sowohl beim Forschungsvorgang im engeren Sinn als auch bei jeder Form des historischen Urteilens aus. Aber in unserem Fall scheint, ohne dass dies von den oben genannten Fachleuten bisher thematisiert worden ist, das Gefühl einer ganz eigentümlichen Eingebundenheit in den Zeitfluss die Motivation geliefert, zumindest beeinflusst zu haben, sich wissenschaftlich mit einem Untersuchungsgegenstand zu beschäftigen, der zugleich ein bedeutsamer Teil der eigenen Lebensgeschichte ist: die Abfolge von und die Zugehörigkeit zu identifizierbaren Altersgruppen im Sinne des Generationenkonzepts. Wenn man sich auf diese Annahme einlässt, ergibt sich sogleich eine, wie ich finde, besonders reizvolle Möglichkeit, jene als Ergebnis von Oral-History-Untersuchungen ironisch zugespitzte Erfahrung, der Zeitzeuge sei der natürliche Feind der Historiker,[6] am eigenen Leibe einmal durchzuspielen. Bei einem solchen Unternehmen trifft das bekannte Goethe-Wort von den zwei Seelen, die – ach! – in unserer Brust wohnen, in besonders ausgeprägter und zugleich recht spezifischer Weise zu, nämlich einerseits abständig analysierender Wissenschaftler

5 S. den Sektionsbericht in: Bericht über die 35. Versammlung deutscher Historiker in Berlin, Stuttgart 1985, S. 211-219.

6 Vgl. etwa den Rezensionsartikel von Wolfgang Kraushaar: Der Zeitzeuge als Feind des Historikers? Neuerscheinungen zur 68er Bewegung, in: Mittelweg 36, Jg. 8 (1999), H. 6, S. 49-72, sowie den Titel einer Tagung des Instituts für Geschichte und Biografie der Fernuniversität Hagen Ende Januar 2000 „Der Zeitzeuge als natürlicher Feind der historischen Zunft?"

zu sein, der sich aus der Vogelperspektive einem historischen Sachverhalt nähert, den er/sie andererseits aus der Froschperspektive der eigenen Biografie selbst erlebt, wahrgenommen, erfahren hat und entsprechend erinnert. Und was für das Individuum als Projekt schon spannend genug sein mag, dürfte dadurch noch umso reizvoller sein, als hier eine ganze Gruppe von Personen – wie gesagt: alle geboren um 1940 – in ähnlicher Weise herausgefordert ist. Doch wie kann man mit dieser Herausforderung umgehen?

Als vor kurzem der „autobiografische Bericht" eines angesehenen Historikerkollegen – es handelt sich um den Tübinger Osteuropahistoriker Dietrich Geyer – über seine Jugendjahre bis etwa 1950 erschien, leitete ein Rezensent seine Buchbesprechung mit der Behauptung ein: „Berufshistoriker setzen sich gern quellenkritisch mit Memoiren auseinander, hüten sich aber im Gegensatz zu Berufsdiplomaten davor, selbst Lebenserinnerungen zu verfassen."[7] Tatsächlich scheint es Historikern bisher – abgesehen von wenigen Ausnahmen – schwergefallen oder gar nicht erst in den Sinn gekommen zu sein, sich selbst aus dem Blickwinkel des Fachmanns als historische Figur zu thematisieren. Möglicherweise befürchteten sie, wie es z.B. die amerikanische Historikerin Helen Nader auf Befragen einmal festgestellt hat,[8] „that I might appear egocentric to some historians for doing so": Jene, deren professionelle Verantwortung auf die abständige Erforschung der Vergangenheit gerichtet sei, „(ought not) to parade their personalities before others." Ein bemerkenswertes Beispiel dafür, wie ein Historiker über von ihm selbst Erlebtes berichtet, es auch farbig mit Hilfe von Äußerungen Anderer und sonstigen Quellen darstellt und analysiert, ohne sich als Person selbst dabei ins Spiel zu bringen, ist z.B. der Bericht von Hartmut Zwahr (geb. 1936) über die „Revolution in der DDR" am Beispiel der Ereignisse in Leipzig.[9]

Allerdings scheint sich seit den letzten Jahren ein Wandel zu vollziehen: „Ich-Geschichte", „Ego-Dokumente" nicht zuletzt auch von Historikern stoßen auf ein wachsendes Interesse, wie etwa der Erfolg des Buches *Ein*

7 Rainer A. Blasius: Die Erinnerungen des Historikers Dietrich Geyer: Geschichten zur Geschichte, in: Das Parlament, Nr. 52/53 vom 24./31.12.1999, S. 14. Es geht um das Buch von Dietrich Geyer: Reußenkrone, Hakenkreuz und Roter Stern. Ein autobiografischer Bericht, Göttingen 1999.

8 Zit. nach Michael Dintenfass: Crafting Historian's Lives: Autobiographical Constructions and Disciplinary Discourses after the Linguistic Turn, in: The Journal of Modern History, vol. 71, No. 1 (1999), S. 150-166, hier S. 153-155.

9 Hartmut Zwahr: Ende einer Selbstzerstörung. Leipzig und die Revolution in der DDR, 2. Aufl., Göttingen 1993.

Sonntagshistoriker. Philippe Ariès über sich[10] und vor allem die Nachfrage nach der Interviewreihe *Fragen, die nicht gestellt wurden!*, seit Juni 1999 zuerst in *h-soz-u-kult* elektronisch veröffentlicht, belegen. Bei der in dieser Reihe verfolgten Frage nach dem Verhältnis von „Kontinuität und Aufbruch“ in der deutschen Geschichtswissenschaft der 1950er und 1960er Jahre spielte verständlicherweise die Frage nach dem Generationengefüge in der frühen Bundesrepublik, schon bei der Planung der beiden Initiatoren der Reihe, Rüdiger Hohls und Konrad Jarausch, aber erst recht in den einzelnen Interviews, eine zentrale Rolle.[11] Nachdrücklich versteht sich übrigens diese Initiative angesichts des im Vergleich zu anderen Ländern in Deutschland viel stärker wirksamen „Verhaltenskodex“ von Historikern, die eigene Biografie nicht öffentlich zu reflektieren, als einen „Beitrag zu einer überfälligen disziplinären Selbstreflexion der Historiker“[12].

Um nicht bei solchen allgemeinen Hinweisen und eher vagen Anmerkungen zu bloß möglichen Perspektiven stehen zu bleiben, bietet es sich an, den Versuch einer „Probegrabung“ zu unternehmen, d.h. im Hinblick auf die Generationsspezifik jener um 1940 geborenen, an der Generationenthematik interessierten Fachleute mit den genannten zwei Seelen in ihrer Brust einen ersten Schritt zu machen, der als Anregung zu einer kollektiven „Ich-Archäologie“ zu verstehen ist. Ob dabei diese Personen so unkompliziert, wie es Heinz Bude getan hat, als Zugehörige zur 68er-Generation zu bezeichnen sind, soll zunächst einmal offen bleiben, aber darüber, dass sie in vielfältiger Weise mit der Studentenbewegung in Berührung gekommen sind, besteht kein Zweifel. Nachdem bisher lange Zeit die Vorstellung kultiviert worden und z.T. geradezu mit Mythen untermauert worden ist, der von den Studenten ausgehende politisch-kulturelle Aufbruch ab Mitte 1967 sei quasi über Nacht, plötzlich und unvorhersehbar entstanden, hat die zunehmende Historisierung jener Ereignisse inzwischen dazu geführt, den damaligen Slogan der Studenten „was lange gärt, wird endlich Wut“ ernster zu nehmen. Die Jahre um 1960 gelten jetzt als das, was man in der Wirtschaftsgeschichte „take off“ genannt hat: als das Überschreiten einer Schwelle, nach der es

---

10 Philippe Ariès: Ein Sonntagshistoriker. Philippe Ariès über sich, Frankfurt a.M. 1990 (zuerst Paris 1980).

11 Rüdiger Hohls/Konrad Jarausch (Hg.): Versäumte Fragen. Deutsche Historiker im Schatten des Nationalsozialismus, München 2000; s. auch Manfred Hettling: Die Historisierung der Erinnerung - Westdeutsche Rezeptionen der nationalsozialistischen Vergangenheit, in: Tel Aviver Jahrbuch für deutsche Geschichte, Bd. XXIX (2000), S. 357-378.

12 Hohls/Jarausch, Versäumte Fragen, Vorwort.

kein Zurück mehr gab[13] – auch wenn dieses den damaligen Zeitgenossen keineswegs klar war! Aber in der Erinnerung jener heute etwa Sechzigjährigen an Generationengeschichte Interessierten (im folgenden mit „wir" bezeichnet) dürfte sich eine Fülle von Punkten finden lassen, an denen sie für sich als damals Zwanzigjährige den beginnenden Klimawechsel autobiografisch – und mit dem Wissen darüber, was später folgte – festmachen können, wobei möglicherweise vor allem dem Jahr 1962 besondere Bedeutung zukommt – keineswegs nur wegen der berühmten „Spiegel-Affäre" vom Herbst jenes Jahres!

Die Phase zwischen dem 17. und 22. Lebensjahr, bei Studierenden oft noch um ein paar Jahre verlängert, gilt ja als die wichtigste Prägezeit, was die Ausbildung des „Selbst" vor allem hinsichtlich Lebenssinn, sozialer Wertvorstellungen, Weltbild und Menschenbild angeht: Was wurde uns eigentlich in dieser Richtung damals attestiert; was haben damalige Beobachter über uns festzustellen geglaubt? Wie weit decken sich deren Befunde mit unserer eigenen Erinnerung bzw. unserer Selbstdeutung aus der Rückschau von heute, und was haben jene Jahre um 1960 für uns, was unsere Weltsicht, unsere Mentalität, unseren Habitus betrifft, bedeutet? Wie stark sind unsere damals geprägten Blickweisen bei unserer späteren wissenschaftlichen Neugier – bewusst oder unbewusst – beteiligt gewesen? Mit solchen Fragen sind – bildlich gesprochen – die archäologischen Terrains abgesteckt und allgemeine Grabungsinteressen fixiert: Jeder von uns besitzt natürlich in diesem Grabungsgelände sein eigenes kleines Feld, das er Schicht um Schicht abtragen kann, wenn er sein heutiges „Selbst" mit den aufgedeckten Relikten aus dem Leben eines um 1960 etwa Zwanzigjährigen in Beziehung setzen will. Was aber verbindet uns als virtuelle Gruppe; welche Gemeinsamkeiten bestimmen uns über die Ergebnisse unserer individuellen Lebenswege und Erfahrungsverarbeitungen hinaus? Und wie ordnen wir uns in das Kommen und Gehen der Generationen, hier konkret: zwischen den Angehörigen der „skeptischen Generation" und der im engeren Sinn „politischen Generation" der 68er ein, die meist um 1943/48 geboren sind (auch wenn einige ihrer Wortführer wie Rudi Dutschke, Rainer Langhans, Dieter Kunzelmann und Bernd Rabehl den Jahrgängen 1939/1940 entstammen).

13 Vgl. etwa bereits den pathetischen Einleitungssatz zu dem 1976 erschienenen Buch von Klaus Mehnert: Jugend im Zeitbruch. Woher - wohin? Stuttgart 1976, S. 11: „Seit 1960 haben wir eine Revolution der Jugend erlebt, die sich rasch über alle Kontinente ausbreitete und die Welt veränderte – eine Welt-Revolution." Grundsätzlich dazu s. Franz-Werner Kersting: Entzauberung des Mythos? Ausgangsbedingungen und Tendenzen einer gesellschaftsgeschichtlichen Standortbestimmung der westdeutschen 68er-Bewegung, in: Westfälische Forschungen, Bd. 48 (1998), S. 1-19.

Eine Feinanalyse der archäologisch freigelegten 1960er Schicht hier durchführen zu wollen, würde zu weit führen; stattdessen soll es um einige Grundmauern jener Zuschreibungsgebäude gehen, in denen wir uns damals angeblich bewegt haben. Zunächst einmal ist auffällig, wie intensiv und mit welcher Breite sich seit ca. 1959 das Interesse von Jugendforschern auf uns gerichtet hat, wobei um 1965 Viggo Graf Blücher – damals Leiter des EMNID-Instituts für Sozialforschung – uns in Absetzung von der „skeptischen Generation“ à la Helmut Schelsky (geb. 1912) das Etikett „unbefangene Generation“ verliehen hat (s.u.). Schelskys berühmtes voluminöses Werk aus dem Jahre 1957 war gewissermaßen der krönende, diesmal soziologische Abschluss einer vorhergehenden ersten Welle von Jugendstudien gewesen, die um die Mitte der 1950er Jahre insbesondere aus pädagogischer Sicht die Situation der Jugendlichen im ersten Nachkriegsjahrzehnt begreifen und aus den Befunden Anregungen zur Behandlung der „Jugend im Erziehungsfeld“ gewinnen wollten: Hans Heinrich Muchow (geb. 1900), der dann 1959 noch das Taschenbuch *Sexualreife und Sozialstruktur der Jugend* nachlieferte, Wilhelm Roessler (geb. 1910) und Karl Seidelmann (geb. 1899) sind hier neben Schelsky als wichtigste Autoren zu nennen.[14] Auf uns als die nächstfolgende jugendliche Altersgruppe Ende der 1950er Jahre richtete sich dann eine zweite, diesmal vor allem von Befragungen ausgehende Untersuchungswelle. Ein Hintergrund war die 1959 beginnende Bildungsreformdebatte in der Bundesrepublik,[15] die in der Öffentlichkeit „Jugend“ zu einem breit diskutierten Thema werden ließ, wobei es laut Walter Jaide (geb. 1911) zu starken Kontroversen über die Einschätzung unserer Altersgruppe kam: „Skepsis, Entideologisierung, Anpassung, Indifferenz“ wurden uns nachgesagt.[16] Um das diffuse Bild zu klären, bemühte man sich um eine breit angelegte typologische Differenzierung, bis schließlich 1964 Georg Picht (geb. 1913) mit seiner Artikelserie *Die deutsche Bildungskatastrophe* in der Zeitschrift *Christ und Welt* die Diskussion in eine neue Dimension

---

14 Helmut Schelsky: Die skeptische Generation, Düsseldorf 1957; Wilhelm Roessler: Jugend im Erziehungsfeld, Düsseldorf 1957; Karl Seidelmann: Bund und Gruppe als Lebensformen deutscher Jugend, München 1955; Hans Heinrich Muchow: Flegeljahre, 2. erw. Aufl., Ravensburg 1953, sowie ders.: Sexualreife und Sozialstruktur der Jugend, Reinbek 1959. Zu erwähnen ist in diesem Kontext auch Karl Rauch: Junge Menschen heute, München 1956.

15 S. dazu Christoph Führ: Zur deutschen Bildungsgeschichte seit 1945, in: ders./Carl-Ludwig Furck (Hg.): Handbuch der deutschen Bildungsgeschichte, Bd. VI, 1. Teilband, München 1998, S. 14 und passim.

16 Walter Jaide: Generationen eines Jahrhunderts. Wechsel der Jugendgenerationen im Jahrhunderttrend, Opladen 1988, S. 316.

überführte: Ihm ging es um die nachdrückliche Aktivierung von Bildungsreserven und um die Abkoppelung des Bildungssystems vom aufstiegsbetonten Beschäftigungssystem, um eine Gleichheit der Bildungschancen herzustellen.[17] Zu dieser Zeit befanden wir uns bereits auf dem Weg zum Examen, sodass uns die Debatte nicht mehr direkt betraf, auch wenn wir dadurch stark zum Durchdenken unserer Rolle im Bildungssystem angeregt wurden.

Die genannte zweite jugendbezogene Untersuchungswelle der Nachkriegszeit, die nun uns im Visier hatte, begann 1959 mit dem Buch *Zwanzigjährige haben das Wort*, von dem der Verlag behauptete, hier spreche „die heutige Jugend selbst";[18] sie wurde durch Hermann Bertleins (geb. 1912) Studie *Das Selbstverständnis der Jugend heute* 1960 fortgesetzt;[19] es folgte 1961 die Frankfurter Untersuchung von Ludwig von Friedeburg (geb. 1924), Jürgen Habermas (geb. 1929) u.a. *Student und Politik*,[20] ehe dann Mitte der 1960er Jahre Walter Hornstein (geb. 1929) *Jugend in ihrer Zeit*,[21] Viggo Graf Blücher (geb. 1914) *Die Generation der Unbefangenen*[22] und Elisabeth Pfeil (geb. 1901) *Die 23jährigen. Eine Generationenuntersuchung am Geburtsjahrgang 1941*[23] veröffentlichten. Das waren nur einige von einer sehr viel größeren Zahl von Studien und Sammelbänden, die alle den Anspruch erhoben, über unser damaliges Denken und Verhalten Entscheidendes mitzuteilen.[24] Quer zu diesen eher pädagogisch-soziologischen Untersuchungen, aber ebenfalls einschlägig und damals viel diskutiert, war zudem die sozialpsychologische Zeitanalyse Alexanders Mitscherlichs (geb. 1908) *Auf dem Weg zur vaterlosen Gesellschaft*, die u.a. uns in unserer Söhnerolle an-

17 Führ (s. Anm. 15), S. 19.

18 Karl Rauch (geb. 1897), ein aus der Jugendbewegung stammender Verleger, war einer der Anreger dieses Buches (München 1959).

19 Erschienen in der 2. Auflage, Hannover u.a. 1960 mit dem Untertitel: „Eine empirische Untersuchung über ihre geistigen Probleme, ihre Leitbilder und ihr Verhältnis zu den Erwachsenen".

20 Neuwied 1961; Untertitel: „Eine soziologische Untersuchung zum politischen Bewußtsein Frankfurter Studenten"; s. auch Reinhard Döhl/Hans-Christian Kirsch (Hg.): Der Student. Zwischen Bildung und Notstand, München 1962.

21 Untertitel: „Geschichte und Lebensformen des jungen Menschen in der europäischen Welt", Hamburg 1966.

22 Untertitel: „Zur Soziologie der jungen Menschen heute", Düsseldorf/Köln 1966.

23 Erschienen Tübingen 1968.

24 So z.B. Joseph Bader: Jugend in der Industriekultur. Ihre Verhaltensweisen zwischen Ideologie und Apparatur 1910-1933, München 1962, oder der von der „Stiftung Die Welt" hg. Sammelband: Die Jugend und die Wiedervereinigung Deutschlands, Berlin/Frankfurt/Wien 1962; außerdem: Friedrich Tenbruck: Jugend und Gesellschaft, Freiburg 1962.

gesichts eines angeblichen Verlustes an „ödipaler Rivalität“ zu beschreiben versuchte.[25] Mitscherlich verstand allerdings unter Vaterlosigkeit in erster Linie die allgemeine Erosion der Vaterrolle und damit verbundenen Autorität und interpretierte sie als den Verlust eines zentralen gesellschaftlichen Stabilisierungsfaktors. Viele von uns waren dagegen mit der Erfahrung einer sehr konkreten Vaterlosigkeit aufgewachsen: In etwa 22 Prozent aller Familien mit Kindern aus den Geburtsjahren der späten 1930er und frühen 1940er Jahre war der Vater im Krieg umgekommen oder aus der Kriegsgefangenschaft nicht mehr zurückgekehrt:[26] Was dieses Faktum vor allem für die betroffenen Jungen und deren Männerbild und Mannwerdung bedeutete, ist eigentümlicherweise damals in den vielen Jugendstudien nahezu nicht erörtert worden;[27] bei den Untersuchungen dominierte fast ausschließlich die Fixierung auf die Vollfamilie.

Hatte Schelsky – damals z.T. nicht unumstritten, aber doch weitgehend akzeptiert – unsere Vorgänger als eine „stille“, vorsichtige, auf Sicherheit und privaten Erfolg ausgerichtete Generation beschrieben, „die sich auf das Überleben eingerichtet (habe)“, und betont, ihr seien „die Linien in die Vergangenheit gleichgültig“[28], so ahnte er immerhin doch gleichzeitig mit Blick auf die jüngeren Jahrgänge – also auf uns –, dass sich hier eine „neue jugendliche Verhaltensformierung“ anbahnen könne: „Provokationen“ von einer in Zukunft stärker „sezessionistische(n) Jugendgeneration“ seien nicht mehr ausgeschlossen, „gekennzeichnet durch eine Welle ‚sinnloser‘ Ausbruchsversuche aus der in die Watte manipulierter Humanität, überzeugender Sicherheit und allgemeiner Wohlfahrt gewickelten modernen Welt“[29]. Aber Schelsky hatte offenbar mit diesen Bemerkungen ausschließlich die Halbstarkenkrawalle um 1956/57 im Auge; „Proteste gegen die soziale Anpassung als Vorboten radikaler politischer oder sozialer ‚Bewegungen‘ der Jugend“ hielt er dagegen für ausgeschlossen.[30]

---

25 Untertitel: "Ideen zur Sozialpsychologie", München 1963, hier zitiert nach der 12. Aufl., München 1978, S. 326.

26 Knappe Angaben dazu bei Rauch (s. Anm. 14), S. 367, und Bader (s. Anm. 24), S. 334; vgl. auch Pfeil (s. Anm. 23).

27 Hartmut Radebold: Abwesende Väter. Folgen der Kriegskindheit in Psychoanalysen, Göttingen 2000; außerdem Horst Petri: Das Drama der Vaterentbehrung. Chaos der Gefühl – Kräfte der Heilung, Freiburg/Basel/Wien 1999.

28 Schelsky (s. Anm. 14), S. 488 ff.; Hinweise zum Folgenden verdanke ich Franz-Werner Kersting, der in einem noch ungedruckten Aufsatz die Rezeption des Schelsky-Buches untersucht hat (erscheint demnächst).

29 Schelsky, S. 495.

30 Ebd., S. 497.

Noch näher an uns heran glaubte sich dann zwei Jahre später (1959) Hans Heinrich Muchow bewegt zu haben. Er unterstellte uns als nach außen zur Schau getragene Stilmerkmale „Understatement“ und „Langeweile“ bei gleichzeitiger Verachtung der Erwachsenenwelt und bescheinigte uns als dahinterstehendes Grundgefühl – in Anlehnung an die Erzählung von Françoise Sagan *Ein gewisses Lächeln* (deutsch 1957) – „Tristesse“, die sich in Verschwommenheit und Ungenauigkeit („Wischigkeit“) äußere und Zeichen einer verbreiteten „Ent–staltung“ sei:[31] Wir stünden – so resümierte er unter Aufgreifen eines Zitats von Günther Anders – „zu später Stunde ungenau in dieser Welt“[32]. Aber auch Muchow prophezeite damals, dass sich an diesem Bild noch deutlich etwas ändern könne: Es stehe nämlich zu erwarten, „dass nur Nicht-Konformität die Jugend jene Lebensform und jene Gestalt ihrer selbst finden lassen wird, die der geschichtlichen Zeit gemäß und vielleicht zukunftsträchtig ist.“ Besonders die Erfahrungen mit den Halbstarken ließen auch ihn wie einige andere Beobachter bei der Hinwendung zu den bürgerlichen Jugendlichen zu dem Schluss kommen, dass sich diese Generation vorerst noch tarne bzw. tot stelle und ihre Profilierung noch vor sich habe. Wenig später – 1962 – glaubte Muchow dann zu wissen, in welche Richtung die neue Jugendgeneration ihr Verhalten ausgerichtet und wie sie die „Akzente völlig anders“ gesetzt habe, nämlich in Richtung auf die Erosion des Jugendhabitus (einschließlich Sexualverhalten, Freizeitgewohnheiten, Kleidungsstil u.Ä.) durch eine frühzeitige Kopie des Erwachsenenstatus, so dass sich die traditionelle Dreiphasigkeit Kindheit – Jugend – Erwachsener zugunsten einer Zweiphasigkeit auflöse:[33] Das radikalere Ausziehen der Konturen des Originals in der Kopie demonstriere dabei die Essenz des Originals!

Dies waren Beispiele für Beurteilungen aus der Perspektive älterer Beobachter, die übrigens bemerkenswert differenziert argumentierten im Vergleich zu anderen Zeitgenossen, die uns – wie Viggo Graf Blücher – „unbefangene Anpassung an das Bestehende“, „verständige Konsumnutzung“ und eine unkomplizierte Bejahung der Gesellschaft zugeschrieben

---

31 Muchow, Sexualreife (s. Anm. 14), S. 114.

32 Ebd., S. 126 und S. 146; Muchow bezeichnet diese Zuschreibung geradezu als „Orgelpunkt“ der jungen Generation, über dem sich die Harmonien und Disharmonien des jeweiligen individuellen Lebenslaufs bewegen (S. 146).

33 Hans Heinrich Muchow: Jugend und Zeitgeist. Morphologie der Kulturpubertät, Reinbek 1962, S. 179 f.; Muchow greift hier ein Zitat von Walter Jens aus einem Vortrag über „Das Bild der Jugend in der modernen Literatur“ auf.

haben[34] oder wie Walter Hornstein 1965 die Sorge artikulierten, dass wir – „mit der Fülle der ganzen Welt konfrontiert“ wie nie eine Generation vorher – in der Gefahr seien, von der „Eigengesetzlichkeit der technisch-industriellen Welt“ überrollt zu werden und so den „Geist antik-europäischer Gesittung“ sowie die Kraft zur „humanen Bewältigung der technisch-wissenschaftlichen Zivilisation“ zu verlieren:[35] Ein offener Protest der Jugend gegen die Erwachsenen drohe daher weniger als der Niedergang von personaler Mündigkeit, politischer Verantwortungsbereitschaft und persönlichem Engagement. Hornstein beschwor folglich die „Verlebendigung der vorhandenen erzieherischen Energien“, verbunden mit einer „produktiven Fantasie“, um den modernen Verhältnissen gerecht zu werden.[36]

Wie aber äußersten sich die damaligen etwa Zwanzigjährigen, wenn sie befragt wurden? Oder präziser formuliert: Was glaubten Befrager und Interviewer von 1957 bis 1963 aus den Antworten als Befindlichkeit unserer Altersgruppe herausfiltern zu können? Das Spektrum der in den genannten Untersuchungen dokumentierten Aussagen ist so breit, dass im Sinne der oben angekündigten „Probegrabung“ im folgenden exemplarisch – ausgehend von dem Sammelband *Zwanzigjährige haben das Wort* – nur ein Aspekt bzw. eine Stimmungslage vorgestellt werden soll, die biografisch möglicherweise für uns um 1960 besonders generationsprägend gewesen ist und sich auf den Nenner bringen lässt: innere Unzufriedenheit und diffuse Ängste aufgrund vage empfundener Gefährdungen ohne Klarheit über Richtung und Ziel, dies vor dem Hintergrund des in Westdeutschland wiedergewonnenen äußeren Wohlstands und eines mit Atombombe und Sputnik charakterisierten, als äußerst rasant empfundenen technischen Fortschritts. Diese Befindlichkeit ist aus der Rückschau nicht überraschend: Immerhin waren wir ja die erste Generation, die in ihrer entscheidenden Prägephase mit dem Schritt des Menschen ins All und der Möglichkeit der atomaren Selbstvernichtung der Menschheit konfrontiert worden ist. Hinzu kam eine dritte Erfahrung, die seit ca. 1960 mit dem Namen Auschwitz verbunden wurde: die Erkenntnis, dass die Menschen zu gewaltigen technisch–industriell durchgeführten und rational geplanten Vernichtungen ganzer Völker nicht nur technisch in der Lage, sondern auch psychisch fähig waren, wie unsere eigene

---

34 Blücher (s. Anm. 22), S. 403; vgl. auch Helmut Fend: Sozialgeschichte des Aufwachsens. Bedingungen des Aufwachsens und Jugendgestalten im 20. Jahrhundert, 2. Aufl., Frankfurt a.M. 1990, S. 205 ff.

35 Hornstein (s. Anm. 21), S. 342 ff.

36 Ebd., S. 344.

deutsche Geschichte bewies, deren Dimensionen wir eigentlich erst seit Ende der 50er Jahre langsam zu begreifen begannen (Stichwort: Eichmann-Prozess in Israel).[37] Hellhörig geworden, zugleich auf Distanz gehend und ahnungsvoll haben jene Zwanzigjährigen offenbar registriert, dass sich ein allgemeiner Klimawechsel anbahnte mit noch völlig unübersehbaren Konsequenzen, was die geistige Verarbeitung der genannten Erfahrungen angeht. Äußerlich schien zwar die Welt noch im Lot zu sein, aber – so beschrieb es einer der Befragten – „in jedem von uns gärt es, nicht augenblicklich, nein! Eine ganz unerklärliche Unzufriedenheit macht sich breit, lange schon! Ich weiß, dass hinter den sorglos–lässigen Mienen die Unsicherheit steht, die sich nicht mitteilt und darum umso schlimmer ist“[38]. Die Radikalität des damals geäußerten Pessimismus hinsichtlich der Zukunftserwartungen ist beeindruckend: Einige der Befragten rechneten im Laufe der nächsten zehn Jahre sogar mit einem neuen Krieg. Vor allem George Orwells Utopie *1984* wurde in diesem Zusammenhang oft zitiert. Neben der Angst vor einem Atomkrieg angesichts der Zuspitzung der weltpolitischen Lage (Stichworte: Mauerbau, Kubakrise) scheint die damaligen jungen Leute insbesondere die Enttäuschung über die Perspektivelosigkeit beherrscht zu haben, welche die älteren Generationen an den Tag legten. Das dem Philosophen Karl Jaspers zugeschriebene Wort, nicht die Atombombe sei das Problem, sondern das Herz des Menschen, war für viele ein treffendes Kürzel für diese Einschätzung. Kein Wunder, dass die Sehnsucht nach dem Aufgehobensein in einer inspirierenden Gemeinschaft wieder aufkeimte nach der Devise: „Es müsste noch einmal eine Jugendbewegung aufkommen, die nicht wie vorher nur eine winzige Menge von Jugendlichen, sondern eine große Menge erfasst, die den Menschen umformt und stark macht.“[39] Tatsächlich entstanden etwa im Umfeld der „Anti-Atomtod“-Kampagne, der Ostermarschbewegung, der bündischen Jungenschaften u.ä. für einige Zeit noch einmal kleine Zirkel mit eigenständigen jugendkulturellen Zügen, aus denen z.B. 1964 die Chansonfestivals auf Burg Waldeck im Hunsrück hervorgingen.[40]

---

37 Vgl. Zwanzigjährige haben das Wort (S. Anm. 18); s. darin zur Geschichtskenntnis der Schüler das Kapitel „Für uns ist in den Schulen die Geschichte mit 1918 zu Ende“ (S. 357 f.).

38 Ebd., S. 373.

39 Ebd., S. 429.

40 S. dazu neben der ab 1966 erscheinenden Zeitschrift „song“, Redaktion Erlangen, Oss und Hein Kröher: Rotgraue Raben. Vom Volkslied zum Folksong, Heidenheim 1969. Die Behauptung von Blücher (s. Anm. 22), S. 387: „Eine jugendliche Subkultur findet in Deutschland nicht statt“, unterschlägt solche sich diffus, aber durchaus seit Anfang der 1960er Jahre ständig ausbreitenden subkulturellen jugendlichen Formen.

Nur eine exemplarische Facette: In der Nacht vom 16. zum 17. Juni 1962 klebten plötzlich im Rhein-Ruhr-Bereich Plakate an öffentlichen Gebäuden, die aus jungenschaftlich-bündischen Kreisen stammten und sich in folgender, geradezu anrührend-naiver Weise an die Bundesbürger wandten: „hunderte unfreier menschen in der sowjetzone standen auf für ihre freiheit und starben. sie brachten euch einen freien tag. esst weiter gut, schlaft ruhig und denkt möglichst wenig nach. die genossen sind mit euch zufrieden!" Und darunter folgte dann der fettgedruckte Appell: „wacht doch endlich einmal auf!!"[41] Eine solche „politische" Aktion aus autonomen Jugendkreisen hatte es bisher in der Bundesrepublik noch nicht gegeben; kein Wunder, dass sich damals der Verfassungsschutz für diese seltsame Initiative interessierte! Dass sich in diesen Jahren insgesamt ein stärker nachfragend-kritisches Klima in der jungen Generation, begleitet von entsprechenden obrigkeitlichen Sorgen und Eingriffsversuchen, ausgebreitet hatte, zeigt vor allem auch ein Blick in die Studentenpresse, die zunehmend als „links" galt, immer häufiger Schwierigkeiten mit den Autoritäten bekam, diffamiert und gelegentlich auch in Prozesse z.B. wegen „Gotteslästerung" u.Ä. verwickelt wurde.[42] Parallel dazu geriet eine weitere Publikationsreihe in unsere Hände, die uns motivierte und aufregte: Angestoßen durch das 1957 in den USA herausgekommene Buch von Vance Packard *The Hidden Persuaders* (deutsch 1962 unter dem Titel *Die geheimen Verführer*[43]) brachten ab 1960 die beiden Journalisten Josef Müller-Marein (geb. 1907) und Theodor Sommer (geb. 1930) als „polemische Sachbuch"-Reihe die Taschenbuchserie *Das aktuelle Thema* heraus, in der die Machenschaften der Massenmedien, Konsumwaren- und Unterhaltungsindustrie, Werbebranche, Schlagerszene usw. spritzig-ironisch aufgedeckt wurden und implizit eine unübersehbare Kapitalismuskritik mitschwang: *geschäfte mit schlagern*, *teenager und manager*, *sport – die wichtigste nebensache der welt*, *kampf am kiosk*, *kunst oder kasse* – so lauteten einige der provozierenden Titel.[44] Und außerdem sollte nicht das ebenfalls höchst motivierende Bändchen von Klaus Th.

41 Dokumentiert bei Günther Welter: Bündische Jugend heute, Frankfurt a.M. 1966, S. 103 und S. 126.

42 S. dazu Klaus Figge: Ein gewisses Röcheln oder Schießen Sie auf den Journalisten, in: Döhl/Kirsch (s. Anm. 20), S. 46-67.

43 Vance Packard: Die geheimen Verführer. Der Griff nach dem Unterbewussten in jedermann, Düsseldorf 1962.

44 Die drei erstgenannten Titel sind als Bände 2, 3 und 4, Bremen 1960, die beiden folgenden als Bände 10 und 11, Hamburg 1961, erschienen. Weitere Bände beschäftigen sich z.B. mit der Lage in Kuba, der Entwicklungshilfe und der nationalsozialistischen Euthanasie.

Guenter (geb. 1935) vergessen werden, das uns über die amerikanischen, englischen und französischen Jugendszenen der „Beatniks“, „Angry Young Men“ und „Matratzen-Existentialisten“ aufklärte: *Protest der Jungen. Eine kritische Würdigung aus den eigenen Reihen.*[45]

Allerdings musste man nicht Kontakt zu den studentischen Szenen und sonstigen subkulturellen Zirkeln haben, um ab 1959/60 einen Klimawechsel zu ahnen. Selbst die viel braveren Publikationen der großen konfessionellen Jugendverbände begannen von nun an brisantere Themen anzusprechen, neue grafische Stilformen aufzugreifen und sich ein moderneres Image zuzulegen. So kam z.B. ab August 1960 unter dem Titel *kontraste* eine vom katholischen Jugendhaus Düsseldorf herausgegebene großformatige *Illustrierte für junge Menschen* auf den Markt, deren Devise gleich im ersten Heft unter anderem lautete: „Wahrheit über die Vergangenheit“ – neben „Erziehung zur Freiheit“ und „Zukunft der Demokratie“.[46] Solche Öffnung und Erweiterung des inhaltlichen wie stilistischen Horizonts hing nicht zuletzt damit zusammen, dass den großen Verbänden damals ihre Mitglieder wegzulaufen begannen und deshalb nach neuen Formen der Jugendarbeit, z.B. in „Häusern der offenen Tür“, gesucht wurde.[47] Und auch die Landesregierungen machten angesichts der „Halbstarken“, „Rocker“, „Gammler und Hippies“, die sich souverän, z.T. aggressiv über manche der „lustfeindlichen“ Prinzipien der bundesrepublikanischen Gesellschaft hinwegsetzten, durch deutliche Aufstockung der Landesjugendpläne mobil; so stiegen z.B. in Nordrhein-Westfalen die den Jugendverbänden gewährten Mittel für „Jugenderholung“ von 1961 ca. 610 000 DM auf 1963 rund drei Millionen DM.[48] Die in den nächsten Jahren weiter voran schreitende Erosion der Leitwerte der Elterngeneration – Karrierestreben, Ordentlichkeit, Anständigkeit, Sauberkeit, Bescheidenheit, Pflichtbewusstsein usw. – war aber bei wachsenden Teilen der städtischen Mittel- und Oberschichtjugend, bei Schülern, Lehrlingen und Studenten, bereits in vollem Gange und mit solchen Mitteln nicht mehr einzudämmen.

---

45 Erschienen München 1961 (als List-Taschenbuch).

46 Titel des ersten Heftes vom August 1960: „Was kostet die Freiheit?“ Es folgten auch noch aus heutiger Sicht gut gemachte Hefte z.B. über Pressefreiheit, über den Ehealltag, über Auswüchse des Massensports, über Zweifel an Gott angesichts der Erkenntnisse moderner Naturwissenschaft, über „Liebe, Flirt und Sex“ usw.

47 S. etwa die beiden Taschenbücher von Paul Hastenteufel (geb. 1932): Jugendbewegung und Seelsorge, München 1962, und: Kirchliche Jugendarbeit heute, München 1963.

48 S. dazu Gerhard Brunn/Jürgen Reulecke: Kleine Geschichte von Nordrhein-Westfalen 1949-1996, Köln/Stuttgart/Berlin 1996, bes. S. 110 ff.; die folgenden beiden Abschnitte sind ebenfalls von dort entnommen (S. 177 f.).

Als erste massivere Provokationen wurden die seit etwa 1964 in vielen Städten auftauchenden „Gammler“ und „Hippies“ wahrgenommen, die ihre Haar- und Barttracht an den amerikanischen Beatniks und den englischen Beatles orientierten und demonstratives Nichtstun, eben „Gammeln“ nach dem Motto „make love not war“, vorführten: eine gezielte Negation der bundesrepublikanischen Leistungs- und Konsumgesellschaft! Sie waren personifizierte Gegenbilder zum Menschentyp der Wiederaufbauphase. Bundeskanzler Erhard drohte denn auch 1966 vor dem Hintergrund der von ihm so nachdrücklich propagierten Leistungswerte ganz folgerichtig: „Solange ich regiere, werde ich alles tun, um dieses Unwesen zu zerstören.“ Allerdings regierte er nicht mehr lange, und das offenere politische Klima in der Gesellschaft der Bundesrepublik nach den „Machtwechseln“ des Jahres 1966 – Stichwort: „Mehr Demokratie wagen!“ – milderte die Aufgeregtheit über die Provokation der „Gammler“, „Hippies“ und „Blumenkinder“.

Auch die politische Formierung nahm in dieser Zeit bei Oberschülern und Studenten, in „bündischen“ Kreisen, bei jungen Künstlern und Intellektuellen und in den Jugendverbänden zu. Die Jahr für Jahr erheblich mehr jugendlichen Zulauf anlockenden Ostermärsche in Nord- und Westdeutschland, verschiedene Demonstrationen in Berlin seit 1964, z.B. gegen den „Lumumba-Mörder“ Tschombé im Kongo und gegen die amerikanische Vietnampolitik, die schon erwähnten Song-Festivals seit 1964 auf der Burg Waldeck im Hunsrück, bei denen neue „Liedermacher“ wie Franz-Josef Degenhardt, Dieter Süverkrüp, Walter Mossmann, Hanns-Dieter Hüsch und Hannes Wader zunehmend gesellschaftskritische Songs vortrugen – all dieses waren Einzelelemente einer beginnenden politischen Wachheit in unserer Generation, die gerade nicht den etablierten Parteien zugute kam, sondern sich außerparlamentarisch äußerte, eigene Stilformen in die Welt setzte und eine Art Gegenkultur zur Folge hatte.

Die Nachrichten über den Vietnamkrieg, das weltweite atomare Wettrüsten, Berichte über Jugendproteste in den USA und anderswo, in der Bundesrepublik die für viele junge Leute enttäuschende Bereitschaft der SPD, 1966 in eine große Koalition mit der CDU einzutreten, die parlamentarischen Vorbereitungen für eine Notstandsgesetzgebung, dazu noch die autoritären Verhältnisse in den Schulen und Universitäten addierten sich in den Köpfen zu einem Gesamtbild von Staat und Gesellschaft, das viele junge Menschen mehr oder weniger radikal abzulehnen begannen. Man hat diese Haltung durchaus zutreffend als eine Art von Erbschaftsverweigerung bezeichnet. Oft spielten dabei auch Vorwürfe gegen die Elterngeneration wegen ihres Verhaltens in der Zeit des Nationalsozialismus eine Rolle. Dies führte von der „Entdeckung der NS-Vergangenheit“ schließlich zu einem „generellen

Faschismusverdacht".[49] Die zum Teil hilflosen, zum Teil rein autoritären Reaktionen der kritisierten Älteren[50] wie der Öffentlichkeit als Ganzer ließen alsbald ein starkes Wir-Gefühl und eine geradezu grenzenlose Erfolgseuphorie aufkommen, die mit Gefühlen von Wut und Enttäuschung einherging. Der Tod von Benno Ohnesorg am 2. Juni 1967 bei einer Demonstration in Berlin gegen den Besuch des Schahs von Persien und das Attentat am 11. April 1968 auf Rudi Dutschke markierten dann die spektakulären und symbolhaltigen Höhepunkte einer Entwicklung, in deren Folge die bundesrepublikanische Gesellschaft in vieler Hinsicht nicht mehr das war, was sie bis dahin gewesen war: Die in der Einleitung erwähnte „Restgeschichte", die in vielfacher Hinsicht die Normen und Stilformen unseres Alltagslebens bisher noch bestimmt hatten, war damit definitiv zuende.

Ein kurzes Fazit: Wir hatten seit Anfang der 1960er Jahre nicht nur viele neue auf- und anregenden Impulse erhalten, uns kritisch mit unserer Umwelt auseinander zu setzen, sondern waren auch ständig stärker umworben worden, uns als brave Demokraten und als für die Erhaltung der – ironisch FDGO abgekürzten – „freiheitlich–demokratischen Grundordnung" engagierte Bürger zu bekennen. Was ist von all dem als Bestand in unserem mentalen Gepäck erhalten geblieben? Gibt es Ähnlichkeiten oder gar generationsspezifische Grundmuster? Wie bereits mehrfach gesagt: Die um 1940 Geborenen stehen irgendwie „ungenau" zwischen der profilierteren „skeptischen Generation" und der noch profilierteren „68er Generation"; sie vereinigen vermutlich von beiden Generationsprofilen etwas in sich, und deshalb mögen sie vielleicht so etwas wie eine Brückengeneration sein, deren Lebensthema weder das unkritische Erhalten und Bewahren noch das radikale Ändern- und Verbessernwollen ist, sondern das nachdrückliche Reformieren mit Augenmaß. Aber eine solche flotte Selbstdefinition mag bloß dem Wunsch eines Zeitzeugen entsprungen sein, sich im Alter zu Beginn des siebten Lebensjahrzehnts ein historisches Plätzchen im Kommen und Gehen der Generationen und im kollektiven Mentalitätsverbund mit den Gleichaltrigen zuzuschreiben. Dennoch: Da wir glauben, zugleich kritisch wie begeisterbar, skeptisch wie experimentierfreudig zu sein, sollten wir vielleicht doch stärker als bisher die Chance nutzen, im Sinne einer „Ich-Archäologie"

49 Bernd-A. Rusinek: Von der Entdeckung der NS-Vergangenheit zum generellen Faschismusverdacht - akademische Diskurse in der Bundesrepublik der 60er Jahre, in: Axel Schildt/Detlef Siegfried/Karl Christian Lammers (Hg.): Dynamische Zeiten: Die sechziger Jahre in den beiden deutschen Gesellschaften, Hamburg 2000, S. 114-147.

50 S. dazu Heinrich Ulrich Seidel: „Wir waren so himmelblaue Idealisten." Die Eltern der 68er am Beispiel der Mitglieder des Freideutschen Kreises, in: Westfälische Forschungen, Band 48 (1998), S. 55-68.

Generationsspezifik nicht nur abständig zu analysieren, sondern auch am eigenen Leibe im kollegialen Austausch selbstkritisch und möglicherweise auch selbstironisch zu testen.

Anhang

Generationen der Jugendbewegung

Rede auf der Meißnerfeier am 15. Oktober 1988*

Liebe Freundinnen und Freunde, liebe Epigonen und heutigen Erben einer Jugendbewegung, die vor 75 Jahren hier auf dem Meißner ihren ersten großen Sammelpunkt erlebte, als fast gleichzeitig in Leipzig der Hurrapatriotismus des Wilhelminischen Kaiserreiches zelebriert wurde und sich in Berlin ein schweres Unglück eines Militärzeppelins ereignete mit vielen toten Soldaten, die „allzeit treu bereit für des Reiches Herrlichkeit" abgestürzt waren, wie es damals in der Presse hieß.

Angesichts des großen Meißnerlagers hier müsste eigentlich meine Generation krass erstaunt sein – darüber nämlich, dass es Euch heute 1988 überhaupt noch gibt: jugendbewegte Gruppen mit Kohten und Kluft, mit Jujas und Jurten, mit Tschaitöpfen, Gitarren und Balalaiken und mit Liedern, die wir zum größten Teil noch mitsingen können. Ich gehöre zu jener Generation, die einmal die skeptische genannt worden ist, und bin in der restaurativen Adenauer-Ära in bündischen Gruppen aufgewachsen. Wir haben vor 25 Jahren – wie Ihr jetzt – ebenfalls eine Meißner-Gedenkfeier mitgemacht und sind dabei intensiv von den Älteren als Erben ihrer Jugendbewegung beschworen worden. Wenig später gerieten dann manche von uns – von den Ostermarsch-Erfahrungen und vom Aufmüpfigkeitsbazillus der Singefestivals auf Burg Waldeck infiziert – in die 68er Studentenbewegung hinein, aktiv oder eher passiv, begeistert oder auch linke Unterwanderungsversuche abwehrend. Vielen war es anschließend – zum Teil bis heute – sogar pein-

* Anlässlich des 75-jährigen Jubiläums des Freideutschen Jugendtages vom Oktober 1913 auf dem Hohen Meißner bei Kassel fand neben einem großen Zeltlager von etwa siebzig „Jungen Bünden" auf einer Festwiese am Osthang des Meißner eine Festveranstaltung statt, bei der über 5 000 vorwiegend jugendliche, aber auch einige hundert Teilnehmer älterer Generationen anwesend waren. Die hier abgedruckte Rede des Autors als eines Vertreters der mittleren Generation (geb. 1940) folgte als zweite Rede auf ein Grußwort des letzten überlebenden Meißner-Fahrers von 1913, Alfred C. Toepfer (geb. 1894). Als dritter Redner beschäftigte sich Claus Eurich (geb. 1950) mit dem Thema „Technik, Zerstörung und Gestaltung unserer Zukunft". S. zu diesem Treffen die Dokumentation „Meißner 1988", hg. von Michael Fritz u.a., Witzenhausen 1989.

lich, einmal in einer der angeblich so elitären und unpolitischen bündischen Gruppen gewesen zu sein, deren Singen – wie es damals hieß – von der Revolution ablenke. Die Jugendbewegung – das wurde uns damals von manchem Kritiker gesagt – sei ja eigentlich bereits tot; und nach 1970 erschien sie zunächst noch toter als je zuvor zu sein.

Was seid Ihr denn nun – könnten wir Euch ein Vierteljahrhundert nach dem Fünfzigjahrjubiläum des Meißnertreffens verblüfft fragen:

Seid Ihr versprengte bündische Reste, Relikte, die in irgend einem romantischen Winkel überwintern konnten – Fossilien einer abgelebten Zeit? Seid Ihr vielleicht gar ein Produkt der „Wende" und gehört Ihr damit in jene regierungsamtliche Strategie hinein, die der ehemalige CDU-Generalsekretär und Familienminister Bruno Heck 1983 geradezu umwerfend auf folgenden Nenner gebracht hat: „Die Rebellion von 1968 hat mehr Werte zerstört als das Dritte Reich. Sie zu überwinden ist daher wichtiger als ein weiteres Mal Hitler zu überwinden"? Oder habt Ihr – durchaus überraschend für uns – (frei nach dem Liedtext von Friedrich Gundolf) in das Feuer, das zu verrauchen schien, ein neues Scheit geworfen?

Die Antwort müsst Ihr Euch wohl selbst geben! Denn das unterscheidet uns Skeptiker deutlich von früheren Generationen: Wir reklamieren Euch nicht platt als unsere Erben; wir wollen Euch nicht simpel ein bestimmtes Staffelholz in die Hand drücken und mit dem Zuruf „nun lauft mal schön" auf einen abgezirkelten Weg schicken. Allenfalls hoffen wir, dass Ihr Euch aus dem großen Bündel an unterschiedlichen Hölzern, die wir und die noch älteren Generationen mit sich schleppen, die besten und sinnvollsten selbstbewusst auswählt, um damit Euren eigenen Weg zu laufen.

Erwartet also jetzt von mir keine salbungsvollen Worte, große Weisheiten oder gar erhebendes Pathos: Wir sind dazu nicht mehr in der Lage und in dieser Hinsicht eher kleinlaut: Immerhin sind wir ja die Generation, die in ihrer Jugend als erste entdecken musste, dass unsere Welt menschlich-endlich ist, weil der Mensch, dieses so großartige und zugleich so perfide Geschöpf, in der Lage ist, sich selbst und den Erdball in die Luft zu jagen: „Strontium 90, Strontium 90 vergiftet die ganze Welt" sangen wir schon Anfang der 60er Jahre ...

Große Worte statt bohrender Fragen gingen den vorhergehenden Generationen noch sehr viel leichter und unkomplizierter über die Lippen als uns; noch auf dem Meißnerfest 1963 konnte man manche pathetischen Aufrufe hören, auch wenn uns Helmut Gollwitzer damals in faszinierender Weise einen Spiegel vorgehalten und zur Selbstkritik ermuntert hat. Nun: Jede Epoche findet ihre je eigenen Ausdrucksformen, und grundsätzlich neigen wir gerade auch angesichts heutiger Politikerreden der Devise von Winston

Churchill zu: „Lieber bla-bla als bum-bum", deshalb können wir ein gewisses Maß an Pathos oder Geschwafel ertragen. Aber ich selbst kann Euch nur eine freundliche Plauderei anbieten.

Nun hat uns also der blinde Zufall eines runden Kalendertermins – 75 Jahre Hoher Meißner – hier zusammentreffen lassen – uns, d.h. Mitglieder aus vier Generationen: der Jugendbewegung der Weimarer Republik, des jugendbewegten Widerstands im Dritten Reich, aber auch der Hitlerjugend, der Nachkriegsjugendbewegung und der heutigen bündischen Jugend. Hinzu kommt noch einer aus der legendären allerersten Generation, einer, der 1913 selbst dabei war: Alfred Toepfer, unser großer Freund und Gönner.

Jubiläen wie entsprechende große Reden kommen und gehen nach dem Motto „alle Jahre wieder": Berlin, wo der Wandervogel um 1900 begann, ist vor einem Jahr zehnmal so alt geworden wie die Meißnerformel; nächstes Jahr feiert die Bundesrepublik ihren 40. Geburtstag; die Französische Revolution liegt dann 200 Jahre und der Ausbruch des Ersten Weltkrieges 75 Jahre zurück. Warum treffen wir uns also? Wenn Jubiläen nicht nur ein Medienspektakel oder eine nostalgische Nabelschau sein, sondern irgend einen Sinn haben sollen, dann allenfalls als heilsamer Zwang des Kalenders, einmal – nun wieder Gundolf – Aug' und Ohr vor dem Getös' der Zeit zu schließen und sich den Spiegel vorzuhalten: Spieglein, Spieglein an der Wand, hat das Bündische noch Sinn im Land?

Wer selbstkritisch und mit innerer Wahrhaftigkeit, d.h. ohne rosarote Brille, nach Sinn fragt, muss erst einmal einige Schritte zurückgehen und Atem holen, um überhaupt mit solidem Schwung nach vorne springen zu können. Das müsst Ihr allerdings schon selbst tun! Lasst Euch nicht einlullen durch wohlfeile Geschichtsdeutungen, die die bundesrepublikanische Gesellschaft bereit hält, und auch nicht durch angebliche Generationenverträge! Jede Generation muss letztlich Geschichte neu schreiben und sich neu der Geschichte stellen, das gilt auch und gerade für die Jugendbewegung und Euch, die Ihr Euch auf eine entsprechende Tradition eingelassen habt. „Verlasst die Tempel fremder Götter, glaubt nicht, was ihr nicht selbst erkannt", heißt es in einem (dann allerdings ziemlich blutrünstigen) Lied aus Jungenschaftskreisen.

Nach einem solchen noch völlig inhaltsleeren Appell müsste ich jetzt eigentlich konsequent sein und meine Rede beenden, um nicht der Versuchung nachzugeben, der in den letzten 75 Jahren sowohl im allgemeinpolitischen als auch im bündischen Raum mehrfach Vertreter der mittleren Generation erlegen sind, nämlich sich der jeweiligen jungen Generation als Weltbeglücker oder Guru anzudienen. Und tatsächlich hat ein aus der bündischen Jugend stammender Skeptiker aus meiner Generation angesichts der vielen programmatischen Vorüberlegungen zu diesem Meißnertag kritisch gefragt, ob man der „Phrasendrechselei von Erklärungen“ nicht besser Schweigen entgegensetzen solle. Um zu rechtfertigen, warum ich trotzdem noch weiterrede, will ich etwas ausholen:

Wir haben einleitend das in seiner romantischen Aussage anrührende Wandervogellied „Wir wollen zu Land ausfahren“ gesungen. In seiner zweiten Strophe heißt es:

Und glüht unser Feuer an gastlicher Statt,
so sind wir zu Haus' und schmausen uns satt,
und die Flammen leuchten darein.

Mit anderen Worten: Dort, wo wir eine gastliche Statt, d.h. wo wir menschliche Nähe, humane Offenheit und offenes Gespräch finden, sind wir also nicht nur kurzfristig geborgen vor Wind und Wetter, sondern da ist unser Zuhause, da ist unsere eigentliche Heimat, die überall, wo gastliche Menschen leben, sein kann und von wo aus wir auf unserer Fahrt bereichert weiterziehen können, um eine neue gastliche Statt zu finden und auch selbst zu schaffen. Das ist keine Heimatduselei, die von der ideologischen Überhöhung eines bestimmten Ortes oder Raumes oder einer Nation lebt, sondern der Hintergrund für eine menschliche, d.h. einfühlsame Form des Miteinander-Umgehens und Weiterschreitens. Jedenfalls liegt Kutzlebs Liedtext im Rahmen jener frühen jugendbewegten Selbstdeutung, die sich auch in Hermann Hesses berühmtem Stufen-Gedicht aus dem *Glasperlenspiel* findet:

Wir sollen heiter Raum um Raum durchschreiten,
an keinem wie an einer Heimat hängen,
der Weltgeist will nicht fesseln uns und engen,
er will uns Stuf' um Stufe heben, weiten ...

Trotz aller Widersprüche und Entwicklungssprünge, innerer Gegensätze und partiellen historischen Fragwürdigkeiten der Jugendbewegung über die letzten fast neunzig Jahre hinweg: In dem Kutzleb-Lied steckt meines Erachtens an diesem Kernpunkt eine Aussage, die uns mittlere Generation mit den älteren Jugendbewegten und mit Euch, den jüngeren, verbindet. Natürlich hat es immer wieder Generationenspannungen, Reibereien zwischen den Alten und den Jungen, gegeben, und es muss sie nach der alten Bauernweisheit auch geben: Kälber brauchen Zäune, um die Köpfe schubbeln zu können und feste Hörner zu bekommen! Aber in den spezifischen Formen der Miteinander-Umgehens, des – bildlich gesprochen – gemeinsamen Wanderns und Rastens, des Sich-Mitteilens und Hinhörens an gastlicher Statt, des Strebens nach Ganzheitlichkeit in der Auseinandersetzung mit den anderen und mit der Umwelt liegt so etwas wie eine gemeinsame Schnittmenge der verschiedenen Jugendbewegungsgenerationen.

Jetzt bin ich an dem Punkt angelangt, an dem ich ohne schlechtes Gewissen weiterreden kann. Gastliche Statt hat also etwas mit einfühlsamer wie rückhaltloser Kommunikation zwischen anregenden Partnern zu tun; sie ist keine Frage des Alters, sondern eine Entscheidung und Kunst freier Menschen aus eigener Bestimmung und eigener Verantwortung ihr Leben lang. Nicht zufällig scheuen alle Staaten und Parteien, die nur durch das enge Korsett einer monolithischen Ideologie überleben können, solche Unterhaltung und Verständigung selbstbestimmter Individuen wie der Teufel das Weihwasser. Und nicht zufällig schafft uns unsere westliche, ebenfalls auf massive Abhängigkeit zielende Unterhaltungsindustrie mit ihrer „Modellierung unserer Sinnlichkeit", mit der Perfektionierung des Fernsehens, mit Videomarkt und Computerspielereien Pseudo-Kommunikationspartner nach dem geradezu autistischen Motto: „Brrt-brumm-piep: Mein Computer hat mich lieb" – wie auf Plakatwänden als Werbung einer Computerfirma zu lesen war. Wie menschlich ist eigentlich das Gespräch mit einem Walkman?

Wir sind jetzt hier zwar keine einzelne Gruppe oder kleine Horte, sondern ein großer Haufen von rund 5 000 jüngeren Bündischen und einigen Dutzend so genannter Oldies, aber dennoch kein Einheitsbrei mit äußerlicher oder gar geistiger Uniform, sondern eine muntere Addition von vielen sehr unterschiedlichen Kleingruppen mit jeweils individuellem Gesicht – wie sich in den letzten Tagen hier im Lager ja eindrucksvoll gezeigt hat. Vor diesem Forum traue ich mich, jetzt einen Gedanken auszuspinnen, der mir als Angehörigem der mittleren Generation und als einem von der Jugendbewegung infizierten Zeitgenossen, der zufällig zugleich auch Historiker ist, beim Blick auf die Geschichte der Jugendbewegung und unsere heutige Situation bedenkenswert erscheint. Nicht zuletzt die gemeinsame Erklärung der Bünde zu diesem Treffen hat mich dazu provoziert.

„Mit Betroffenheit", heißt es da – und es ist natürlich die negative Betroffenheit gemeint –, sehe man die moderne Zivilisation auf einem Weg, der letztlich zu einem Abgrund hinführe, und es folgt dann die geradezu verängstigende Aufzählung einzelner Hauptgefährdungen, an denen ja nun wirklich kein Zweifel besteht. Wie kann man aber angesichts solcher Stimmungslage, so frage ich mich, überhaupt noch davon sprechen, wie ich es mit Rückgriff auf Hermann Hesse getan habe, wir sollten *heiter* Raum um Raum durchschreiten? Was heißt da noch „heiter"? Für Heiterkeit, gar Gelächter, für Selbst- und Fremdironie, für Satire, für Spott oder gar die Fähigkeit, „die Ernsthaftigkeit der Gegner durch Lachen zu zersetzen", ist da kein Platz mehr, scheint es; alles ist todernst! Ich habe gerade wörtlich aus einem

Buch zitiert, das zwar in den letzten Jahren viele als Krimi gelesen und dessen verfilmte Fassung noch mehr gesehen haben, dessen philosophischer Gehalt aber wohl nur wenige interessiert hat. Ich meine Umberto Ecos Roman *Der Name der Rose*, dessen zentrale, zunächst etwas vordergründig klingende Frage lautet, ob Jesus gelacht hat. Die Auseinandersetzung zwischen den beiden Hauptfiguren des Romans, Jorge und William, läuft dabei auf die Frage hinaus, ob man die Lust an der Komödie, die Heiterkeit, die Freude an Witz und Spott als menschliche Eigenschaft nicht unterdrücken müsse, weil das Lachen die Menschen aus ihrer Angst vor dem Teufel befreie, dadurch aber möglicherweise auch die Gottesfurcht schwinden lasse. Als Folge müsse dann schließlich, so befürchtet der nicht zufällig blinde Erzreaktionär Jorge, auch die Möglichkeit zur strammen Disziplinierung der Gläubigen verloren gehen.

Ich will auf folgendes hinaus: Mit dem befreienden Lachen und dem entlarvenden Witz, mit Selbstironie und gelassener Heiterkeit haben sich die Deutschen immer schon schwergetan: Die Zahl der gelungenen Komödien kann man fast an einer Hand abzählen, die Zahl der Tragödien ist dagegen uferlos.

Die Freideutschen haben sich zwar 1913 massiv vom Pathos des – so Knud Ahlborn – bierernsten Reserveoffizier- und Oberlehrerdeutschland, das sich in Leipzig am Völkerschlachtdenkmal versammelte, absetzen wollen – das war eine bemerkenswerte Tat, und deshalb feiern wir sie heute. Aber auch alle der damals hier am Meißner gehaltenen Reden trieften letztlich von tiefem Ernst oder weihevoller Würde. Nicht zufällig führte man nicht etwa ein bissiges Kabarett auf, in dem man sich über die wilhelminische Plüschgesellschaft lustig machte, sondern Goethes Seelendrama *Iphigenie*. Um keine Missverständnisse aufkommen zu lassen: Ich behaupte natürlich nicht, in den jugendbewegten Gruppen von den Steglitzer Wandervögeln bis heute sei nicht gelacht worden – das wäre völliger Blödsinn –, aber die wichtigsten Selbstaussagen der Jugendbewegung über sich und ihre Ziele strahlten immer ein umfassendes großes Wollen, eine gewaltige ernste Entschiedenheit aus, die oft in krassem Gegensatz zu ihren konkreten Handlungsmöglichkeiten und ihrem gesellschaftspolitischen Durchblick stand. Das führte zu Selbstüberschätzung, die aus dem Grunde bis heute ein schweres Handicap ist, weil Kritiker und Gegner die Jugendbewegung immer an den von ihr in großer Zahl produzierten, subjektiv ja ganz ernst und ehrlich gemeinten Sinnblasen und Weltverbesserungsluftballons gemessen haben. Manche wirkliche Leistungen und wichtige Impulse der Jugendbewegung fallen dabei unter den Tisch. Da hätten etwas mehr Selbstironie, ein

Schuss Distanz zu sich selbst, Augenmaß und das, was wir heute die Kunst der „Selbstverarschung" nennen würden, heilsam wirken können

Das soll nun auch wiederum nicht heißen, dass die jeweilige Lage eigentlich nicht ernst gewesen sei – sie war im 20. Jahrhundert eigentlich immer ernst. Hier zeigt sich nun etwas, dem sich auch die Jugendbewegung nie hat wirklich entziehen können, zumindest nichts Wirkungsvolles entgegen gesetzt hat: Dieser triste, lustfeindliche Ernst und dieses ständige Herbeireden von Ängsten dienten und dienen der Domestizierung und Disziplinierung von Menschen. Auch hier bitte keine Missverständnisse: Natürlich hat es viele Gefahren gegeben, und gibt es sie heute erst recht, aber im Umgehen damit in der Öffentlichkeit versuchen manche letztlich menschenverachtende Meinungsmacher immer wieder ihr finsteres Süppchen zu kochen. Man denke nur an die Aids-Diskussion in Bayern! Alles ist so unendlich triste, alles ist tiefernst, und vor x Sachen wird uns ständig Angst gemacht: Waldsterben, Tschernobyl und Ozonloch, Robbensterben und Algenpest, Terroristen, Drogen und Jugendsekten, Mittel-, Kurz- und Langstreckenraketen, Sandoz-Chemie und hormonverseuchte Kälber, Nord-Süd-Gefälle und die Bevölkerungsexplosion in der Dritten Welt, die Asylantenschwemme und der Rentenberg im Jahre 2000, Aids und Arbeitslosigkeit. Die Angstmacherei fängt schon im Kindergarten an – es ist geradezu zum Wimmern! Und wenn wir nicht inzwischen durch die massenmediale Dauerberieselung einigermaßen abgebrüht wären und wüssten, dass alle halbe Jahre ein neuer Hit auf dem Markt der Ängste daherkommt, müssten wir uns eigentlich – ruck-zuck – ins Jenseits befördern (falls es in Abrahams Schoß nicht auch schon nach Sandoz stinkt).

Die Gefahren sind die eine Seite. Über sie muss man in aller Schärfe reden, man muss sich informieren, man muss Bescheid wissen und sich klar machen, dass es immer konkrete Interessen und Menschen sind, die die Schalthebel bedienen, und dass wir es an einigen Punkten sogar selbst sind, die Gefährdungen produzieren. Aber mit jenen diffusen, von Interessengruppen erzeugten und massenmedial geschürten Ängsten im Genick kann man auf Dauer nur seelisch und geistig verkrüppeln. Angst macht blind, sie lähmt, sie macht abhängig und lässt schließlich die Sehnsucht nach dem starken Mann oder der großen Heilslehre entstehen, denen man sich mal wieder an den Hals werfen kann.

Vor einiger Zeit hat Norbert Elias, der große, vielleicht zur Zeit größte lebende Soziologe und Kulturhistoriker – er war übrigens in den 20er Jahren Mitglied in der Ortsgruppe Breslau des Jüdischen Wandervogels –, in einem Vortrag auf eine Erzählung von Edgar Allan Poe hingewiesen, in der das, um was es hier geht, in grandioser Weise beschrieben wird (*Der Maelström*,

1841): Zwei Fischer – es sind Brüder – werden mit ihrem Boot in den Maelström hineingerissen, einen riesigen Strudel im Nordmeer, der sich immer beim Wechsel von Ebbe und Flut zwischen zwei Inseln bildet. Beide sind zunächst vor Angst fast wahnsinnig und klammern sich an ihr Boot, das in sausenden Kreisen immer tiefer in den Schlund gezogen wird. Doch während sich der eine völlig verkrampft und blind am Mast festhält, beobachtet der andere – allmählich ganz cool und neugierig geworden –, wie sich andere Gegenstände, die ebenfalls in den Schlund hineingerissen worden waren, verhalten, und er entdeckt, dass kleine, ovale Gegenstände sehr viel langsamer absinken als große, sperrige. Daraufhin bindet er sich an ein kleines Fass und springt von Bord, verlässt also das scheinbar Halt bietende große Boot, das seinen völlig verängstigten Bruder schließlich in die Tiefe reißt, und kann sich tatsächlich retten. Zurück zu meiner Argumentation: So will man uns denn dazu zwingen, mit einer Fülle von Ängsten im Nacken – dies ist jetzt ein anderes Bild – einen ständigen Slalom durch die Stangen einer ständig perfekter genormten und verrechtlichten Welt zu machen, wo humane Weitsicht und Zivilcourage eines Bürokraten oder Politikers so häufig vorkommen wie ein Kalb mit zwei Köpfen. Alles ist voller angeblicher Sachzwänge, alles ist Mühe, alles ist Arbeit: Jugendarbeit und Altenarbeit, Trauerarbeit, Beziehungsarbeit, Gruppenarbeit, Körperarbeit ... und die Freizeit soll in gestylten Freizeitparks stattfinden; Sport- und Spielhallen bieten sich als Inseln der Kreativität an; das Rauchen einer bestimmten Zigarettenmarke vermittelt einem angeblich die große Freiheit oder den Duft der großen weiten Welt, und der Massentourismus verspricht, uns dahin zu bringen, „wo die Glücklichen leben“ und wo „der Mensch wieder Mensch wird“.

Die Umweltverschmutzung wird von der Gehirnverschmutzung oft noch übertroffen!

Wenn ich das alles so sage, dann hat das mit traditioneller Zivilisationskritik nichts zu tun, sondern läuft auf den Versuch hinaus, eine Grenze zu fixieren, an der meines Erachtens die Existenz der Marionette beginnt. Verspottet doch einfach die, die Euch ständig so triste kommen und ununterbrochen Ängste einjagen wollen oder Euch vorgefertigtes Glück unterjubeln! Macht sie lächerlich; übt durch das Lachen die „Kunst der Vernichtung von Angst“ (Eco), die Euch abhängig machen soll! Erst dann wird der Blick scharf für das, was wirklich ist und was man realistisch tun kann. Erst dann kann man sich wirkungsvoll empören und sinnvolle Handlungsstrategien entwickeln. Das heroische Untergehen und Sich-Opfern ist der jungen Generation in diesem Jahrhundert schon mehrfach gepredigt worden – jetzt geht es um trickreiches, widerborstiges, fantasievolles Handeln und Zivilcourage, eben um das, was bei Umberto Eco die Zersetzung der Ernsthaftigeit des Gegners durch das Lachen und die Satire heißt.

Um das, was ich damit meine, an einem so genannten „Flüsterwitz" aus dem Dritten Reich zu zeigen: Der vermutlich wohl größte, gerissenste und leider wirkungsvollste Schwätzer und Phrasendrescher des 20. Jahrhunderts, Joseph Goebbels, trifft im Jenseits Götz von Berlichingen. Götz stellt sich als erster vor und sagt: „Gestatten, Götz von Berlichingen, der Ritter mit der eisernen Hand!" Goebbels plustert sich daraufhin auf und tönt: „Gestatten, Dr. Joseph Goebbels, der Ritter mit der spitzen Zunge." Daraufhin Götz lässig: „Trotzdem!" Wir brauchen uns heute weder in Flüsterwitze noch ins Abseits zu flüchten; wir können Gott sei Dank noch offen reden und uns gezielt wehren. Vielleicht ist überhaupt das so schön doppelsinnige Motto „Trotz alledem" eine Devise, die gerade heute wieder Sinn macht, auch wenn sie Ferdinand Freiligrath einst auf die gescheiterte 1848er Revolution gemünzt hat: Wir wagen *trotzdem* „unser Gesetz und unser Glück" – wie es in einem eindrucksvollen Lied aus dem Bund deutscher Jungenschaften heißt („Was ließen jene, die vor uns schon waren?") – und wir *trotzen all dem*, was uns zur Marionette machen will.

So etwas kann man natürlich nicht, wenn man sich – durch eine böse und bedrohliche Welt verängstigt – in irgend welche künstlichen Paradiese flüchtet oder voller Selbstmitleid die Flügel hängen lässt. In solcher Situation wird man sehr leicht zur Beute, wie die Jugendgeschichte des 20. Jahrhunderts vielfältig zeigt. Machen wir uns nichts vor: Die Jugend wird in Zukunft mit noch erheblich mehr Zumutungen aller Art traktiert werden als je zuvor. Das hängt damit zusammen, dass der Geburtenrückgang den Nachwuchs zu einem immer kostbareren Gut werden lässt. Wenn aber ein Rohstoff knapp wird, dann beginnt ein intensiver Konkurrenzkampf um ihn. Staat, Parteien, Verbände, Kirchen und Schulen werden sich nicht etwa als jene Zäune anbieten, an denen sich der Nachwuchs reiben und seine Selbständigkeit erschubbeln kann, sondern sie werden ihr System intensiver Gängelung weiter perfektionieren und Jugend noch viel mehr als bisher als Manövriermasse benutzen, da ja bekanntermaßen der, der die Jugend hat, auch die Zukunft zu haben glaubt. Angebliche Generationenverträge sollen dabei die fortschreitende „Verampelung" Eurer gesamten Lebensverhältnisse kaschieren.

Hier scheint mir nun tatsächlich die geradezu zukunftsweisende Bedeutung kleiner autonomer Jugendgruppen zu liegen, wie sie die Jugendbewegung erfunden hat – jener Gruppen und Horten, die sich ihre Spielregeln, Ordnungen und Formen selbst geben, die so weit wie möglich auf Staatsknete und jugendwohlfahrtliche Betreuung pfeifen, die sich ihre Kommunikationspartner quer durch die Generationen gezielt und kritisch selbst aussuchen und die mit Hohn und Spott all jene aufspießen, die sie gängeln wollen. Das ist keine Flucht in ein künstliches Jugendreich und auch keine Beschwörung eines Jugendmythos, sondern eine solche Gruppe kann einerseits ein Raum heiterer humaner Gelassenheit und offener beglückender Kommunikation sein, andererseits ein Widerstandsnest gegen die gravierenden Zumutungen aller Art und vielleicht drittens auch so etwas wie ein Trainingslager für solidarisch-genossenschaftliches Denken und Handeln.

Es ist – weiß Gott – schwierig, ganz simpel aus der Geschichte, d.h. aus den Fehlern und Sackgassen früherer Generationen etwas lernen zu wollen; aber vielleicht kann man doch folgendes sagen: Pathos und Selbstüberschätzung bringen gar nichts, das gesteht sich inzwischen auch die 68er Generation ein, die einst so optimistisch glaubte, Jugend könne Geschichte machen. Im Hauruck-Verfahren löst man keine Probleme; der Gordische Knoten, den Alexander der Große mit einem Hieb durchtrennte, ist ein Mythos – viel realistischer ist das Bild vom mühsamen Bohren in dicken Brettern mit Beharrlichkeit und Augenmaß. Um sich zu behaupten, muss man neben kritischer Weltoffenheit auch die Kunst der Selbstironie üben, die Fähigkeit zur Distanz zu sich selbst nach dem Motto: „Schließ Aug' und Ohr für eine Weil' vor dem Getös' der Zeit!" Sich relativieren zu können, heißt aber nicht, in kalten Relativismus zu verfallen, sondern mit seinem Handeln Maß und Ziel, Hirn und Herz zu verbinden, und dieses – wie gesagt – in widerborstiger, zäher und fantasievoller Weise.

Aber jetzt bin ich kurz davor, selbst in Pathos zu verfallen, deshalb sollte ich schleunigst abbrechen. Vielleicht sollte ich zum Schluss nur noch an jene Liedzeile erinnern, die die meisten von Euch schon oft gesungen haben und deren heiteren Sinn wir uns von keinem der vielen perfiden Spielverderber und von keiner der tatsächlichen oder bloß herbeigeredeten Gefahren kaputtmachen lassen dürfen:

Nehmt Abschied, Brüder, schließt den Kreis,
das Leben ist ein Spiel,
nur wer es recht zu spielen weiß
gelangt ans große Ziel!

In diesem Sinn, liebe Freunde: *Trotz alledem!* Euer Lager ist ein großartiger Anfang!

Die Ehre der Lemminge
oder: „ehrenvoll“ bis unter den Boden?

Eine Polemik*

Als die alten Wandervögel nach dem Ersten Weltkrieg ihr Lied von den „Wilden Gesellen“ sangen und den Spießern und Spöttern ihr „ehrlos bis unter den Boden“ entgegenschmetterten, wussten sie sehr genau, warum sie die „Ehrlosigkeit“ ihrer Bewegung betonten: Von dem hohlen Pathos der „nationalen Ehre“, das ihnen in allen Sonntagsreden des Kaiserreichs entgegen gedröhnt hatte, vom Ehrgetue der salamanderreibenden schlagenden Verbindungen und vom wilhelminischen Männlichkeitsgehabe, nach dem die männliche Ehre unter Umständen nur noch im Duell auf Leben und Tod unter Beweis gestellt werden konnte, hatten sie die Nase voll. „Viel Feind, viel Ehr“ war zudem ein wieder aufgewärmtes, besonders dümmliches Durchhaltemotto des Ersten Weltkriegs gewesen, und nach der Niederlage und dem verhängnisvollen Versailler Vertrag sammelten sich um den Begriff der „nationalen Ehre“ alle diejenigen, die eine Revision des Vertrags und einen Wiederaufstieg Deutschlands zu nationaler Größe wollten. „Ehre“ wurde wie „Treue“ zum Etikett für alles, was gut, edel, echt deutsch, vor allem aber rassisch einwandfrei, d.h. arisch war. Im Felde (angeblich) unbesiegt geblieben, nur durch einen Dolchstoß von hinten niedergestreckt worden zu sein, wurde zur Lebenslüge aller rechten Kreise und zum Kerninhalt eines Mythos von der unbefleckten Ehre des deutschen Soldatentums im Laufe der Weimarer Republik. Langemarck wurde zum exemplarischen Ort hochstilisiert, zum „Altar der Ehre“, wo das höchste Glück des jungen Mannes, fürs Vaterland und Volk sterben zu dürfen, im November 1914 in besonders eindrucksvoller Weise Gestalt angenommen habe – auch wenn manche Zeitgenossen, so der Wandervogelführer Friedrich Kreppel bereits

* Es handelt sich bei diesem Text um einen kritischen Kommentar zu einer Reihe von Leserbriefen, die im Jahre 1992 aufgrund eines Artikels über den Russland-Feldzug in „Stichwort. Zeitschrift für bündische Ältere“ (Verlagsort Stuttgart) abgedruckt worden waren. Auf Anmerkungen und Nachweise der Zitate ist wegen des Essaycharakters verzichtet worden.

1923, davor warnten, mit Langemarck einen Kult zu treiben: „Langemarck, wie es war, darf nie wieder sein!“ (Kreppel).

Doch dann kam das so genannte Dritte Reich. Das verführerische Geschwätz von der Ehre all derer, die „deutschen Blutes“ seien, nahm inflationär zu. Als Ehre galt jetzt die absolute Treue zur Volksgemeinschaft und die Bereitschaft zur fraglosen Selbstaufgabe, d.h. die Überzeugung, sich im Sinne der „germanischen Artgesetze“ bedingungslos für den Dienst an Volk und Führer hinzugeben. Der NS-Dichter Anacker reimte 1937: „Treue fragt nicht nach Gewinn, Treue währt von Anbeginn bis zum bittern letzten End’, willig, dass sie sich verschwend.“ Die Chance zum willigen Sich-Verschwenden sollte bald kommen, nur dass dann z.B. im Stalingradkessel jene Willigkeit und jene Bereitschaft zum ehrenvollen Untergang, den Hitler noch wenige Stunden vor der Kapitulation der 6. Armee anmahnte, in bitterste Verzweiflung über die erlittene Täuschung umschlug.

Aus der individuellen Ehre des Einzelnen auf Grund seiner Selbstachtung machten jedenfalls die Nationalsozialisten so etwas wie eine „Systemehre“ oder „Kollektivehre“; dadurch wurde insbesondere auch die traditionelle Vorstellung von der Ehrhaftigkeit des Soldaten verdrängt bzw. im NS-Sinn umgedeutet.

Die oberste Heeresleitung ließ dies nicht nur ohne Protest über sich ergehen, im Gegenteil: Sie spielte willfährig mit. Um nur ein Beispiel von vielen zu zitieren: Am 10. Oktober 1941 gab das Armeeoberkommando 6 folgenden Befehl heraus:

> „Das wesentliche Ziel des Feldzuges gegen das jüdisch-bolschewistische System ist die völlige Zerschlagung der Machtmittel und die Ausrottung des asiatischen Einflusses im europäischen Kulturkreis. Hierdurch entstehen auch für die Truppe Aufgaben, die über das hergebrachte einseitige Soldatentum hinausgehen. Der Soldat ist im Ostraum nicht nur ein Kämpfer nach den Regeln der Kriegskunst, sondern auch Träger einer unerbittlichen völkischen Idee und der Rächer für alle Bestialitäten, die deutschem und artverwandtem Volkstum zugefügt wurden. Deshalb muss der Soldat für die Notwendigkeit der harten, aber gerechten Sühne am jüdischen Untermenschentum volles Verständnis haben.“

Hatte damals der deutsche Soldat dieses „volle Verständnis“? Handelte er deshalb so, „wie das Gesetz es befahl“? An dieser Stelle, mit dieser Frage, landen wir mitten in jenem bedrückenden Problem, das in den *Stichwort*-Heften 1, 2 und 3 des Jahres 1992 wieder sichtbar geworden ist. Dabei geht es nicht um die Ehre des Einzelmenschen im NS-System, sei er nun Soldat an der Front oder Zivilist in der Heimat gewesen – Ehre hier verstanden als die aus Selbstachtung entspringende, aus dem Bewusstsein humanen Handelns in den alltäglichen Herausforderungen stammende Selbstdeutung und

Achtung, die einem die Mitmenschen schulden. Es geht vielmehr um die Frage, ob die Ostfrontkämpfer sich auf so etwas wie eine gemeinsame soldatische Ehre berufen können – dies vor allem, wenn man weiß, dass es die Nazis im Verein mit der Heeresführung darauf angelegt hatten, durch die intensive Propagierung der erwähnten Herrenrassenehre und entsprechende Befehle gerade die Selbstaufgabe des Individuums mit Hilfe eines kollektiven Ehrbegriffs zu erreichen.

Das ist umständlich formuliert, deshalb will ich es deutlicher machen: Ist mein eigener Vater, so frage ich nicht erst heute, im September 1943 bei Kiew deshalb gefallen, weil er – im subjektiven Sinn – „Ehre im Leib gehabt hat" und trotz des Wissens darüber, ein fremdes Volk mit überfallen zu haben, (irrtümlich) geglaubt hat, nur so seine Heimat vor einem bösen Aggressor schützen zu können? Oder war er überzeugtes Werkzeug eines verbrecherischen Regimes und Glied einer durch den Kitt von abstrakter Ehre und Treue zusammengehaltenen Kriegsmaschinerie, für die nur galt: „Erobern und Vernichten"? Darf ich als betroffener Sohn eines mit 29 Jahren im Dreck russischer Sümpfe elendig verbluteten Vaters so fragen? Ich denke, ich darf! Ich muss sogar, wenn ich einige der Leserbriefe in den *Stichwort*-Heften lese, aus denen ich kaum eine Anklage, aber umso mehr Betroffenheit und Trauer herauslese. Die Behauptung eines Kritikers, das seien „ehrabschneidende Anklagen gegen uns Ostfrontkämpfer", bringt mich zu den genannten Fragen, und die Hinweise in anderen Repliken auf sonstige schlimme Verbrechen in der Menschheitsgeschichte nutzen mir nichts und relativieren nichts. Ich bin Sohn eines konkreten, aber leider nicht mehr befragbaren Vaters, wir sind alle Kinder oder Enkel von Großvätern, von denen uns einige überlebende und besonders hartnäckige, weil uneinsichtige Exemplare immer einmal und diesmal eben auch wieder etwas von der Ehre des deutschen Soldatentums gerade beim Ostfeldzug erzählen, der in diesen Tagen vor fünfzig Jahren z.B. für weit über 200 000 junge Männer im Kessel von Stalingrad oder in der anschließenden Kriegsgefangenschaft mit einem erbärmlichen Tode endete. Selbstverständlich waren – darauf ist auch hingewiesen worden – nicht „alle deutschen Soldaten .... vertierte Bestien", aber die unzähligen Quellen sprechen eine deutliche Sprache, dass der Ostfeldzug als Vernichtungsfeldzug nicht nur geplant, sondern auch konsequent durchgeführt worden ist.

Ich schreibe dies hier als Betroffener und nicht in erster Linie als Historiker, der ich zufällig auch bin. Und ich rede hier auch nicht aus linker, mittlerer oder rechter Ecke heraus, bin auch nicht „rot-grün" oder wie die wohlfeilen Schubkästen immer heißen mögen. Aber ich bin ein engagierter Frager der mittleren Generation, der als Sohn wissen will, wie damalige Frontsoldaten die erschütternden Verwicklungen vieler deutscher Soldaten aller Ränge (und nicht nur einzelner Bösewichter) in das Morden an der russischen und jüdischen Zivilbevölkerung, das elende Krepieren von Millionen russischer Kriegsgefangener und das z.T. sadistische Töten von echten oder nur vermuteten Partisanen heute beurteilen, ob sie nun direkt beteiligt waren oder nicht, ob sie es wussten oder unter Umständen (wenn auch kaum zu glauben) nicht! Die Greuel wurden, darüber gibt es keine Zweifel, eben nicht nur von SS-Kommandos oder von der Gestapo verübt. Übrigens: Dass diese Greuel auch zu einem Rachebedürfnis bei vielen Rotarmisten und somit später zu grauenhaften Folgen für die deutsche Zivilbevölkerung geführt haben, ist überhaupt kein Tabu, über das man heute angeblich nicht sprechen darf!

Dass Propagandisten eines pauschal ehrenhaften deutschen Soldatentums bis heute dazu nur die Antwort haben, das sei bloß stalinistische Greuelpropaganda, ist schon erschreckend und macht eher traurig als wütend. Wir haben z.B. in Moskau weit über 5 000 Kriegsbriefe, geschrieben von deutschen Soldaten im Stalingradkessel, „... unten, wo das Leben konkret war“, gelesen (W.R. Bayer: *Stalingrad. Unten, wo das Leben konkret war*, Frankfurt a.M. 1987). Da war keine, aber auch gar keine Rede mehr von Heldentum, Treue und dem heldenhaften Untergang eines ehrenvoll kämpfenden Heeres (wie bei den Thermopylen oder in der Nibelungensage), sondern tiefe Verzweiflung, Bitterkeit über den Kriegswahnsinn und Zorn auf die bis zum letzten Moment Ehrenphrasen dreschende Führung. Angesichts dieses konkreten Elends stellt sich in aller Krassheit die Frage, woher eigentlich manche „alte Kämpfer“ die Berechtigung nehmen, ihre Sicht auf den Krieg als Vermächtnis der Soldaten auszugeben und Söhne (und Töchter) ständig so missionarisch mit ihrer Lebenssicht, die oft eine – manchmal verständliche – Lebenslüge ist, zu traktieren. Vielleicht ist es eine zu hohe Erwartung, aber die Aufforderung an die alte Generation und deren historische Verpflichtung können doch wohl nur darin bestehen, den Nachwachsenden über ihre Lebensfehler, Sackgassen, vor allem über ihr Erschrecken vor sich selbst im Zeitfluss des 20. Jahrhunderts ehrlich zu berichten. Gute Beispiele für Letzteres gibt es durchaus, aber sie sind selten (so z.B. das Buch von Eva Sternheim-Peters: *Die Zeit der großen Täuschungen. Eine Jugend im Nationalsozialismus*. 2. Aufl., Köln 1992). Insofern klage ich nicht an; ich fordere nur etwas ein, was ich bei jedem Generationenaustausch erwarte, aber hier von besonderer Bedeutung ist. Besonders die heutigen Jüngeren brauchen Klarheit über das historische Gewordensein von Gewalt und Krieg; sie brauchen offene, ehrliche und „weise“ Alte, damit das Nachdenken über die Keime, aus denen dann in den Köpfen nationale Überheblichkeit, Ablehnung des Fremden, Hass gegen alles Andersartige bis hin zur Akzeptanz der „Ausmerze“ von angeblich minderwertigen Mitmenschen und eines Vernichtungsfeldzuges gegen das so genannte „slawisch-jüdisch-bolschewistische Untermenschentum“ gewachsen sind, nicht im hektischen und oft brutalisierten Alltag auf der Strecke bleibt.

Ein Nachwort: Links- wie rechtsextremistische Geschichtsklitterer haben einen gemeinsamen Feind, den sie immer wieder fast gleichlautend angreifen: den nüchtern und sachlich abwägenden Historiker. Da gibt es jenen Typus des sich stigmatisiert fühlenden Individualkommunisten, der von den „schillernden Historikerbanden“ und „Kompilateuren“ mit ihrer „unwissenschaftlichen Dummschwätzerei“ spricht, und den bräunlichen „alten Kämpfer“, der behauptet, „umerzogene deutsche Neuhistoriker“ verbreiteten trotz besseren Wissens das „Märchen des deutschen Überfalls auf die Sowjetunion“. Beide gleichen in dem, was sie zu Papier bringen, jenen Kleinkindern, die – wenn sie Angst vor etwas haben – sich einfach die Augen zuhalten, sodass sie das Schlimme, das sie bedrohen könnte, nicht mehr sehen können. Da kann man sich wohl nur noch fragen, aus welchen Ängsten und Verletzungen solche Haltung herrührt, muss aber zugleich deutlich dafür sorgen, dass unbedarfte Jüngere ihnen nicht auf den Leim gehen. Aufklärung tut not und die Wiederholung des Satzes, dass „jede Art von Extremismus, vor allem wenn er Gewalt zulässt, verbrecherisch ist“. Aber unsere Väter sind uns nun einmal die nächsten, auch wenn sie bereits tot sind. Deshalb widme ich diesen Essay meinem Vater, der vor fünfzig Jahren auf einem angeblichen „Feld der Ehre“ umkam und den ich leider nicht mehr kennengelernt habe und befragen konnte. Und dabei ist es für mich alles andere als ein „Trost“, was nach seinem Tod ein Oberleutnant meiner Mutter offiziell geschrieben hat, dass er nämlich „getreu seinem Fahneneid“ und „für die Größe und Zukunft unseres ewigen deutschen Volkes sein Leben hingab“.

Geschichtstoleranz

Rede zum Schlusskonvent des Freideutschen Kreises (Altenberg bei Wetzlar, 2. Juni 2000)*

Dass ich heute aus Anlass des Schlusskonvents des Freideutschen Kreises hier an diesem Ort als zwar nicht mehr Junger, aber doch deutlich Jüngerer ein Grußwort sprechen darf, hat mich sehr berührt und zugleich stark herausgefordert: Einerseits gehöre ich zur Generation jener Söhne, deren Väter unter Umständen hier wie Ihr noch hochbetagt sitzen könnten, wenn sie nicht, wie mein Vater, im Krieg umgekommen wären. Andererseits bin ich Historiker, genauer gesagt: der Historiker, den der Freideutsche Kreis ange-

---

* Der Freideutsche Kreis war eine Vereinigung von Menschen, die – geboren zum weit überwiegenden Teil im letzten Jahrzehnt vor dem Ersten Weltkrieg – in der Zeit der Weimarer Republik durch ihre Zugehörigkeit zu einer Gruppe der Bündischen Jugend geprägt worden sind. Etwa 80 von ihnen, über drei Viertel Männer, trafen sich Pfingsten 1947 im Kloster Altenberg bei Wetzlar und beschlossen, aus jugendbewegtem Ethos und Denken einen Kreis ehemaliger Bündischer mit dem Ziel zu gründen, vor allem einen Beitrag zur „geistigen Überwindung des Nationalsozialismus" zu leisten und beim Aufbau einer humanen, demokratischen und friedvollen Nachkriegsgesellschaft mitzuwirken, ohne sich aber dabei parteipolitisch festzulegen. Jährlich versammelten sich seither die Mitglieder, zu denen schließlich nahezu 2 000 Personen zählten, zu großen „Konventen" an wechselnden Orten in der Bundesrepublik, bei denen immer auch Themen zur Zeit- und Gesellschaftsanalyse im Mittelpunkt standen. Da viele der noch lebenden Mitglieder Ende der 1990er Jahre inzwischen weit über 90 Jahre alt waren, wurde schließlich der Beschluss gefasst, sich im Jahre 2000 ein letztes Mal zu einem solchen Konvent zu treffen und danach den Kreis aufzulösen. Das Treffen fand vom 1. bis 4. Juni 2000 am Gründungsort statt.
Zur Geschichte des Kreises s. Heinrich Ulrich Seidel: Aufbruch und Erinnerung. Der Freideutsche Kreis als Generationseinheit im 20. Jahrhundert, Witzenhausen 1996; außerdem Winfried Mogge: Der Altenberger Konvent 1947, in: Jahrbuch des Archivs der deutschen Jugendbewegung, Band 18 (1993-1998), S. 391-418; vgl. auch Sabiene Autsch: Erinnerung – Biographie – Fotografie. Formen der Ästhetisierung einer jugendbewegten Generation im 20. Jahrhundert, Potsdam 2000. Zum Begriff „Geschichtstoleranz" s. Peter Schulz-Hageleit: Die Kinder der Täter. Vom Trauma des Jahres 1945 zur Wiedergewinnung einer humanen Lebensorientierung, in: psychosozial, 20. Jahrgang (1997), Heft II, S. 91-101, bes. S. 99 f.

regt hat, sich mit dessen Geschichte zu beschäftigen, und der grundsätzlich das Kommen und Gehen der Generationen im 20. Jahrhundert als seinen bevorzugten Forschungsgegenstand gewählt hat. Und außerdem habe ich als Heranwachsender in Gruppen der Nachkriegsjungenschaft noch manches von dem jugendbewegten Lebensstil kennen gelernt, der Euch ein Leben lang geprägt und bei Euch zu einem entscheidenden Teil dessen geführt hat, was Ihr „Haltung" nennt.

Eure Generation hat meine Generation in die Welt gesetzt, hat uns getauft und uns unsere Namen gegeben, was gleichzeitig heißt, dass Ihr uns in vielfacher Weise geprägt habt! Wir haben uns inzwischen revanchiert und Euch auch einen Namen gegeben, dem Ihr nun mit dem Entschluss, im Jahre 2000 Euren letzten Konvent durchzuführen, alle Ehre macht: nämlich „Jahrhundertgeneration" – meist im ersten Jahrzehnt des 20. Jahrhunderts geboren und nun, zu Beginn eines neuen Jahrhunderts, von der Bühne der Geschichte abtretend! Und indem wir Euch diesen Namen (etwas hochtrabend, wie Will Zilius einmal angemerkt hat) zugewiesen haben, heißt das, dass wir Euch und Eure „große Fahrt" durch fast zehn Jahrzehnte deutscher Geschichte, Eure Taten und Verstrickungen, Euer Erbe an uns auch zu deuten versuchen und als historische Wesen auch deuten müssen. Es geht also um ein Verstehen über die Generationsgrenzen hinweg, um den Versuch, Euer Zutun zu unserer Geschichte, die zugleich deutsche Geschichte ist, zu begreifen und zu Eurem Nachlass, den Ihr uns hinterlasst, ein Verhältnis zu gewinnen.

Zum ersten Mal sind wir uns vor fast genau 14 Jahren bei Eurem Konvent in Konstanz am 8. Juni 1986 begegnet. Damals ging es um den ersten Schritt, Eure Archivalien zu sichern und Euch für die Unterstützung des Archivs der Jugendbewegung auf Burg Ludwigstein zu gewinnen. Unser Motto lautete damals: „Tradition heißt nicht, Asche aufzubewahren, sondern Flammen am Brennen zu halten!" Das Archiv braucht weiterhin Eure Hilfe, zumal gerade eine eigene Stiftung zugunsten dieses einmaligen Archivs gegründet worden ist, die das von Euch in die Welt gesetzte Projekt der Dokumentation der deutschen Jugendbewegung fortsetzten soll. Ich will aber jetzt für meinen heutigen Vortrag von einem anderen Motto ausgehen, das ich beim Blättern in einem Eurer *Rundschreiben* gefunden habe, nämlich im Novemberheft des Jahres 1962 (Nr. 83). Otto Weise, unser im letzten Jahr 89-jährig verstorbener Freund, hatte damals die Lyrik Bertolt Brechts erläutert und seinem Beitrag Verse aus dem Gedicht „An die Nachgeborenen" vorangestellt. Brecht, Jahrgang 1898, also etwa zehn Jahre älter als der Durchschnitt der Freideutschen, ruft darin der nachfolgenden Generation, meiner Generation also, zu:

Gedenkt,
Wenn ihr von unseren Schwächen sprecht,
Auch der finsteren Zeit,
Der ihr entronnen seid.

– und endet dann mit der Bitte, wieder an meine Generation gerichtet:

Ihr aber, wenn es soweit sein wird,
Dass der Mensch dem Menschen ein Helfer ist,
Gedenkt unsrer
Mit Nachsicht.

Jeder von uns weiß leidvoll, dass auch heute der Mensch keineswegs dem Menschen in dem Sinn, wie es Brecht meint, ein Helfer geworden ist. Deshalb wird auch meine Generation die nachfolgenden Generationen wohl um Nachsicht bitten müssen. Was aber Eure Generation angeht, die um 1930 die „enterbte" genannt worden ist und von der die große jüdische Denkerin Hannah Arendt, geboren 1906, einmal gesagt hat, es verbinde sie mit der vorhergehenden Generation Bertolt Brechts, Walter Benjamins, Erich Kästners und der vielen jungen Soldaten des Ersten Weltkriegs, dass beides „verlorene Generationen" gewesen seien – was also Eure Generation angeht, so seid Ihr in den letzten Jahren sehr stark in die Schusslinie noch jüngerer Historiker geraten, bei denen von „Nachsicht" allerdings keine Rede ist, sondern eher von einem „Nachgericht"! Nicht zuletzt einige hochgeachtete und maßgebliche geistige Köpfe der 1960er/70er Jahre, die eng mit dem Freideutschen Kreis verbunden waren, werden nun als akademische Handlanger und willfährige Zulieferer nationalsozialistischer Unterdrückungspolitik vorgeführt: Theodor Schieder und Werner Conze, Hans Raupach, Günther Franz, Karl Dietrich Erdmann, Erich Maschke, Walter Hubatsch, Alfred Toepfer, Ernst Rudolf Huber zählen dazu! Die inzwischen breit diskutierten Biografien des obersten Juristen im Reichssicherheitshauptamt Werner Best (geb. 1903) und des engen Himmler-Mitarbeiters und späteren Aachener Rektors Hans Schneider alias Schwerte (geb. 1909) haben die grundsätzliche Frage aufkommen lassen, welches Generationsprofil Euch, d.h. die zwischen ca. 1902 und 1913 geborenen Männer ausgezeichnet habe (von Frauen ist in der Debatte übrigens keine Rede!).

Auf Details dieser Debatte will ich jetzt nicht ausführlicher eingehen, sondern daran erinnern, dass hier im ehemaligen Prämonstratenserinnenkloster Altenberg in der Pfingstnacht vom 24. auf den 25. Mai 1947 und am folgenden Pfingstsonntag jene legendäre Debatte stattgefunden hat, in der die Gründungsväter (und nur wenigen Gründungsmütter) des Freideutschen Kreises sich mit „Schmerz und Scham" – wie es damals hieß – der gerade zurückliegenden Etappe ihres Lebens erinnerten, die zugleich Deutschlands schwärzeste Epoche war und bis heute eine nicht heilende kollektive Wunde ist. Man braucht nur an die Wehrmachtsausstellung, an die Entschädigungsforderungen von ehemaligen Zwangsarbeitern und an die Debatte über das Holocaust–Mahnmal in Berlin zu erinnern!

Wer von Euch geglaubt hat, ich würde Euch heute nur salbungsvolle schöne Worte sagen und unverbindlich plaudern, den mag jetzt die Sorge beschleichen, ich könnte mir erlauben, in eine Generalabrechnung mit Eurer Generation einzutreten! Keine Sorge! Aber da ich zeigen will, welche Hochachtung ich vor den Menschen des Freideutschen Kreises habe und wie ernst ich das heutige historische Ereignis nehme, will ich doch – mit Rücksicht und Nachsicht – an Euch die Frage stellen, welchen Lebenssinn Ihr Euch als Individuen, als Angehörige der ehemaligen Bünde und später als aus jugendbewegtem Geist gegründeter Freundeskreis vor dem Hintergrund der deutschen Geschichte des 20. Jahrhunderts zuweist und welche Botschaft Ihr den Nachgeborenen übermitteln wollt. Eine solche Frage ist ja angesichts jener Formel vom Hohen Meißner des Jahres 1913, die Ihr bei der Gründung des Freideutschen Kreises hier in Altenberg vor 53 Jahren nachdrücklich wieder aufgegriffen habt, keine Zumutung, sondern eine lebenslange Herausforderung, „aus eigener Bestimmung, vor eigener Verantwortung, mit innerer Wahrhaftigkeit“ sein eigenes Leben nicht nur zu gestalten, sondern auch zu deuten und anderen Generationen zu erklären. Dass Ihr grundsätzlich dazu bereit seid, hat die Tatsache gezeigt, dass Ihr mit großer Offenheit unser Forschungsprojekt, d.h. die Fragebogenaktion und die Durchführung der Interviews, unterstützt habt. Dafür danken wir Euch, besonders Rudolf Schwarz, Rudolf Bree und Hanjo Orth!

Was heißt hier nun Nachsicht im zitierten Sinne Brechts? Es kann m.E. nur der tastende Versuch von mir sein, mit Einfühlung und Anteilnahme, aber auch mit kritisch–fragender Distanz im Nachhinein Euch als Menschen gerecht zu werden, die ihr Leben zeitweise unter Herausforderungen, Zumutungen und Verführungen besonders extremer Art gestalten mussten. Das pauschale Urteil, wie Eure Generation zur Zeit von der Enkelgeneration unter den Historikern beurteilt wird, will ich Euch aber nicht vorenthalten; ich denke, Ihr solltet es kennen und müsst es auch ertragen können, wenn Ihr es mit der „inneren Wahrhaftigkeit“ ernst meint!

Eure Generation gilt inzwischen als das eigentlich vorwärtstreibende Element im Nationalsozialismus, vor allem als die damals aufstrebende, junge Handlungselite. Gemeint sind damit insbesondere diejenigen aus Eurer Altersgruppe, die um 1930 sich um die erhofften Karrieren betrogen sahen und nun nach neuem „Lebensraum“ suchten. Besonders dann seit Ende der 30er

Jahre und im Krieg stellten die zwischen 1900 und 1913 Geborenen das mittlere und gehobene zuverlässige Management in den Ministerien, Ämtern und Organisationen des „Dritten Reiches". Diese zunächst frustrierten jungen Akademiker hatte Hitler schon 1930 aufgefordert, „sich reiches Wissen anzueignen, damit sie im neuen Reich führende Stellungen einnehmen könnten." Sie seien dann mit „Sachlichkeit" – so hieß das damalige Schlagwort -, d.h. mit Kühle, Härte, völkischem Pflichtethos ans Werk gegangen, wobei sie sich selbst zum „kalten entschlossenen Kämpfer" für eine radikal neue deutsche Zukunft stilisiert und ihre nicht vorhandene Fronterfahrung durch klar organisiertes, geplantes, auf Langfristigkeit angelegtes Handeln kompensiert hätten. Nicht unbedingt überzeugt von allen ideologischen Höhenflügen und Auswüchsen der NS-Lehren sei für ihre Bereitschaft zum Mitmachen oft allerdings auch bloß simpler Opportunismus ausschlaggebend gewesen. Und eine solche Haltung habe die Angehörigen dieser Generation der Kühle, Anpassungsfähigkeit und Sachlichkeit dann auch nach 1945 als entscheidende Aufbaugeneration in beiden deutschen Staaten ausgezeichnet, nachdem sie eine – wie es Gottfried Benn gesagt hat – „Verwandlungszone" durchlaufen hätten. Verdrängung der eigenen Beteiligung am „Dritten Reich", Vernebelung der allgemeinen Schuld- und Verantwortungsfrage und der dringende Wunsch, nicht ständig sich schamvoll erinnern zu müssen, hätten dann die 50er und 60er Jahre ausgezeichnet.

Ich weiß, dass jetzt manche von Euch innerlich aufstöhnen und dass Ihr sofort Gegenargumente und Rechtfertigungen loswerden wollt, die dies und jenes aus der je eigenen Erfahrung korrigieren sollen. Das kann ich verstehen! Aber: Wer schreibt, der bleibt, heißt es; und Ihr müsst damit rechnen, dass mit solchen Urteilen, wie ich sie Euch genannt habe, Urteilen, die ohne jede Nachsicht geradezu Verurteilungen sind, Eure Generation jetzt von der Bühne der Geschichte abtritt. Wie wollt Ihr aber als spezieller Teil dieser Generation, als Freideutsche, d.h. als Menschen mit lebenslanger, aus dem Erlebnis der Jugendbewegung stammender Haltung und Prägung angesichts jener Pauschalbeurteilungen Eurer Generation verstanden werden? Diese Frage kann ich natürlich nicht beantworten, aber da ich einer der ganz wenigen, vielleicht der einzige aus einer anderen Generation bin, der Eure Generationsgeschichte im 20. Jahrhundert recht gut kennt und glaubt, sich einigermaßen in Eure Kollektivbiographie hineindenken zu können, will ich jetzt aus meiner Sicht zwei Punkte nennen, die mir in diesem Zusammenhang wichtig erscheinen.

1. Ich kenne die Schriften des Freideutschen Kreises ziemlich genau von Anfang an bis heute. Darin sind zwei Höhepunkte bemerkenswerter Offen-

heit und Klarheit dokumentiert, wo Ihr Euch schonungslos, aber selbstverständlich zugleich auch vor dem Horizont Eurer Weltsichten und Wertwelten der Geschichte gestellt habt. Das erste Ereignis war Altenberg 1947, eine – wie unser vor wenigen Wochen verstorbener Freund Heinz Gruber gesagt hat – „Sternstunde der Jugendbewegung" mit jener „Generalbeichte", die überhaupt erst die Basis geschaffen hat für die Möglichkeit, über alle Verstrickungen hinweg einen neuen Anfang zu wagen. „Und jedem Anfang wohnt ein Zauber inne, der uns beschützt und der uns hilft zu leben", so heißt es bei Hermann Hesse. Den Freideutschen Kreis hat dieser Zauber des Anfangs, hat diese „Generalbeichte" bis heute beschützt. Winfried Mogge hat im letzten Archivjahrbuch die Umstände des legendären ersten Altenbergtreffens ausführlich dargestellt. Eindrucksvoll sollen damals die Bekenntnisse gewesen sein, und eindrucksvoll sind auch heute noch die überlieferten Appelle z.B. von Achim Oster, dem Sohn des ermordeten Widerstandskämpfers Hans Oster, und von dem Juristen Ernst Rudolf Huber, die beide ausdrücklich die Anerkennung der individuellen wie kollektiven Mitschuld der Jugendbewegten am „Dritten Reich" und dessen Verbrechen einforderten. Die Schuldfrage wurde in Euren Kreisen 1947/48 breit erörtert, wobei manche Freideutsche dann doch schließlich lieber von „Versagen" als von „Schuld" reden wollten, ehe schließlich diese Form klarer Auseinandersetzung allmählich mit dem alibihaften Hinweis auf jenes Reinigungsbad von Altenberg für mehr als vier Jahrzehnte immer mehr versiegte. Drei Provokationen bzw. Irritationen in dieser Richtung hat es in den Folgejahren zwar noch gegeben – 1953 von Arno Klönne, 1964 von Harry Pross (der 1947 hier in Altenberg dabei gewesen war) und im Kontext der Studentenbewegung um 1970 –, doch dominierte jedesmal im Freideutschen Kreis an erster Stelle die Strategie der Abwehr, der Zurückweisung der Vorwürfe und der Selbstrechtfertigung. Jener offene Geist von Altenberg 1947 schien etwas verkümmert zu sein!

Die Frage: „Wie konnte es dazu kommen?", d.h. die Frage nach der Schuld und dem Verdrängen wurde dann jedoch 46 Jahre später, nämlich 1993/94, noch einmal nachdrücklich gestellt, diesmal in Form einer erneuten Provokation, die allerdings von innen, nämlich von Will Zilius in einem Artikel mit dem frag–würdigen Etikett „Trauerarbeit" ausging. Ich glaube, wenn man als außenstehender Beobachter die Argumente von Zilius und die faszinierenden weiteren Äußerungen anderer Freideutscher, besonders auch von Frauen, in dieser Kontroverse nicht kennt, dann kann man nicht begreifen, warum bis heute dieser Kreis die Meißner–Formel als seine Grundmaxime vertritt und dass er letztlich recht damit hat. Zwar hat Zilius kreisintern nicht nur Unterstützung bekommen, sondern auch Prügel, aber ich als kritischer Freund und als Historiker, der den Satz von Marc Bloch sehr ernst nimmt, der Historiker sei kein rächender Erzengel, bin äußerst beeindruckt und auch dankbar, dass eine solche Debatte doch noch einmal geführt worden ist. Und wenn ich dann einen solchen Satz lese wie den von Rose Wagner: „Die Last, die unserer Generation auferlegt wurde, wiegt schwerer mit den Jahren und wird immer unbegreiflicher", dann verstehe ich, welcher Grund es vor allem war, weshalb viele der eindrucksvollen Persönlichkeiten, die der Freideutsche Kreis hervorgebracht hat, so beharrlich über ihre Verstrickungen geschwiegen haben: Es war Scham! Wenn das so war und ist, dann ehrt Euch das zwar in gewisser Weise, aber es ist nicht sehr hilfreich, Euer Bild in der differenzierten Weise, wie Ihr es eigentlich meines Erachtens vor dem Hintergrund der von mir erwähnten Pauschalbeurteilungen Eurer Generation verdient habt, in der Geschichte zu verankern. Vielleicht könnt Ihr in dieser Richtung doch noch etwas nachholen, etwa in der klaren Form, wie es z.B. Erika Wabnitz in Heft 227 Eurer *Rundschreiben* in einer – wie ich finde – sehr eindrucksvollen Weise getan hat. Sie hat von „Demut" gesprochen und dazu aufgerufen, die „Last der Erinnerung" auch und gerade heute noch bewusst zu tragen und endlich damit aufzuhören, sich selbst zu entlasten, indem man auf andere schaut und z.B. den ehemaligen Gegnern auch einen Teil von Schuld zuweist. Ihr Kernsatz lautet schließlich: „Nur das Sich–Schämen über alles unmenschliche Geschehen kann Anfang von Versöhnung sein." Ist es eine unzumutbare Bitte an Euch, anlässlich Eures letzten Konvents noch so etwas wie eine Abschiedserklärung zu formulieren, die sich an die nachfolgenden Generationen richtet, eine Art geistiges Vermächtnis als Ergebnis jener „inneren Wahrhaftigkeit", mit der Ihr angetreten seid? Eine solche Bitte bezieht sich natürlich auch auf die materielle Unterstützung von Projekten, die die Geschichte der jugendbewegten Jahrhundertgeneration einfühlsam-nachsichtig und zugleich kritisch untersuchen, und die erwähnte neu gegründete Stiftung.

2. Warum ich uns als Euren Erben und Nachlassverwaltern das von Euch noch wünsche, hängt auch mit dem Folgenden zusammen, denn ich will noch einen zweiten Punkt erwähnen, der Eure Generation mit meiner und auch noch der nachfolgenden Generation intensiv verbindet und der über die problematische Schulddebatte der erwähnten jüngeren Historiker weit hinausweist. Wiltrud Jaensch-Zander hat für diesen Punkt in der Auseinandersetzung über den Zilius-Artikel vom Dezember 1993 einen Ausdruck benutzt, der aus der Psychoanalyse stammt, nämlich „Survival–Syndrom". Gemeint ist damit, dass die traumatischen Erfahrungen und die Schuldkomplexe einer Generation auch die psychischen Zustände mindestens der

nächstfolgenden zwei Generationen beeinflussen, denn – so hat es Sigmund Freud 1912/13, als Ihr gerade geboren ward, in seiner Schrift „Totem und Tabu“ ausgedrückt – „keine Generation (sei) imstande ..., bedeutsamere seelische Vorgänge vor der nächsten zu verbergen.“ Das heißt mit anderen Worten: Ihr, die Ihr die zwölf Jahre des „Dritten Reiches“ überlebt habt, habt – ob Ihr es wolltet oder nicht, bewusst oder unbewusst – Eure psychischen Probleme im Umgehen mit dieser großen Wunde, mit Eurer Scham, mit Eurer Art des Überwindenwollens, auch mit Eurem Verdrängen auf uns und Eure Enkel übertragen. Wir können uns dem nicht entziehen. Wie tiefgreifend oft diese existentielle Belastung wirkt, haben der Psychotherapeut Tilmann Moser und andere inzwischen eindrucksvoll gezeigt. Wir müssen, platt und sehr simpel gesagt, damit zurechtkommen, Kinder und Enkel von „Tätern“ zu sein, aber oft nicht zu wissen, was denn eigentlich genau die Taten unserer Eltern bzw. Großeltern waren. Bernward Vesper, geb. 1938, der Sohn des Dichters Will Vesper, der Euch allen vermutlich noch bekannt ist, ist ein erschütterndes Beispiel, wie jemand an dieser Erfahrung zugrunde gegangen ist und sich das Leben genommen hat. In solch einer Situation, die viele meiner Altersgenossen und in anderer Form auch viele Angehörige der nächstfolgenden Generation schmerzvoll oder belastend empfinden, kann es nicht darum gehen, vorschnell eine oberflächliche Versöhnung oder eine noch oberflächlichere Verdammung zu praktizieren. Jedes vordergründige Moralisieren führt in Sackgassen! Stattdessen ist „Nachsicht“ im von mir schon genannten Sinn angebracht; man kann das auch „Schuldtoleranz“ oder, noch allgemeiner, „Geschichtstoleranz“ nennen, wobei Toleranz nicht ein irgendwie geartetes Erdulden und Ertragen meinen soll, sondern das bewusste Mittragen an einer Geschichte, der wir uns alle nicht entziehen können. Manche Spezies aus Eurer Generation haben es uns sehr schwer gemacht, unsere gemeinsame 20. Jahrhundert-Geschichte in dieser Form mitzutragen, und in der Zilius-Debatte gab es einige Töne, die wir nur mit Bedrückung wahrnehmen können. Aber mein nun seit 14 Jahren bestehender enger Kontakt mit dem Freideutschen Kreis, meine unzähligen Gespräche mit Menschen Eures Kreises, meine Kenntnis Eurer vielen Schriften und nicht zuletzt die Debatte von 1993/94 haben mir Mut gemacht, Euch dieses alles zu Eurem letzten Konvent hier in Altenberg sagen zu können. Ich wünsche mir von Herzen, Euch noch möglichst viele Jahre als Gesprächspartner im generationellen Austausch zu besitzen. Ihr mit Euren für mich faszinierenden Formen der Selbstreflexion und Selbsthistorisierung, mit Euren Belastungen und Begrenzungen, mit Eurem Mut und Eurer Lebenskunst, mit Eurem Bekenntnis zur „inneren Wahrhaftigkeit“ und zum „ganzen Menschen“, kurz: mit Eurer Geschichte und Euren Geschichten habt in mir bei all meiner kritischen Distanz als Historiker so etwas wie einen vermittelnden Anwalt, in Schweden heißt das Ombudsmann, gefunden. Karl Jaspers, der große Philosoph des 20. Jahrhunderts, hat einmal, schon hochbetagt, den Satz geschrieben:

„Man kann in die für das Alter paradoxe Stimmung geraten, der Blick öffne sich auf Grund der geistigen Erfahrungen in neue Weiten".

Liebe freideutsche Freunde! Ich hoffe sehr, dass dieser Schlusskonvent Euch in die von Jaspers erwähnte „paradoxe Stimmung" geraten lässt. Und wenn das so ist, dann lasst uns bitte an Euren „geistigen Erfahrungen" aufgrund des Blicks „in neue Weiten" auch weiterhin teilhaben!

Nachweis der ersten Druckorte der Beiträge

1. unter dem Titel „Jugendprotest – ein Kennzeichen des 20. Jahrhunderts?“ in: Dieter Dowe (Hg.): Jugendprotest und Generationenkonflikt in Europa im 20. Jahrhundert. Deutschland, England, Frankreich und Italien im Vergleich, Bonn 1986, S. 1-11.
2. in: Gisela Völger/Katrin von Welck (Hg.): Männerbünde – Männerbande. Zur Rolle des Mannes im Kulturvergleich, Band 1, Köln 1990, S. 3-10 und S. 345 f.
3. unter dem Titel: „Die Welt ist seitdem nicht mehr dieselbe für mich gewesen“. Die Anfänge des Wandervogels im Wuppertal vor dem Ersten Weltkrieg, in: Burkhard Dietz/Ute Lange/Manfred Wahle (Hg.): Jugend zwischen Selbst- und Fremdbestimmung. Historische Jugendforschung zum rechtsrheinischen Industriegebiet im 19. und 20. Jahrhundert, Bochum 1996, S. 155-177.
4. in: Thomas Koebner/Rolf-Peter Janz/Frank Trommler (Hg.): „Mit uns zieht die neue Zeit“. Der Mythos Jugend, Frankfurt a.M. 1985, S. 199-223; in englischer Fassung in: Richard Wall/Jay Winter (Ed.): The Upheaval of War. Cambridge 1988, S. 439-452.
5. in: Siegfried Quandt/Horst Schichtel (Hg.): Der Erste Weltkrieg als Kommunikationsereignis, Gießen 1993, S. 158-175; erweiterte Fassung in: Sabiene Autsch (Hg.): Der Krieg als Reise. Der Erste Weltkrieg – Innenansichten, Siegen 1999, S. 52-62.
6. in: Thomas Kühne (Hg.): Männergeschichte - Geschlechtergeschichte. Männlichkeit im Wandel der Moderne, Frankfurt a.M./New York 1996, S. 155-173; der Anhang ist eine gekürzte Fassung des Beitrags „Männerleid im Männerlied. Anmerkungen zum ‚Bündischen‘ in der Weimarer Republik“, in: Podium. Siegener Universitätsreden (Heft 16: Ehrenpromotion George L. Mosse), Siegen 1999, S. 21-33.

7. Zusammenfassung der beiden Beiträge „Aspekte der nationalsozialistischen Gesellschaftspolitik am Beispiel der Jugend- und Rassenpolitik", in: Kurt Düwell/Wolfgang Köllmann (Hg.): Rheinland-Westfalen im Industriezeitalter, Band 3: Vom Ende der Weimarer Republik bis zum Land Nordrhein-Westfalen, Wuppertal 1984, hier S. 159-166, und „Der Weg in die ‚Staatsjugend' von der Weimarer Republik zur NS-Zeit", in: Ulrich Herrmann/Jürgen Oelkers (Hg.): Pädagogik und Nationalsozialismus, Weinheim/Basel 1988, S. 243-255.

8. in: Wolfgang R. Krabbe (Hg.): Politische Jugend in der Weimarer Republik, Bochum 1993, S. 222-243.

9. in: Jürgen Förster (Hg.): Stalingrad. Ereignis – Wirkung – Symbol, München/Zürich 1992, S. 456-471.

10. unter dem Titel „Probleme einer Sozial- und Mentalitätsgeschichte der Nachkriegszeit", in: Geschichte im Westen. Zeitschrift für Landes- und Zeitgeschichte, 2. Jg. (1987), S. 7-25; veränderter Nachdruck unter dem Titel „Jugend und Jugendpolitik im mentalitätsgeschichtlichen Kontext der Nachkriegszeit in Westdeutschland", auch in: Ulrich Herrmann (Hg.): Jugendpolitik in der Nachkriegszeit. Zeitzeugen – Forschungsberichte – Dokumente, Weinheim/München 1993, S. 75-89.

11. in: Jürgen Reulecke (Hg.): Rückkehr in die Ferne. Die deutsche Jugend in der Nachkriegszeit und das Ausland, Weinheim/Basel 1997, S. 151-167.

12. in: Peter Ulrich Hein/Hartmut Reese (Hg.): Kultur und Gesellschaft der Bundesrepublik Deutschland (= Festschrift für Arno Klönne), Frankfurt a.M. u.a. 1996, S. 39-50 und S. 412-414.

13. in: Petra Götte/Wolfgang Gippert (Hg.): Historische Pädagogik am Beginn des 21. Jahrhunderts. Bilanzen und Perspektiven (= Festschrift für Christa Berg), Essen 2000, S. 169-180 (hier in einer erweiterten Fassung wieder abgedruckt).

Anhang

14. in: Michael Fritz u.a. (Hg.): Meißner 1988. Eine Dokumentation, Witzenhausen 1989, S. 14-26.

15. in: Stichwort. Zeitschrift für bündische Ältere, Heft 1/1993, S. 17-21.

16. in: Rundschreiben des Freideutschen Kreises, Nr. 250-251/September 2000, S. 112-118.